JOURNAL

DU

MARQUIS DE DANGEAU

AVEC LES ADDITIONS

DU DUC DE SAINT-SIMON

TYPOGRAPHIE DE H. FIRMIN DIDOT. — MESNIL (EURE).

JOURNAL

DU

MARQUIS DE DANGEAU

PUBLIÉ EN ENTIER POUR LA PREMIÈRE FOIS

PAR

MM. EUD. SOULIÉ ET L. DUSSIEUX

AVEC LES

ADDITIONS INÉDITES

DU

DUC DE SAINT-SIMON

PUBLIÉES

PAR M. FEUILLET DE CONCHES

TOME TREIZIÈME
1709 — 1711

FIRMIN DIDOT FRÈRES, FILS ET CIE, LIBRAIRES
IMPRIMEURS DE L'INSTITUT DE FRANCE
RUE JACOB, N° 56

1858

JOURNAL

DU

MARQUIS DE DANGEAU

AVEC LES ADDITIONS

DU DUC DE SAINT-SIMON.

ANNÉE 1709.

Jeudi 1ᵉʳ août, à Marly. — Le roi courut le cerf l'après-dînée; Monseigneur et monseigneur le duc de Berry étoient à la chasse avec lui. Madame est toujours à ces chasses-là dans une petite calèche qui suit immédiatement celle du roi, et quand le capitaine des gardes court en calèche il est après la calèche de Madame. Madame la duchesse de Bourgogne gardera le lit jusqu'à dimanche; on dit la messe dans sa chambre, et le roi la vient voir plusieurs fois dans la journée. — Le chevalier de Rais arriva de Tournay, où il servoit comme colonel réformé; M. Voisin le mena le matin chez madame de Maintenon, où le roi étoit allé après la messe. Il a apporté la capitulation de la ville de Tournay. M. de Surville fut obligé de battre la chamade le 28 au soir, la capitulation fut signée le 29 à minuit, et le chevalier de Rais en partit le 30 au matin. Il a permission de rentrer dans la citadelle, pourvu qu'il soit de retour dans six jours. Il a passé par notre armée, qui se retranche entre l'Escaut et la Scarpe, et il est reparti après dîner pour arriver à Tournay et rentrer dans la citadelle dans le temps que les ennemis lui ont prescrit. Le chevalier de Rais a rendu compte au roi de l'état où étoient la garnison et la place. A l'égard de la garnison, elle n'étoit au commencement du siége que de quatre mille cinq cents hommes; nous y en avons eu quinze cents tués ou blessés, ainsi il ne restera que trois mille hommes pour entrer dans la citadelle, où l'on trouvera six cents invalides dont il n'y en a pas trois cents en état de bien servir. Il y a de la farine pour trois mois et beaucoup de munitions de guerre. On y fait entrer un troupeau de cinq cents moutons et quelques vaches. M. de Surville y doit être entré le dernier du mois, qui étoit hier. A l'égard de la ville, il y avoit aux trois attaques des brèches de trente à quarante toises. Les ennemis avoient cent douze pièces de canon en batterie et beaucoup de mortiers. Ils y avoient emporté d'assaut l'ouvrage à corne des Sept Fontaines et le bastion qui étoit entre les deux ouvrages. Ils avoient emporté aussi le réduit qui est dans l'ouvrage à corne, mais M. de Surville l'avoit repris et l'a gardé jusqu'à la fin. Ils se préparoient à donner l'assaut à la place par les trois attaques la nuit du jour que M. de Surville battit la chamade. Pendant le siége de la ville il y avoit une attaque à la citadelle dont on ne nous avoit point parlé et qu'ils ont continuée pendant la capitulation, et c'est cette attaque-là qu'ils continueront, car ils se sont obligés de ne la point attaquer par la ville.

Vendredi 2, à Marly. — Le roi travailla l'après-dînée avec son confesseur et puis alla tirer. Il donna le matin une longue audience à M. le duc d'Orléans, qui nous parut fort soulagé et fort content en sortant du cabinet du roi, où l'on espère que les affaires que ce prince a eues en Espagne par la prison de Flotte se termineront sans plus grand éclat. — Les ennemis ont donné le gouvernement de la ville de Tournay à milord d'Albemarle, qui est dans le service des Hollandois. — Il est arrivé à Dunkerque un vaisseau d'un pays neutre qui y a apporté beaucoup de blé, dont on y avoit grand besoin. — Les

États de Bourgogne donnent au roi 900,000 francs de don gratuit. Le roi leur en a remis 100,000 et a écrit une lettre très-obligeante à M. le Duc, qui les a tenus, et lui envoie permission de revenir ici, et même il est sur la liste de Marly. — Tous les désordres qu'il y a eus en Languedoc et à Rouen sont entièrement apaisés, mais la haine des Normands pour l'intendant de Rouen paroît encore fort violente.

Samedi 3, à Marly. — Le roi, après dîner, alla courre le cerf et ne fut pas si content de la chasse qu'à l'ordinaire. A son retour il travailla chez madame de Maintenon avec M. Voisin. — M. le maréchal d'Harcourt a laissé Saint-Frémont à Haguenau pour commander dans nos lignes et passa le Rhin, il y a déjà quelques jours, à Altenheim, où il fait subsister nos troupes aux dépens du pays ennemi. M. d'Hanovre n'est point encore arrivé à leur armée qui est derrière leur ligne de Dourlach. Ils ont quelques petits corps séparés dans les gorges des montagnes pour nous empêcher de pénétrer plus avant dans leur pays. — M. de la Bretauche, qui avoit été détaché en Flandre avec quatre cents chevaux et cent grenadiers, trouva deux cents hussards des ennemis qui attaquoient un petit parti d'infanterie que nous avions; mais la peur prit à nos quatre cents chevaux, qui virent quelques troupes sur une hauteur voisine, qu'ils prirent pour la tête de l'armée ennemie et ne songèrent qu'à fuir sans combattre. Les hussards en ont pris ou tué près de cent cinquante. La Bretauche se tint avec les cent grenadiers et fit fort bien son devoir dans cette malheureuse action. Les troupes que nos cavaliers avoient vues sur cette hauteur étoient de notre garnison de Tournay, qui avoient eu permission de mener à Douai les blessés du siége.

Dimanche 4, à Marly. — Le roi tint le conseil d'État et alla tirer l'après-dînée. Madame la duchesse de Bourgogne se leva pour aller à la chapelle et dîna avec le roi, mais elle se mit au lit l'après-dînée et ne se releva que pour le souper du roi. Au retour de la chasse le roi travailla avec M. Pelletier. — Il y a d'assez grands désordres à Naples, et le cardinal Grimani a été obligé de se retirer au château neuf. Le peuple crie dans les rues : *Vive le roi Philippe V;* mais comme on n'est point en état d'envoyer des troupes en ce pays, ces troubles s'apaiseront apparemment bientôt.

Mémoire des troupes qui viennent d'Espagne en Roussillon.

BATAILLONS.		ESCADRONS.	
Normandie.	3	Flech.	3
Auvergne.	2	Putanges.	2
La Couronne.	2	Vignau.	2
Angoumois.	1	Germineau.	2
Barrois.	2	Parabère.	2
Royal-artillerie.	4	DRAGONS.	
Oléron.	2	Bouville.	3
2e bataillon de Labour.	1		

Le maréchal de Bezons n'étoit pas encore parti de Lérida le 25 du mois passé, et le bruit couroit que M. de Staremberg, avec le renfort qui lui est venu d'Italie, vouloit venir attaquer l'armée du roi d'Espagne qui est commandée par le comte d'Aguilar.

Lundi 5, à Marly. — Le roi, après son dîner, alla courre le cerf, et après la chasse il travailla avec M. de Pontchartrain chez madame de Maintenon. — Par les nouvelles qu'on a de Turin, M. de Savoie n'en étoit pas encore parti le 29; mais il en devoit partir deux jours après, pour aller se mettre à la tête de son armée, dont la plus grande partie est dans la Tarentaise, vers Conflans. M. de Thouy est avec un petit corps de nos troupes de ce côté-là, et se retire à mesure que les ennemis avancent. On croit que leur dessein est de venir prendre Chambéry, qui n'est pas en état de faire une grande défense. Il y a d'autres avis qui portent qu'ils veulent aller au haut du Rhône, et M. le maréchal de Berwick a mandé ces bruits-là à M. le Duc, qui n'est pas encore parti de Dijon et qu'on croit qui pourroit bien demeurer encore quelque temps en Bourgogne et ramasser quelques milices pour s'opposer aux courses que les ennemis voudroient faire sur la frontière de cette province. — Ce n'est point M. d'Avarey qui commandera les troupes qui resteront en Espagne; ce sera le chevalier d'Asfeld, qui d'abord avoit été destiné à cet emploi. On croyoit que sa mauvaise santé l'empêcheroit d'accepter cet emploi, mais il se porte mieux.

Mardi 6, à Marly. — Le roi, avant que d'entrer au conseil de finances, vit chez madame de Maintenon M. de Ravignan, que lui amena M. Voisin. Le conseil de finances fut fort court, et le roi tint ensuite conseil d'État. Le soir, chez madame de Maintenon, le roi vit encore Ravignan avec M. Voisin, et dans le cours de la journée M. de Torcy parla plusieurs fois au roi. Ravignan sortit de la citadelle de Tournay avant-hier. Il a eu des passe-ports pour venir ici et doit rentrer le 8 dans la citadelle. On ne doute pas qu'il n'apporte ici quelques propositions. On raisonne différemment là-dessus, mais les plus sensés croient que cela ne regarde que des propositions sur la citadelle. Ravignan est reparti ce soir. — Par les nouvelles qu'on a de Hollande, il y a lieu de croire qu'il y a eu un grand combat entre les Suédois et les Moscovites, près de Pultawa, et que le combat a été désavantageux au roi de Suède. Il y a même des lettres qui portent qu'il y a été tué; mais ces nouvelles varient si souvent et sont si incertaines, aussi bien que celles qu'on a de Pologne, qu'on n'y sauroit ajouter foi.

Mercredi 7, à Marly. — Le roi tint le conseil d'État et courut le cerf l'après-dînée. Monseigneur et messeigneurs ses enfants étoient à la chasse. — M. de Thouy, ayant eu ordre de se retirer de Conflans en Tarentaise et de se rapprocher de Freterive, fut attaqué par les ennemis, qui chargèrent son arrière-garde. Il a perdu cinq ou six cents hommes à cette affaire, qui ont été tués ou pris. M. de Savoie étoit encore le 29 à Turin. — M. de Lamoignon, qui avoit cédé sa charge de président à mortier à son fils aîné, mourut à Paris après une longue maladie. C'étoit un homme fort estimé en ce pays-ci et qui avoit toujours eu une grande réputation à Paris et dans le parlement. Il avoit eu 2,000 écus de pension du roi et le gouvernement de Montlhéry, qui vaut 800 livres, et le roi avoit trouvé bon qu'il cédât l'un et l'autre à son fils aîné. Il a encore un autre fils, qui est avocat général. Il avoit trois filles, dont l'une avoit épousé le président de Maisons, qui est morte sans enfants; la seconde avoit épousé le président de Maniban à Toulouse, qui est un des hommes de la robe le plus riche, et la cadette a épousé le président de Nicolaï.

Jeudi 8, à Marly. — Le roi donna le matin une audience de trois quarts d'heure à M. l'évêque de Tournay, qui a eu permission de venir ici saluer S. M. L'après-dînée le roi alla tirer. — M. le prince Eugène avoit voulu faire chanter le *TeDeum* à l'évêque de Tournay, qui étoit un acheminement pour lui faire prêter le serment de fidélité; il insista même sur cela durant trois jours. L'évêque refusa tout ce qu'on lui proposa, et M. de Marlborough obtint pour lui qu'il reviendroit en France, et il partit de Tournay le matin du jour que l'on y fit chanter le *Te Deum*. Le roi est fort content de la conduite qu'a eue cet évêque durant le siége et lui a promis d'avoir soin de lui. — M. le Duc vouloit demeurer en Bourgogne sur ce que le maréchal de Berwick lui avoit mandé que les ennemis tâcheroient à faire pénétrer quelque cavalerie dans la Bresse; mais le roi a ordonné à M. le Duc de revenir, louant fort son zèle pour son service, mais ne le voulant pas laisser dans un pays où il n'y a qu'un régiment de dragons, avec quoi il ne pourroit pas remédier au mal que les ennemis pourroient faire. — M. le maréchal de Villars mande que le prince Eugène avoit marché le 6 et étoit venu camper sa droite à Marc et sa gauche à Orchies.

Vendredi 9, *à Marly.* — Le roi courut le cerf l'après-dîner. Il a déclaré qu'il n'iroit point cette année à Fontainebleau. — On attend avec impatience des nouvelles de Madrid, parce que, par les dernières lettres qu'on a eues, qui sont du 28, la reine avoit une grosse fièvre. — Par les lettres du 7, qu'on a eues de l'armée de Flandre, on apprend que les ennemis avoient fait encore un petit mouvement ce jour-là; ils ont étendu leur droite jusque sur la Scarpe, laissant Orchies dans leur centre. M. de Villars a laissé M. d'Albergotti dans son camp de Denain près Valenciennes et est campé près de Douai, d'où il se portera aux retranchements près de Lens, où est M. d'Artagnan, ou aux retranchements que commande M. d'Albergotti, selon les mouvements que fera le prince Eugène. Il y a des lettres de Mons qui portent que Dolet, lieutenant de roi de Tournay, avoit été tué dans la citadelle d'un éclat de bombe, mais aucunes lettres de notre armée n'en parlent. Ravignan devoit rentrer hier dans la citadelle, et l'on dit ici que les propositions qu'il avoit apportées n'ont pas été acceptées par le roi. Les ennemis offroient de ne plus attaquer la citadelle en cas qu'on s'engageât de la rendre le 5 septembre si elle n'étoit point secourue dans ce temps-là. — On sut au coucher du roi que madame la duchesse de Créquy étoit tombée en apoplexie à Paris et qu'on ne croyoit pas qu'elle pût passer la journée de demain.

Samedi 10, *à Versailles.* — Le roi se promena le matin et l'après-dînée à Marly. Il travailla avec M. Voisin en sortant de table jusqu'à cinq heures, avant que d'aller à la promenade. Monseigneur alla dîner à Meudon et revint ici pour le souper du roi. Madame la duchesse de Bourgogne revint ici sur les six heures par le grand parc pour éviter le pavé et se mit au lit en arrivant, et elle se releva pour aller dans le cabinet du roi après souper. — Madame la duchesse de Créquy mourut à Paris. Elle avoit été dame d'honneur de la reine après madame de Richelieu ; elle l'étoit encore en 1683 quand la reine mourut. Elle avoit une pension de 15,000 francs. Elle n'avoit d'enfant que la duchesse de la Trémoille, morte avant elle, et la duchesse de la Trémoille n'avoit laissé d'enfants que le duc de la Trémoille d'aujourd'hui et la duchesse d'Albret. Le duc de la Trémoille, qui s'étoit fait porter de l'armée à Arras, est assez considérablement malade, et on lui a envoyé son congé pour revenir. — Le camp que commandoit le chevalier de Luxembourg auprès de Kievrain a rejoint notre armée.

Dimanche 11, *à Versailles.* — Le roi tint le conseil d'État, travailla l'après-dînée avec M. Pelletier, alla ensuite se promener à Trianon, et au retour il travailla chez madame de Maintenon avec M. Voisin. Monseigneur, messeigneurs les ducs de Bourgogne et de Berry allèrent coucher à Rambouillet chez M. le comte de Toulouse, d'où ils doivent revenir mardi. Madame la duchesse de Bourgogne alla faire collation à Folichancourt, d'où elle revint pour le souper du roi. — M. le grand prieur, qui étoit retiré à Châlons en Bourgogne, en est parti pour s'en aller à Venise et n'en a point demandé la permission au roi. — Ricousse mourut ici. Il avoit été envoyé du roi en Bavière. Il avoit 3,000 francs de pension, partie sur le trésor royal et partie sur l'ordre de Saint-Louis. — Par les lettres de Flandre du 9, on apprend que le prince Eugène avoit fait faire un mouvement à quelques troupes, comme s'il eût voulu faire attaquer Marchiennes, où nous avons deux bataillons ; mais les ennemis n'entreprirent rien ; cela se passa en quelques légères escarmouches. Le maréchal de Villars, qui fut averti que les ennemis s'approchoient de ce poste, y fit marcher quelques troupes et y vint en diligence lui-même.

Lundi 12, *à Versailles*. — Le roi travailla le matin avec M. de Pontchartrain. Il alla tirer l'après-dînée et travailla le soir avec M. Voisin. — Le capitaine des gardes de M. le maréchal de Villars arriva à Paris, et comme il étoit fort las, il a envoyé ici ses paquets. On crut d'abord qu'il y avoit quelque chose de considérable; mais ce capitaine des gardes n'étoit venu que pour des affaires particulières du maréchal. Les armées sont si proches qu'il est aisé de croire qu'il y pourroit avoir quelque événement. Le siége de la citadelle va fort lentement; ils ont commencé à y faire une seconde attaque, mais ils n'abandonnent pas la première. — Il arriva un courrier du maréchal de Bezons, qui avoit demeuré en Catalogne quelques jours plus qu'il ne croyoit, parce que M. de Staremberg avoit marché comme voulant attaquer l'armée d'Espagne, que le maréchal ne vouloit pas abandonner dans cette conjoncture-là; mais M. de Staremberg s'est retiré, et les troupes qui viennent du royaume de Valence sont arrivées et celles que l'on a fait venir d'Estramadure prêtes à arriver. Ainsi, n'y ayant plus rien à craindre pour l'armée qui demeure en Catalogne, le maréchal de Bezons ramène en France ce qui y restoit des troupes que le roi fait revenir.

Mardi 13, *à Versailles*. — Le roi tint le conseil de finances et travailla ensuite jusqu'à une heure et demie avec M. Desmaretz. L'après-dînée il travailla avec M. Voisin jusqu'à cinq heures et puis il alla se promener dans les jardins. Monseigneur manda le soir au roi qu'il coucheroit encore aujourd'hui à Rambouillet et qu'il arriveroit demain matin pour le conseil. — Le duc d'Albe a eu cette nuit un courrier de Madrid. La reine d'Espagne est entièrement guérie. Les lettres sont du 6. On mande que Miguel Ponce a attaqué deux mille hommes que M. de Staremberg avoit laissés sur la Noguera. Il étoit plus foible qu'eux, cependant il les a battus et en a pris ou tué sept cents. — Il y a du changement parmi les intendants de province. M. de Bouville, qui étoit à Orléans, a demandé à revenir; il est conseiller d'État ordinaire et beau-frère de M. Desmaretz. On envoie en sa place M. de la Bourdonnaye, qui étoit à Bordeaux et dont on étoit très-content, mais M. de Ribère, son beau-père, a demandé en grâce au roi qu'on le rapprochât d'ici. On envoie en sa place M. de Courson, qui étoit à Rouen, et on donne l'intendance de Rouen à M. de Richebourg. On change M. Turgot, qui étoit en Touraine; on l'envoie à Moulins en la place du fils de Mansart, qui est rappelé. On a rappelé de Caen le fils de feu M. Foucault et on y envoie M. de la Briffe*.

* Être intendant et fils de Basville étoit un grand titre pour tout oser avec impunité. Courson ne ressembloit à son père que par l'audace. Il étoit brutal, ignorant, grossier, paresseux, insolent à l'excès; joint à tout cela une friponnerie reconnue de toute sa province. Il n'en fallut pas moins pour qu'elle osât crier bien haut et pour en obtenir non la punition, mais la délivrance; ce fut aux dépens de la Guyenne, où il ne se corrigea de rien. Peut-être l'y verrons-nous friser la corde en plein conseil de régence. Je ne sais si ces Mémoires s'étendent jusque-là. Le fils de Mansart n'avoit eu cette intendance que par son père; livré par sa mort à son peu de mérite, il ne se put soutenir; il devint gendarme pour se parer de ses créanciers et mena une vie obscure et misérable. Le fils de Foucault étoit un fou d'esprit, qui tomba depuis d'abîme en abîme et qui y est resté. Tels sont souvent ces rois des provinces qu'on abandonne sans réserve entre leurs mains. Celui-ci longtemps depuis n'en fit que plus de fortune, causa la disgrâce comblée de des Forts, contrôleur général, son beau-frère, et sut se conserver en place de conseiller d'État et de conseiller au conseil royal de finances.

Mercredi 14, *à Versailles.* — Le roi tint le conseil d'État et entendit vêpres l'après-dînée dans la tribune. Il s'enferma ensuite avec son confesseur, d'où il ne sortit que pour aller chez madame de Maintenon. Monseigneur et messeigneurs les ducs de Bourgogne et de Berry revinrent ici à neuf heures du matin. — On a découvert une conspiration à Strasbourg tramée par quelques gentilshommes qui y sont établis. — Par les nouvelles de

Flandre du 12, nous n'apprenons rien du siége de la citadelle de Tournay. M. le maréchal de Villars fait camper dix ou douze bataillons sous Marchiennes, qui sont commandés par le comte de la Marck, maréchal de camp, et on travaille à retrancher ce poste, que les ennemis font toujours mine de vouloir attaquer. — M. de Villeras*, sous-introducteur des ambassadeurs, est mort. C'étoit un homme fort aimé des ministres étrangers et fort estimé ici. Il y a 1,000 écus d'appointements à cette charge; celui qui l'avoit avant lui n'avoit que 1,200 francs, et le roi l'avoit augmentée par l'estime qu'il avoit pour Villeras. — On a jugé à Venise que M. de Lorraine devoit être regardé comme l'héritier de tout l'argent et les meubles qu'avoit laissés M. de Mantoue, à la réserve d'un sixième, qu'on adjuge à un bâtard de la maison de Mantoue. Les prétentions que madame la Princesse avoit sur ces effets-là n'ont pas été jugées assez bonnes, non plus que celles du cardinal de Médicis.

* C'étoit le fils d'un secrétaire du président de Mesmes et qui toujours encore logeoit chez lui. La vertu, la modestie, la lecture, l'esprit et la capacité de ce Villeras étoient singulières et lui acquirent une estime et une considération qui mérite d'être remarquée dans un homme et un emploi de si petit aloi.

Jeudi 15, à Versailles. — Le roi fit ses dévotions ; Monseigneur, monseigneur le duc de Bourgogne et madame la duchesse de Bourgogne les firent aussi. Madame la duchesse de Bourgogne les fait toujours aux Récollets, hormis à Pâques. L'après-dînée le roi et toute la maison royale entendirent vêpres en bas et puis allèrent à la procession que le feu roi établit en 1638. Madame la duchesse de Bourgogne, qui est assez incommodée dans sa grossesse, entendit vêpres dans la tribune et ne put aller à la procession. Après vêpres le roi fit la distribution des bénéfices. Il n'y en avoit point de considérable; le meilleur étoit une abbaye de Bretagne (1)

(1) L'abbaye de Coettemalouin.

qui vaut 3 ou 4,000 francs et que l'on a donnée à l'abbé Languet, aumônier de quartier de madame la duchesse de Bourgogne, et l'abbé de Maulevrier, nouvel évêque d'Autun, l'a pris pour son grand vicaire à Moulins. — Par les lettres que l'ordinaire a apportées de Flandre, on apprend que la citadelle de Tournay se défend toujours fort bien. Les assiégés ont fait deux sorties qui ont très-bien réussi, et on a fait sauter quelques mines qui ont fait beaucoup d'effet. On croit que M. de Surville pourra tenir jusqu'à la fin du mois, malgré la prodigieuse artillerie des ennemis.

Vendredi 16, *à Versailles.* — Le roi alla tirer l'après-dînée et travailla le soir chez madame de Maintenon avec M. Voisin. Monseigneur alla à Meudon, où il demeurera jusqu'à Marly, où l'on croit que le roi ira jeudi. — M. Phélypeaux, frère de M. le chancelier, qui est conseiller d'État ordinaire et qui a l'intendance de Paris, étant très-incommodé, a demandé la permission de quitter son intendance ; c'est la plus considérable de toutes celles du royaume et pour le revenu et pour l'agrément. — M. de Torcy vint avant souper chez madame de Maintenon et fut quelque temps avec le roi. M. Voisin vint aussi parler au roi avant le souper et lui apporta une lettre du duc de Noailles, qui, par une marche outrée, étoit arrivé à Figuières, où les ennemis avoient un bataillon et trois escadrons. Nous y avons fait six ou sept cents prisonniers et nous n'y avons perdu personne. Si les guides qui menoient deux petits corps séparés que le duc de Noailles faisoit marcher par le chemin des montagnes n'eussent point égaré nos troupes, l'action auroit été plus grande, car nous aurions encore enlevé fort facilement deux autres quartiers des ennemis, car les mesures pour cette entreprise avoient été fort bien prises. — Madame la duchesse de Mantoue vit le roi incognito chez madame de Maintenon ; elle étoit en robe de chambre. Le roi la reçut fort gracieusement et lui parla avec beaucoup d'amitié (1). Il la trouva fort embellie. Madame la duchesse d'Elbeuf, sa mère, étoit avec elle. Après que le roi l'eut entretenue quelque temps, sans lui parler d'aucune affaire, madame la duchesse de Bourgogne la mena dans le cabinet de madame de Maintenon, où il y avoit beaucoup de dames, et madame la duchesse de Bourgogne fut une heure à causer avec elle en particulier et lui témoigna les mêmes bontés et la même amitié qu'elle avoit eues autrefois, dont madame de Mantoue fut charmée. Elle lui promit même de chercher tous les expédients pour la voir sans que le cérémonial embarrassât. Messeigneurs les ducs de Bourgogne et de Berry virent aussi madame de Mantoue dans ce cabinet, et le soir, après souper, elle retourna coucher à Vincennes. Elle verra Monseigneur durant son séjour à Meudon et toujours incognito *.

*Madame de Mantoue et madame de Courcillon, belle-fille de Dangeau, étoient filles des deux sœurs; ainsi la relation est ampoulée. Elle étoit dans son premier deuil et s'en servit, et de l'accès de sa mère chez madame de Maintenon, pour être reçue de la sorte; ce fut pour n'y retourner de sa vie. La duchesse de Mecklenbourg, sœur de M. de Luxembourg, ni son mari, qui, comme ils parlent en Allemagne, en étoit duc régnant, n'ont jamais vécu incognito. Le mari ne voyoit personne par bêtise, et l'on en peut juger par le compliment qu'à un retour d'Allemagne il fit au roi, à qui, apparemment faute de trouver mieux, il dit qu'il le trouvoit fort crû. Pour sa femme, elle alloit au souper et partout, et souvent au Palais-Royal et à Saint-Cloud et voyoit tout le monde. On sentoit bien qu'elle n'étoit pas morte aux petits manéges adroits de prétentions; mais les duchesses ni les princesses étrangères ne lui ont jamais cédé en pas un lieu. Il est pour-

---

(1) « Madame de Mantoue s'est présentée à la cour et a été fort bien reçue en particulier du roi, de madame la duchesse de Bourgogne et de madame de Maintenon. Elle a un trop nombreux équipage, en femmes surtout, vu le temps, cherchant à trafiquer une ordonnance de 80,000 francs qu'on lui a donnée. Elle vouloit louer une grande maison sur le quai, auprès de l'hôtel de Bouillon, mais elle n'a pu en venir à bout sans caution bourgeoise. » (*Lettre de la marquise d'Huxelles*, du 21 août.)

tant bien assuré que ni la maison de Mecklenbourg ni cette souveraineté ne le cédera ni à celle de Mantoue ni à la maison Gonzague.

Samedi 17, *à Versailles.* — Le roi tint conseil de finances et travailla ensuite avec M. Desmaretz jusqu'à une heure et demie. L'après-dînée il travailla avec M. Voisin jusqu'à cinq heures et puis alla se promener dans les jardins. — Le roi a donné l'intendance de Paris, que quitte M. Phélypeaux, à M. Bignon, l'intendant des finances, et lui a promis la première place de conseiller d'État vacante, et jusques-là garde dans le conseil la place d'intendant des finances, si bien que, quand il sera conseiller d'État, il gardera son rang du jour qu'il a été intendant des finances, comme cela s'est fait pour MM. de Caumartin et d'Armenonville. Il cède sa place d'intendant des finances à M. de Bercy, gendre de M. Desmaretz, qui lui donne les 200,000 écus qu'il lui en avoit coûté. — M. d'Hanovre est arrivé à l'armée ennemie en Allemagne, lui a fait passer le Rhin et est venu camper auprès de Landau. M. le maréchal d'Harcourt a repassé le Rhin à Kehl et s'est mis dans nos lignes de Lauterbourg. On ne croit pas qu'il se passe rien de considérable en ce pays-là.

Dimanche 18, *à Versailles.* — Le roi tint conseil d'État, travailla l'après-dînée avec M. Pelletier et puis alla tirer. Monseigneur vint ici de Meudon pour le conseil; il y retourna dîner et y emmena madame la princesse de Conty et quelques dames, qui revinrent ici le soir avec elle. — Il arriva un courrier du maréchal de Villars parti de hier matin. Ce maréchal mande qu'il y a eu une petite action à un fourrage que les ennemis faisoient auprès d'Orchies, où nous avions battu l'escorte de leurs fourrageurs et pris quelques chevaux. Le prince Charles, maréchal de camp, étoit à cette affaire, et M. de Lambesc, son neveu, y étoit aussi; ils s'y sont fort bien comportés tous deux. Le roi en fit compliment à la chasse à M. le comte de Brionne et puis à M. le Grand, qui y arriva, et lui dit : « Je suis fort content de votre fils et de votre petit-fils, qui commence fort bien. » Par ce courrier du maréchal de Villars on a eu une lettre de M. de Surville du 15. Il mande que les ennemis avancent fort peu: Il n'a perdu depuis le siége de la citadelle qu'un capitaine du régiment de Vexin et peu de soldats. Les ennemis n'ont pu encore démonter ses batteries de canon et de bombes, qui les incommodent fort dans leurs tranchées.

Lundi 19 , *à Versailles.* — Le roi tint le matin conseil de dépêches. Il travailla l'après-dînée avec M. de Pontchartrain et sortit à cinq heures pour aller se promener à Trianon. — Il y a déjà quelques jours que le roi d'Espagne a demandé que les grands d'Espagne qui sont en France prêtassent le serment de fidélité au prince des Asturies, ce qu'ils ne font aucune difficulté de faire, en y mettant la même clause qu'ont mise les chevaliers de la Toison françois, qui est de ne rien faire contre le service et les intérêts du roi leur maître. Ils prêteront serment au premier jour*. On a demandé au marquis de Léganez, Espagnol qui est à Vincennes prisonnier, de prêter ce serment. Il a répondu fort sagement qu'il n'avoit jamais refusé de le faire en Espagne au roi son maître, qu'il étoit tout prêt de le faire encore et au prince des Asturies, mais qu'étant prisonnier ici du roi de France il ne pouvoit rien faire sans sa permission, qu'il alloit lui faire demander. Il l'a demandée et a prêté son serment entre les mains du duc d'Albe, ambassadeur du roi son maître.

* Cette cérémonie des cortès ou des États assemblés à Madrid, pour reconnoître le prince héritier et lui prêter serment, est particulière à l'Espagne sur tous les autres royaumes héréditaires. C'est une espèce d'inauguration anticipée, dont l'origine mèneroit à une dissertation trop étendue. On remarquera seulement que, depuis l'union des Espagnes sur la tête de Charles V, aucun de ses rois n'a été couronné et n'a d'habits de cérémonie, ni par conséquent les grands d'Espagne ni aucune grande charge ou dignité. Il y a eu depuis ces cortès-ci

d'autres cortès pour reconnaître le feu roi Louis Ier, lors de l'abdication du roi son père, et la mort de ce jeune roi en a occasionné d'autres au retour au trône de Philippe V, et pour jurer le nouveau prince des Asturies. En pas une de ces occasions on n'a demandé aucun serment aux grands d'Espagne françois ou établis en France.

Mardi 20, à Versailles. — Le roi tint le conseil de finances et travailla avec M. Voisin l'après-dînée. — Il y eut le matin un assez grand désordre à Paris. Des pauvres qu'on avoit fait assembler pour travailler à ôter une butte qui est sur le rempart du côté de la porte Saint-Denis s'impatientèrent de ce qu'on ne leur distribuoit pas assez vite le pain qu'on leur avoit promis et commencèrent par piller la maison où étoit ce pain. Ils se répandirent ensuite dans les rues de Paris en assez grand nombre, pillèrent les maisons de boulangers et de pâtissiers, marchèrent à la maison de M. d'Argenson. On fut obligé de faire marcher les gardes françoises et suisses qui sont dans Paris; les mousquetaires même montèrent à cheval. Le désordre, qui avoit commencé à sept heures du matin, fut apaisé à deux heures après midi. Il y eut quelques gens de tués de cette canaille, parce que l'on fut obligé de tirer dessus, et on en a mis quelques autres en prison. Le maréchal de Boufflers, qui par hasard étoit à Paris et qui se trouva près de l'endroit où se faisoit le désordre, y alla dans son carrosse, mit pied à terre, leur parla, les exhorta. Il vint le soir en rendre compte au roi, qui l'a renvoyé à Paris pour y donner ses ordres. On craint qu'il n'arrive encore quelque désordre demain, qui est jour de marché, et quoique dans la sédition d'aujourd'hui il n'y ait point eu de dessein formé, on ne laisse pas d'en craindre les suites, la misère étant fort grande par la cherté du pain. — Madame de Mantoue alla à Meudon et vit Monseigneur dans sa petite galerie du château neuf. Messeigneurs les ducs de Bourgogne et de Berry y étoient. Monseigneur lui fit beaucoup d'honnêtetés, malgré l'incognito. Elle étoit partie de Vincennes à midi, et le peuple dans le faubourg Saint-Antoine, voyant passer deux carrosses à six chevaux, commençoit à dire des insolences, et elle fut fort aise de trouver les mousquetaires qui la firent passer.

Mercredi 21, à Versailles. — Le roi tint le conseil d'État. — Le premier président du parlement et le procureur général vinrent ici recevoir les ordres du roi sur le désordre qui arriva hier dans Paris. Tout y a été fort calme aujourd'hui, et le pain a été en abondance dans les marchés par les sages précautions qu'on avoit prises. M. de Boufflers agit de concert avec le duc de Tresmes, gouverneur de Paris, et avec le maréchal de Choiseul, doyen des maréchaux de France, qui étoit hier à sa maison de campagne quand le désordre commença. Le roi lui a fait dire, par le maréchal de Boufflers, qu'il lui feroit plaisir dans ces temps-ci de ne se point éloigner de Paris. On a mis des corps de garde aux deux hôtels des monnoies et on fait faire des patrouilles la nuit dans ce quartier-là. On fait porter à la Bastille huit mille mousquets ou fusils qui étoient dans la maison de Titon, qui est celui qui fournit des armes pour toutes nos troupes. M. de Boufflers, qui a la confiance du roi, laisse au duc de Tresmes, comme gouverneur de Paris, tous les dehors de l'autorité, et ils agissent de concert en tout (1). Ils ont travaillé avec le cardinal de Noailles et le premier président, le procureur général, le prévôt des marchands, le lieutenant général de la police et le procureur du roi. MM. de Boufflers et de Tresmes sont venus rendre compte ce soir au roi de ce qu'ils ont fait. Le roi leur a ordonné de retourner demain à Paris.

---

(1) « M. le maréchal de Boufflers y fut joint comme un aide de camp, parce que les pauvres ont confiance en lui et qu'il a conservé tant de crédit dans le régiment des gardes que l'on prétend que les compagnies qui sont ici en feront mieux leur devoir, par rapport particulièrement à l'égard de leurs femmes, accusées de se trouver souvent dans la mêlée. » (*Lettre de la marquise d'Huxelles*, du 23 août.)

Jeudi 22, à Marly. — Le roi tint le conseil d'État; il n'a pas accoutumé d'en tenir le jeudi. M. le chancelier étoit allé hier après dîner à Pontchartrain et M. Desmaretz à Paris; ainsi il n'y eut à ce conseil que monseigneur le duc de Bourgogne, MM. de Beauvilliers, de Torcy et Voisin. On croit que c'est un courrier de M. de Bergeyck, arrivé à M. de Torcy, qui a fait tenir ce conseil-là. Le roi, après son dîner, partit de Versailles, vint courre le cerf dans ce parc ici. Au retour de la chasse il se promena dans ses jardins jusqu'à la nuit. Monseigneur dîna de bonne heure à Meudon et arriva ici pour la chasse. Madame la duchesse de Bourgogne vint ici sur les cinq heures et passa par le parc pour éviter le pavé. Elle ne se coucha point en arrivant, quoiqu'elle se ménage beaucoup dans cette grossesse-ci. — M. de Boufflers et le duc de Tresmes, qui revinrent hier de Paris et que le roi y renvoie, furent longtemps le matin à travailler avec M. de Pontchartrain. — Nous avons à ce voyage-ci deux dames qui n'y étoient point venues encore, qui sont mesdames de Lambesc et de Polignac, qui sont nouvelles mariées et toutes deux fort jolies.

Vendredi 23, à Marly. — Le roi travailla avec son confesseur jusqu'à midi; ensuite M. de Torcy entra chez lui et en sortit un moment après pour aller querir Monseigneur, avec qui il rentra dans le cabinet du roi. L'après-dînée le roi et Monseigneur coururent encore le cerf. Messeigneurs les ducs de Bourgogne et de Berry allèrent dès le matin courre le cerf à Saint-Germain avec les chiens de M. le comte de Toulouse, qui au retour leur donna à souper chez lui. M. Voisin travailla le soir avec le roi chez madame de Maintenon. — Il est arrivé un courrier du comte de Gramont, qui commande en Franche-Comté. On ne dit point le sujet de son voyage, mais on croit que cela pourroit bien regarder un corps de troupes que les ennemis en Allemagne font marcher du côté des places frontières et qu'on dit même qui a déjà passé le

AOUT 1709.

Rhin à Rhinfels. — On eut hier des lettres du duc de Berwick du 16. Il mande que les ennemis sont toujours à Conflans, qu'il leur est arrivé cinq ou six mille chevaux, qu'ils font demeurer dans les gorges de montagnes un peu derrière eux, pour les faire subsister plus aisément. Ils disent toujours que M. de Savoie doit arriver, mais on n'a point de nouvelles qu'il soit parti de Turin.

Samedi 24, à Marly. — Le roi se promena le matin dans les jardins. Madame de Maintenon étoit en chaise fermée à côté de son chariot, et dans un autre chariot étoient mesdames de Dangeau, de Caylus et Voisin. L'après-dînée le roi alla tirer, mais avant que de partir pour la chasse il travailla avec M. Voisin, avec qui il ne devoit travailler qu'au retour; mais ce ministre, qui attendoit la fièvre le soir et qui l'a déjà depuis quelques jours sans qu'il en eût voulu parler, l'avoit envoyé prier de vouloir bien changer l'heure. — On reçut des lettres du camp près de Lérida du 14. M. de Staremberg étoit venu camper sur la Sègre vis-à-vis de notre camp, et les deux armées se canonnoient depuis deux jours. On ne croit pourtant pas qu'il se passe rien là de considérable, parce que les gués qu'il y a à la Sègre ne sont que pour passer au plus deux hommes de front. M. de Bezons y est encore avec le reste des troupes qu'il doit ramener en France et il a ordre de revenir, car on peut avoir besoin de ces troupes-là ailleurs.

Dimanche 25, à Marly. — Le roi tint le conseil d'État; le chancelier n'y put pas être parce qu'il avoit été un peu incommodé la nuit à Versailles. M. Voisin n'y put pas être non plus parce qu'il a encore la fièvre. L'après-dînée le roi travailla avec M. Pelletier. Il alla ensuite se promener dans les hauts de Marly, où il vit jouer les bons joueurs dans le grand mail, et au retour il travailla avec M. Desmaretz chez madame de Maintenon. — Il arriva un courrier de M. de Villars. Les armées sont toujours dans la même situation. Nous avons du pain et un peu d'ar-

gent, et la désertion de nôtre armée est finie. On a reçu une lettre de M. de Surville du 20. Les ennemis sont maîtres de l'angle saillant de la contrescarpe, mais ils n'osent s'y établir ni entrer dans le chemin couvert, à cause des mines qui leur ont déjà tué beaucoup de gens. Si les vivres ne nous manquent point dans la citadelle, on espère qu'elle pourra durer jusqu'au 17 de septembre.
— Le roi d'Espagne a donné la Toison au marquis de Listenois, gendre de madame de Mailly; le roi et madame la duchesse de Bourgogne avoient écrit en sa faveur.

Lundi 26, à Marly. — Le roi, après la messe, travailla avec M. de Pontchartrain jusqu'à son dîner. L'après-dînée il alla courre le cerf. Monseigneur étoit à la chasse.
— On prendra dimanche le deuil pour l'infant, quoiqu'il n'ait vécu que sept jours. Le roi et Monseigneur ne le prendront point. Madame ne le prendra point non plus, comme belle-mère de la reine d'Espagne, et on ne le porte point de ses enfants. La cour portera ce deuil six semaines. Le roi et la reine d'Espagne ont pris le deuil pour l'infant parce qu'en Espagne les pères et mères le portent de leurs enfants. — On ne doute plus de la défaite entière du roi de Suède auprès de Pultawa et que ce prince n'ait passé le Borysthène à la nage. M. Cronstrom, son envoyé qui est à Paris, avoit pourtant mandé à M. de Torcy que son maître, après un combat qui avoit duré quatre jours, avoit battu les Moscovites, qu'il en avoit tué soixante-dix mille et qu'il en avoit pris huit mille et n'avoit eu que dix mille hommes de son armée tués.

Mardi 27, à Marly. — Le roi tint le conseil de finances. M. le chancelier y vint; son incommodité n'a eu aucune suite. Le roi alla tirer l'après-dînée. Messeigneurs les ducs de Bourgogne et de Berry allèrent tirer dans la plaine de Montrouge. Il y a infiniment moins de gibier dans ces parcs ici et dans toutes ces plaines qu'il n'y en avoit les années passées. Monseigneur avoit envie d'aller cette année à Fontainebleau, mais son voyage est rompu. M. Voisin ne put pas venir travailler avec le roi le soir chez madame de Maintenon. Il est encore un peu abattu de la fièvre et des remèdes. Il y envoya Pinsonneau porter des paquets au roi et il y demeura quelque temps. — Les ennemis en Allemagne ont fait passer douze ou quinze cents chevaux à Rhinfels, et les Suisses les ont laissés passer sur les terres et dans le faubourg de Bâle, contre les conventions avec la France. C'est M. de Mercy qui commande ce corps, et il a marché en Huningue et Brisach pour y faire un pont pour y faire passer dix bataillons qui sont delà le Rhin.

Mercredi 28, à Marly. — Le roi tint le conseil d'État; M. Voisin, qui se porte beaucoup mieux, y vint l'après-dînée. Le roi courut le cerf et au retour de la chasse il se promena dans les jardins, où il fait toujours travailler à de petites choses pour s'amuser. — Il arriva un courrier du maréchal d'Harcourt, qui mande que, sur la marche des ennemis à Neubourg, il avoit envoyé huit escadrons à M. du Bourg, qui étoit dans la haute Alsace avec dix escadrons et quelques bataillons, avec ordre de marcher vers Neubourg et d'y attaquer les ennemis forts ou foibles. Il compte que du Bourg y pourra arriver le 26. M. d'Hanovre avoit fait mine de vouloir attaquer nos lignes de Lauterbourg, mais ce n'étoit apparemment que pour empêcher M. d'Harcourt de faire aucun détachement. — Le roi a donné au second fils du maréchal d'Harcourt le régiment d'Auxerrois, dont le colonel, qui étoit M. d'Anfreville, est mort de maladie. Ces régiments-là, qui ont été mis sur pied en 1684, se vendent entre 40 ou 50,000 francs. — Le connétable de Navarre*, fils unique du duc d'Albe, mourut à Bercy près de Paris. Il n'avoit pas vingt ans, et son père et sa mère l'aimoient tendrement et sont dans une violente affliction.

* Ce vain titre de connétable de Navarre, qui pour le repos de ces pays-là ne fut que trop réel dans la maison de Beaumont, bâtards de

Philippe III, dernier roi de Navarre de la branche d'Évreux, de la maison de France, tomba par la dernière fille et héritière de cette maison de Beaumont dans celle de Tolède par son mariage avec le second fils du fameux duc d'Albe, du fils aîné duquel la ligne s'éteignit, et celle de celui-ci a subsisté jusqu'à présent. Ils avoient toujours prétendu que la grandesse étoit attachée à ce titre de connétable de Navarre, sans l'avoir pu obtenir jusqu'à ce que Philippe V l'accordât à ce duc d'Albe-ci pour son fils. Il étoit unique, et ils l'aimoient avec tant de passion qu'ils déployèrent tous les vœux et toutes les dévotions d'Espagne pour sa guérison, jusque-là que la duchesse d'Albe ne se défendit point de lui avoir donné des reliques broyées en poudre en lavement. Elle étoit dame d'atours de Notre-Dame d'Atocha, la plus grande dévotion d'Espagne, qui est une image de la Vierge dans l'église des Dominicains, tout à un bout de Madrid et du parc du Buen-Retiro; c'est un honneur brigué par les plus grandes dames de la cour; les plus riches sont préférées, parce qu'elles entretiennent à leurs dépens cette image, qui a des profusions de pierreries et à qui on change à tous moments de robes et de dentelles magnifiques, dont la duchesse d'Albe ne la laissoit pas manquer, et y envoyoit tout ce qu'il y avoit de plus beau à Paris avec une grande dépense.

Jeudi 29, *à Marly.* — Le roi se promena dans les jardins et alla tirer l'après-dînée. — M. le maréchal de Bezons a ordre de revenir d'Espagne, quoique le roi d'Espagne l'eût prié de demeurer; il doit avoir reçu ses ordres le 21. — On fit à Notre-Dame, à Paris, le service de M. le Prince. Le P. Gaillard prononça l'oraison funèbre. M. le cardinal de Noailles officioit, mais il sortit avant l'oraison funèbre, parce qu'il avoit été réglé que le P. Gaillard adresseroit la parole à M. le Duc. Le parlement, la chambre des comptes, la cour des aides, l'université et la ville y étoient. Aux cérémonies où le parlement marche le gouverneur est toujours entre le premier et le second président. Les princes qui menoient le deuil étoient dans les hauts bancs au-dessus et à côté du parlement, et ces princes étoient M. le Duc, M. le duc d'Enghien, M. le prince de Conty et M. du Maine. Avant que l'oraison funèbre commençât, les princes allèrent à l'offrande. Un héraut d'armes commençoit les révérences; ensuite M. des Granges, maître des cérémonies, qui fit signe ensuite à M. le Duc, et quand M. le Duc eut fini ses révérences un autre héraut d'armes venoit faire les siennes, et M. des Granges ensuite, qui fit signe à M. le duc d'Enghien de marcher, et on faisoit la même chose pour M. le prince de Conty et pour M. du Maine. Après avoir salué l'autel, on saluoit le clergé, qui est à la droite de l'autel, et puis la représentation. Ensuite les princes qui mènent le deuil, et après les princes le parlement. Ensuite la chambre des comptes, la cour des aides, l'université et la ville. La chambre des comptes est dans les bancs hauts de la gauche. La cour des aides en bas à gauche. L'université à droite en bas et la ville à gauche au-dessous de la cour des aides*.

*Peu à peu les princes du sang reprirent leur rang sur les cardinaux, qui ne leur donnoient pas la main chez eux, du temps des cardinaux premiers ministres, témoin la célèbre aventure du grand Condé avec le cardinal de Lyon.

Vendredi 30, à Marly. — Le roi courut le cerf l'après-dînée et au retour se promena, et après sa promenade M. Voisin entra dans son cabinet, et un moment après Monseigneur y entra aussi, qui avoit reçu avis par une lettre que M. le Duc avoit écrite à madame la Duchesse que M. du Bourg avoit battu et entièrement défait les ennemis qui avoient passé le Rhin. Cet avis étoit venu à M. le Duc par un officier du régiment de M. le comte de Charolois, son fils, lequel officier étoit à l'action et qui avoit été chargé par tous les officiers du régiment de venir demander à M. le Duc le régiment pour le major. M. de Sainte-Aulaire, qui en étoit colonel, a été tué à l'action, et le lieutenant-colonel n'y étoit pas. M. du Bourg écrit un mot à M. le Duc et lui mande simplement que ce régiment a fait des merveilles. M. du Bourg a envoyé un officier principal à M. d'Harcourt, son général, et M. d'Harcourt apparemment enverra cet officier-là au roi. M. du Bourg n'a point écrit au roi ni au ministre, et sans l'arrivée de cet officier du régiment de Charolois on ne sauroit rien de l'action, et il est dans l'ordre que M. d'Harcourt l'apprenne au roi. Cet officier de Charolois assure M. le Duc que nous avons deux mille cinq cents prisonniers, qu'il y a eu quinze cents hommes tués et plus de mille noyés en voulant repasser le pont et que nous n'avons pas perdu trois cents hommes.

Samedi 31, *à Versailles.* — Le roi se promena le matin et l'après-dînée dans ses jardins à Marly et revint ici le soir. Monseigneur alla dîner à Meudon et y coucha. M. Voisin avoit travaillé avec le roi à Marly avant sa promenade, et le soir, chez madame de Maintenon, il y mena M. d'Anlezy, qui lui apporta la nouvelle du combat de M. le comte du Bourg en Allemagne, que l'on apprit hier indirectement par l'officier du régiment de M. le comte de Charolois. Le comte de Breiner a été tué dans cette affaire. Mercy s'est sauvé à Bâle avec environ cent cinquante chevaux, et est blessé. On a pris beaucoup d'étendards et de drapeaux, le canon et presque tous les bateaux de cuir dont les ennemis avoient fait leur pont. La victoire est encore plus grande qu'on ne la croyoit. Dans l'équipage des ennemis qu'on a pris on a trouvé la cassette de M. de Mercy* où il y a des papiers d'importance et par lesquels on découvrira des commerces qui pouvoient devenir dangereux à l'État. On en a déjà quelque connoissance. M. du Bourg doit envoyer dans deux jours le comte de Fontaine, qui apportera les étendards et les drapeaux. Les ennemis, quoique beaucoup plus forts que nous, ont fait une très-foible résistance; le combat n'a pas duré une heure. Nous avons deux mille cinq cents prisonniers, dont la plupart ont des blessures dangereuses. M. du Bourg donne de grandes louanges à MM. d'Anlezy et Coadt, ses deux maréchaux de camp. Il loue fort aussi le comte de Fontaine, le comte de Tallard, M. de Lautrec et M. de Clermont, fils de M. du Châtelet, qui à la tête de son régiment, qui est fort nouveau, a battu les vieux cuirassiers de l'empereur. Il leur a pris leurs étendards et leurs timbales.

* Il y aura lieu de parler ailleurs de cette cassette de Mercy ; c'est le même qui en 1734 vint commander en chef l'armée impériale en Italie contre la France, l'Espagne et le roi de Sardaigne.

Dimanche 1er septembre, à Versailles. — Le roi tint le conseil d'État le matin. Il fut enfermé l'après-dînée avec M. de Boufflers, qui étoit entré par les cabinets de derrière et qui fut longtemps avec lui. Le roi ensuite alla tirer et travailla le soir chez madame de Maintenon avec M. Pelletier. — Par les dernières lettres de Madrid, on apprend que la reine d'Espagne est fort incommodée. On craint même que son mal ne soit long. — Il arriva un courrier de M. de Berwick, qui mande que M. de Rebender, général des troupes de M. de Savoie, avoit voulu attaquer, auprès de Briançon, une maison où M. de Dillon avoit mis quelques palissades. Cette maison s'appelle la Vachette, et Dillon trouvoit le poste assez important pour le vouloir soutenir. M. de Rebender avoit trois mille hommes de pied et deux cents chevaux. Dillon a détaché quelques compagnies de grenadiers avec les piquets commandés par le chevalier de Montmorency. Ils ont attaqué les ennemis par la droite et par la gauche, en ont pris ou tué au moins sept cents, parmi lesquels il y a quarante officiers, et ont rechassé le reste bien avant dans la montagne. L'action s'est passée le 28 au matin. — Madame de Moussy* mourut ces jours passés à Paris. Elle étoit sœur du premier président de Harlay et avoit toujours vécu avec lui et avec son fils dans la plus intime union. Cependant, par son testament, elle leur ôte tout ce qu'elle a pu leur ôter, pour le donner à une communauté où elle étoit fort attachée et à des hôpitaux. — Monseigneur alla de Meudon coucher à Petit-Bourg. Messeigneurs les ducs de Bourgogne et de Berry sont partis après dîner pour y aller et ils en reviendront tous mercredi.

* Madame de Moussy étoit veuve sans enfants du dernier de cette ancienne et illustre maison de Senlis, anciennement seigneurs de cette ville et du pays d'alentour, qui lui avoit donné son nom, auquel la longue possession de l'office, alors des premiers de la couronne, de grand bouteillier de France, fit joindre par habitude ce nom à l'autre en les appelant le Bouteillier de Senlis. Madame de Moussy, aussi profonde, aussi réservée, aussi composée que son frère, qu'elle imitoit et devant qui elle trembloit, passa sa vie sous même toit et à même table que lui, dévote et archidévote d'habit, d'air austère et de conduite extérieure. Il faut croire que tout y répondoit ; la simplicité n'y paraissoit guère ni la vérité dans son testament, où il ne se trouva rien pour sa famille, avec laquelle elle avoit toujours paru si intimement unie. C'étoit une femme de beaucoup d'esprit, mais qui ne se communiquoit point et ne marchoit que par ressorts.

Lundi 2, à Versailles. — Le roi alla tirer l'après-dînée après avoir travaillé avec M. de Pontchartrain. — On sut à midi que le maréchal de Boufflers étoit parti le matin en berline avec des chevaux de poste et qu'il s'en alloit en Flandre. Beaucoup de gens crurent d'abord qu'il s'en alloit pour quelques négociations, mais on en fut désabusé le soir. Il part comme un homme bien zélé et bon citoyen pour aller aider le maréchal de Villars et ne prétend point commander l'armée. Le maréchal de Villars a lui-même souhaité qu'on envoyât quelque général en ce pays-là pour prendre sa place en cas qu'il fût blessé ou qu'il tombât malade, et comme on croit que la citadelle de Tournay est prise présentement, les ennemis pourroient bien nous venir attaquer dans notre camp, leurs forces étant rassemblées. M. de Surville, n'ayant plus de vivres dans la citadelle, avoit mandé à M. de Villars qu'il battroit la chamade le 1er du mois au plus tard. — L'abbé de Sainctot, frère de l'introducteur des ambassadeurs, est mort. Il avoit une belle abbaye auprès de Sens et quelques bénéfices simples. Madame Bontemps, femme d'un des quatre premiers valets de chambre du roi, mourut aussi ces jours passés à Paris.

Mardi 3, à Versailles. — Le roi tint le conseil de

finances et travailla ensuite longtemps avec M. Desmaretz. L'après-dînée il travailla chez lui avec M. Voisin, alla ensuite se promener à Trianon, et au retour de sa promenade, après qu'il fut entré chez madame de Maintenon, M. Voisin lui mena le comte de Fontaine, qui lui apporta les drapeaux et les étendards pris sur les ennemis au combat qu'a gagné M. du Bourg. Plus on apprend les détails de cette affaire, et plus on la trouve considérable en elle-même et par les suites qu'elle pouvoit avoir. Il est sûr que le dessein des ennemis étoit de passer en Franche-Comté, et M. d'Hanovre, qui avoit fait semblant d'attaquer les lignes de Weissembourg pour empêcher le détachement que le maréchal d'Harcourt fit si à propos, n'ayant pu réussir dans ce dessein, avoit fait repasser le Rhin à son armée pour envoyer encore des nouvelles troupes à M. de Mercy. M. d'Harcourt, bien averti de tous ces mouvements, étoit venu au Fort-Louis et l'auroit toujours suivi, le Rhin entre deux. M. d'Hanovre, averti dans sa marche de la défaite entière de M. de Mercy, remarcha en arrière. M. de Fontaine n'a point apporté au roi les papiers qui étoient dans la cassette de M. de Mercy. M. du Bourg les avoit envoyés à M. d'Harcourt, son général, qui a envoyé au roi tout ce dont Sa Majesté devoit être informée. — Monseigneur et monseigneur le duc de Berry revinrent le soir de Petit-Bourg; monseigneur le duc de Bourgogne en étoit revenu dès le matin.

Mercredi 4, à Versailles. — Le roi tint le conseil d'État et l'après-dînée il alla tirer. — M. de Surville avoit battu la chamade le 1ᵉʳ de ce mois; mais la capitulation se rompit parce que les ennemis, sachant qu'on manquoit de vivres dans la citadelle, vouloient que la garnison fût prisonnière de guerre et vouloient faire pendre les déserteurs de leur armée qui étoient dans la place. On avoit recommencé à tirer de part et d'autre, et on mande du 1ᵉʳ et du 2 qu'on faisoit plus grand feu que jamais. On ne croit pas que cela puisse durer plus d'un jour ou deux, car on manquoit absolument de pain, et l'on compte que la place est présentement rendue. Elle auroit duré encore fort longtemps s'il y avoit eu des vivres, car cette citadelle étoit encore meilleure qu'on ne le pouvoit croire. On est persuadé que dès que les ennemis en seront maîtres ils marcheront à nous pour nous attaquer ou marcheront à quelque autre entreprise plus considérable. — M. de Berwick mande que dans le combat qu'a donné Dillon auprès de la Vachette les ennemis y ont encore perdu plus de monde qu'on n'avoit dit d'abord. Leur armée en ce pays-là et la nôtre sont toujours dans la même situation. M. de Savoie ne les a points joints et est encore à Turin. — M. l'abbé de Polignac a permission de revenir ici de Rome pour ses affaires particulières et a son congé pour trois mois.

Jeudi 5, à Versailles. — Le roi dîna de bonne heure et alla se promener à Marly, d'où il ne revint qu'à la nuit. — Il arriva un courrier de M. de Villars, qui mande que la citadelle de Tournay capitula la nuit du 2 au 3, et que le 3 au soir l'armée ennemie se mit en marche et passa l'Escaut à Anthoin, entre Tournay et Mortagne. On croit que leur dessein est d'aller faire le siége de Mons. Dès que M. de Villars eut appris que les ennemis avoient repassé l'Escaut, il manda à M. d'Artagnan, qui commandoit notre camp retranché auprès de la Bassée, et à tous les officiers généraux qui commandoient des corps séparés de s'approcher de Valenciennes, et lui, qui étoit campé auprès de Douai, vint à Valenciennes avec le maréchal de Boufflers et commença à faire passer l'Escaut à ses troupes. Il avoit envoyé le chevalier de Luxembourg avec trente escadrons sur la Trouille. Nous avons peu de troupes dans Mons, et les vivres n'y sont pas en abondance. L'électeur de Bavière en est sorti ; il est allé à Maubeuge, d'où il viendra à Compiègne. On compte qu'il y arrivera mercredi ou jeudi. M. de Villars marche pour empêcher les ennemis de faire le siége de Mons.

M. le maréchal de Boufflers et lui sont dans une parfaite intelligence. Ils marcheront à Quiévrain quand M. d'Artagnan les aura joints.

Vendredi 6, à Versailles. — Le roi fut enfermé le matin avec son confesseur et alla tirer l'après-dînée. — On avoit commandé l'après-dînée seize gardes du corps avec un brigadier, et on les fit marcher en même temps prenant le chemin de Paris. Sur cela le bruit se répandit qu'on vouloit faire arrêter quelqu'un, mais on sut le soir que ces gardes ne marchoient que pour s'aller mettre en relais sur le chemin de Chantilly, où Monseigneur et monseigneur le duc de Berry vont demain, et ils avoient fait un petit mystère de ce voyage pour surprendre M. le Duc et madame la Duchesse, qui y sont depuis quelques jours et qui y ont mené beaucoup de dames. — On n'a point eu de nouvelles de Flandre. — La défaite du roi de Suède est confirmée par plusieurs endroits, et le général Levenhaupt a été contraint de se rendre et de capituler pour quinze mille Suédois qui étoient avec lui, ne pouvant repasser le Borysthène. Le roi de Suède s'est retiré chez les Tartares, qui sont en guerre contre les Moscovites et viennent de perdre aussi une bataille contre les généraux du czar. On assure que, depuis, le roi de Suède s'est retiré à Okzakow, place appartenant aux Turcs, qui est à l'embouchure du Borysthène, dans la mer Noire.

Samedi 7, à Versailles. — Le roi tint le conseil de finances et travailla ensuite jusqu'à une heure et demie avec M. Desmaretz. L'après-dînée il travailla avec M. Voisin. Monseigneur et monseigneur le duc de Berry partirent pour aller à Chantilly, où ils arriveront sur les trois heures et en reviendront mardi au soir. Le roi, après avoir travaillé avec M. Voisin, alla se promener dans les jardins. — Le roi fait M. du Bourg chevalier de l'Ordre. Il donne à M. d'Anlezy le cordon rouge vacant par la mort de Narbonne. Il donne une pension de 1,000 écus à M. de Coadt : c'étoient les deux maréchaux de camp de la petite armée de M. du Bourg. Il fait le comte de Fontaine brigadier et lui donne pour son fils une compagnie dans son régiment, à la place d'un capitaine qui a été tué dans l'action. — Toute notre armée de Flandre marche, mais M. d'Artagnan ne sauroit arriver sur l'Auneau que le 6 ou le 7 ; quand il aura joint M. de Villars, on compte que nous serons aussi forts que les ennemis.

Dimanche 8, à Versailles. — Le roi, avant que d'aller à la messe, fut quelque temps enfermé avec M. Voisin, qui lui mena M. de Ravignan. Après la messe, avant que d'entrer au conseil, il fit entrer le duc d'Albe, qui avoit des lettres à lui donner de LL. MM. CC. La santé de la reine d'Espagne se rétablit un peu. L'après-dînée le roi entendit vêpres dans la tribune en haut, et puis il se promena dans les jardins. — Ravignan a rapporté que la garnison de la citadelle de Tournay a été envoyée à Condé. On leur a laissé leurs armes et leur bagage, et quoiqu'ils soient prisonniers de guerre, on a donné à M. de Surville deux pièces de canon. Les ennemis veulent que ces soldats-là soient échangés contre ceux qu'on leur a pris à Varneton. Il est sorti de la citadelle trois mille hommes sous les armes. Nous n'avions pas tant de leurs prisonniers, mais ils consentent de rendre les nôtres pourvu que dans la suite on leur tienne compte de l'excédant. Ils donneront aussi la liberté à Surville et à Ravignan, à condition que quand nous aurons des prisonniers de même rang nous les renvoyions aussi. — Les ennemis repassèrent l'Escaut la nuit du 3 au 4 et ont marché si diligemment qu'ils passeront le 5 la Haisne au-dessus de Mons, et on croit que le 6 au soir ou le 7 au matin ils auront passé la Trouille. M. de Villars marcha le 4 et étoit à Quiévrain le 6 au matin. Toute son armée qui l'a joint alloit passer l'Auneau quand Ravignan est parti. M. le maréchal de Boufflers est avec M. de Villars et y est allé comme volontaire. Le roi nous a dit qu'il commanderoit une des ailes et que cela lui faisoit grand plaisir. Les deux maréchaux sont fort contents l'un de l'autre.

Lundi 9, à Versailles. — Le roi alla tirer l'après-dînée. Monseigneur et monseigneur le duc de Berry sont encore à Chantilly. La grossesse de madame la duchesse de Bourgogne continue. Elle se porte beaucoup mieux que dans les autres grossesses. — Il arriva un courrier de M. de Villars; ce maréchal mande qu'il marche aux ennemis et qu'il va passer l'Auneau. — M. Ducasse n'est point encore parti pour mener le duc de Linarès au Pérou et ramener ensuite les galions. On espère toujours le faire partir à la fin d'octobre. — On a donné des sommes d'argent assez considérables pour faire venir des blés par mer, et les Génois ont fait des propositions sur cela qu'on examine et qu'on acceptera. — M. Amelot, notre ambassadeur en Espagne, doit être parti de Madrid; on l'attend ici incessamment. Il paroît que l'on est fort content de lui ici. On dit aussi que madame la princesse des Ursins revient, mais nous ne croyons pas qu'elle revienne sitôt.

Mardi 10, à Versailles. — Le roi tint le conseil de finances à son ordinaire, et l'après-dînée alla se promener dans les jardins. Monseigneur et monseigneur le duc de Berry revinrent de Chantilly. — Il arriva un courrier de Madrid par lequel on apprend que le roi d'Espagne, sans avoir pris avis d'aucun de ses ministres, étoit parti en poste avec une fort petite suite pour aller se mettre à la tête de son armée en Aragon. Il a pris ce parti-là sur la nouvelle qu'il a reçue que M. de Staremberg, qui commande l'armée de l'archiduc, avoit passé la Sègre et s'étoit emparé de Balaguier, où il y avoit deux bataillons qui ont été faits prisonniers de guerre. — On mande de Flandre que M. d'Artagnan, avec les troupes qui étoient dans le camp de Lens, avoit joint le maréchal de Villars, et toute notre armée doit avoir présentement passé l'Auneau. Les ennemis ayant passé la Trouille, il n'y a plus rien qui nous sépare, et toutes les apparences sont que nous apprendrons au premier jour la nouvelle d'une grande bataille.

Mercredi 11, à Versailles. — Le roi tint le conseil d'État à son ordinaire et alla tirer l'après-dînée. — On apprit par un courrier de M. de Coëtquen que nos armées en Flandre étoient en présence, que l'on s'étoit canonné le 9 au soir et le 10 et que M. de Coëtquen avoit eu le pied emporté d'un coup de canon. On l'a transporté à Maubeuge; madame sa mère et madame sa femme sont parties pour l'aller trouver. — Le soir, après le souper, M. de Torcy entra dans le cabinet du roi et lui porta une lettre de l'électeur de Bavière, qui est à Compiègne et qui mande que le général de ses troupes en Flandre lui avoit envoyé un courrier le 10 après midi, par lequel on l'assuroit que le prince Eugène et le duc de Marlborough avoient eu une conférence avec M. d'Albergotti entre les deux armées et avoient fait cesser la canonnade et qu'ils demandoient à conférer avec nos maréchaux. Cette nouvelle fut répandue dès le soir, et on en parloit comme d'une négociation qui alloit commencer; mais ce qui fait douter de la nouvelle de l'électeur, c'est que le roi n'a point eu de lettres ni du maréchal de Boufflers ni de M. de Villars (1).

---

(1) Dans la *Notice sur la vie de Dangeau et sur sa famille*, nous avons dit, tome I, page LXIX, que le marquis de Courcillon eut une jambe emportée à la bataille de Malplaquet le 11 septembre 1709. Les premières nouvelles du désastre arrivèrent le lendemain à Versailles; M. et madame de Dangeau partirent immédiatement pour l'armée, et ne revinrent que le 6 novembre. L'absence d'abord, puis l'inquiétude sur la santé de son unique fils ne permirent pas à Dangeau de reprendre son journal avant le 1ᵉʳ janvier suivant. Nous avons pu heureusement combler en partie cette lacune avec les lettres de la marquise d'Huxelles. Cette correspondance, adressée régulièrement deux fois par semaine à un vieil ami demeurant loin de la cour, est précisément un journal analogue à celui de Dangeau, et madame d'Huxelles nomme plusieurs fois ses lettres des *Gazettes*. Par une coïncidence singulière, Saint-Simon fut également absent de la cour pendant cette période, puisqu'il raconte dans ses

Mémoires qu'il partit pour la Ferté vers la fin d'août et qu'il ne revint à Versailles que le dernier jour de l'année. Cette circonstance rend plus précieuses encore les lettres écrites ou plutôt dictées par madame d'Huxelles à cette époque.

Voltaire a connu l'existence des lettres de la marquise d'Huxelles. A l'époque où il faisait à Cirey « son occupation principale de ce beau *Siècle de Louis* XIV » et où il cherchait partout « des matériaux pour ce grand édifice, » il écrivait le 24 août 1735 au marquis de Caumont, à Avignon :

« Eh bien, Monsieur, avez-vous trouvé dans les lettres de feu madame d'Uxelles quelques particularités dont vous pensez que je puisse faire usage? Songez, je vous en prie, que tout est de mon ressort; que des choses qui paraissent indifférentes peuvent servir à caractériser le siècle que je veux peindre. »

(*Œuvres de Voltaire*, publiées par M. Beuchot, tome LII, page 62.)

APPENDICE A L'ANNÉE 1709.

LETTRES DE LA MARQUISE D'HUXELLES
AU MARQUIS DE LA GARDE (1).

Le [jeudi] 12 septembre 1709.

Il est arrivé deux courriers d'Espagne, l'un du roi, qui fait de grandes plaintes de M. le maréchal de Bezons, l'autre de ce maréchal, lequel rend compte de sa conduite à notre monarque. On dit que Sa Majesté a dit qu'elle lui avoit ordonné de s'en revenir; mais on prétend que, s'il étoit demeuré comme le chevalier d'Asfeld, et le comte d'Aguilar l'avoit proposé le premier, en ayant eu de grosses paroles avec lui, l'archiduc étoit perdu en Catalogne, une lettre qu'on a interceptée à M. de Staremberg portant qu'il falloit hasarder l'armée pour vaincre ou mourir; enfin les Espagnols ont été abandonnés des François, et leur arrière-garde a été un peu endommagée. Le roi d'Espagne a pris un parti qui lui fait beaucoup d'honneur; il a laissé à Madrid la reine sa femme régente, et a prié madame la princesse des Ursins de demeurer auprès d'elle

---

(1) Toutes ces lettres portent pour suscription : *Pierre-Latte en Dauphiné. — Au maître de la poste pour faire tenir à Monsieur, Monsieur le marquis de la Garde, — à la Garde.*

La marquise d'Huxelles, fille de Nicolas de Bailleul, président à mortier au parlement de Paris, avait épousé en premières noces, en 1644, François de Brichanteau, marquis de Nangis, maréchal des camps et armées du roi, tué la même année au siége de Gravelines; l'année suivante elle se remaria à Louis Châlons du Blé, marquis d'Huxelles, lieutenant général des armées du roi, et perdit encore son second mari devant Gravelines, lors d'un nouveau siége de cette ville en 1658. La marquise d'Huxelles mourut le 29 avril 1712, âgée de quatre-vingt-six ans, et eut pour fils Nicolas du Blé, marquis d'Huxelles, maréchal de France en 1703.

Antoine Escalin Adhémar, marquis de la Garde, était de la même famille que le marquis de Grignan, gendre de madame de Sévigné. Il fut gouverneur des ville et châtellenie de Furnes, et mourut en son château de la Garde le 8 août 1713, âgé de quatre-vingt-dix ans.

jusqu'à son retour, car elle avoit pris congé de Leurs Majestés pour ne le pas recevoir, ayant la nation contre elle et surtout les grands. On dit qu'elle veut aller à Rome s'établir. La reine avoit témoigné à M. Amelot qu'elle lui seroit extrêmement obligée s'il vouloit demeurer pour l'assister de ses conseils pendant qu'elle seroit seule; mais il s'en est défendu, sur l'ordre exprès qu'il a reçu de s'en revenir et étant parti de Madrid le même jour que le roi d'Espagne. On l'attend à Versailles le 20 de ce mois.

Les trois régiments du Roi, de Picardie et de Piémont ne sont point entrés dans Mons.

M. de Coëtquen, ayant été fort blessé à la première canonnade du 10, a eu la jambe coupée au-dessous du genou, à Maubeuge. Il a écrit depuis à madame sa mère qui est partie avec madame sa femme.

Le [vendredi] 13 septembre 1709.

Il se répandit hier un bruit de paix entre les deux armées, qui fut suivi d'un autre bien différent, car il s'est donné un combat d'infanterie très-rude le 11, où les ennemis ont perdu autant de monde que nous; mais nous nous sommes retirés. M. le maréchal de Boufflers a été obligé de le faire, étant revenu au Quesnoy en très-bon ordre. M. le maréchal de Villars est blessé au genou; madame sa femme l'est allée trouver de Versailles cette nuit. Madame la duchesse de Guiche partit hier, parce que le duc étoit déjà arrivé au Quesnoy blessé à la jambe. Tout le reste est une si grande confusion qu'il en faut attendre une relation mieux éclaircie; mais les nouvelles de la cour sont que le mal n'est pas si grand qu'il s'est présenté d'abord ici. La cavalerie n'a point donné, et on en ressuscite beaucoup.

Voici ceux que l'on dit tués et blessés jusqu'à présent : M. le maréchal de Villars blessé au genou. M. le duc de Guiche, Albergotti, Goesbriant, blessés. Chemerault,

Palavicin, d'Angennes, Charost, tués; Béthune, blessé, et des gardes : Montaran, Montgon et Brillac, blessés. M. de Courcillon, dangereusement. Tournemine, la jambe cassée. Gondrin et le duc de Saint-Aignan, deux coups de sabre sur la tête. Le chevalier de Croy, tué. Le marquis de Nesle, blessé.

Madame de Dangeau est allée pour assister M. de Courcillon, son fils; mais on croit qu'elle ne le trouvera pas en vie, ayant eu la cuisse emportée d'un coup de canon.

Le roi a reçu hier à onze heures du soir le courrier de M. le maréchal de Boufflers; ce général a jugé à propos, après un horrible carnage de part et d'autre, de faire une retraite. On assure qu'il l'a faite en très-bon ordre et qu'il n'a pas perdu un seul canon. Notre armée est la droite au Quesnoy, la gauche à Valenciennes. Les ennemis, dit-on, ont perdu autant que nous. Marlborough, blessé. Le duc d'Albemarle, tué.

Il est sûr que M. le duc de Noailles a battu les ennemis en Catalogne près Girone', mais ce n'est pas consolation.

À Paris, le [lundi] 16 septembre 1709.

Les ennemis sont devant Mons, et M. le maréchal de Boufflers est retourné quasi au même poste, ayant mis la rivière d'Haineau devant lui. Hors le champ de bataille, il en coûte plus à l'armée ennemie qu'à nous. M. le marquis de Nangis a apporté beaucoup de drapeaux et d'étendards. M. le maréchal de Boufflers commandoit la droite et M. le maréchal de Villars la gauche. On dit que c'est quand le roi a envoyé le premier que l'autre a été pourvu de la duché-pairie, car il n'étoit que duc simplement. Sa blessure a été consultée dans l'école de chirurgie à Saint-Côme; il ne laisse pas d'y avoir du danger. Les premiers chirurgiens ont été accompagnés de beaucoup de garçons qu'on a envoyés, et, comme on rend compte à M. Maréchal, premier chirurgien du roi, de tout ce qui se passe, il lui est écrit qu'on n'a jamais tant coupé de bras, de cuisses et de jambes.

M. le prince de Lambesc s'est retrouvé prisonnier, un peu blessé, les ennemis l'ayant renvoyé. Je ne sais si on donnera des listes. On avoit fait M. de Coëtquen et le fils de M. de Dangeau morts depuis leurs blessures, mais on les ressuscitoit hier, sans grande espérance.

Les ennemis, de leur confession, sont en perte de quinze ou vingt mille hommes. On compte six de leurs lieutenants généraux tués, savoir : le prince de Nassau, stathouder de Frise ; le comte de Tilly : Top ; Spar ; Cadogan ; le sixième demeurant au bout de la plume.

On a envoyé de l'argent à l'armée, et on a déboursé 50,000 francs pour faire partir les chirurgiens.

Madame la duchesse de Luxembourg s'est trouvée dangereusement malade à Rouen, la fièvre étant survenue à un étouffement dont elle se plaignoit depuis longtemps.

On fait encore Briord tué, dans la gendarmerie.

M. le duc de Châtillon est allé trouver M. le duc de Luxembourg, son frère, à Rouen, qui est au désespoir. M. de Clérembault, en arrivant chez lui hier de ses terres de Poitou, apprit inconsidérément cette mauvaise nouvelle, qui suspendit en lui tout sentiment; M. le marquis d'Ambres et M. de Buzenval me le rapportèrent. Le bruit de la rue est que cette belle duchesse est morte bien jeune et bien vivante dans un grand lustre. Il faut que ce soit d'un abcès ; on auroit pu gager sur sa vie.

Il y en a qui disent que la pairie de M. le maréchal de Villars n'est pas sûre; au moins sa sœur n'en convient pas.

A Paris, le [mercredi] 18 septembre 1709.

M. le marquis de Nangis est arrivé. Il a été une heure avec le roi et a apporté trente-sept ou quarante drapeaux ou étendards, qui seront portés à Notre-Dame; il y aura une messe célébrée par M. le cardinal de Noailles. Notre armée étoit toujours sur l'Haineau, et les ennemis sur Mons, où il n'y avoit encore rien de commencé pour le siége. Ils sont maîtres de Saint-Guillain, d'où cent cinquante hommes que nous y avions se sont retirés.

On dit que l'on a mandé à M. le maréchal d'Harcourt de venir en Flandre avec M. le maréchal de Boufflers; en ce cas M. le comte du Bourg pourra rester seul en Allemagne.

La blessure de M. le maréchal de Villars va son train ; et on en espère bien. Il n'est point pair, comme on disoit, au moins madame de Varangeville [le nie] (1), qui est demeurée ici.

Les nouvelles de M. de Coëtquen sont bonnes. [M. de Courcillon] n'est point mort, mais sa cuisse a été coupée ; toute sa famille y est allée.

M. le marquis de Charost est mort, à ce que l'on prétend trouvé sur le champ de bataille, non expiré, mais blessé de quatre coups de fusil. Enfin ç'a été un carnage épouvantable, et la valeur françoise n'a jamais tant éclaté, au dire même des ennemis. Ils sont fort honnêtes aux prisonniers, et M. le prince Eugène a pris grand soin du petit prince de Lambesc, qui a pensé être tué de sang-froid de ceux qui l'avoient pris. Le prince d'Auvergne a paru fort empressé aussi à secourir les François, et le fils de M. de Flamarens, qui est dans la gendarmerie, écrit à son père qu'il a eu grand soin de lui ; on le renvoie même sur sa parole; pour le prince lorrain, ils en faisoient façon à cause de sa qualité.

M. l'archevêque de Rouen a retiré chez lui M. [le duc de] Luxembourg; la mort de madame sa femme fait [pitié?] [Mesdames de] Palavicin et de Chemerault n'en font pas moins; elles se sont retirées aux religieuses Récollettes; les deux maris amis, car ces quatre personnes n'en faisoient qu'une, ont été tués ensemble et enterrés

---

(1) Ces mots et ceux que nous avons mis entre [ ] dans la suite de cette lettre se trouvaient aux angles et sont déchirés.

dans la même fosse. On donne de grandes louanges particulièrement à M. et à madame de Palavicin.

Je n'ose, Monsieur, me donner l'honneur quasi de vous parler de M. de Rochebonne; mais, quoiqu'il soit de son état, recevez-en des compliments et en faites pour moi à monsieur le comte de Grignan, que je remercie du souvenir dont il m'a honorée dans sa lettre à M. le marquis d'Ambres. Je ne tiens plus madame de Simiane auprès de vous.

A Paris, le [vendredi] 20 septembre 1709.

Le prince Eugène et le duc de Marlborough ont dit à ceux qui sont déjà revenus sur leur parole qu'ils vouloient faire le siége de Mons. On dit que M. le chevalier de Luxembourg y a jeté un régiment de dragons; il n'est pas impossible qu'il n'y ait encore une action pour l'empêcher.

M. le marquis de Nangis s'en est retourné, après avoir présenté au roi trente-quatre drapeaux ou étendards, quasi tous anglois et hollandois.

Le roi d'Angleterre a été reconnu de la nation angloise, combattant à pied à la tête de nos grenadiers et n'ayant pas voulu cacher son ordre. Milord Schelton, qui avoit été pris deux jours auparavant le combat et reçu du milord Marlborough, lequel l'a renvoyé ici, rapporte qu'il l'avoit bien reconnu aussi et qu'il s'en étoit éloigné par respect, l'appelant pourtant le prince de Galles, mais lui donnant beaucoup de louanges. On ne se peut faire plus d'honnêtetés que les deux Anglois s'en sont faites, Marlborough ouvrant sa bourse à l'autre, qui en prit 50 pistoles pour le conduire ici; enfin tous les Anglois ont bu à la santé du roi d'Angleterre, c'est-à-dire les soldats.

On dit oui et non pour le retour de M. le maréchal d'Harcourt en Flandre, où M. le maréchal de Boufflers est sur l'Haineau et à Keverain.

M. le maréchal de Villars se portoit assez bien de sa blessure par les derniers venus, M. de Coëtquen de même, et on espéroit de M. de Courcillon, quoique la cuisse coupée bien haut; mais il n'a pas été blessé d'un coup de canon, c'est d'un gros mousquet. Il n'y a pas de doute de la mort de Briord ni de celle du marquis de Charost, dont le roi a donné le régiment à M. le duc de Béthune. Le chevalier de Croy est revenu nu comme la main, que l'on disoit tué. Il y en a de ressuscités, mais on n'a point donné de liste exacte.

Le roi de Suède se retrouve vivant et guéri, à ce que disent les étrangers, à l'embouchure du Borysthène, vers la mer Noire, chez les Turcs.

Il s'écrit de Strasbourg que le comte de Mercy a rejoint en bonne santé, avec les débris de son corps, le général Tunghen et qu'ils font mine de vouloir remonter sur leur bête; mais les Suisses sont en colère et ne les laisseront point passer. Notre ambassadeur les a harangués comme il faut.

Le [lundi] 23 septembre 1709.

On vouloit hier que les ennemis se fussent retirés de Mons, mais on n'en disoit rien à Versailles, sinon qu'ils n'avoient pas encore ouvert la tranchée et qu'on travailloit à des fascines. Le fils de M. de Flamarens a encore apporté qu'étant allé le lendemain de l'action sur le champ de bataille avec le prince Eugène et le duc de Marlborough, milord Schelton aussi, on avoit jugé qu'il pouvoit y avoir vingt-cinq mille hommes, un tiers des nôtres et les deux autres tiers des leurs. C'étoit un spectacle horrible à voir. Le roi va mercredi à Marly pour jusqu'à la Toussaint. Il a fait un maréchal de France, qui est M. d'Artagnan; on le dit le plus ancien, et que M. le maréchal d'Harcourt demeure en Allemagne.

M. Amelot arriva avant-hier. Le bruit court que le roi d'Espagne lui a donné une grandesse pour M. de Chalais et faire le mariage de sa fille avec lui, madame la princesse des Ursins ayant pu être de cette affaire, afin de mettre les honneurs dans la maison de M. son premier mari; d'autres disent M. de Lanti, Romain, fils de feu madame sa sœur.

M. le maréchal de Villars est pourvu cette fois de la pairie, Sa Majesté l'en ayant gratifié; sa blessure va bien, mais elle sera longue à guérir. On dit celle de M. le duc de Guiche de même, que M. de Coëtquen se tirera de la sienne, mais que le dévoiement survenu à M. de Courcillon le met en grand danger.

M. le duc de Béthune n'avoit point de nouvelles hier que le roi leur eût conservé le régiment de Charost, et M. de Saint-Laurent n'avoit pas encore celui de Nice, qui vaque par la mort de son fils. Les deux brigades des gardes étoient seulement données.

M. de Barbezières ne croyoit pas mourir en arrivant de Chantilly; ces deux gouvernements de Saint-Quentin et de Gravelines ont beaucoup de demandeurs, entre lesquels on nomme M. de Biron.

Madame de Vaubecourt dit qu'il n'y a point de grandesse.

A Paris, le [mercredi] 25 septembre 1709.

Le bruit qui a couru que les ennemis ne faisoient plus le siége de Mons a été fondé sur leur inaction. On dit à présent que ce dessein continue et qu'ils attendoient seulement leur grosse artillerie, qui est arrivée.

Le roi n'alla point à la chasse avant-hier, mais il donna une longue audience à M. Amelot et l'embrassa, à ce que l'on dit.

La disposition, à ce que l'on prétend, des gouvernements de Saint-Quentin et de Gravelines comme des emplois de guerre vacants se fera à Marly.

Les nouvelles d'Espagne sont que Staremberg a repassé la Segra, sur le bruit de l'approche de Sa Majesté Catholique.

L'abbé de Polignac revient; on ne sait pas positivement

pourquoi ce retour, mais il est fort bien avec le ministre. On veut que ce soit pour aller à la paix ; d'autres nomment M. Amelot.

Le marché de la maison de madame de Villetaneuse fut signé hier avec M. le duc de Roquelaure à 130,000 livres, compris les glaces.

M. Voisin a fait un grand changement dans les Invalides pour les officiers.

M. de Chamillart est revenu à petit bruit, mais il doit retourner au pays du Maine faire l'acquisition de Courcelles. Je ne sais s'il ne songe point encore au bourg d'Averton.

Madame de Bouillon est allée passer quinze jours auprès de M. de Vendôme à Anet.

A Paris, le [jeudi] 26 septembre 1709.

M. de Buzenval est revenu balafré et prisonnier du comte de Lotron. Tous ceux qui reviennent font horreur du champ de bataille.

M. de Livry est entré dans Mons avec onze cents hommes. La garnison y est foible, composée de Wallons et de Bavarois. Il n'y a point de nouvelles sûres que la tranchée y soit ouverte.

Il a couru aujourd'hui un bruit à Paris que M. le marquis de Nangis avoit le régiment du Roi, le gouvernement de Gravelines se donnant à celui qui le commande à présent. On a dit encore que M. le maréchal de Villars demande le gouvernement de Saint-Quentin pour le comte de Villars, son frère.

Il s'écrit de Madrid que le roi d'Espagne est arrivé le 11 à Saragosse, reçu à merveille, excuses à M. le maréchal de Bezons et une si belle disposition dans l'armée qu'il y auroit un combat si Staremberg ne repassoit la Sègre.

La mercede de M. Amelot est véritablement la grandesse pour marier mademoiselle sa fille à un grand seigneur de France. Le comte de Veraguas a l'emploi des finances, qui promet 60,000 pistoles à M. le duc de Noailles pour faire le siége de Girone.

Le [vendredi] 27 septembre.

On dit toujours Mons assiégé ; mais il n'y a point encore de tranchée ouverte. M. de Livry s'y est jeté avec douze cents hommes. Le fils de M. de Buzenval est revenu sur sa parole prisonnier. C'est une chose épouvantable que l'état où se trouve la gendarmerie ; vous y avez perdu, Monsieur, un sujet de réputation. Le fils de ce pauvre Briord se tournoit encore à merveilles ; enfin nous avons bien vu tuer du monde. Dieu vous conserve et moi aussi. M. l'abbé de Polignac revenant de Rome à Paris ne fait pas de si tristes réflexions. La mort de madame la duchesse de Luxembourg ne laisse pas d'être une belle matière, sans qu'il soit question de politiquer ni de songer à être plénipotentiaire. Le pauvre M. de Clérembault court risque d'en mourir plus tôt que de son âge, la fièvre lui étant survenue.

A Paris, le [mercredi] 2 octobre 1709.

Il y a confirmation de l'ouverture de la tranchée à Mons du 26 au 27. Le temps se fait mauvais, et il arrive des troupes à notre armée.

On est à tout moment dans l'attente d'une action en Espagne, un courrier de M. le maréchal de Bezons, qu'on a renvoyé au même instant, ayant apporté que le roi étoit comme en présence avec ses ennemis.

M. Amelot n'a point été à Marly, mais prendre du repos dans sa maison à Issy.

Le roi reviendra le 12. On dit que les gouvernements se doivent donner aujourd'hui. On saura aussi sur quoi fondé le bruit qui a tant couru de M. le marquis de Nangis pour le régiment du Roi. Il faut changer : c'est M. de Mérinville qui a les gendarmes de la Reine et M. de Buzenval les chevau-légers. Toute la gendarmerie est remplie.

Je crois avoir mandé que M. de Surville est à Marly et madame la comteste de Tessé, grande d'Espagne, pour la première fois.

M. le prince de Vaudemont est revenu de Commercy.

Je n'ai rien ouï dire de M. le maréchal de Villars depuis les dernières nouvelles que tout alloit mieux. Les autres blessés n'avoient point d'accidents. Le régiment d'Alsace a vaqué par la mort du fils de M. de Montcault, qui en étoit colonel, mort chez les ennemis, la jambe ou cuisse coupée.

A Paris, le [vendredi] 4 octobre 1709.

Le temps est contraire au siége de Mons, et les nouvelles en sont assez incertaines. On veut que rien ne manque au dedans à présent et que M. de Livry soit brigadier à cause du monde qu'il y a introduit. On parle aussi d'une sortie que nous avons faite, au dommage des ennemis.

Il n'y avoit point encore hier au soir de nouvelles du retour de M. le premier chirurgien du roi, mais on disoit M. le maréchal de Villars revenu de ses accidents et les autres blessés se portant bien. Le duc de Saint-Aignan et quantité d'autres sont à Cambray, dont M. l'archevêque fait prendre beaucoup de soin, particulièrement du premier.

On dit que M. de Chartres d'à présent supplie le roi de le dispenser comme indigne. Il s'écrit d'un autre côté que madame la princesse des Ursins ne juge pas que l'archevêché de Tolède le soit de M. le cardinal de la Trémoille.

La mort du grand-duc est imprimée dans la gazette d'Hollande, mais c'est le grand prince, qui étoit fort malade par les derniers avis d'Italie.

Voici les régiments donnés : le régiment Royal de la marine à M. Desmaretz ; celui de M. Desmaretz à un parent de M. d'Artagnan ; le régiment de Charost à M. le duc de Béthune pour M. son petit-fils et pour vendre; le régiment de Croy à un frère du mort; le régiment de Montcault à un autre frère du défunt.

A Paris, le [lundi] 7 octobre 1709.

Les nouvelles de M. le maréchal de Villars sont fort bonnes aujourd'hui, ce bon état attribué à la visite de M. le premier chirurgien du roi. On dit même que madame la maréchale de Villars écrit qu'elle espère bientôt ramener M. son mari.

Je ne sais rien des mouvements de notre armée; on dit des ennemis qu'ils continuent leur siége, où le temps devient pluvieux et mauvais.

Il y en a qui veulent qu'il soit difficile au roi d'Espagne de pouvoir attaquer Staremberg dans son poste, où il s'est bien retranché et muni de subsistance.

L'électeur de Bavière a été reçu à Chantilly de la manière qu'il convient au plus beau lieu du monde, soit pour la chasse et autres plaisirs, monseigneur le Duc en faisant bien les honneurs. Il en reviendra à la cour le 18.

La sérénissime république de Venise s'opposant aux menaces de s'en ressentir sur la parenté du cardinal Ottobon, s'il acceptoit la protection de la France que le roi lui a donnée en la place du cardinal de Médicis, Sa Majesté lui a déclaré la guerre et a fait dire à son ambassadeur qu'elle rappeloit M. l'abbé de Pomponne, mais que pour lui Mocenigo, très satisfait de sa conduite personnelle en cette cour, il pouvoit en toute sûreté attendre ici les ordres de ses maîtres.

A Paris, le [vendredi] 11 octobre 1709.

Le retour de M. Maréchal n'étoit pas encore certain. Le roi a envoyé 100,000 francs aux blessés de l'armée. On dit que M. le maréchal de Boufflers a tout pouvoir pour agir au secours de Mons. Les ennemis y ont pris un petit ouvrage détaché des fortifications de la ville.

L'électeur de Bavière est retourné à Compiègne, et il n'a point été question de mademoiselle de Montigny. Il s'est fort diverti à Chantilly, et c'est la maladie de monseigneur le Duc qui l'a fait retourner. Madame la Princesse et madame la Duchesse se sont rendues auprès de Son Altesse Sérénissime, laquelle on a saignée et purgée avec de l'émétique; elle se portoit mieux hier. Il étoit question de goutte et de grands vomissements.

La cour revient demain à Versailles, et Monseigneur ira lundi à Rambouillet, sa suite avec lui, M. le comte de Toulouse se proposant de bien recevoir tout le monde. Monseigneur le duc de Berry sera de la partie.

M. de Bagnols fut attaqué, il y a deux jours, d'apoplexie et mourut sans connoissance; madame sa femme s'est retirée aux Récollettes. M. et madame de Coulanges revinrent de Choisy, et on se fait écrire chez eux. C'est M. de Harlay qui monte à la place de conseiller d'État ordinaire, et M. Bignon remplit la place vacante qu'on lui avoit promise.

Le commandant de Toulon, qui étoit M. de Charmasem, est mort aussi; on dit que cela lui valoit 18,000 livres de rente.

A Paris, le [lundi] 14 octobre 1709.

Le roi d'Espagne est retourné à Madrid, après lui avoir été impossible de combattre Staremberg; le comte d'Aguilar l'a suivi. C'est M. le maréchal de Bezons qui est resté au commandement de son armée, le chevalier de Caylus commandant les Espagnols sous lui; le combat de celui-ci, l'ayant obligé de quitter la France, l'a fort avancé, car il n'était que major dans le régiment de Lautrec. Le maréchal de Bezons a envoyé un courrier ici, parti le 2, pour demander au roi la permission de recevoir la Toison d'or, dont le roi d'Espagne l'a voulu gratifier.

C'est le grand inquisiteur qui a eu l'archevêché de Tolède : il est dominicain, et étoit archevêque de Saragosse.

On ne sait guère de nouvelles du siége de Mons; mais il y en de très-bonnes de la blessure de M. le maréchal de Villars, dont M. Maréchal a rendu compte à Sa Majesté, qui a donné au comte son frère le gouvernement de Gravelines, comme celui de Saint-Quentin à M. de Montesson, des gardes du corps : cette affaire fut déclarée hier.

M. de la Trémoille ne pouvant aller présider aux états de Bretagne, étant son tour, le roi a commis en sa place M. le prince de Léon[1], qu'il a gratifié d'une somme de 1,000 pistoles.

C'est de la cassette que les 100,000 francs pour les blessés de l'armée ont été tirés.

M. de Bernières, intendant de Flandre, arrive en poste, on ne sait encore pourquoi.

Le [mardi] 15 octobre 1709.

Le roi n'a pas permis à M. le maréchal de Bezons d'accepter la Toison d'or, et on dit que Sa Majesté lui ordonne de s'en revenir et de ramener nos troupes d'Espagne.

M. le maréchal de Berwick reviendra du Dauphiné en Flandre pour nous commander, afin de donner le moyen à M. le maréchal de Boufflers de se venir reposer, en ayant grand besoin et se trouvant fort incommodé.

M. le président de Mesmes a vendu sa charge de prévôt de l'Ordre 200,000 francs à M. de Pontchartrain, avec la permission du roi de porter toujours le Saint-Esprit, Sa Majesté en ayant accordé le brevet.

M. de Bernières n'est point encore repassé; son voyage a donné de la curiosité. On dit que c'est afin de prendre des mesures pour mieux pourvoir aux hôpitaux et à la conduite des munitionnaires, attendu que M. Maréchal a représenté au roi qu'il étoit mort bien des blessés faute de médicaments et que les troupes étoient nourries d'un si mauvais pain qu'on pouvoit les mettre en danger de périr.

Monseigneur le Duc continue d'être malade à Chantilly, son mal étant une espèce de goutte qui a paru et lui a donné d'autres accidents, qui sont des vomissements. On disoit hier qu'il étoit venu un de ses médecins pour consulter M. Fagon.

Mons va son train, mais on n'en dit point de nouvelles.

On dit que le traité de M. de Savoie avec l'empereur est à renouveler, comme les gazettes l'ont imprimé, mais qu'il demande gros.

A Paris, le (jeudi) 17 octobre 1709.

M. le maréchal de Berwick arriva hier au soir à Versailles et salua le roi ; il a été ce matin à Saint-Germain voir apparemment madame sa femme, et revenu à Chaillot pour la reine d'Angleterre, étant parti de là pour aller en Flandre. M. de Bernières a pris la même route ce matin aussi.

Les lettres de Valenciennes du 13 portent que les assiégeants de Mons y vont lentement, la pluie les ayant fort incommodés ; qu'ils s'attachent au côté par lequel il fut pris quand le roi l'assiégea et que, nonobstant leur peine, il se fait à Bruxelles des préparatifs comme s'ils vouloient encore assiéger Maubeuge ; c'est au moins leur bruit.

M. le maréchal de Villars s'est trouvé plus mal depuis le départ de M. Maréchal. Le Dran lui a fait une petite incision pour tirer un petit os qui vouloit sortir, dont il s'est bien trouvé. On attendoit une litière pour ramener M. de Courcillon, et M. de Coëtquen est en état de revenir de son côté. La guérison de M. le duc de Guiche n'est pas si avancée. M. le comte de Broglio a battu un parti ennemi au fourrage, commandé par un comte de Lobkowitz; il y a bien eu des gens tués, des prisonniers et des chevaux pris avec leurs trousses.

Le roi donne à M. de Pontchartrain un brevet de retenue de la somme entière de 205,000 livres de la charge de prévôt de l'Ordre, et M. le chancelier la paye en quatre ans, 50,000 livres chacun. Monseigneur le Duc est toujours incommodé à Chantilly; le roi y a envoyé un ordinaire s'informer avec empressement de sa santé.

Les troupes d'Espagne reviennent assurément.

Le roi n'a point donné à M. le duc de Béthune la liberté de vendre le régiment; c'est pour le fils du second lit; mais comme il est encore trop jeune, le lieutenant colonel le commandera avec une commission particulière.

A Paris, le [lundi] 21 octobre 1709.

Les nouvelles de Mons sont incertaines : les uns disent une contrescarpe prise, les autres non. Le corps de M. de Luxembourg a été renforcé assez considérablement pour couvrir Charleroy.

M. de Saint-Frémont amène un détachement de dix bataillons d'Allemagne, qui doivent arriver demain à Charleville et à Mézières.

Il y a des lettres de M. d'Arpajon du 2 qui portent que nos troupes d'Espagne commençoient à défiler.

M. le maréchal de Berwick ne vit point la reine d'Angleterre en passant; il n'en eut pas le temps, et, après avoir été enfermé trois heures avec le roi, il lui promit de partir de Saint-Germain à deux heures après minuit, ce qu'il fit. Les quatre maréchaux apparemment auront décidé de ce qui se peut faire pour le secours de la ville assiégée.

Les fermes des postes ont été renouvelées, et le roi a

gratifié M. de Torcy de 40,000 écus en six ans, à payer 20,000 francs par an.

Il y a bien du bruit parmi tous les munitionnaires ; on dit qu'il s'est présenté une compagnie nouvelle et qu'on attaque M. de la Cour, auquel on a envoyé garnison chez lui. On dit aussi qu'il loue à madame la duchesse de Mantoue cette grande maison appelée l'hôtel de Travers, bâtie pour M. de Chamillart, qui a coûté furieusement, en ayant encore une plus belle au bout de la rue Richelieu.

M. le duc de Lauzun, qui vient souvent chez M. le marquis d'Ambres, me demanda fort de vos nouvelles hier, Monsieur, en se souvenant avec plaisir de votre ancienne amitié et me priant de vous faire cent mille compliments de sa part, ce dont je m'acquitte avec autant de joie qu'il m'en a paru en lui.

M. l'évêque d'Évreux est mort.

Le [mercredi] 23 octobre 1709.

On ne sait pas trop de nouvelles du siége de Mons ; on dit du 14 les contrescarpes prises. On ignore aussi le sujet du voyage de M. le prince Eugène à Bruxelles ; on a dit même qu'il pourroit passer en Hollande.

Le conseil s'est tenu entre les quatre maréchaux, mais avec de la difficulté, suivant le bruit, pour conclure ce qu'il y a de meilleur à faire, M. le maréchal de Boufflers ne revenant point.

M. de Courcillon a donné de l'inquiétude depuis quelques jours, et on ne l'a pas trouvé en état de revenir.

C'est en dix-huit mois que la charge de prévôt de l'Ordre se doit payer à M. le président de Mesmes. M. le duc de Lauzun prête 50,000 francs à M. le chancelier, un quart dans le total en billets de monnoie.

Monseigneur le Duc est toujours incommodé à Chantilly. Monseigneur vient demain à Meudon. M. le comte de Toulouse a bien fait les honneurs, avec grande dépense, à Rambouillet.

M. de Chamillart partit tout seul, il y a huit jours, pour Courcelles. Madame la duchesse de la Feuillade et madame de Cany l'ont suivi deux jours après; madame de Chamillart étoit restée avec madame de Dreux jusqu'après la fête, afin d'achever le délogement; mais elles partiront ensuite, et on dit que c'est pour longtemps quant à M de Chamillart.

A Paris, le [jeudi] 24 octobre 1709.

Mons s'est rendu le 21; les conditions ne s'en disent pas encore ce soir. Il se fait un camp retranché à Maubeuge et un autre à Charleroy. Le prince Eugène n'avoit pas fait de séjour à Bruxelles et étoit revenu à son armée. M. le maréchal de Villars avoit de l'inflammation à sa plaie, causée par un cruel abcès et un os qui paroissoit fêlé; on espère pourtant que ce ne sera rien, mais il est à craindre que sa guérison ne soit longue. M. de Courcillon se reporte bien et avec sa même tranquillité.

On dit que le prince royal de Prusse se veut faire catholique et que l'électeur de Brandebourg, son père, demande des jésuites au pape pour l'instruire, disant ne le vouloir pas contraindre sur le choix de la religion; cette vocation étant reportée à prendre déjà des mesures pour se faire élire roi des Romains. L'électeur d'Hanovre, pouvant aussi songer à la même chose, expose au Souverain Pontife qu'ayant dans son électorat beaucoup de sujets de notre communion qui en demandent la liberté, il est bien aise de leur accorder, demandant aussi au pape des pères de la société pour s'établir dans ses États.

M. l'abbé de Polignac a été malade et saigné deux fois depuis son arrivée, logeant chez madame de Mailly, dame d'atours à Versailles. On y a fait l'opération à madame la comtesse de Saint-Géran.

M. l'avocat général le Nain est mort ce matin, en trois jours, de la fièvre et d'une fluxion sur la poitrine, âgé de trente-huit à quarante ans. C'est une grande perte pour le public, car il étoit rempli de tout le mérite de sa profession et de la vertu de sa race.

A Paris, le [vendredi] 25 octobre 1709.

Mons a capitulé le 20. La garnison étoit foible, mais la place ne manquoit pas de vivres. Les Espagnols sont sortis avec quatre pièces de canon, deux mortiers, et ont été conduits à Namur, les François à Condé et les Bavarois à Maubeuge. Le prince Eugène vouloit retenir le comte de Bergeyck pour lui faire rendre compte à l'empereur des revenus des Pays-Bas depuis la mort du roi d'Espagne ; mais enfin on est convenu que son frère et son neveu demeureroient en otages pour le payement de ce qui est dû à la ville.

Du [lundi] 28 octobre.

On a dit que les ennemis marchoient du côté de Charleroi ; cependant il s'établit que l'on parle du quartier d'hiver partout, que le général des Prussiens a déjà pris congé des alliés en Flandre et qu'on a vu beaucoup d'expéditions au bureau de M. Voisin.

M. le duc de Guiche est revenu sans être en état de marcher. On continue de dire que M. le maréchal de Villars ne le pourra faire de longtemps et qu'il court risque de boiter. Pour M. de Courcillon, ce sera un miracle s'il en revient.

Il fut dit hier que les vomissements de monseigneur le Duc étoient revenus au bout de quatre jours qu'il ne s'en étoit pas senti.

Feu M. l'évêque de Chartres a donné tout son patrimoine à son neveu, l'évêque d'aujourd'hui, comme sa chapelle et ses livres, dont madame sa sœur et autres héritiers ne sont pas bien contents. Le roi y a joint l'abbaye d'Igny, qui vaut 12 ou 14,000 livres de rente ; ainsi le jeune prélat aura de quoi soutenir l'épiscopat et les pauvres de son diocèse, se proposant toujours indigne d'une telle charge. On dit aussi que l'abbaye nouvelle est en rendant celle qu'il avoit.

M. de Pontchartrain fut reçu hier à Versailles prévôt de l'Ordre ; tous les commandeurs et chevaliers, ayant été avertis, s'y sont trouvés.

Mademoiselle de la Motte d'Argencourt est morte à Chaillot.

A Paris, le [mardi] 29 otobre 1709.

On a envoyé à M. le maréchal de Villars une litière du roi pour le ramener. On dit qu'il fera son établissement à Versailles, et que Sa Majesté lui donne le logement de feu monseigneur le prince de Conty, se portant de mieux en mieux de sa blessure.

M. le duc de Guiche est allé porter ses béquilles aussi à la cour.

On dit que madame la duchesse de Gramont a conclu son marché, et qu'elle paye à M. de Chamillart la somme de 80,000 livres de l'Étang, qu'elle achète.

L'électeur de Bavière arrivera le 5 du mois prochain à Paris et logera chez M. de Monasterol, où il tiendra table soir et matin. Madame de Monasterol, lui cédant la place, s'est déjà retirée chez madame la présidente d'Osembray, où elle habitera autant de temps que l'électeur sera dans sa maison. Il verra le roi à Marly, qui s'y en va le lendemain de la Toussaint. Tout se passera incognito.

La gendarmerie aura, comme l'année passée, les quartiers d'hiver en Normandie. Il vient bien des troupes dans la généralité de Paris, et les chemins pourront bien n'être pas sûrs. Le carrosse de Reims a été volé depuis deux jours.

La charge d'avocat général n'est pas encore remplie ; M. Chauvelin la demande pour son fils, qui a été admiré au conseil, dans le rapport qu'il a fait de l'affaire de madame de Cauvisson.

Madame la comtesse d'Uzès a acheté l'hôtel de Rambouillet sous son nom et remboursé de même mademoiselle de la Motte, qui s'est trouvée, depuis sa mort, créancière d'une somme de 20,000 livres prêtée à feu M. de Montausier ou à madame sa fille.

A Paris, le [jeudi] 31 octobre.

Le prince Eugène a déclaré à un de nos François qui a été dans Mons que, comme il a toujours fait part de sa marche, il auroit bien voulu ne se pas retirer sitôt, mais qu'enfin leur campagne étoit finie, les Brandebourgeois et autres alliés ayant voulu se retirer. Nous nous séparons donc aussi, et tous les quartiers d'hiver sont partis.

C'est le roi qui a proposé à M. le maréchal de Villars de se venir établir à Versailles pour être plus proche de Sa Majesté et de son premier chirurgien, lui ayant prêté le logement de feu monseigneur le prince de Conty, qui est plus commode que le sien. Il partira après demain du Quesnoy, s'il est en état ; car on compte qu'il en a encore pour longtemps.

M. Chauvelin est avocat général moyennant 400,000 francs, 350,000 pour la fixation de cette charge, le roi gratifiant du surplus le fils de feu M. le Nain.

L'ambassadeur de Venise a représenté ici que c'est un malentendu que ce qu'on leur a imposé, et que sa république ne prétend point exclure de leurs conseils la famille des Ottobons, en ayant écrit au cardinal, qui en écrit lui-même au roi. Ainsi on croit cette affaire en terme d'accommodement.

M. le duc de Guiche eut la dernière fois une longue audience de Sa Majesté ; on croit qu'il fut question d'examiner beaucoup de choses touchant le régiment des gardes.

Le roi va à Marly le 2 pour y célébrer la Saint-Hubert. Le logement de monseigneur le Duc est déjà marqué pour l'électeur de Bavière en cas qu'il y veuille aller le 7, ce que l'on ne sait point encore.

Les troupes qui revenoient d'Espagne ont reçu un contre-ordre.

Fin du sermon du R. P. de la Rue, prononcé devant le roi à Versailles le 1er jour de novembre 1709.

« Car enfin, ô mon Dieu, vous êtes irrité contre nous, et vous êtes justement irrité. Votre colère se déclare par les fléaux dont nous sommes frappés et accablés. La nature s'intéresse à vous venger ; de là vient que nous voyons les saisons dérangées et les éléments confondus. Il semble que ce n'est qu'à regret que le soleil nous prête sa lumière, et l'or et l'argent paroissent être rentrés dans les entrailles de la terre, qui les a produits. Nos péchés sont montés jusqu'à votre trône, Seigneur ; mais vous avez promis que vous ne mépriseriez pas un cœur humilié, et vous en voyez au pied de vos tabernacles qui ne sont pas indignes de vos attentions. Sire, je vous parle avec d'autant plus de liberté que les vérités que j'avance à votre peuple sont les sentiments intérieurs de votre cœur. Le commencement de votre règne a été amer et difficile ; la fin en est encore plus laborieuse, et l'intervalle qui touche à ces extrémités a été semé de lis et de roses. Peut-être avez-vous négligé de les renvoyer à Dieu seul ; il les reprend et sa justice se dédommage. C'est de là que viennent tant d'ennemis, que dis-je, Sire, des ennemis ! Ce sont des instruments dont la Providence se sert pour achever le grand ouvrage de votre sanctification. Encore un peu de temps, les verges des infidèles seront jetées au feu. Nous avons lieu de croire que sa miséricorde étoit contente dans le grand combat où la victoire a paru revenir à vous; elle est retournée encore une fois, mais teinte du sang de vos ennemis. Ne puis-je donc pas vous dire aujourd'hui, Sire, en finissant ce discours, ce que disoit autrefois Jésus-Christ à saint Pierre en lui lavant les pieds : Laissez-moi faire ce que vous ne comprenez pas aujourd'hui, un jour vous le comprendrez. Mes voies vous sont inconnues; les routes dans lesquelles je vous fais entrer vous paroissent étrangères; mais, quand le rideau sera tiré et que le petit nombre de jours sera écoulé, vous verrez que je n'ai pensé qu'à vous rendre heureux dans l'éternité que je vous souhaite. »

Le jésuite, Monsieur, ne vous déplaira pas; je n'ai point d'autres nouvelles aujourd'hui.

A Versailles, le [vendredi] 1er novembre.

Le roi a donné l'évêché d'Évreux à M. l'abbé d'Heudicourt; l'abbaye de Fontenets, diocèse d'Autun, à M. l'abbé de Masnadau; l'abbaye de Saint-Calés, diocèse du Mans, à M. l'abbé Clément; l'abbaye de l'Aumosne ou le petit Cîteaux, diocèse de Chartres, à M. l'abbé du Pré; l'abbaye de Menat, diocèse de Clermont, à M. l'abbé d'Harcourt ; l'abbaye de Saint-André de Vienne à M. l'archevêque de Vienne; l'abbaye de Notre-Dame de Vertus à M. l'abbé de Saron.

Le [samedi] 2 novembre 1709.

Madame la princesse de Conty a été prévenue de toutes sortes d'honnêtetés du roi, par un ordinaire de sa part, pour prêter le logement de feu monseigneur le prince de Conty à M. le maréchal de Villars, cet emprunt fondé sur ce qu'il sera vacant apparemment la première année de son deuil. Sa Majesté prend grand soin de ce maréchal, et on dit qu'elle l'ira voir. Quant à sa plaie, M. Maréchal ne fait pas d'état de ce que les chirurgiens en ont écrit en dernier lieu, répondant de le guérir.

On dit que les maréchaux de France reviendront tous, et que M. le chevalier de Luxembourg, M. le comte de Villars, Puiguyon et un autre resteront pour le quartier d'hiver, le premier du côté de Charleroy et le second à Maubeuge, où notre armée travaille à des camps retranchés.

M. de Torcy a acheté le marquisat de Sablé et Bois-Dauphin 450,000 livres.

On dit que le marché de madame la duchesse de Gramont pour l'Étang n'a pas eu de conclusion, et que M. de Chamillart en prétend vendre les matériaux aux architectes.

Du [lundi] 4 novembre 1709.

M. le maréchal d'Artagnan demeurera en Flandre. L'électeur de Bavière est attendu ici; tous les lustres et autres ornements sont empruntés de M. de Monasterol pour la décoration de sa maison, où il logera, et de madame d'Arcques, qui prétend lui donner une fête dans la sienne. Ce qu'il y a de meilleur, c'est que M. Desmaretz lui prépare de l'argent comptant. Il ira voir le roi le lendemain de son arrivée, mais sans coucher à Marly.

Il s'écrit de Genève et de Gênes que les Impériaux ont surpris Casal, cette nouvelle méritant confirmation, mais étant importante.

Le roi a déclaré pour son ambassadeur à la Porte M. des Alleurs, M. Feriol revenant guéri pourtant, mais hors d'état peut-être de continuer ses fonctions.

On parle toujours de l'acquisition de l'Étang pour madame la duchesse de Gramont; elle a été proposée à M. Voisin, mais il répondit qu'il ne vouloit point avoir de maison que celle du roi, parce que cela le détourneroit de la seule application qu'il vouloit avoir, laquelle étoit celle du service.

L'affaire du Port-Royal des Champs est finie par la bulle de réunion du pape à celui de cette ville et le jugement de l'officialité. M. d'Argenson a été prendre avec plusieurs carrosses les vieilles religieuses au nombre de quatorze ou quinze qui y étoient, et on les sépare dans d'autres couvents à Saint-Denis, à Rouen, à Chartres et au Mans. On disoit hier que ces maisons-là ont déjà écrit pour supplier qu'elles n'y fussent point envoyées et que le Port-Royal de Paris ne veut point aller à la campagne, où les bâtiments deviendront des fermes seulement.

Le [mardi] 5 novembre 1709.

Ce fut il y a aujourd'hui huit jours que M. d'Argenson se présenta aux portes du Port-Royal des Champs de la part du roi. Elles lui furent ouvertes; et la volonté de Sa Majesté ayant été déclarée à la mère prieure, elle assembla le chapitre, afin de la faire savoir; cela dura jusqu'à midi sans mouvement aucun ni pleurs des religieuses, mais un silence respectueux accompagné de soumission à ses ordres. La prieure demanda à M. d'Argenson s'il voudroit bien leur donner le temps de faire leur petit paquet; comme il lui répondit qu'il ne s'en étoit pas expliqué avec le roi, mais qu'il le prendroit sur lui, elle l'en remercia, disant que, n'en ayant pas l'ordre, il n'y avoit qu'à partir sans aucun paquet, mais un bâton et le seul bréviaire. Il y avoit huit carrosses et quelques chaises, où toute cette pauvre troupe fut mise. On a laissé des soldats dans le monastère pour le garder. On prétend que le roi dit à M. de Chevreuse, la chose répandue, qu'il lui avoit ôté des voisines et que la prieure s'y étoit comportée fort sagement, M. le duc de Beauvilliers appelé à la con-

versation. Elles ne dînèrent point, parce que les sœurs
converses du corps de la communauté ne purent rien
apprêter, mais on leur fit prendre un peu de pain et de
vin. Voilà, Monsieur, de quoi méditer dans vos prières,
en présence de Dieu.

Sœur Louise-Anastasie du Mesnil, prieure, envoyée à
Blois, aux Ursulines, et la sœur Françoise-Agnès de Sainte-
Marthe dans la même ville, à la Visitation. Sœur ......,
sous-prieure, à Rouen, et sœur Euphrasie Robert aux Ur-
sulines, à Mantes; elle a quatre-vingt-six ans et est pa-
ralytique. Sœur Anne-Cécile, âgée de quatre-vingt-sept
ans, et sœur Madeleine-Cécile Chantres, à Amiens. Sœur
Apolline conduite de Beauvais à Compiègne, sœur Marie-
Catherine Isalis et sœur Céline Benoise à Meaux. Sœur
Marguerite-Lucie Pepin, nièce de M. Varet, et sœur Sophie
Flexelles à Autun. Sœur Françoise-Agathe le Juge et sœur
Gertrude du Vallois à Chartres. Sœur Françoise-Madeleine
le Vavasseur et sœur Amédée de Sainte-Marie le Coutu-
rier à Nevers et à Moulins. Sœur Justine, converse, reçue
pour être du chœur, suivant le vœu de madame de la
Feuillade, à Soigny au Perche. Sœur Tarcile, sœur Blan-
dine, converses, aux Ursulines de Saint-Denis. Sœur Anne-
Marie, converse, aux Annonciades de Saint-Denis. Sœur
Opportune, sœur Basilice, qui sont deux sœurs, et sœur
Aurélie à Chartres et à Saint-Denis.

A Paris, le [mercredi] 6 novembre 1709.

L'électeur de Bavière arrive aujourd'hui et va demain
à Marly. Le roi a chargé M. d'Antin du soin de sa personne pour la conduire et lui donner à manger. Le comte
de Bergeyck est revenu ici, et tout le monde revient de
l'armée. Du côté des ennemis on se sépare aussi, et on dit
que le prince Eugène et le duc de Marlborough vont à la
Haye faire un tour, après quoi le premier reviendra à
Bruxelles et l'autre passera en Angleterre, l'ayant écrit

à M. le maréchal de Berwick, avec lequel il a un commerce d'oncle à neveu. Ce maréchal est attendu en cette cour comme celui de Boufflers.

On avoit mis M. de Courcillon en marche, mais il s'en est trouvé si mal qu'il a fallu s'arrêter à Cambray. On ne disoit point hier que M. le maréchal de Villars y fût encore.

Le bruit couroit à Paris que la paix de M. de Savoie étoit faite, cela fondé sur la prise de Casal, dont il n'y avoit pas de certitude entière; mais le retour de nos troupes d'Espagne étoit certain, et on citoit M. Voisin pour l'avoir dit.

Monseigneur le Duc est guéri et doit bientôt revenir. Marly est nombreux, et on en nomme entre autres qui n'avoient pas accoutumé d'y aller. Madame la duchesse d'Orléans est demeurée à Versailles à cause de sa grossesse; Mademoiselle et monseigneur le duc de Chartres, comme une petite cour de dames de ses amies auprès d'elle [sic].

On dit Québec en Canada assiégé par eau et par terre par les Anglois.

A Paris, le [vendredi] 8 novembre 1709.

M. le marquis et madame la marquise de Dangeau arrivèrent avant-hier ici avec leur blessé dans une litière, en cinq jours de marche, ne s'étant arrêtés à Cambray qu'à cause de la Toussaint. Il n'y a quasi point d'exemple du courage et de la patience de M. de Courcillon; son tempérament lui a sauvé la vie. On le mène à Versailles pour être dans le commerce, à portée d'avoir de la compagnie au logement de M. son père. M. le maréchal de Villars s'étoit mis en marche à leur départ du Quesnoy et devoit coucher avant-hier à Chaulnes. On comptoit dix jours pour le voyage, lui en brancard, la litière du roi suivant. L'os n'est pas fêlé, à ce que l'on espère; mais il y a des incisions, et il a beaucoup souffert de la vivacité même de son tempérament. Il n'est pas assuré que M. le duc de Guiche de sa blessure ne demeure un peu boiteux. Il se dit qu'il a rendu auprès du roi de bons offices à MM. les officiers des gardes, l'ayant désabusé de beaucoup de reproches contre la vérité.

L'électeur de Bavière arriva avant-hier aussi. Il avoit dîné à Chantilly, où monseigneur le Duc n'a plus de vomissements, mais il faut l'appuyer, et sa tête tourne encore. L'Altesse Électorale alla voir le roi hier à Marly et revint souper chez madame d'Arcos à une fête préparée; madame de Bouillon, madame d'Albret, madame de Montbazon, comme beaucoup d'autres, priées. Ce prince doit aller ce soir à l'opéra. Monseigneur le recevra à Meudon. J'ai oublié le nom dont il est appelé. Le prince Eugène et le duc de Marlborough lui ont renvoyé de Mons sa vaisselle d'argent et généralement tout ce qui lui appartenoit. Il y avoit grande provision de vin de Champagne et de Bourgogne, quoiqu'il n'en boive point, étant sobre, mais fort gaillard.

M. du Buisson, conseiller d'État et intendant des finances ayant le département des bois, a reçu tous ses sacrements. Il laissera beaucoup de bien, s'il meurt, sans héritiers de grand relief. On ne lui donne que M. l'abbé le Pileur, supérieur de beaucoup de maisons religieuses.

A Paris, le [lundi] 11 novembre 1709.

Le procurateur de Venise, appelé Foscarini, que nous avons vu ici ambassadeur, écrit de la Haye à celui de la République en notre cour qu'il n'a jamais tant entendu parler de paix, qu'on en parle où il est et où il arrive des plénipotentiaires de tous côtés, les logements y étant si chers qu'il en coûte des sommes immenses, jusqu'à dire 15, 20, 30,000 francs de notre monnoie pour chaque maison.

M. le maréchal de Boufflers s'en revient, visitant les places du côté de la mer.

M. le maréchal de Villars doit arriver demain droit dans son hôtel à Paris. Il y a un bruit même qu'il veut y attendre un meilleur état pour aller à Versailles, non point chez madame la princesse de Conty, mais à son logement.

On attend monseigneur le Duc à l'hôtel de Condé, s'il s'est trouvé, suivant son projet, en état de partir de Chantilly.

L'électeur entendit hier la messe aux Théatins et passa au dedans dans une chambre où l'attendoit M. le cardinal d'Estrées; ils furent assez longtemps ensemble. Il y a eu un second souper chez une comtesse de Remond, qu'il a établie ici comme madame d'Arcos; mais les dames venues à Compiègne y sont demeurées. Son séjour ici ne sera pas long, ses équipages, où l'on compte trois cents chevaux, marchant déjà à Namur. Il va demain à Marly et coucher à Versailles, où il demeurera deux jours pour tout voir et chasser. M. d'Antin lui en fera les honneurs. On ne parle point de Meudon.

Si madame de Mantoue ne peut soutenir ici sa grandeur, marchant avec tout l'attirail de souveraine, elle parle de s'en aller à Venise au mois de mai, se mettre au palais du feu duc son mari, qui y est rempli de ses trésors. Madame la marquise de Béthune dit pourtant que l'électrice de Bavière, sa nièce, n'a pas de pain auprès de cette république et qu'elle en viendroit chercher en France sans le pape, qui l'en empêche pour ne pas empirer davantage la condition des princes ses enfants auprès de l'empereur.

A Paris, le [vendredi] 15 novembre 1709.

Le maréchal de Boufflers est arrivé tout droit à Marly; M. le maréchal de Villars avant-hier ici, en grand équipage, ayant à la suite de son brancard la litière du roi, trois ou quatre carrosses à six chevaux, plusieurs chaises et une nombreuse escorte de gens à cheval. Il parut hier à son hôtel, dans un grand accompagnement domestique, sur un canapé, avec une robe de chambre magnifique que madame de Varangeville, sa belle-mère, lui a donnée, et il répondit à mon compliment que sa plaie alloit de mieux en mieux. On l'a pourtant trouvé fort changé.

M. de Coëtquen est aussi de retour avec une jambe de moins, mais il n'en est pas maigri.

On prétend que c'est l'électeur qui a moyenné permission à M. le comte de la Mothe de revenir à la cour comme il étoit, même d'avoir l'honneur de faire la révérence au roi, à Marly présentement, et que mademoiselle de Montigny y a fort contribué, étant allée attendre chez lui, au Fayet, que S. A. E. aille à Namur pour s'y rendre. Cette Altesse doit faire une chasse de cerf aujourd'hui avec Sa Majesté, dîner à Saint-Cloud demain, où monseigneur le duc d'Orléans le doit recevoir. Le voyage de Meudon ne paroît pas si certain, à cause du cérémonial apparemment, le départ se disant après cela pour la semaine prochaine.

Une des saintes religieuses du Port-Royal, qu'on dit être celle de quatre-vingt-sept ans, distribuée à Amiens, y est morte entre les mains de l'évêque.

A Bordeaux, le [samedi] 16 novembre 1709 (1).

Voilà toutes les troupes arrivées d'Espagne. On attend demain M. le maréchal de Bezons pour le recevoir avec les honneurs dus à son bâton. Un prisonnier qui arrive de Barcelone nous a fait le portrait de l'archiduc, qui n'est pas beau, le disant encore fort pauvre. Les peuples ne voudroient ni de Philippe V ni de lui, cependant il a

---

(1) Lettre transcrite dans la correspondance de la marquise d'Huxelles.

nombre de grands qui lui sont attachés, et le nom d'Autriche y a bien des partisans. Le temps nous apprendra le reste.

A Paris, le [mercredi] 20 novembre 1709.

Il se faut promptement dédire de la prétendue sentence donnée à Évreux; ç'a été un faux bruit qui a couru, et cette malheureuse affaire ne sauroit au plus tôt être jugée qu'à Noël; mais, comme on a fait des tentatives pour forcer la prison et sauver les prisonniers morts ou vifs, M. de Luxembourg a fait ordonner cinquante hommes de la ville qu'il en rend responsables, afin d'y avoir toujours une garde de vingt-cinq hommes; cette dépense étant aux frais de la ville, qui en est bien lasse et bien fatiguée.

L'électeur doit partir aujourd'hui pour Compiègne, où il attendra le retour des chanoinesses de Mons, qui doivent venir ici pour voir Paris et la cour pendant trois ou quatre jours, après quoi S. A. E. les mènera à Namur. Monseigneur le duc d'Orléans a excellé; jamais fête n'a été mieux entendue ni plus magnifique. L'électeur arriva à midi; on vit le château, les promenades. On trouva au retour deux tables servies dans le grand salon, de vingt-cinq couverts chacune; il y en avoit encore d'autres autre part. Le dîner commença à trois heures. Les portes de Saint-Cloud furent ouvertes, ce qui fit une grande affluence de spectateurs, et, après qu'on eut bien mangé et longtemps, tout fut abandonné au pillage. La compagnie passa dans un endroit où madame Hulot chanta; on donna aussi une grande musique italienne et on termina la fête par un jeu de pharaon, que l'électeur aime.

Le comte de Sagonne, fils de feu M. Mansart, vend sa charge de maître des requêtes, se met aux mousquetaires, achète un régiment et quitte la plume pour l'épée. C'est une vérité et non un conte pour rire.

Vous pouvez souffrir vos douleurs, Monsieur, comme un saint que vous êtes, mais il n'y paroît pas à la lettre dont vous m'avez honorée, ni que votre esprit s'affoiblisse. Vous employez un bon auteur pour répondre sur l'événement du Port-Royal ; les hommes à l'égard de Dieu sont des mouches et ses desseins impénétrables. La foi nous apprend que nous n'y verrons clair qu'en l'autre monde ; j'ose vous assurer que j'irai jusqu'au bout en celui-ci, à vous rendre ce qui dépend de la plus fidèle de vos très-humbles et très-obéissante servante [*sic*].

A Paris, le [vendredi] 22 novembre 1709.

L'électeur de Bavière a détourné les chanoinesses de Mons de venir ici ; il partit avant-hier à trois heures après midi et les aura trouvées à Compiègne, où il demeurera encore trois semaines, à cause des réparations qui se font à son logement de Namur. M. de Torcy lui apporta, auparavant que de partir, un manchon de renard noir de la part du roi, avec une attache d'un gros diamant au milieu, estimé 25 ou 30,000 écus, les huit qui l'environnent n'étant pas de pareille grosseur, mais assez considérables pour faire estimer le présent 150,000 francs. M. de Monasterol présenta au ministre, de la part de son maître aussi, une bague d'un seul diamant qui vaut 1,500 pistoles. M. de Torcy fit supplier l'électeur de trouver bon qu'il la refusât, disant qu'il l'auroit bien acceptée dans un autre temps, mais qu'en celui-ci il ne lui étoit pas possible, et en effet il ne l'a pas prise.

Il est arrivé de la Haye un agent de Wolfenbuttel qui a dîné publiquement chez M. de Torcy ; on raisonne fort sur ce voyage et on prétend qu'il est question de paix.

J'entendis dire hier à M. de Vaubourg que le traité des Génois venoit d'être signé et qu'on auroit le blé en janvier, février et mars au plus tard.

M. le maréchal de Villars fut rencontré avant-hier, allant à Versailles dans son brancard, environné de beaucoup de gens à cheval, la maréchale le suivant à deux carrosses à six chevaux.

Il y a eu ici une aventure à qui reculeroit. M. et madame de Montbazon sortant de chez madame de Montauban par la cour des cuisines du Palais-Royal, les chevaux déjà sortis à moitié, madame de Mantoue survint avec son cortége, qui en prit la bride et boucha le passage de la rue des Bons-Enfants. Comme cela fit beaucoup de bruit, les écuyers descendirent et trouvèrent M. de Montbazon, qui leur dit que, s'il avoit été seul, il auroit reculé pour la moindre dame du monde, mais que madame sa femme ne cédoit point. La souveraine s'en alla, qui a porté sa plainte à M. de Torcy. Madame de Montbazon en a parlé au roi; Sa Majesté l'a renvoyée à M. de Bouillon. Il n'y a encore rien de décidé, et on croit même qu'il n'y aura point de décision et que chacune demeurera dans sa prétention.

A Paris, le [samedi] 23 novembre 1709.

Madame de Bourgogne a été dîner en particulier chez madame Desmaretz, accompagnée de madame de Maintenon, de madame de Caylus et de madame Voisin; je crois que les autres dames en sont toujours, sans les nommer.

M. l'abbé de Polignac l'est, dans le bruit de la ville, pour aller à la Haye à la négociation de la paix. On dit qu'il a dit que les jésuites avoient raison et que le pape ne s'étoit point encore expliqué.

La reconnoissance de Charles III est dans des termes si ménagés pour Philippe V que le Saint-Père veut contenter tout le monde. [sic]

On dit le roi de Danemark entièrement résolu de faire une descente dans l'île de Schonen et que sa flotte a déjà mis à la voile; ce sera une grande diversion dont nous pourrons profiter. Il n'est point éclairci ce que peut faire ici l'agent du Gottorp, qui connoît particulièrement M. de Torcy.

M. le maréchal de Villars est arrivé à bon port à Versailles; on dit que le roi l'a envoyé visiter et que madame de Maintenon l'a été voir, ayant demeuré assez longtemps avec lui.

Du [lundi] 25 novembre.

On dit cet agent du prince d'Holstein-Gottorp reparti pour la Haye, d'où il n'est pas venu sans avoir vu le pensionnaire Heinsius, le prince Eugène, le duc de Marlborough et le comte de Zinzendorf, plénipotentiaire de l'empereur au congrès. On dit encore que l'on a vu venir samedi à Meudon, Monseigneur y étant le matin, M. l'abbé de Polignac dans une chaise de poste de M. de Torcy, avec un courrier de cabinet.

Le duc de Noailles est arrivé, peut-être M. le maréchal d'Harcourt l'est-il dès hier.

Monseigneur le duc de Bourgogne a été voir M. le maréchal de Villars; sa visite même fut longue.

M. l'évêque de Senez a envoyé ici son neveu avec une pièce d'or qu'un homme lui a communiquée, dont il a fait faire même l'épreuve devant lui. Cette pièce a passé par l'examen encore de tous nos connoisseurs, se trouvant du meilleur or du monde et du titre de nos louis M. Desmaretz a renvoyé le neveu de l'évêque de Senez, autrefois le P. Torentier de l'Oratoire, pour lui amener l'homme de la pierre philosophale, n'y ayant aucune découverte qu'il ne faille examiner, car le ministre n'est pas encore persuadé.

A Paris, le [mercredi] 27 novembre 1709.

M. l'abbé de Polignac ne s'est point trouvé parti, étant à la cour dans son mouvement ordinaire auprès du ministre. L'agent du prince d'Holstein-Gottorp ne l'est pas aussi, mais il n'attend que le moment, son voyage regardant la paix et un éclaircissement, à ce que l'on dit, des préliminaires que les ennemis disent n'avoir jamais entendus comme on les a publiés.

M. le maréchal d'Harcourt parut hier au matin devant le roi, qui lui dit, après sa révérence faite, être fort content de sa campagne et qu'il ajoutoit à sa dignité de duc la pairie ; ainsi le voilà pair comme M. le maréchal de Villars.

Il se fit dimanche un grand vol. Un corps d'orfévres, de vingt ou trente, s'étant servis de la Monnoie de Reims, où l'on a de l'argent du soir au matin de sa marchandise, ce qui se remet à six semaines à Paris, faisant voiturer une somme de 190,000 livres sous l'escorte de cinq ou six d'entre eux, cette somme fut attaquée et volée en deçà le Mesnil, à cinq ou six lieues d'ici, par seize cavaliers bien montés et armés, ayant des manteaux rouges uniformes. On court après, et il y en a qui les croient rentrés à Paris.

Il y a un grand manifeste du roi de Danemark, dans la gazette d'Amsterdam, des motifs qui lui font déclarer la guerre au roi de Suède, et la descente s'est faite dans l'île de Schonen, où il est en personne. On dit qu'un des articles porte qu'il n'en veut point à l'Allemagne suédoise et que les Hollandois prétendent qu'il ne retirera point ses troupes de leurs hautes puissances.

A Paris, le [vendredi] 29 novembre 1709.

On dit l'accommodement rompu pour les Vénitiens et que M. l'abbé de Pomponne, l'ambassadeur du roi, comme le leur, qui doit partir d'ici, se rencontreront sur la frontière pour être échangés. Le cardinal Ottobon demeure protecteur de la France, de son choix et de sa volonté, aux dépens de ce qui peut arriver à ses parents.

Il ne s'est encore rien découvert des voleurs, habillés de bleu, non de rouge, mais uniformes. On a encore volé dans la forêt de Fontainebleau un officier qui venoit dans une chaise roulante, lequel avoit 200 pistoles sur lui ; les voleurs au nombre de quatre cavaliers.

Il s'est formé une difficulté entre M. le maréchal de Villars et M. le maréchal d'Harcourt pour la pairie, le dernier étant le premier duc et l'autre le premier pair, à savoir qui passera devant ; c'est au roi à le régler.

L'homme d'Hollande est reparti.

M. le maréchal d'Harcourt a repris le bâton, afin d'achever son quartier, qui finit l'année. Les officiers qui ont servi sous lui en Alsace en sont fort contents et disent que c'est un général fort attentif à pourvoir aux besoins, n'ayant point pris de sauvegardes ni profité d'aucune chose.

M. de Caylus achète un guidon dans la gendarmerie ou pour mieux dire madame sa mère ; c'est M. de Chenoise qui vend.

A Paris, le [dimanche] 1er décembre 1709.

On a supprimé tous les imprimés affichés aux sacristies touchant la prétendue abjuration de la religieuse du Port-Royal, morte à Saint-Julien d'Amiens : on dit que c'est par ordre de M. le cardinal archevêque.

On est à savoir si nous aurons la paix ou non, et on dit que le roi s'est déclaré y consentir, pourvu que ce fût sans préliminaires.

M. le maréchal de Bezons est arrivé ; mais M. le maréchal d'Harcourt se trouva mal hier. Sa langue s'étant épaissie, il fut saigné et a pris de l'émétique. M. Fagon traite cela de vapeurs, et sa raison n'a point été attaquée.

Le roi a décidé en faveur de M. le maréchal de Villars.

Il y a deux voleurs pris, un qui s'appelle Gratte-Lardon, dans la cave duquel on a trouvé de l'argent, des montres et des tabatières. Le procureur du roi a dit chez M. le duc de Tresmes qu'il avoit déjà ouï parler de ce nom-là comme d'un fripon. On croit qu'il n'est question que de canaille de Paris.

M. le marquis de Gesvres achète le régiment du grand fauconnier, qui n'est pas en bonne santé.

Du [lundi] 2 décembre 1709.

Je ne savois point que madame de Cauvisson eût perdu son procès tout d'une voix au conseil; M. Chauvelin, devenu avocat général, lequel passe pour une des merveilles du monde dans sa profession, en étoit rapporteur.

Je ne savois point aussi que mademoiselle de Montigny fût arrivée à Paris avec deux sœurs chanoinesses de Mons et quatre autres dames de ses amies. M. le maréchal de Villeroy donna hier à dîner à cette compagnie, qu'il mena le soir à l'opéra. Le séjour ici doit être court. Mademoiselle de Montigny se fait peindre, que l'on trouve belle et de riche taille.

M. le maréchal d'Harcourt se porte bien.

A Paris, le [jeudi] 12 décembre 1709.

Madame la duchesse d'Orléans accoucha hier, à huit heures du matin, d'une princesse, qui fut amenée l'après-dînée au Palais-Royal par madame la comtesse de Marey, la gouvernante, parce qu'il n'y avoit point de logement pour elle à Versailles. C'est la quatrième, mais Mademoiselle est déjà en âge d'être mariée. Il n'y a qu'un prince auquel le bruit de la ville donne M. le maréchal de Bezons pour gouverneur.

M. Voisin a déclaré à sa dernière audience qu'on donneroit au mois de janvier prochain de l'argent comptant aux troupes pour la remonte et les recrues et qu'il y aura des billets de monnoie pour les ustensiles. M. Desmaretz a promis à la sienne, ici aujourd'hui, qu'on payeroit à l'hôtel de ville, l'intention étant qu'il n'y ait qu'un quartier en arrière.

Le contrat de M. le duc de Villars-Brancas avec mademoiselle de Moras a été signé par Sa Majesté auparavant le départ pour Marly. Il y a bien des incrédules sur les biens de la demoiselle; mais M. le duc de Brancas y profitera en revenu, et c'est 15,000 francs au lieu de 10,000 qu'il aura quant à l'argent comptant. L'origine de l'extraction de la fille est encore contestée, qui est favorisée de madame la duchesse du Maine.

Tout ce qui revient d'Espagne porte que le roi catholique augmente beaucoup ses troupes et qu'il y a bien des François qui ont pris parti avec les Espagnols. Tous les officiers ont rapporté de l'argent, au lieu qu'on se plaint ici de n'en avoir guère.

Il se dit que le comte de Bergeyck a demandé au roi la permission de faire passer les Wallons en Espagne, mais que Sa Majesté a répondu qu'il les falloit pour la garde des places espagnoles aux Pays-Bas.

Le [vendredi] 13.

Le mariage de M. le duc de Brancas se fera à Sceaux aux dépens de madame du Maine; celui de M. de Pons et de madame la marquise de la Baume se fait lundi, plus par amour que par la bourse, M. de Pons n'ayant qu'une charge d'enseigne dans la gendarmerie ou de guidon que le roi vient de lui donner, et madame de la Baume, en douaire et dot, 10,000 livres de rente. M. son père y a signé sans vouloir s'engager à plus.

A Paris, le [lundi] 16 décembre 1709.

J'entendis dire hier, où je fréquente, qu'il y avoit des lettres de la Haye du dernier ordinaire, portant que cet agent du prince d'Holstein-Gottorp repartoit pour revenir ici et qu'ils avoient eu de grandes conférences ensemble, M. de Puységur et lui, que l'on ne savoit point passé en Hollande. On en augure la paix; mais il s'écrit de Bruxelles que tous leurs préparatifs sont à la guerre, le prince Eugène y opinant toujours, et l'état en étant déjà signé de toutes les provinces.

On prétend qu'il y a des nouvelles du roi de Suède, du 12 et 14 octobre, par Vienne et par Constantinople, ce prince étant encore à Bender, si blessé qu'on l'avoit cru mort, mais qu'il avoit commencé à vouloir mettre un soulier.

Le roi de Danemark poursuit sa pointe, se déclarant n'en vouloir point à l'Allemagne ni à songer d'en retirer ses troupes, non plus que des Hollandois; c'est en gros le sujet de la pièce.

On croit que madame la marquise de Nesle est hors de danger de sa petite vérole; le chevalier de Nangis et madame de Coligny ne l'ont point quittée.

C'est ce soir la noce du duc de Villars à Sceaux, où la favorite de madame du Maine y sera traitée suivant la magnificence de cette princesse.

On dit que M. de Marivaut se meurt; il n'a point été échangé; il est lieutenant général avec de la réputation.

M. le comte de Crécy, plénipotentiaire, homme profond dans la politique et de l'Académie françoise, est mort âgé de quatre-vingts ans, ayant laissé de grands biens; on les fait monter à un million ou 1,200,000 livres. Il laisse un fils, colonel d'un régiment d'infanterie, et une fille qui aura 3 ou 400,000 francs en mariage.

Ce que l'on a toujours appelé le jeune Corneille est mort à quatre-vingt-cinq ans, pauvre comme Job, laissant aussi une place à remplir entre les beaux esprits.

Le fils de feu M. de Breteuil, neveu de l'introducteur, contre la disposition de son père et la volonté de madame sa mère, a brûlé sa robe rouge de conseiller pour prendre le parti de l'épée. Madame de Breteuil est Courtebonne et fort riche de son côté, touchant de parenté à M. le duc de Béthune.

A Paris, le [lundi] 18 décembre 1709.

On espère toujours le retour de M. de Pettecum. Il se dit aussi que la république de Venise se raccommode avec roi.

M. de Luxembourg est à Paris pour prendre la garde noble de MM. ses enfants. Il y a eu un avis de quatre parents, monseigneur le Duc ayant bien voulu se mettre à la tête des quatre paternels qui sont nécessaires en cette occasion, les trois autres étant MM. les ducs de Bouillon, de la Trémoille et de Tresmes. On ne m'a point nommé les maternels, mais M. de Luxembourg n'a point vu M. ni madame de Clérembault. M. de Vienne, conseiller au parlement, a fait seulement ses compliments; ce duc retourne à Rouen fort consolé et fort charmé d'y être.

M. de Marivaut est mort; il y a eu de la dispute pour son enterrement, qu'il avoit réglé lui-même à 1,000 francs; mais la paroisse demandoit davantage, ce qui fit hier un retardement qui donna l'impatience aux conviés. M. de Crécy a été porté à sa terre avec plus de dépense et d'ordre dans le convoi, en luminaire et tenture, grand nombre de prêtres et de gens. Il y en a qui disent qu'on y a vu un écuyer en long manteau, un laquais portant la queue et lui tenant un carreau sur lequel étoit une couronne de comte. Son emploi a été les négociations dont il s'est fort bien acquitté, et il a fini par la paix de Ryswick, en qualité de second plénipotentiaire.

La paulette se crie dans les rues, revêtue de toutes les formalités, ce qui intéresse toute la robe; la question est de savoir si elle produira autant d'argent qu'on le prétend.

Point d'autres nouvelles aujourd'hui.

DÉCEMBRE 1709.   75

A Paris, le [vendredi] 20 décembre 1709.

La stérilité des nouvelles continue. Nous avons encore M. Desmaretz qui donne audience ce matin; pour M. Voisin, il se déclare n'en vouloir donner qu'où sera le roi, qu'il ne veut point quitter.

M. Pettecum s'attend, mais très-incertainement.

Le bruit court que M. d'Imberville est allé à Madrid faire quelques propositions de la part du roi au roi d'Espagne; c'est un envoyé qui a été en Lorraine.

M. de Luxembourg s'en retourne à Rouen, toutes les expéditions de la tutelle faites. Il prétend qu'il a tenu à madame de Clérembault plutôt qu'à M. son mari qu'il ne les ait été voir.

Il est arrivé un incendie épouvantable à Rouen, le feu s'étant mis par accident dans l'abbaye de Saint-Amand, où madame de Louvois a été élevée par les abbesses de la maison de Souvré; elle est entièrement consumée, à la réserve de l'église. Il y a eu dix-huit personnes de tuées, entre autres un chanoine de la cathédrale; ce couvent rebâti tout à neuf, où l'on avoit employé 180,000 livres. La perte est estimée 100,000 écus. On a envoyé toutes les religieuses chez leurs parents; la ville même auroit été en risque, si le vent n'eût cessé.

Le [mardi] 24 décembre 1709.

Le roi alla voir M. le maréchal de Villars dimanche après le sermon. Le spectacle fut beau en nombre de courtisans et de gardes rangés dans la galerie. La maréchale se trouva avec son fils à la porte du logement. On croit que le maréchal s'y attendoit; il étoit sur un canapé, en robe de chambre. Le roi l'embrassa fort, et après les questions sur l'état de sa blessure, où il fut répondu qu'on avoit toute espérance de pouvoir se remettre en campagne au printemps, le monde se retira. Le roi demeura seul, approchant deux heures, avec ce maréchal; celui d'Harcourt est demeuré à Luciennes chez M. de Cavoie, qu'on dit ne pas se porter si bien.

M. le maréchal de Joyeuse n'est pas revenu aussi en bonne santé, étant quasi paralytique d'un côté et parlant fort mal. Il ne veut point de médecins ni faire aucun remède, mais continuer son régime et vivre avec sa cour ordinaire chez lui.

Il y a eu une si grande contagion à la petite vérole de madame de Nesle, qui en est guérie, que madame sa mère, duchesse de la Meilleraye, l'a prise, madame de Coligny et le marquis de Nesle, son mari.

J'apprends que comme madame la maréchale de Villars s'étoit retirée, et que M. son mari eut dit à Sa Majesté que c'étoit dans un cabinet là auprès, il alla lui faire une petite visite en son particulier, la louant fort et lui disant qu'il lui rendoit la liberté de revenir auprès de son mari.

Le courrier de Lyon a été arrêté et volé sur la grande route.

A Versailles, le 24 décembre 1709.

Le roi a donné l'abbaye de Toussaints, dans la ville d'Angers, ordre de Saint-Augustin, à M. l'abbé de Brussy, grand vicaire d'Angers; l'abbaye de Mureau, ordre de Prémontré, diocèse de Toul, à M. l'abbé de l'Aigle, grand vicaire de Toul; l'abbaye de la Bussière, ordre de Cîteaux, diocèse d'Autun, à M. l'abbé Morey; l'abbaye de Saint-Seine, ordre de Saint-Benoît, diocèse de Langres, à M. l'abbé de Vissac; l'abbaye de Villeloin, ordre de Saint-Benoît, diocèse de Tours, à M. l'abbé de Lée; l'abbaye de Bellefontaine, ordre de Saint-Benoît, diocèse de la Rochelle, à M. l'abbé le Roy-Chavigny; l'abbaye des Roches, ordre de Saint-Benoît, diocèse d'Auxerre, à M. l'abbé de Visnich, grand vicaire d'Auxerre; l'abbaye de Turpenay, diocèse de Tours, à M. l'abbé du Vignau; la coadjutorerie de l'abbaye de Saint-Pierre du Puy, à Orange, à madame de la Fare. M. de Morey a été longtemps chapelain du roi ; il est premier président du présidial d'Autun. Il a rendu l'abbaye de Turpenay, qui vaut pour le moins autant que la Bussière. L'abbé du Vignau est fils du lieutenant des gardes du corps qui est mort. M. l'abbé de Vissac est de la maison de la Fayette.

Le [vendredi] 27 décembre.

Mesdames les princesses du sang ont été voir madame la duchesse d'Orléans, qui est en couches et qu'on voit ; Mademoiselle y a gardé son rang, qu'elles disputent; mais pour faire voir qu'il n'y en avoit point à garder, elles se sont mises au-dessous de madame la princesse d'Épinoy. Les mémoires ont été présentés au roi de part et d'autre avec chaleur, mais le roi ne l'a point décidé.

Monseigneur le Duc est allé à Chantilly passer les fêtes.

Le [lundi] 30 décembre 1709.

La stérilité des nouvelles continue. Le froid se fait sentir et nous fait présentement plus de peur que la guerre, à cause de l'année passée.

Toutes les étrennes sont supprimées du côté de la ville et de la cassette du roi, dont on dit que les pensions courent risque de l'être aussi.

M. Desmaretz a la goutte à Versailles; M. Voisin se porte bien. Il y en a qui disent que M. de Trudaine vient intendant à Dunkerque et qu'on envoie M. de Barillon en Roussillon. Quant à celui-ci, n'ayant point encore ouï parler de lui pour pareils emplois, ce sera un coup d'essai.

Les malades de la petite vérole vont leur train, tantôt mieux, tantôt plus mal, mais il y a de l'apparence qu'on les sauvera tous. M. le duc de la Meilleraye n'est pas sauvé auprès des femmes d'avoir abandonné la sienne, pris de l'argent destiné au ménage et de s'être allé loger chez M. le duc d'Albret; d'un autre côté on n'est pas maître de la peur.

M. l'évêque de Bayeux avoit reçu tous les sacrements ces jours-ci; il est fort vieux, Nesmond de sa famille. On dit son évêché de 40,000 livres de rente.

M. le maréchal de Villars se dit toujours en état de pouvoir se remettre en campagne au mois de mai, mais on ne sait, à ce que disent les chirurgiens.

M. le maréchal d'Harcourt se tient à Luciennes, qu'on fait moins parler pour être en volonté ou possibilité de retourner au commandement.

On nomme à tout M. le maréchal de Berwick sous monseigneur le duc de Bourgogne, qui marque, à ce qu'on prétend, du désir de ne pas rester oisif. Enfin le public se dédommage par discourir et mettre sur le tapis une chose que je tiens bien apocryphe, qui est qu'on remet l'abbaye de Saint-Denis comme elle étoit, pour la donner à l'électeur de Cologne, sauf à remplacer les dames de Saint-Cyr, qui pourroient peut-être mieux s'accommoder des bâtiments du Port-Royal des Champs que du leur, ce lieu abandonné se trouvant magnifiquement édifié. C'est pour remplir le papier; car il n'y a point d'apparence, et que l'électeur de Cologne puisse perdre dans un traité de paix son électorat ecclésiastique.

ANNÉE 1710.

Mercredi 1ᵉʳ janvier, à Versailles. — Le roi, à onze heures et demie, descendit dans la chapelle en bas, accompagné des chevaliers de l'Ordre, qui étoient en fort petit nombre. Il y a présentement trente-trois places vacantes dans l'Ordre, deux d'ecclésiastiques et trente et une de chevaliers. L'après-dînée le roi et toute la maison royale entendirent vêpres dans la chapelle en haut (1). Le roi n'a point pris cette année 30 ou 40,000 pistoles qu'on avoit accoutumé de lui donner du trésor royal pour ses étrennes. Il a voulu qu'on les envoyât en Flandre pour payer les troupes qui sont en garnison, et il n'a point donné d'étrennes à la famille royale, comme il avoit accoutumé de faire. Il a défendu aussi à la ville de Paris de donner des étrennes, ce qui ne laissoit pas d'aller assez haut (2). — Caraman, lieutenant-colonel des gardes,

---

(1) « Il y eut avant-hier un monde effroyable à Versailles. Le roi s'inclina en général et dit qu'il remercioit toute la compagnie, mais qu'il falloit aller prier Dieu que nous eussions une meilleure campagne que l'année passée. Il ne se rencontra que quatorze chevaliers à la procession. » (*Lettre de la marquise d'Huxelles*, du 3 janvier.)

(2) « Le roi a reçu sa cassette; il n'est point encore mention d'aucun retranchement, comme on disoit Le prévôt des marchands se sera présenté ce matin avec des bijoux de la part de la ville, car pour les étrennes ordinaires, il a été dit qu'on les avoit retranchées. C'est M. le duc d'Aumont qui est entré en année. Il y a une dépense à faire pour les draps du roi et autre linge, indépendamment de la garde-robe; les marchands n'ayant point voulu livrer leur marchandise sans argent comptant, ni M. Desmaretz donner autre chose que des assignations sur M. Mailly du Breuil, dont on ne pouvoit avoir de raison, ce temps-ci approchant; et M. le duc d'Aumont, ayant demandé à M. Desmaretz

quitte, et le roi donne la lieutenance-colonelle à Saillant, qui étoit premier capitaine et qui commande présentement dans Namur. Il a donné à Montgon la compagnie de grenadiers qu'avoit Saillant. Caraman aura à vendre la compagnie de Montgon.

Jeudi 2, à Versailles. — Le roi dîna de bonne heure et alla se promener à Marly. A son retour madame la duchesse du Maine, qui est revenue de Sceaux, où elle avoit demeuré six ou sept mois, lui présenta la duchesse de Villars. Elle s'appeloit, étant fille, mademoiselle de Moras; elle a eu 200,000 écus en mariage, et sa mère est encore en vie, dont elle aura beaucoup de bien. Le père du marié, qui est le duc de Brancas, a cédé la duché à son fils et lui fait prendre le nom de duc de Villars, et pour avoir cédé sa duché et consenti au mariage on lui a donné quelque argent comptant et on lui assure 2,000 écus de pension sur le bien de la mariée. C'est madame la duchesse du Maine qui a fait ce mariage, et elle en fit la noce les derniers jours qu'elle a été à Sceaux. Cette princesse aime depuis longtemps mademoiselle de Moras, qui étoit fort attentive à lui faire sa cour. — M. d'Albaret, qui est premier président de Perpignan, étoit aussi intendant de Roussillon et de la petite armée qui est en ce pays-là. Le roi lui laisse la présidence de Perpignan, lui donne 2,000 écus de pension et lui ôte l'intendance de Roussillon et de l'armée, qu'on donne à M. de Barillon, maître des requêtes et fils de M. de Barillon qui étoit ambassadeur

---

la permission de l'exécuter lui-même, ce qui lui fut permis; alla l'autre jour en personne lui dire que si les marchands n'étoient satisfaits, il alloit faire dépendre ses tableaux pour les mettre en gage. Comme il parut beaucoup de chaleur et d'apparence d'exécution à ce premier gentilhomme de la chambre, il a fait payer les marchands. M. Miot, associé de M. Bourvalais, disant aussi n'avoir point d'argent pour payer les mousquetaires, des assignations tirées sur lui de la part de M. le contrôleur général, s'étant trouvé investi d'une brigade, un officier à la tête, voulurent y manger et y coucher; le plus court a été de payer, afin de congédier la compagnie. » (*Lettre de la marquise d'Huxelles* du 1er janvier.)

en Angleterre. — Le roi, avant que d'aller à Marly, avoit tenu le conseil d'État qu'il auroit tenu hier si ce n'eût point été le premier jour de l'an, et comme il ne put pas finir toutes les affaires qu'il y avoit au conseil, il les finira demain dans un conseil qu'il tiendra l'après-dînée.

Vendredi 3, à Versailles. — Le roi donna le matin une assez longue audience au cardinal de Janson dans son cabinet, et l'après-dînée il tint le conseil d'État. — Il y a de grands changements dans les intendances de la marine. M. de Montmor, qui étoit intendant des galères, emploi où il y a 12,000 francs d'appointements, le quitte, et on le fait intendant de l'armée navale, qui n'a que 6,000 francs d'appointements, et pour le dédommager on lui permet de vendre sa charge de maître des requêtes, qui ne vaut que 1,000 francs par an et dont il tirera 160,000 francs, et on le fait maître des requêtes honoraires. On donne à M. Arnoud l'intendance des galères, qu'il a déjà eue autrefois, et il quitte l'intendance des classes, charge que le roi avoit établie pour M. de Bonrepaux, du temps de M. de Seignelay, et l'on donne cette charge à M. de Beauharnois, qui étoit intendant de l'armée navale. — M. Voisin va souvent chez M. le maréchal de Villars et a de grandes conférences avec lui. On a donné à ce maréchal pour cet hiver l'appartement de feu M. le prince de Conty, et le roi alla voir ce maréchal le dernier dimanche de l'Avent après le sermon et fut deux heures enfermé seul avec lui, où il avoit fait porter des papiers pour travailler. Le roi n'avoit été chez aucuns particuliers depuis le maréchal de Gramont, qu'il y a plus de trente ans qui est mort*.

* Le maréchal de Villars étoit encore hors d'état de se faire porter. Le roi lui avoit prêté le logement de M. le prince de Conty, dans la galerie basse de l'aile neuve, pour l'avoir sous sa main. Il voulut enfin l'entretenir lui-même, et, comme le maréchal ne pouvoit sortir de dessus sa chaise longue, il falloit bien que le roi l'allât trouver ; mais comme il étoit fort poli aux dames, en sortant de chez le maréchal, il entra dans la chambre de la maréchale, lui dit qu'il vouloit lui rendre

une visite, et lui en fit une en effet. Cela étoit si peu en usage depuis bien des années que cela fit un grand éclat de faveur.

Samedi 4, à Versailles. — Le roi tint le conseil de finances et l'après-dînée alla tirer. — On sut le matin que M. le duc d'Orléans avoit congédié madame d'Argenton*. Ce prince a eu de la peine à s'y résoudre, mais il n'a pu le refuser plus longtemps au roi, qui souhaitoit fort qu'il se séparât d'elle, pour qui son attachement étoit fort grand et fort public. Madame la duchesse d'Orléans a eu dans tout cela la conduite et la patience d'un ange. M. le duc d'Orléans donna un dîner à l'électeur de Bavière durant le séjour qu'il a fait à Paris, et à ce dîner madame d'Argenton y étoit avec toutes ses amies, et le roi fut fort blessé de cela. C'est mademoiselle de Chausseraye qui a porté à madame d'Argenton la lettre de M. le duc d'Orléans. Elle sortira bientôt de Paris, et son dessein est d'aller au couvent de Gomerfontaine en Normandie, où elle a une de ses sœurs. On dit que M. le duc d'Orléans fera payer toutes ses dettes à Paris, qui sont assez considérables ; elle faisoit une prodigieuse dépense. Elle avoit été fille d'honneur de Madame et s'appeloit mademoiselle de Sery. Elle avoit l'honneur d'être parente de feu madame la maréchale de la Mothe.

* Ce repas de Saint-Cloud fut des plus licencieux. Le roi avoit supporté d'autant plus impatiemment ce que M. d'Orléans avoit fait pour sa maîtresse qu'il n'avoit pas cru le devoir empêcher, après la conduite qu'il avoit eue lui-même pour les siennes, et le ridicule voyage de Grenoble avoit achevé d'irriter le roi contre elle. L'affaire d'Espagne, sans cesse aigrie par Monseigneur et par d'autres plus à portée que lui de son cœur et continuellement attisée par madame de Maintenon, avoit rendu M. le duc d'Orléans encore plus odieux au roi que sa maîtresse. L'éclat de la fête de Saint-Cloud fut la dernière goutte d'eau qui fait répandre le verre déjà trop plein. Un ami de M. d'Orléans (1), en arrivant de la campagne, où il avoit été fort longtemps,

(1) Saint-Simon lui-même. Voir ses *Mémoires*, tome VIII de l'édition in-12 publiée par M. Chéruel.

trouva la disgrâce prête à éclater par un exil. Il parla à ce prince avec tant de force qu'il l'ébranla; mais comme il connoissoit sa foiblesse, il s'adjoignit le maréchal de Bezons, quoique sans liaison avec lui, et qui n'avoit osé attacher le grelot. Ces deux hommes passèrent trois jours de suite avec lui ou ensemble, ou se relayant, en sorte qu'à force de l'obséder et de lui dire les choses du monde les moins ménagées et les plus propres à le déterminer ils l'emportèrent à la fin. Ce ne fut pas sans larmes de la part de l'amant et sans de violents combats. Ils l'engagèrent enfin à écrire à madame d'Argenton sans la voir et à aller lui-même porter au roi et à madame de Maintenon la nouvelle de cette résolution. Le roi en fut également aise et surpris, madame de Maintenon également surprise et affligée; cela déconcertoit les seconds projets qu'elle avoit substitués aux premiers sur l'affaire d'Espagne, et ne se put tenir de montrer sa mauvaise volonté. Cela fit sentir à l'ami qui avoit été l'inventeur et le consommateur de ce renvoi de la maîtresse la nécessité de raccommoder la femme, qui depuis longtemps étoit mal avec son mari, pour émousser par elle la haine de sa gouvernante, et se servir d'elle au besoin auprès du roi. Cet ami eut grand'peine à persuader M. le duc d'Orléans; il n'avoit pas la moindre liaison avec madame la duchesse d'Orléans, cela lui donna encore plus de force et il réussit enfin, et les remit parfaitement ensemble. Ce fut une grande joie pour le roi et un nouveau coup de poignard pour madame de Maintenon, d'autant plus terrible qu'il n'y eut pas moyen de ne pas entrer dans les sentiments du roi là-dessus; mais le dépit perça, et d'elle, et de gens à qui elle étoit intimement unie et à qui cela faisoit un contre-temps fâcheux et durable. Tout cela se fit en même temps; M. le duc d'Orléans exigea de son ami de voir sa femme, pour être le lien entre eux; elle sut par la duchesse de Villeroy ce qu'elle devoit à cet ami de son mari, elle lui en parla avec larmes et la plus vive reconnoissance et en termes les plus forts. Leur liaison a duré plusieurs années. On s'est étendu sur cette curiosité parce qu'elle est la clef de beaucoup de choses.

Dimanche 5, à Versailles. — Le roi tint le matin conseil d'État et alla à vêpres dans la tribune. L'après-dînée madame la duchesse de Bourgogne fit les Rois avec monseigneur le duc de Bourgogne, avec monseigneur le duc de Berry et beaucoup de dames. Il n'y eut à souper avec le roi que Madame et M. le duc d'Orléans. Après le souper monseigneur le duc de Bourgogne, madame la duchesse de Bourgogne et monseigneur le duc de Berry retournèrent chez le roi comme à l'ordinaire. — Madame la princesse de Conty, fille de feu M. le Prince, dispute à M. le Duc son frère la donation que lui a faite M. son père par son testament et même ce qui lui a été donné par son contrat de mariage avec madame la Duchesse, fille du roi. Madame du Maine se joint avec madame la princesse de Conty sa sœur, mais mademoiselle de Condé, leur troisième sœur, ne s'y joint point. Madame la Princesse leur mère tâche à mettre la paix dans sa maison et a beaucoup de biens dont elle peut disposer; mais jusques ici il n'y a point d'apparence à aucun accommodement, car les esprits paroissent fort aigris. Ils ne se sont quasi point vus depuis la mort de M. le Prince, et les procédures pour plaider sont prêtes à commencer.

Lundi 6, à Versailles. — Le roi tint le matin conseil de dépêches et entendit vêpres l'après-dînée, avec toute la maison royale, dans la tribune. — Madame d'Argenton, ayant perdu toutes espérances de regagner les bonnes grâces de M. le duc d'Orléans qu'en se soumettant à l'ordre qu'il lui a donné de sortir de Paris, vouloit aller à Gomerfontaine, couvent en Normandie, où elle a une de ses sœurs; mais ce couvent est sous la protection particulière de madame de Maintenon, qui a jugé qu'une pareille pensionnaire n'y étoit pas propre. Ainsi madame d'Argenton a été obligée de changer de dessein, et elle se retire chez M. son père, qui est à treize ou quatorze lieues de Paris. Elle vend sa maison, qui avoit l'entrée dans le Palais-Royal et qui est fort petite, mais fort magnifique (1). M. le duc d'Orléans paye toutes ses dettes dans Paris, qui ne vont pas à 100,000 francs. Elle jouira de 40,000 livres de rente; mais la plupart des fonds de ce revenu-là sont à M. le chevalier d'Orléans, son fils.

Mardi 7, à Versailles. — Le roi tint le conseil de finances;

---

(1) « On va voir comme une rareté la maison de madame d'Argenton où, Coypela peint un triomphe de l'Amour sur les Dieux, comparable au festin de Raphaël, des Dieux aussi, à Rome. » (*Lettre de la marquise d'Huxelles*, du 13 janvier.)

M. Desmaretz, qui a la goutte, s'y fit porter, mais il n'avoit pu être au conseil ni hier ni avant-hier. Monseigneur alla dès le matin à Meudon, où il demeurera huit jours. Madame la duchesse de Bourgogne, qui est entrée dans son neuvième mois, fut saignée ; il y eut musique chez elle, et on attendit le roi pour la commencer ; il y demeura assez longtemps. Il y avoit beaucoup de dames, que le roi fit toutes asseoir, et on laissa même entrer beaucoup de courtisans outre ceux qui entrent de droit en suivant le roi.
— M. le chevalier de Léon, troisième fils du duc de ce nom, a acheté un régiment nouveau que M. de Canillac des mousquetaires avoit levé pour le marquis de Pont-du-Château, son neveu ; mais M. de Pont-du-Château le père n'a pas voulu que son fils servît. M. de Rohan achète ce régiment pour son fils 13,000 francs. Le chevalier de Rohan, second fils de M. de Rohan, est colonel de dragons et brigadier ; leur frère aîné, qui est le prince de Léon, n'est point dans le service et il tient les États de Bretagne.

Mercredi 8, à Versailles. — Le roi tint le conseil d'État. Il avoit entretenu le cardinal de Noailles avant que d'aller à la messe, comme il a accoutumé de faire tous les mercredis. Monseigneur vint de Meudon au conseil et y retourna dîner. Le roi vint à six heures chez madame la duchesse de Bourgogne, où il y eut musique. — Le roi a indiqué l'assemblée du clergé au 10 de mars ; les dernières assemblées n'avoient été indiquées qu'au 10 de mai, mais on a hâté de deux mois parce qu'on veut faire racheter la capitation au clergé, ce qui montera à vingt-deux millions. — Il y a longtemps qu'on n'a eu de nouvelles sûres du roi de Suède, mais on ne doute pas qu'il ne soit guéri de sa blessure. Il a reçu toutes sortes de bons traitements à Bender par les ordres du Grand Seigneur, qui lui donne même des troupes ; on le croit présentement arrivé à Jassy en Moldavie.

Jeudi 9, à Versailles. — Le roi dîna de bonne heure et

alla se promener à Marly. Il y eut comédie chez madame la duchesse de Bourgogne. On a fait faire un théâtre dans la grande pièce de son appartement (1). Le spectacle fut fort beau. Il n'y avoit que des dames considérables et des courtisans. Le théâtre est magnifique et agréable, et on l'y laissera jusqu'au carême afin que madame la duchesse de Bourgogne puisse encore voir la comédie dans son appartement après ses couches (2). — Le baron de Bergeyck avoit pris congé du roi pour aller trouver l'électeur de Bavière, qui est encore à Compiègne, et même il étoit déjà parti de Paris; on lui a envoyé un courrier qui l'a trouvé par delà Senlis, et il est revenu à Paris. On dit qu'on ne l'a fait revenir que sur des nouvelles qu'on a eues d'Espagne, mais on ne nous dit point quelles sont ces nouvelles-là.

Vendredi 10, *à Versailles.* — Le roi alla à Trianon, où il fait beaucoup planter. Madame la duchesse de Bourgogne garde encore sa chambre; on croit qu'elle n'accouchera qu'à la fin du mois. — M. Voisin a fait payer un million au nommé la Cour des Chiens, qui se mêloit de beaucoup d'affaires pendant que M. de Chamillart étoit en place. Il y a des marchands de Paris qui ont acheté 400,000 francs une charge qu'il avoit et qui s'engagent à donner des habillements pour les troupes. — Montplaisir, enseigne des gardes du corps, mourut le mois passé. Le roi a donné sa place à Saint-Hilaire, qui étoit le plus ancien exempt et qui est encore fort incommodé de la blessure qu'il a reçue à la bataille. — Le chevalier

---

(1) Cette pièce, désignée autrefois sous le nom d'antichambre de la reine, était celle où se tenait le grand couvert lorsque la reine y mangeait en public. L'ancien plafond, peint par Vignon le fils et qui représentait Mars avec les attributs de sa planète, a été remplacé depuis par un tableau de Paul Véronèse, représentant Saint-Marc couronnant les vertus théologales.

(2) « M. de Courcillon fut présenté au roi avant-hier; les chirurgiens le tiennent hors de danger. Il se fit porter le soir à la comédie, où étoit madame de Bourgogne, qui a été saignée. » (*Lettre de la marquise d'Huxelles*, du 10 janvier.)

de Brancas, colonel d'un nouveau régiment d'infanterie, mourut le mois passé. Le roi a donné ce régiment-là au marquis de Brancas, son frère, maréchal de camp, qui revient d'Espagne.

Samedi 11, *à Versailles.* — Le roi tint le conseil de finances; il travailla ensuite avec M. Desmaretz, qui a la goutte, mais qui ne laisse pas de se faire porter au conseil. — Il arriva il y a quelques jours au Port-Louis un vaisseau de la compagnie des Indes, nommé *le Saint-Louis*. Il avoit porté à la mer du Sud des marchandises qui lui avoient été payées en argent. De là il a passé par les Philippines, de là à Pondichéry sur la côte de Coromandel (1). C'est le principal établissement des François dans les Indes orientales. Sur ce vaisseau étoit M. Hébert, frère de M. Hébert, ancien curé de Versailles, nommé pour être directeur dans les Indes en la place de M. Martin. L'argent qu'on avoit apporté de la mer du Sud avoit été employé à acheter des marchandises du pays, comme toiles peintes, mousselines, etc. Quoique ces sortes de marchandises soient défendues dans le royaume, le roi, pour donner moyen à la compagnie de payer ses dettes, lui a permis de vendre cette cargaison, et l'adjudication s'en doit faire à Nantes. C'est le premier vaisseau qui ait fait le tour du monde.

Dimanche 12, *à Versailles.* — Le roi tint le conseil d'État; Monseigneur y vint de Meudon quoiqu'il eût été saigné hier, s'étant trouvé incommodé depuis quelques jours d'un hoquet, à quoi il est assez sujet. Madame la duchesse de Bourgogne recommença hier à sortir; elle alla à la messe à la tribune et le soir chez madame de Maintenon. Il y eut encore hier une comédie chez madame la duchesse de Bourgogne, où l'on trouva le spectacle fort beau.
— Madame la duchesse d'Orléans accoucha le 11 du mois

---

(1) « C'est, ajoute le *Mercure*, une navigation qui n'avoit point encore été entreprise. »

passé d'une quatrième fille, qui s'appellera mademoiselle de Montpensier. L'aînée s'appelle Mademoiselle, la seconde mademoiselle de Chartres et la troisième mademoiselle de Valois. Elles n'ont de frère que M. le duc de Chartres, à qui on parle de donner pour gouverneur le maréchal de Bezons. J'ai appris depuis quelques jours que le roi avoit ordonné à ce maréchal d'accepter la Toison, que le roi d'Espagne avoit voulu lui donner pendant qu'il commandoit l'armée en Catalogne.

Lundi 13, *à Versailles.* — Le roi dîna de bonne heure et alla se promener à Marly; au retour il travailla avec M. de Pontchartrain, comme il fait tous les lundis. Il y eut comédie chez madame la duchesse de Bourgogne. Monseigneur le duc de Berry alla avec M. le comte de Toulouse coucher à Rambouillet. — M. le maréchal d'Artagnan a pris le nom de maréchal de Montesquiou, qui est son véritable nom*. Un de ses neveux qui avoit un nouveau régiment d'infanterie est mort. Il a demandé ce régiment pour le frère de celui qui vient de mourir, et le roi le lui a accordé. Ce maréchal est encore en Flandre, où il commandera tout l'hiver. — Le roi fait racheter la paulette à toute la robe en payant les deux tiers en argent et un tiers en billets de monnoie ou en billets sur l'extraordinaire des guerres. On tirera un gros argent de cette affaire si elle peut s'exécuter, et on donne à ceux qui prêteront l'argent pour payer le rachat de la paulette l'hypothèque avant ceux qui ont prêté l'argent pour acheter les charges.

* Les Mémoires, toujours plus que mesurés, passent ici sous silence un furieux éclat qui arriva sur le changement de nom du maréchal d'Artagnan, qui s'avisa de prendre le sien de Montesquiou. M. le Duc entra en furie de ce qu'il osoit porter le nom de l'assassin du prince de Condé, tué étant blessé, prisonnier, appuyé contre un arbre, et de sang-froid, après la bataille de Jarnac, par Montesquiou, capitaine des gardes du duc d'Anjou, depuis Henri III; c'étoit tirer l'affaire de loin. M. le Duc étoit la cinquième génération de ce prince de Condé : Montesquiou le tua par ordre signé de son maître, et que les siens di-

sent conserver dans leurs archives, qui ne rend ni la pièce ni l'acte meilleur. Ce Montesquiou étoit issu de germain du grand-père du maréchal, et, si comme d'autres le prétendent, c'étoit le fils et non le père, ce fils et le père du maréchal étoient enfants des issus de germains d'autre part. Ce prince de Condé étoit frère du roi de Navarre, dont Louis XIV étoit l'arrière-petit-fils; ainsi l'arrière-petit-neveu de ce prince de Condé pourtant avoit trouvé bon et permis au maréchal de prendre le nom de Montesquiou. La fougue de M. le Duc fut telle qu'il fit tous les plus furieux vacarmes et qu'il protesta que, si le maréchal ne quittoit ce nom, il lui passeroit son épée au travers du corps en quelque lieu qu'il le rencontrât. C'étoit un sanglier dont le maréchal se gara avec soin, mais qui ne lui fit pourtant pas changer de nom. La mort de M. le Duc ne tarda pas heureusement pour lui de le délivrer d'un état si violent, et il faut croire qu'il ne s'y seroit pas exposé, au vol que les princes du sang commençoient à prendre, ou plutôt celui-ci, le seul en âge d'homme qui restoit en vie, s'il y eût eu moyen d'imaginer rien d'approchant.

Mardi 14, *à Versailles.* — Le roi tint le conseil de finances, et après le conseil de finances travailla encore longtemps avec M. Desmaretz. L'après-dînée il donna une longue audience dans son cabinet au baron de Bergeyck, qui s'en retourne en Flandre. Le soir, chez madame de Maintenon, le roi travailla avec M. Voisin. Monseigneur revint de Meudon, où il étoit depuis huit jours. — M. de Pontchartrain vint à neuf heures du soir chez madame de Maintenon trouver le roi et lui apporta la nouvelle qu'il étoit arrivé à Marseille plus de cent mille charges de blé qui vient de Turquie; la charge est plus pesante que le septier. — Madame de Boufflers la veuve est morte; c'étoit une femme qui ne venoit point à la cour. Elle étoit fille de feu M. du Plessis-Guénégaud, secrétaire d'État, et avoit épousé le frère aîné de M. le maréchal de Boufflers.

Mercredi 15, *à Versailles.* — Le roi tint le conseil d'État et alla se promener à Trianon l'après-dînée. Il y eut encore le soir comédie chez madame la duchesse de Bourgogne, mais ce sera la dernière dans son appartement jusqu'après ses couches, parce que le roi veut que les officiers qui sont ici puissent avoir le divertissement de la comédie et qu'il ne peut pas y avoir de place pour eux chez madame la duchesse de Bourgogne. Monseigneur le duc de Berry revint de Rambouillet, où il étoit allé avec M. le comte de Toulouse ; il va presque tous les jours chez M. le Grand, où il y a un gros lansquenet. — M. d'Armentières, qui est premier gentilhomme de la chambre de M. le duc d'Orléans, avoit à vendre une charge de chambellan chez ce prince. Il l'a vendue à M. de Fargis, fils de feu Delrieux, qui étoit maître d'hôtel du roi. — Nous avions deux vaisseaux de guerre, commandés par M. de Pas de Feuquières, qui, pendant que les vaisseaux chargés de blé arrivoient à la côte de Provence, ont combattu contre deux vaisseaux ennemis, l'un de soixante et l'autre de quatre-vingts pièces de canon, et les ont pris à la vue de Monaco. — Monseigneur étoit à la comédie chez madame la duchesse de Bourgogne.

Jeudi 16, à Versailles. — Le roi dîna de bonne heure et alla se promener à Marly. — Desormes, colonel du régiment de Barrois, est mort. Le roi a donné ce régiment à M. de Remiancourt-Boufflers, qui fut fait brigadier après avoir été dans Lille, durant le siége, avec son régiment, qui est un des régiments levés en 1702, et ce nouveau régiment a été donné à un Choiseul qui étoit capitaine d'infanterie depuis longtemps. — M. le prince de Conty est malade, et, comme il est d'une complexion fort délicate, on craint que sa maladie ne devienne dangereuse. — Le roi a donné l'agrément pour acheter la compagnie aux gardes qui est à vendre à Varenne, lieutenant dans ce corps, dont le père y avoit été capitaine et est mort gouverneur de Landrecies. L'argent qu'on tirera de la vente de cette compagnie sera pour M. de Caraman, qui a quitté la lieutenance-colonelle, et la compagnie que l'on vend est celle de M. de Caraman, Saillant ayant choisi celle de Montgon pour en faire la lieutenance-colonelle, parce que Montgon est devenu capitaine des grenadiers.

Vendredi 17, *à Versailles.* — Le roi fut enfermé le matin avec son confesseur et alla l'après-dînée se promener à Trianon. — Madame la princesse de Léon accoucha le matin à Paris d'un garçon. Son mari, avant que de partir pour aller tenir les États de Bretagne, avoit supplié le roi de vouloir nommer quelqu'un de sa cour pour assister aux couches de sa femme, parce qu'il savoit que M. et madame de Rohan, ses père et mère, avec qui il est toujours fort brouillé, vouloient assister à cet accouchement et même y mener le chevalier de Rohan, son frère, qu'il regarde présentement comme son plus cruel ennemi, et M. le prince de Léon craignoit qu'ils ne dissent ou ne fissent quelque chose qui pût nuire à la santé de sa femme dans son accouchement. Le roi le lui avoit promis et y envoya hier au soir le duc d'Aumont, qui, à une heure après minuit, a fait avertir M. et madame de Rohan que la princesse de Léon étoit en travail. Ils y sont venus tous deux et n'y ont point amené le chevalier de Rohan.

Samedi 18, *à Versailles.* — Le roi, après le conseil de finances, travailla encore longtemps avec M. Desmaretz. L'après-dînée il alla à Trianon et le soir il travailla chez madame de Maintenon avec M. Voisin. — Madame la Princesse vint hier ici; le roi lui a donné une assez longue audience. Elle voudroit bien mettre la paix dans sa famille et que des commissaires nommés par le roi puissent terminer le procès qui va commencer; mais il paroît jusqu'ici que les parties ne veulent point de commissaires. — Le soir il y eut comédie dans la salle des comédies. — On a élu à Paris, à l'Académie, M. de Lamotte (1), qui est un très-bon poëte, en la place de M. Corneille, qui avoit plus de quatre-vingts ans, mais qu'on avoit appelé longtemps le jeune Corneille pour le distinguer du fameux Corneille, son frère aîné. On a élu aussi M. le prési-

---

(1) Lamotte-Houdard.

dent de Mesmes en la place de M. de Crécy, qui avoit été plénipotentiaire à Ryswick.

Dimanche 19, *à Versailles*. — Le roi tint le conseil d'État, alla tirer l'après-dînée et le soir travailla avec M. Pelletier chez madame de Maintenon. — Le clergé fait un fonds de 12,000 écus par an, destiné à soulager les diocèses qui peuvent avoir souffert; mais depuis quelque temps de ces 12,000 écus on avoit fait six gratifications extraordinaires de 2,000 écus chacune, que le roi faisoit donner à des cardinaux et même quelquefois à des prélats à qui il vouloit donner quelques marques de distinction, et cela pour leur aider à payer leurs décimes. L'archevêque de Reims en avoit une. Quelques diocèses de Provence, qui ont souffert de la course que M. de Savoie fit en ce pays-là, ont demandé au clergé une petite partie de ce fonds-là pour leur soulagement, ce qui leur a été accordé, mais les cardinaux prétendoient que cela ne diminuât point leur pension et que le clergé fît un nouveau fonds ou que le roi voulût bien diminuer cela sur ce que le clergé lui donne. M. Desmaretz rapporta hier cette affaire au roi, et MM. les cardinaux ont perdu leur cause.

Lundi 20, *à Versailles*. — Le roi dîna au sortir de la messe et alla se promener à Marly. Au retour il travailla chez madame de Maintenon avec M. de Pontchartrain. Monseigneur et messeigneurs ses enfants coururent le loup. Il n'y eut point de comédie le soir, parce que c'est l'anniversaire de la reine mère; il n'y en a jamais ce jour-là. Il y a quarante-quatre ans qu'elle est morte. — M. le marquis de Guemadeuc, gouverneur de Saint-Malo, est mort; ce gouvernement est fort joli, et beaucoup de gens le demandent. — Le maréchal de Villars commença hier à sortir. On le porte dans un fauteuil; il ne peut pas encore mettre le pied à terre. Les chirurgiens assurent tous qu'il sera en état de faire la campagne.

Mardi 21, *à Versailles*. — Le roi tint le conseil de finances et alla tirer l'après-dînée; le soir il travailla avec

M. Voisin chez madame de Maintenon. Monseigneur alla dîner à Meudon avec madame la Duchesse et revinrent pour le souper du roi. — Madame la duchesse de Foix est à l'extrémité; on ne croit pas qu'elle passe la journée de demain. Elle meurt avec beaucoup de religion et de fermeté. — Le roi a donné le gouvernement de Saint-Malo au comte de Lannion, qui est, je crois, le plus ancien lieutenant général de ceux qui sont dans le service; il est présentement chez lui en Bretagne. On avoit fort espéré ce gouvernement-là pour M. de Coëtquen dans sa famille; ses terres principales sont proches de Saint-Malo, et ce gouvernement-là a été longtemps dans sa maison.

Mercredi 22, à Versailles. — Le roi prit médecine et l'après-dînée il tint le conseil d'État, qu'il tient tous les mercredis. Le soir il y eut comédie dans l'appartement de madame la duchesse de Bourgogne. On n'a pas voulu qu'elle descendît en bas, parce qu'on la croit trop près d'accoucher; elle a déjà senti quelques douleurs de reins. Le maréchal de Villars se fit porter à la comédie et compte toujours d'être en état de servir cette campagne. — Madame la duchesse de Foix mourut le soir à Paris. Elle n'a jamais eu d'enfant; c'est M. le duc de Roquelaure, son frère, qui est son unique héritier, et la succession est fort considérable. Elle donne au maréchal d'Huxelles 70,000 francs; on ne doute pas que ce ne soit pour donner à M. de Foix. Elle a écrit à M. de Roquelaure pour le prier de pardonner à madame la princesse de Léon, sa fille; elle lui mande qu'elle meurt avec la consolation de croire qu'il ne lui refusera pas cette grâce-là.

Jeudi 23, à Versailles. — Le roi donna le matin au cardinal de Noailles l'audience qu'il lui donne les mercredis et que sa médecine empêcha de lui donner hier. Cette audience est toujours après son lever avant que d'aller à la messe. Le roi dîna de bonne heure et partit à midi pour aller se promener à Marly.

Vendredi 24, à Versailles. — Le roi travailla le matin avec son confesseur. L'après-dînée il alla se promener à Trianon, et au retour le maréchal de Villars fut assez longtemps enfermé avec lui. Le soir il y eut comédie chez madame la duchesse de Bourgogne.

Samedi 25, à Versailles. — Le roi tint le conseil de finances et travailla ensuite avec M. Desmaretz. L'après-dînée il alla se promener à Trianon, et au retour il travailla avec M. Voisin chez madame de Maintenon. Le soir, à cinq heures, il y eut des marionnettes chez madame la duchesse de Bourgogne pour monseigneur le duc de Bretagne; c'étoit lui qui étoit en place, et madame la duchesse de Bourgogne se mit auprès du théâtre comme une particulière. On avoit convié tous les enfants de la cour, qui étoient au premier rang, et les dames étoient derrière.

Dimanche 26, à Versailles. — Le roi tint le conseil d'État le matin et l'après-dînée et ne sortit point de tout le jour. Il travailla le soir chez madame de Maintenon avec M. Pelletier. — Le maréchal d'Harcourt se trouva assez mal la nuit. On le saigna diligemment; il a de grands engourdissements au bras et à la cuisse. On lui donnera demain de l'émétique, et après demain il partira pour s'en aller à Bourbonne. Sa langue s'étoit un peu épaissie, mais la tête n'a point été embarrassée *.

* M. d'Harcourt avoit une passion démesurée d'entrer dans le conseil, et madame de Maintenon l'y portoit de toutes ses forces. Elle l'avoit initié auprès du roi par l'Espagne, et s'en étoit bien servie après pour perdre Chamillart. Le commandement de l'armée, auquel, faute de mieux, il lui avoit bien fallu se résoudre, étoit une occasion d'entretenir le roi qu'il ne laissoit pas oisive. Le roi avoit une aversion extrême pour le tabac et sentoit de fort loin ceux qui en prenoient; Harcourt y étoit fort accoutumé; mais il s'étoit aperçu que cet usage du tabac abrégeoit du côté du roi ses conversations avec lui, et il voulut s'ôter cet obstacle. Il ne prit plus du tout de tabac, et l'on crut qu'à la longue les humeurs, n'ayant plus ce véhicule d'écoulement, lui causèrent des apoplexies. Il cacha cette première attaque du mieux qu'il put, mais sans se réconcilier avec le tabac. La mort du roi fit sa paix avec cette

herbe, par l'avis réitéré bien des fois des médecins ; comme elle ne pouvoit plus être alors obstacle à ses plus ardents désirs, il se rendit à leurs instances ; mais il n'étoit plus temps, et les humeurs avoient pris un cours, sous lequel on le vit succomber de la manière du monde la plus terrible.

Lundi 27, à Versailles. — Le roi, avant que d'aller à la messe, donna une assez longue audience à M. le duc d'Albe ; il n'y avoit que M. de Torcy. Au retour de la messe le roi dîna et à midi alla à Marly (1).

Mardi 28, à Versailles. — Le roi tint le conseil de finances et travailla ensuite avec M. Desmaretz. L'après-dînée il alla se promener à Trianon, et au retour il travailla chez madame de Maintenon avec M. Voisin.

Mercredi 29, à Versailles. — Le roi tint le conseil d'État, qui dura plus longtemps qu'à l'ordinaire. L'après-dînée le roi alla se promener à Trianon. — On sut le soir que le maréchal d'Huxelles et l'abbé de Polignac étoient choisis pour plénipotentiaires et qu'ils partiront pour aller traiter la paix dès que les passeports seront arrivés.

Jeudi 30, à Versailles. — Le roi dîna de bonne heure et alla se promener à Marly. — M. le duc de Noailles a donné son régiment de cavalerie à l'aîné de ses frères cadets.

Vendredi 31, à Versailles. — Le roi travailla le matin avec son confesseur et alla l'après-dînée se promener à Trianon. Le roi après son lever donna une assez longue audience dans son cabinet au maréchal d'Huxelles. On ne sait point encore quand les plénipotentiaires partiront. On a envoyé un courrier à la Haye pour les passeports.

Samedi 1ᵉʳ février, à Versailles. — Le roi tint le conseil de finances ; il entendit vêpres l'après-dînée, et le

---

(1) La concision du journal de Dangeau pendant quelques jours s'explique par le passage de la lettre de la marquise d'Huxelles cité au 6 février.

soir il travailla avec M. Voisin chez madame de Maintenon.

Dimanche 2, à Versailles. — Le roi, avant que d'aller à la messe, tint le chapitre des chevaliers de l'Ordre, où l'on admit les preuves de M. du Bourg, que M. de Torcy rapporta, et le roi a envoyé permission à M. du Bourg de porter l'Ordre; ensuite le roi marcha à la chapelle précédé des chevaliers. Il y eut procession dans la cour. L'après-dînée le roi entendit le sermon du P. Gaillard, vêpres et le salut. Madame la duchesse de Bourgogne n'alla ni au sermon ni à vêpres, parce qu'elle est assez incommodée; cela ne l'empêcha pas pourtant d'aller au salut.

Lundi 3, à Versailles. — Le roi tint le conseil de dépêches et alla l'après-dînée se promener à Marly. Le soir il travailla chez madame de Maintenon avec M. de Pontchartrain. — Il arriva un Hollandois qui a longtemps demeuré à Ypres et qui prétend avoir mission de M. Hensius, pensionnaire des États de Hollande. Il dit que ce ministre l'a chargé d'offrir ici de joindre le royaume de Naples à la Sicile, qui reste encore au roi d'Espagne, et de renouveler par là le royaume des Deux-Siciles, pourvu que le roi d'Espagne cède les autres royaumes à l'archiduc. Il ne paroît pas que les ministres aient fait grand cas de cet homme-là.

Mardi 4, à Versailles. — Le roi tint le conseil de finances et alla se promener à Trianon l'après-dînée; au retour il travailla avec M. Voisin chez madame de Maintenon. — Le roi a découvert depuis quelques jours que M. de Chavigny l'avoit trompé. On le lui avoit présenté comme un homme de grande qualité se disant de la maison de Chavigny-le Roy, qui est présentement éteinte, et cet homme ici, étant d'une famille fort basse, avoit produit de fausses lettres et trompé M. de Soubise, qui l'avoit présenté au roi comme son parent et avoit obtenu pour lui l'agrément d'un guidon de gendarmes que le roi avoit donné à vendre à la duchesse de Duras après la mort de M. de Bournonville, son père, qui en étoit sous-lieutenant. Il avoit servi cette année à l'armée en cette qualité, et le roi avoit donné une abbaye considérable à son frère. On leur a fait avouer toute la fourberie. On ôte l'abbaye au frère, parce que les bulles ne sont pas encore expédiées, et le roi permet qu'on vende le guidon; mais S. M. défend à tous les deux frères de se présenter jamais devant lui.

Mercredi 5, à Versailles. — Le roi prit médecine, et l'après-dînée il tint le conseil d'État qu'il auroit tenu le le matin. Comme les couches de madame la duchesse de Bourgogne s'éloignent, on croit qu'elle s'est trompée sur temps de sa grossesse. Il y a comédie chez elle les lundis, les mercredis et les samedis. — M. de Matignon avoit demandé au roi ces jours passés, pour le comte de Thorigny son fils, l'agrément du régiment Dauphin-infanterie, qui est à vendre, parce que M. le comte de Rochechouart, qui en est colonel, ne peut plus servir, et le prix en étoit fait à 80,000 francs, et M. de Thorigny, qui a un petit régiment nouveau, le vendoit à un des fils de M. d'Ambres, qui lui en donnoit 14,000 francs; mais le roi a refusé l'agrément du régiment Dauphin à M. de Matignon, parce que M. son fils, quoiqu'il soit colonel depuis six ans, n'a point encore fait de campagne.

Jeudi 6, à Versailles. — Le roi, après son lever, donna l'audience au cardinal de Noailles qu'il lui donne tous les mercredis et qu'il ne lui donna point hier à cause de sa médecine. Le roi dîna de bonne heure et alla à Marly. —Le duc de Luynes, mon petit-fils, doit épouser incessamment mademoiselle de Neufchâtel. Il n'a pas encore quinze ans, et la demoiselle n'en a que treize. On apportera le contrat à signer au roi lundi, car tout est réglé présentement. M. de Chevreuse assure presque tout son bien au duc de Luynes, et mademoiselle de Neufchâtel jouira, du jour de son mariage, de 80,000 livres de rente.

Elle n'a qu'une sœur, qui n'a pas encore huit ans et qui, à peu de chose près, sera aussi riche qu'elle. Outre ce bien-là, il y a de grandes prétentions et sur Neufchâtel et sur M. de Savoie, qui leur doit plus de deux millions (1).

Vendredi 7, à Versailles. — Le roi fut enfermé le matin avec son confesseur et l'après-dînée il alla se promener à Trianon. Madame la duchesse de Bourgogne est à la fin de son terme ; cependant elle ne sent encore aucunes douleurs. — On a nouvelle que l'abbé de Pomponne est arrivé à Florence ; ainsi il n'y a plus d'espérance d'accommodement avec les Vénitiens, et Mocenigo, ambassadeur de Venise, qui est à Paris, dont on a toujours été très-content ici, se prépare à partir avec douleur de sa part et fort regretté de tous ceux qui le connoissent. — On mande de Rome que la santé du pape est fort mauvaise ; ses jambes, qui étoient ouvertes et qui par là donnoient du soulagement à ses maux, se sont refermées, et on le croit en très-grand danger.

Samedi 8, à Versailles. — Le roi tint le conseil de finances et travailla ensuite avec M. Desmaretz. Il alla se promener à Trianon l'après-dînée, et le soir il travailla avec M. Voisin chez madame de Maintenon. Le soir il y eut comédie chez madame la duchesse de Bourgogne. Monseigneur alla dîner à Meudon et en revint pour la comédie. — Depuis deux mois le pain a diminué de prix à Paris tous les marchés ; le pain des pauvres n'est plus qu'à deux sols et le plus beau pain n'est qu'à quatre sols quelques deniers (2). — Dufey, capitaine aux gardes,

---

(1) « M. de Courcillon se retrouve en péril parce qu'il est venu des champignons à sa plaie et d'autres accidents. » (*Lettre de la marquise d'Huxelles*, du 6 février.)

(2) « L'abondance revient à Paris, le pain à meilleur marché. La foire du faubourg Saint-Germain est fort belle, et on y joue gros jeu. On n'en a pourtant pas plus d'argent, mais on trafique de tout ce qu'on peut. » (*Lettre de la marquise d'Huxelles*, du 12 février.)

qui a la jambe coupée depuis longtemps, a demandé permission de vendre sa compagnie. — On reçut à l'Académie M. de Lamotte en la place de M. Corneille qu'on appeloit le jeune Corneille quoiqu'il eût plus de quatre-vingts ans. M. de Lamotte fit une harangue fort éloquente, fort sage et qui reçut de grands applaudissements.

Dimanche 9, à Versailles. — Le roi tint le conseil d'État; il alla tirer l'après-dînée, et le soir il travailla chez madame de Maintenon avec M. Pelletier. — M. d'Iberville, qui revient d'Espagne, a eu une assez longue audience du roi, chez madame de Maintenon. Les Espagnols paroissent plus attachés que jamais au roi leur maître et ont fait un décret par lequel ils lui donnent tout l'argent et toute l'argenterie des églises pour soutenir la guerre, déclarant traîtres à la patrie tous les archevêques et les évêques qui voudroient s'y opposer dans leur diocèse. Plusieurs ont déjà donné leur consentement, et il paroît qu'il n'y aura point d'ecclésiastiques dans le royaume qui s'y veulent opposer.

Lundi 10, à Versailles. — Le roi, après la messe, signa le contrat de mariage du duc de Luynes avec mademoiselle de Neufchâtel. Nous le fîmes ensuite signer, comme on a accoutumé de faire, à toute la maison royale. Il y a deux embarras dans ces occasions-là : le premier sur Mademoiselle, parce que son rang n'est pas encore réglé avec les princesses du sang mariées et elle ne se trouve point en lieu public où il puisse y avoir de la cérémonie, quoiqu'elle soit ici depuis quatre ou cinq mois. Le second embarras est sur madame du Maine, qui ne veut point signer après les filles de M. le Duc, son frère, et mademoiselle de Bourbon. D'ordinaire, quand on signe les contrats, elle signe après madame sa mère en laissant une place pour les signatures de mesdames les princesses de Conty. Ainsi madame du Maine, qui seroit obligée de signer au-dessous de mademoiselle de Bourbon, ne signe point du tout. Le roi dîna de bonne heure et alla se promener à

7.

Marly ; au retour il travailla chez madame de Maintenon avec M. de Pontchartrain.

Mardi 11, *à Versailles.* — Le roi tint le conseil de finances et travailla ensuite avec M. Desmaretz. Il alla tirer l'après-dînée, et le soir il travailla chez madame de Maintenon avec M. Voisin. — Le roi, en travaillant hier au soir avec M. de Pontchartrain, fit le second fils de M. de la Rocheguyon capitaine de vaisseau, dont M. de la Rochefoucauld, son grand-père, a été fort touché et en a témoigné aujourd'hui au roi une grande joie, et le roi lui a témoigné toute l'amitié et la bonté qu'il pouvoit désirer. — On parle fort du mariage du comte de Louvigny, fils aîné du duc de Guiche, avec mademoiselle d'Humières, qui est fille unique et très-grande héritière. La duchesse d'Aumont la douairière, sa grand'mère, lui donne dès à cette heure 20,000 livres de rente, et le duc de Gramont, grand-père de Louvigny, lui donne 10,000 francs de pension ; ainsi ils jouiront de 30,000 livres de rente, et le duc de Guiche les loge et les nourrit.

Mercredi 12, *à Versailles.* — Le roi tint le conseil d'État et alla l'après-dînée se promener à Trianon. — La duchesse d'Albe, qu'on croyoit hors d'espérance d'avoir des enfants, est grosse de plus de trois mois. C'étoit une femme dans la dernière affliction depuis la mort du connétable de Navarre, son fils. — Les États de Hollande doivent se rassembler le 12 de ce mois, qui est aujourd'hui, et cela nous fait croire que le courrier que nous avons à la Haye pour les passeports de nos plénipotentiaires sera de retour dans quelques jours. — Madame de Ribeyra-Grande, fille de M. de Soubise, mourut à Lisbonne il y a cinq mois ; on n'en a su la nouvelle que ces jours-ci.

Jeudi 13, *à Versailles.* — Le roi dîna de bonne heure et alla se promener à Marly. — Cet officier des gendarmes qui avoit pris le nom de Chavigny* a été entièrement découvert. Il étoit fils d'un juge de Beaune qui s'appeloit Chavignar. Il avoit acheté, il y a quelques années, pour son fils, qui vient d'être reconnu, une lieutenance de roi de Touraine, que M. de Thouy lui avoit vendue et dont il n'est pas encore achevé de payer, non plus que M. de Duras, qui lui avoit vendu le guidon des gendarmes, et ils font tous les deux arrêt entre les mains de M. de Pons, que le roi a choisi pour remplir cette charge, qu'on a taxée à 20,000 écus. Elle avoit coûté plus de 80,000 francs au faux Chavigny.

* Jamais impudence ne fut pareille, ne sembla punie avec plus d'éclat et ne l'a été moins en effet. Ce Chavigny en conserva le nom, alla pour quelque temps en pays étranger, et trouva moyen de se soutenir au dehors par les ministres, le reste de ce règne, et d'y être continuellement employé après, à la honte et d'eux et de la nation. Il y reçut forces avanies, qu'il sut avaler comme l'eau, et aller toujours à son fait. Il est encore employé en Angleterre avec toute la confiance de nos premiers ministres et tout le mépris des Anglois. Peu d'hommes ont plus d'esprit, d'adresse, de souplesse ; il est fort instruit, rampant à l'excès, et haut, comme s'il ne lui fût jamais rien arrivé, suivant les occasions. Son frère, sans ressource pour l'Église, s'est fait président à mortier à Besançon, où il domine la province, et tous deux ont mis force foin dans leurs bottes. L'un et l'autre étoient les âmes damnées et les plus chers confidents du cardinal Dubois, et tous deux en étoient parfaitement dignes.

Vendredi 14, à Versailles. — Le roi travailla le matin avec son confesseur et alla l'après-dînée se promener à Trianon. — Dupont, brigadier d'infanterie, homme de grande réputation sur le courage et que le roi avoit mis pour commander dans la citadelle de Pampelune pendant qu'il y avoit des troupes de France, a eu ordre, depuis son retour d'Espagne, d'aller commander à Landrecies. — L'évêque d'Évreux, fils de feu madame d'Heudicourt et qui n'avoit été fait évêque que depuis la mort de sa mère, qui n'avoit pas même ses bulles, est mort depuis quelques jours.

Samedi 15, à Versailles. — Le roi fut réveillé à sept heures du matin, parce qu'il avoit donné ordre qu'aux premières douleurs que sentiroit madame la duchesse de

Bourgogne on entrât dans sa chambre. Il s'habilla fort vite et passa chez cette princesse, qui étoit dans les grandes douleurs et qui accoucha à huit heures trois minutes et trois secondes. Le roi nous dit d'abord que c'étoit un duc d'Anjou. M. le cardinal de Janson l'ondoya dans la chambre même, et puis madame la duchesse de Vantadour l'emporta sur ses genoux dans la chambre qu'on lui avoit préparée auprès de monseigneur le duc de Bretagne, son frère, et le roi le fit suivre par un capitaine des gardes du corps, et ce fut le maréchal de Boufflers qui fut choisi pour cela. Il avoit déjà fait cette fonction-là à un autre accouchement de madame la duchesse de Bourgogne (1). Le roi,

---

(1) « On étoit attentif sur le temps que cette princesse accoucheroit, tant parce qu'on étoit persuadé qu'elle étoit à terme, qu'à cause qu'il y avoit déjà du temps qu'elle avoit senti quelques douleurs qui avoient donné lieu de croire qu'elle accoucheroit plus tôt que l'on n'avoit cru et qu'elle avoit senti ses douleurs à diverses reprises, ce qui étoit cause qu'on attendoit incessamment le moment de son accouchement, que les princes, qui pour leurs intérêts particuliers doivent être présents, à de pareils accouchements ou du moins dans des lieux d'où ils puissent savoir ce qui se passe sans pouvoir être trompés, ne quittoient point Versailles, et les habits du roi demeuroient toutes les nuits dans la chambre de Sa Majesté, afin de gagner le temps qu'il auroit fallu perdre pour aller chercher sa garde-robe.

« Enfin le samedi 15 de ce mois, sur les sept heures du matin, cette princesse commença à sentir les premières douleurs de l'accouchement, et, comme l'enfant se trouva mal tourné, on crut d'abord que le travail pourroit être rude, et que cette princesse n'accoucheroit qu'avec beaucoup de peine; mais M. Clément, qui a déjà accouché plusieurs fois cette princesse, qui est depuis peu de retour d'Espagne, où il a accouché la reine, et dont le savoir est grand aussi bien que l'expérience, remit aussitôt l'enfant dans la situation qu'il devoit être, de manière que cette princesse accoucha sur les huit heures demi-quart, ce que les faiseurs d'horoscopes seront bien aises d'apprendre. Je vous dirai cependant, sans me vouloir mêler d'en faire, qu'il a de tout temps passé pour constant que les enfants qui naissoient le jour étoient plus heureux que ceux qui venoient au monde pendant la nuit. Comme ce prince est arrière-petit-fils du roi, rien ne marque mieux que le ciel bénit la postérité de ce monarque, et d'ailleurs il est très-avantageux à un État d'avoir beaucoup de princes d'une même race, d'autant que lorsqu'il passe d'une race à une autre, il arrive souvent des démêlés qui causent de grands désordres. » (*Mercure* de février, pages 203 à 207.)

Le *Mercure* ne pouvait se croire si bon prophète et supposer que cet arrière-petit-fils du roi serait en effet son successeur.

après la messe, tint le conseil de finances comme à l'ordinaire; l'après-dînée il alla se promener à Trianon. — Le courrier qu'on avoit envoyé en Hollande et qu'on a retenu quatorze jours en ce pays-là arriva ici le soir. M. de Torcy en vint apporter la nouvelle au roi pendant que nous étions à son coucher. Après que nous fûmes sortis, le roi le fit entrer, et il demeura un quart d'heure avec le roi. Tout ce que nous savons de la nouvelle qu'il porte, c'est que les passeports ne sont point encore arrivés. Monseigneur alla le soir à la comédie dans la salle ordinaire, et on laisse le théâtre dans l'antichambre de madame la duchesse de Bourgogne pour y rejouer la comédie quand elle sera en état de s'y faire porter dans un fauteuil. Le roi travailla le soir chez madame de Maintenon avec M. Voisin.

Dimanche 16, *à Versailles*. — Le roi tint le conseil d'État, qui fut plus long qu'à l'ordinaire. On renvoie un autre courrier en Hollande. On ne nous dit rien des lettres qu'on a reçues ni de celles qu'on y a répondu, mais tout le monde est persuadé que les passeports arriveront par le courrier qu'on fera partir demain. Le roi alla tirer l'après-dînée et passa chez madame la duchesse de Bourgogne avant que d'aller à la chasse. Il y revint encore au retour et puis encore en sortant de chez madame de Maintenon avant son souper. Le roi, à la messe, fit chanter le *Te Deum* pour la naissance de monseigneur le duc d'Anjou et a donné ordre qu'on le chantât jeudi à Paris. Le roi travailla le soir chez madame de Maintenon avec M. Pelletier.

Lundi 17, *à Versailles*. — Le roi dîna de bonne heure et alla se promener à Marly. Il vint trois fois dans la journée chez madame la duchesse de Bourgogne aux mêmes heures que hier et continuera de même durant ses couches. — Le courrier pour Hollande partit le matin à cinq heures, et on compte qu'il arrivera jeudi à la Haye. On espère qu'il sera de retour dans dix jours avec les passeports. — L'évêque de Lombez est mort; il avoit plus de quatre-vingt-dix ans. C'étoit le fameux dom Cosme, Feuillant, fameux prédicateur, qui avoit souvent prêché devant le roi. — On apprend par des lettres de Londres que la duchesse de Marlborough a perdu les bonnes grâces de la reine Anne, sa maîtresse, et qu'elle veut venir en Flandre avec le duc son mari quand il y repassera. — Le roi travailla le soir chez madame de Maintenon avec M. de Pontchartrain. Monseigneur alla le soir à la comédie.

Mardi 18, *à Versailles.* — Le roi tint le conseil de finances et alla se promener à Trianon l'après-dînée. Monseigneur alla dîner à Meudon, où il demeura huit jours; madame la princesse de Conty et beaucoup de dames sont de ce voyage; il y a beaucoup de courtisans aussi. Madame la duchesse de Bourgogne a eu la fièvre de lait et un peu de mal au côté; mais elle se porte assez bien présentement. — Plusieurs gens ont demandé au roi le gouvernement de Sarrelouis, qu'avoit M. de Choisy; cependant le roi ne sait pas encore qu'il soit mort. — Le roi travailla le soir chez madame de Maintenon avec M. Voisin.

On fit à mon fils un pansement fort rude avec des poudres brûlantes; il souffrit plus que le jour qu'on lui coupa la cuisse.

Mercredi 19, *à Versailles.* — Le roi tint le conseil d'État, alla tirer l'après-dînée. Monseigneur vint ici de Meudon pour le conseil; il vit madame la duchesse de Bourgogne après le conseil et puis s'en retourna dîner à Meudon. — M. de Pons, que le roi a choisi pour acheter le guidon des gendarmes, avoit traité de son guidon de gendarmerie avec un gentilhomme de Provence qui est colonel d'un nouveau régiment d'infanterie et qui lui en donnoit 44,000 francs; mais le roi n'en a pas voulu donner l'agrément. — M. l'évêque de Nîmes (1) est mort. Il est uni-

---

(1) Fléchier.

versellement regretté; il s'est rendu illustre par une vie exemplaire et par beaucoup de beaux ouvrages. Il étoit de l'Académie françoise.

Jeudi 20, à Versailles. — Le roi dîna au sortir de la messe et alla à Marly. Il continue à aller trois fois le jour chez madame la duchesse de Bourgogne. — On chanta à Paris le *Te Deum* pour la naissance de monseigneur le duc d'Anjou. — Le mariage de M. de Louvigny avec mademoiselle d'Humières est entièrement réglé, et le roi permet que le duc de Guiche cède sa duché à son fils et lui conservera toujours son rang. Le roi a déjà permis plusieurs fois qu'un père cédât sa duché à son fils; en cette occasion-ci la grâce est plus grande, parce que le grand-père, le père et le fils, tous trois en vie et se portant bien, seront ducs quoiqu'il n'y ait qu'une duché dans leur maison.

Vendredi 21, à Versailles. — Le roi travailla le matin avec son confesseur et alla l'après-dînée se promener à Trianon. Monseigneur alla de Meudon à Paris voir l'opéra, et plusieurs dames qui ne sont pas du voyage de Meudon y allèrent dîner, et Monseigneur les mena à l'opéra. — On a donné un arrêt fort sévère pour défendre dans Paris les jeux de hasard, comme les dés, la bassette, le pharaon, le hoca et le lansquenet, sans excepter personne, de quelque condition que ce soit. — M. le duc de Beauvilliers cède la charge de premier gentilhomme de la chambre au duc de Mortemart, son gendre et son neveu; cela ne sera public que demain, et on n'en sait pas encore les conditions.

Samedi 22, à Versailles. — Le roi tint le conseil de finances, alla à Marly l'après-dînée et travailla le soir chez madame de Maintenon avec M. Voisin. En sortant de son cabinet pour aller à la messe, M. de Beauvilliers lui présenta M. de Mortemart pour le remercier. Le roi lui parla le plus obligeamment du monde. J'étois auprès d'eux et j'entendis avec plaisir tout ce que le roi dit à M. de Mortemart. Le duc de Tresmes se trouve présentement le plus ancien des gentilshommes de la chambre. Le roi conserve à M. de Beauvilliers le brevet de retenue de 400,000 francs sur la charge. — Madame de Louvois vint ici et vit le roi au retour de Marly. Elle lui apprit la mort de M. l'archevêque de Reims, qui travailloit avec son secrétaire à midi et demi (1). Il se trouva mal en travaillant et étoit mort à une heure. Madame de Louvois, qu'on avoit envoyé chercher dès qu'il se trouva mal, le trouva mort. Elle demanda au roi pour l'abbé de Louvois, son fils, la charge de maître de la chapelle, qu'avoit M. de Reims.

Dimanche 23, à Versailles. — Le roi tint le matin le conseil d'État, alla tirer l'après-dînée et travailla le soir chez madame de Maintenon avec M. Pelletier. — M. l'archevêque de Reims a fait madame la marquise de Créquy, sa nièce, sa légataire universelle et l'abbé de Louvois son exécuteur testamentaire. Il donne à cet abbé sa maison à Versailles, l'argenterie de sa chapelle, qui est magnifique, et une belle tapisserie. Il donne aux moines de Sainte-Geneviève sa bibliothèque, qui est une des plus belles de l'Europe. Il ne laisse aux enfants de M. de Louvois que ce qu'il n'a pu leur ôter, qui est la maison de Paris, rue des Francs-Bourgeois, et qu'il avoit héritée de M. le Tellier, son père. Le reste du bien qu'il avoit eu de sa famille est changé de nature. On croit que la marquise de Cré-

---

(1) Charles-Maurice le Tellier, beau-frère de la marquise de Louvois. « Il venoit de travailler avec M. Pilon, ce fameux procureur si généralement estimé, à une transaction pour un de ses amis qu'il estimoit beaucoup et qu'il honoroit de son amitié, et ce prélat avoit apostillé de sa main tous les articles de cette transaction, à laquelle il avoit été longtemps fort appliqué. Il dit ensuite qu'il avoit mal à la tête, et peu de temps après que son mal augmentoit beaucoup. On lui dit de se mettre sur son lit pour se reposer, et à peine y eut-il été un moment qu'on lui tâta le pouls et qu'l'on connut que le pouls remontoit et que ce prélat commençoit à perdre connoissance. On courut à Saint-Gervais, et le vicaire de cette paroisse accourut aussitôt avec les saintes huiles; mais à peine eut-il fait la première onction qu'on remarqua qu'il n'avoit plus du tout de connoissance, et il mourut aussitôt après. » (*Mercure* de février, pages 261 à 263.)

quy aura plus de 500,000 écus par être sa légataire universelle; car, outre qu'il avoit un gros bien de sa famille, il jouissoit d'un bien immense en bénéfices.

Lundi 24, *à Versailles.* — Le roi alla à Marly de fort bonne heure, et au retour il travailla chez madame de Maintenon avec M. de Pontchartrain. Madame la duchesse de Bourgogne fut assez incommodée; cela ne l'empêcha pas de voir madame la duchesse de Mantoue, à qui elle avoit mandé deux jours auparavant qu'elle la verroit lundi. Madame de Mantoue vit ensuite le roi chez madame de Maintenon. — Le duc de Luynes, mon petit-fils, épousa le matin à Saint-Sulpice, à Paris, mademoiselle de Neufchâtel, et la noce se fit le soir très-magnifiquement chez madame de Neufchâtel. Comme ils sont extrêmement jeunes tous deux, le duc de Luynes n'ayant que quatorze ans et demi et la demoiselle treize ans, on ne les laissa qu'un quart d'heure dans le lit, les rideaux ouverts et tous ceux qui avoient été à la noce étant dans la chambre.

Mardi 25, *à Versailles.* — Le roi tint le conseil de finances, alla se promener l'après-dînée à Trianon et travailla le soir avec M. Voisin chez madame de Maintenon. — Le duc de Mortemart prêta serment le matin pour la charge de premier gentilhomme de la chambre, et M. de Beauvilliers paya pour lui les 2,000 écus pour la prestation du serment. M. de Beauvilliers jouira des revenus de la charge pour payer l'intérêt de ses dettes, et cela reviendra toujours à M. de Mortemart, parce qu'il est son héritier naturel. — Le roi signa le contrat de mariage du duc de Louvigny avec mademoiselle d'Humières, et le mariage se fera lundi à Paris. — La Cour des Chiens, qui étoit en réputation d'être un homme fort riche et qui avoit des maisons magnifiques dans Paris, est mort. On dit que ses héritiers veulent renoncer à sa succession. Il devoit beaucoup à des particuliers, mais il prétendoit qu'il lui étoit dû encore davantage par le roi.

Mercredi 26, *à Versailles.* — Le roi prit médecine et

l'après-dînée il tint le conseil d'État. Monseigneur revint de Meudon pour le conseil, et n'y retourna point. Il y eut le soir comédie. Madame la duchesse de Bourgogne a eu la fièvre pendant vingt-quatre heures, et les médecins connurent bien que c'étoit une fièvre que l'on a souvent dans les couches et qui s'appelle le poil, et qui n'auroit aucune suite. — Un courrier, qui étoit parti il y a huit jours pour la Hollande, revint le soir, et le roi dit à son souper que les passeports étoient arrivés. Nos plénipotentiaires, qui ne prendront pas cette qualité-là les premiers jours en Hollande, demeureront à Saint-Gertrudemberg et de là viendront aux conférences au Moerdyk. On les y attend mercredi prochain ; mais ils n'y pourront être que quelques jours après par des ordres qu'il faut apporter pour leur départ, qui sera les premiers jours de la semaine qui vient.

Jeudi 27, à Versailles. — Le roi dîna de bonne heure et alla se promener à Marly ; durant son dîner le maréchal d'Huxelles arriva, et le roi, en sortant de table, le fit entrer dans son cabinet. — Nos plénipotentiaires ne pourront partir que mardi ou mercredi. — Voilà présentement un archevêché et quatre évêchés vacants ; Reims, Évreux, Nîmes, Lombez et Saint-Pol, et beaucoup de grandes abbayes, dont les principales sont celles qu'avoit l'archevêque de Reims, qui sont : Saint-Rémy dans Reims, Saint-Étienne de Caen, Sainte-Benigne de Dijon, Breteuil. Il avoit encore quelques autres bénéfices moins considérables. — Par la mort de l'archevêque de Reims, M. de Marillac devient doyen du conseil, et cela vaut 5,100 fr. de plus qu'aux autres conseillers d'État ordinaires.

Vendredi 28, à Versailles. — Le roi travailla le matin avec son confesseur et alla se promener à Trianon l'après-dînée. — En sortant du souper du roi, madame de Fimarcon se jeta à ses pieds fondant en larmes. Son fils, qui étoit malade depuis longtemps, est mort en province. Elle demande le régiment de dragons qu'il avoit, qui est un des quatorze anciens régiments. Elle a un autre fils pour qui elle voudroit l'obtenir, ou, si le roi le trouve trop jeune, avoir la permission de le vendre. — L'électeur de Bavière, qui a toujours demeuré à Compiègne depuis être parti d'ici, est arrivé à Paris et verra ici le roi dans son cabinet mardi. Il entrera par le petit escalier. Il ne verra ici que le roi. — La Faye, capitaine aux gardes, soupçonnant Rousseau d'avoir fait des vers contre lui et sa femme, l'a insulté dans la rue des Bons-Enfants et même dans la cour des cuisines du Palais-Royal. M. le duc d'Orléans demanda au roi le matin qu'on l'envoyât au For-l'Évêque pour avoir manqué de respect à sa maison. Le roi l'envoya en prison, et le soir même M. le duc d'Orléans demanda au roi qu'on le fît sortir (1).

Samedi 1ᵉʳ mars, à Versailles. — Le roi tint le conseil de finances et alla l'après-dînée se promener à Marly. Monseigneur alla se promener à Chaville. Le soir le roi travailla avec M. Voisin chez madame de Maintenon. — Le roi a donné le régiment de Fimarcon à de Foix, qui en étoit lieutenant-colonel et brigadier. Il est encore fort en état de servir quoiqu'il ait plus de soixante ans. — M. de Choisy, gouverneur de Sarrelouis, mourut mercredi dans son gouvernement après une longue maladie. —M. l'abbé de Grandpré*, qui avoit plus de quatre-vingt-huit ans et qui étoit frère aîné du maréchal de Joyeuse, est mort; il

---

(1) « M. de la Faye, capitaine aux gardes, ayant soupçonné M. Rousseau, fameux poëte, un peu satirique, briguant une place à l'Académie, d'avoir fait une chanson fort offensante contre lui et sa femme, l'a excédé de coups de plat d'épée, ensuite de quoi la Faye en a averti le roi. De l'autre côté, on s'est plaint à monseigneur le duc d'Orléans que cette violente action s'étoit commise dans son Palais-Royal, ce que le prince trouve fort mauvais. Le parterre prend parti, et on attend ce que Sa Majesté décidera sur cela... La Faye, capitaine aux gardes a couché une nuit au For-l'Évêque pour satisfaire à monseigneur le duc d'Orléans, et les coups de plat d'épée seront réparés à l'égard de Rousseau par un accommodement; il y aura une espèce de désaveu et quatre mille francs qu'il donnera à l'offensé. Ainsi on ne laissera pas de chanter, ce que l'on n'a jamais tant fait. » (*Lettres de la marquise d'Huxelles*, des 28 février et 3 mars.)

laisse deux ou trois abbayes vacantes. — Un trésorier de Madame, nommé Davou, qu'elle avoit cassé il y a quelques mois et qui lui avoit volé plus de 100,000 écus, voyant entrer des archers dans sa chambre qui venoient l'arrêter, s'est jeté par la fenêtre et s'est tué.

* Cet abbé de Grandpré ou de Joyeuse étoit un imbécile, et qui en avoit aussi tout le maintien ; il ne l'avoit pas été de corps comme d'esprit. On l'appeloit l'abbé Quatorze, et les dames lui avoient donné ce nom ; quelque prodigieux que cela soit, elles méritent être crues, et cela avoit passé en telle notoriété que la singularité fait surmonter ici sur la honte de le rapporter.

Dimanche 2, à Versailles. — Le roi tint le conseil d'État à son ordinaire. Il alla tirer l'après-dînée, et le soir il travailla avec M. Pelletier chez madame de Maintenon.

Le matin M. Maréchal, premier chirurgien du roi, trouvant la plaie de mon fils* en mauvais état, et l'os de la cuisse qu'on lui coupa sur le champ de bataille à Malplaquet, le 11 septembre, se trouvant carié, fut obligé de lui recouper cet os et beaucoup de chairs qui étoient revenues trop vite et qui étoient mauvaises. Cette opération fut aussi douloureuse que quand on lui coupa la cuisse et étoit très-difficile à faire. Mon fils fut en si grand danger et l'a été encore si longtemps depuis que je n'eus pas la force de continuer ces Mémoires, et je ne les ai recommencés que deux mois après quand il n'y eut plus rien à craindre pour sa vie ; si bien qu'il est presque impossible qu'il ne se soit passé beaucoup de choses qui ne sont pas venues à ma connoissance durant ce temps-là. J'avois chargé seulement un secrétaire d'écrire sur des feuilles volantes ce qu'il apprendroit de certain, et c'est ce que je fais copier présentement.

* Ce Courcillon, fils unique de l'auteur de ces Mémoires, étoit un original sans aucune copie, beaucoup d'esprit et d'ornement dans l'esprit, un fonds de gaieté et de plaisanterie inépuisable, dont il y a des contes sans fin, une débauche effrénée, et effronterie à ne rougir de rien. Madame de Maintenon le garda avec des soins de mère, par amitié pour la sienne, dans une maladie qu'elle seule et madame de Dangeau ignoroient, et dont Courcillon faisoit des farces pour se consoler de l'ennui qu'il avoit eu de cette compagnie. Il en fit d'une autre espèce quand on lui coupa la cuisse; mais la plus rare fut lorsqu'on la lui recoupa. Le danger étoit grand; Dangeau et sa femme le tournoient pour le faire venir à la confession. Cela l'importuna; il connoissoit son père et il se délivra à cette importunité. Il feignit d'entrer dans ce qu'il lui insinuoit, et lui dit que, puisqu'il en falloit venir là, il vouloit aller au mieux, qu'il lui fît donc venir le P. de la Tour, mais qu'il ne vouloit jamais ouïr parler d'aucun autre. A ce nom Dangeau frémit de la tête aux pieds; il venoit de voir combien son assistance à la mort de M. le prince de Conty et de M. le Prince avoit étrangement déplu. Il n'osa jamais courir les mêmes risques, d'autant que survivant son fils il en porteroit l'iniquité. De ce moment il ne fut plus mention de confession de sa part, et Courcillon, qui ne vouloit que cela, n'en parla pas aussi davantage. Dangeau avoit un frère abbé, pédant, grammairien, le meilleur homme du monde, mais fort ridicule. Courcillon, voyant son père au chevet de son lit fort affligé, se prend à rire comme un fou et à le prier d'aller pleurer plus loin, parce qu'il fait en pleurant une si plaisante grimace qu'il en faut mourir de rire, et de là passe à dire que sûrement, s'il meurt, l'abbé se mariera pour soutenir la maison, et à en faire une telle description en plumet et en parure que tout ce qui étoit là ne put se tenir d'en rire aux larmes.

Lundi 3, *à Versailles.* — Le roi dîna de bonne heure et s'alla promener à Marly; au retour il travailla chez madame de Maintenon avec M. de Pontchartrain. — Le duc de Louvigny, fils aîné du duc de Guiche, épousa à Paris mademoiselle d'Humières, fille unique et grande héritière, dont le père, qui étoit fils du second lit du feu duc d'Aumont, avoit pris le nom d'Humières, en épousant la fille cadette du maréchal d'Humières, qui avoit obtenu du roi que celui qui épouseroit sa fille seroit duc et porteroit le nom et les armes d'Humières. On croyoit même que celle qui s'est mariée aujourd'hui seroit obligée à porter toujours le nom et les armes d'Humières; cependant elle n'a pris par son contrat de mariage que le nom d'Aumont, dont elle a pris aussi les armes sans même les écarteler de celles d'Humières.

Mardi 4, *à Versailles.* — Le roi donna audience le matin à l'électeur de Bavière, qui depuis deux jours étoit venu de Compiègne à Paris. Il entra dans le cabinet du roi par les derrières, et l'audience fut tout à fait en particulier. Cet électeur dîna chez M. de Torcy et retourna coucher à Paris, où il demeurera quelques jours, et puis il retournera à Compiègne. On croyoit qu'il iroit faire sa demeure à la Meute, mais il a mieux aimé rester à Compiègne, où il a fait venir mademoiselle de Montigny avec sa famille. Il y a longtemps qu'il a un grand attachement pour elle. — Le roi tint le matin conseil de finances à son ordinaire. L'après-dînée il donna audience à l'abbé de Polignac et le soir il travailla chez madame de Maintenon avec M. Voisin. — M. le Duc mourut à trois heures du matin à Paris *. Il étoit rentré hier à l'hôtel de Condé à dix heures du soir, où étoit madame la Duchesse avec les princesses ses filles, et il comptoit de les mener ce soir-là aux bals qu'on trouveroit dans Paris. Quand il entra à l'hôtel de Condé il revenoit de chez madame de Bouillon et avoit déjà perdu connoissance en entrant chez lui, et la connoissance ne lui revint point. Madame la Duchesse, le voyant en cet état, envoya ici faire prier madame la princesse de Conty, M. du Maine et M. le comte de Toulouse de venir l'aider dans son malheur, ce qu'ils firent dans le moment, et madame la princesse de Conty, qui arriva la première, trouva M. le Duc mort. Elle ramena ici madame la Duchesse à six heures du matin. Madame la princesse de Conty en arrivant alla chez Monseigneur, qu'elle fit éveiller. Monseigneur s'habilla diligemment et alla chez madame la Duchesse et puis monta chez le roi avant que personne y fût entré. Il apprit au roi la mort de M. le Duc, et en même temps le roi donna à M. le duc d'Enghien, son fils aîné, la charge de grand maître de sa maison et le gouvernement de Bourgogne qu'avoit M. le Duc, son père (1).

---

(1) « Monseigneur le Duc est mort subitement; la mort des grands frappe bien davantage que celle des autres. Avant-hier, à sept heures du soir, reve-

* M. le Duc ne jouit pas longtemps du plaisir de la délivrance d'un père fâcheux et d'un beau-frère qui en plus d'une sorte avoit fait le malheur après le désespoir de sa vie. Il fut attaqué d'accès violents de maux de tête qui redoublèrent sur la fin à l'excès, et qui obligèrent madame la Princesse, pour qui il avoit de la considération et de l'amitié, de le presser de changer de vie et de penser à lui ; il le lui promit enfin pour après le carnaval, qu'il voulut passer à son ordinaire. Madame la Duchesse vouloit courre le bal le mardi gras avec plusieurs dames ; mais cela ne se pouvoit qu'avec M. le Duc, et ils étoient l'un et l'autre à Paris pour cela. Tandis qu'elle s'amusoit à préparer la mascarade, il alla à l'hôtel de Bouillon, puis voir le duc de Coislin, déjà bien malade et fort de ses amis. Revenant de là à l'hôtel de Condé souper pour aller après courre le bal par la ville, il se trouva si mal sur le pont Royal qu'il tira son cordon, et qu'il fit monter auprès de lui le seul laquais qui le suivoit, qui le soutint quelque temps ; mais en chemin il perdit connoissance et ne la recouvra plus. Ce laquais fit arrêter le carrosse à un petit degré qui donnoit dans les garde-robes de M. le Duc ; on le porta par là sur son lit. Madame la Duchesse et sa compagnie furent bientôt averties par les cris de la maison ; tout ce qui fut tenté ne servit pas à la moindre chose ; en deux heures cela fut fini. On lui trouva un corps étrange dans la tête, qui, parvenu à une certaine grosseur, le tua. Madame la Duchesse demeura fort surprise, et si elle fut affligée, ce fut de perdre le plaisir qu'elle s'étoit proposé de courre le bal ; peut-être d'autres souvenirs troublèrent-ils l'extrême soulagement d'une délivrance trop tardive ; mais enfin ce fut une délivrance dont elle ne tarda pas à sentir tout le prix. Il étoit fort des amis du comte de Fiesque, et depuis très-longtemps soupant avec lui et quelques autres familiers dans la petite maison de la Thouanne à Saint-Maur, qui lui venoit d'être donnée dans la déroute de ce trésorier pour joindre à la sienne ; sans être ivre ni rien d'approchant on se mit en dispute sur un fait d'histoire, M. le Duc d'un avis, le comte

---

nant de l'hôtel de Bouillon en ce quartier, ayant tiré le cordon de son carrosse sur le pont Royal, le valet de pied qui descendit le trouva en tel état qu'il n'eut qu'à monter pour le soutenir, et le carrosse ne fut pas plus tôt arrivé à l'hôtel de Condé que le prince n'eut plus de connoissance ; enfin il mourut à trois heures du matin suivant, âgé de quarante et un ans, et laissant trois princes, cinq princesses, la sixième n'étant plus à compter, à cause qu'elle est professe à Fontevrault. Le roi a donné toutes les charges et gouvernements, qui vont à 200,000 livres de rente, à monseigneur le Duc d'aujourd'hui... Madame la princesse de Conty, fille du roi, vint sur-le-champ querir madame la Duchesse, qu'elle a menée à Versailles, laquelle se trouvoit ici afin d'aller en masque avec bien des dames, conviées à l'honneur de souper avec elle dans son hôtel. » (*Lettre de la marquise d'Huxelles*, du 5 mars.)

de Fiesque de l'autre; grand débat tant et si bien que voilà M. le Duc aux gros mots, puis à jeter une assiette au comte de Fiesque et à le poursuivre d'injures gagnant la porte, et à le chasser plus honteusement qu'un laquais fripon. La compagnie effarée s'entremit sans succès, la porte demeura fermée sur le comte de Fiesque, qui devoit coucher là et à qui le curé donna son lit jusqu'au matin, qu'il envoya chercher une voiture pour regagner Paris. M. le Duc et lui furent longtemps sans vouloir ouïr parler l'un de l'autre; à la fin pourtant on les raccommoda et si bien qu'ils demeurèrent amis, et que M. le Duc, honteux apparemment, se piqua d'une assiduité auprès de lui en sa dernière maladie peu d'années après, et qui fut longue, qu'il y alloit plutôt deux fois par jour qu'une, et qu'il le servoit lui-même autant que les propres domestiques du comte de Fiesque. M. le Duc étoit fort capable d'amitié, de rompre des glaces et de toutes les façons pour ceux qu'il aimoit, et de leur être fidèle; mais il étoit terrible avec ses amis, et pas un d'eux n'étoit un moment en sûreté avec lui. Outre ces fougues qu'un rien provoquoit et dont la crainte tenoit chacun continuellement en garde et en malaise, il avoit des pointes de railleries perçantes, et à table il faisoit des chansons en face qui emportoient la pièce et qui demeuroient à toujours. Il en porta bien aussi le talion, et plus cruellement qu'homme de France. Avec cela il choisissoit mal ses amis, et pour un très-petit nombre qui lui faisoient honneur, et qui encore n'étoient les siens que par un engagement qu'ils n'osoient rompre, il en avoit d'autres dont qui que ce soit n'auroit voulu. Il étoit jaloux d'eux, curieux de leurs parties, boudoit et faisoit des sorties quand il s'apercevoit qu'on l'évitoit, et se mettoit de leurs parties quand il en demeuroit à les faire enrager. Il avoit de l'esprit et quelque savoir, mais rien en comparaison de M. le Prince et de M. le prince de Conty; de la valeur autant qu'eux, et comme il avoit l'esprit hardi de soi et peu mesuré, il eût peut-être plus brillé à la guerre que son beau-frère. Il avoit de la politesse, mais l'orgueil même, l'insolence même dans son orgueil et dans ses entreprises, avec une fougue de tourbillon que rien ne pouvoit arrêter, violent aussi et plein d'humeur; mais avec ses valets, et ni avare ni injuste. Il avoit même commencé à se faire honneur aux états de Bourgogne, et pour réparer bien de mauvaises choses couvertes de l'autorité de M. le Prince et de la sienne, et par travailler de bonne façon au bien de la province et des particuliers. Nulle bassesse de cour, comme son père et son beau-frère; c'étoit en tout un homme qui, avec quelques excellentes parties, en avoit beaucoup plus et de désagréables, et de terribles, et d'insupportables. Il avoit passé sa vie à être jaloux de madame la Duchesse, à l'adorer, à la faire enrager et à être fort malheureux ensemble. Sa mort fut un soulagement pour la cour, pour le monde et pour tous, excepté un très-petit nombre de gens.

Mercredi 5, à Versailles. — Le roi prit les cendres le matin à la messe et puis tint le conseil d'État à son ordinaire. M. de Xaintrailles vint le matin parler au roi de la part de madame la Princesse, qui est fort affligée de la mort de M. le Duc, son fils, et qui souhaite passionnément et avec grande raison que le roi mette la paix dans sa famille. M. le Duc étoit en grand procès avec madame la princesse de Conty, la dernière veuve, madame la duchesse du Maine et mademoiselle d'Enghien, ses trois sœurs. Le roi témoigna à Xaintrailles qu'il le désiroit fort et qu'il alloit y travailler. Le roi pria ensuite Xaintrailles de vouloir demeurer auprès de M. le Duc comme il avoit été auprès de M. son père, et lui parla avec beaucoup de bonté et lui marqua beaucoup d'estime, ce qui engage Xaintrailles, malgré sa mauvaise santé et l'esprit de retraite dans lequel il est depuis longtemps, de demeurer auprès du jeune prince, dans la charge qu'il avoit auprès de M. le Duc, son père. — M. le maréchal d'Huxelles et M. l'abbé de Polignac, nos plénipotentiaires, partirent de Paris pour aller à Saint-Gertruydemberg, où ils trouveront deux députés des États Généraux pour entrer en conférence sur la paix. — Le roi fit un règlement pour le rang de Mademoiselle et des princesses du sang mariées et régla aussi le rang de madame du Maine avec les filles de M. le Duc, ses nièces; voici le règlement :

Le roi, connoissant qu'il est également de sa bonté comme de son autorité de terminer, dès leurs premiers commencements, les questions qui paroissent s'élever entre les princesses de son sang au sujet de leur rang et de leur préséance et de prévenir même celles qui pourroient s'élever à l'avenir, a jugé à propos d'expliquer ses volontés par le présent règlement que S. M. veut et ordonne être ponctuellement exécuté dans tous ses points.

I. — Les filles de France mariées ou non mariées conserveront entre elles et avec les femmes des fils de France le rang que leur naissance ou celle de leurs maris leur donne.

II. — Par le mot de fils et fille de France S. M. entend non-seulement les enfants du roi, mais aussi tous ceux qui sont de la ligne directe aînée et héritière présomptive de la couronne.

III. — Les femmes des petits-fils de France auront rang avant les petites-filles de France, quand même celles-ci seroient filles des aînés et les autres femmes des cadets.

IV. — Les femmes des petits-fils de France garderont entre elles le rang de leurs maris.

V. — Les petites filles de France non mariées tiendront entre elles le rang que leur naissance leur donne par rapport à la descente de l'aîné et à la proximité de la couronne.

VI. — Si une petite-fille de France se trouve mariée à un prince du rang inférieur aux petits-fils de France, elle jouira du rang de sa naissance avec les petites-filles de France non mariées, pourvu toutefois que le roi le lui ait conservé.

VII. — Les petites-filles de France non mariées auront rang avant les princesses du sang.

VIII. — Les femmes des princes du sang auront rang avant les princesses du sang non mariées, quand même celles-ci seroient filles d'un prince aîné du mari des princesses du sang mariées.

IX. — Les femmes des princes du sang garderont entre elles le rang de leurs maris.

X. — Les princesses du sang non mariées garderont entre elles le rang de leur naissance suivant le droit d'aînesse de la branche dont elles descendent, en sorte même que cette aînesse se perpétue dans la branche et que la princesse sœur de celui qui se trouvera aîné de la branche ne puisse passer qu'après la fille de cet aîné et ainsi du reste.

XI. — Les princesses du sang mariées à un prince ou autres de rang inférieur aux princes du sang jouiront toujours de leur rang entre les princesses du sang non mariées, pourvu néanmoins que le roi leur ait conservé leur rang de princesses du sang.

Fait à Versailles le 12 mars 1710. — Signé : LOUIS, et plus bas : PHELIPPEAUX *.

* Les conquêtes des princes du sang, par le moyen des bâtards qui avoient annullé toutes les règles et plus encore s'il se peut les particulières des bâtards, avoient ouvert un champ libre à toutes prétentions. Madame la duchesse d'Orléans, peu contente de voir borner à soi le grand et nouveau rang de petite-fille de France, voulut essayer malgré M. son mari d'en tirer quelque bribe pour ses enfants comme arrière-petits-fils de France. Elle tenta, elle essaya, elle évita. Tant que cela fut ténébreux, parce que l'âge de ses enfants l'étoit, on n'y prit pas garde; mais à la fin il fallut venir au but, et il éclata par le refus qu'elle fit aux femmes des princes du sang de les laisser passer ni signer devant ses filles. Jamais en aucun état égal fille n'avoit imaginé de précéder femme, et les princes du sang, déjà assez blessés de toutes les différences dont on les avoit séparés d'avec M. le duc d'Orléans, ne portèrent pas tranquillement l'extension qu'on tâchoit d'y faire ajouter. Cela balança quelque temps, mais sans aucun avantage pour les filles de madame d'Orléans, que de s'abstenir de signer et de se trouver en compétence. A la fin le roi, se trouvant pressé des deux côtés, donna le règlement que les Mémoires racontent et prit le temps de la mort de M. le Duc pour se servir de cette occasion à empêcher madame d'Orléans de se brouiller de plus en plus là-dessus avec madame la Duchesse. Madame d'Orléans fut outrée de dépit ; M. d'Orléans n'en fit que rire et approuva le règlement.

Jeudi 6, à Versailles. — Le roi dîna de bonne heure et alla se promener à Marly. Le roi en donnant à M. le Duc d'Enghien les charges qu'avoit M. le Duc, son père, n'avoit point songé à la capitainerie d'Alaser, que M. le Prince, son grand père, avoit obtenue du roi et qui est un grand embellissement pour Chantilly. Le roi l'a donnée aujourd'hui à M. le duc d'Enghien. — M. de Broglio, brigadier et colonel d'infanterie, fils aîné du comte de Broglio, lieutenant général qui a longtemps commandé en Languedoc, épouse mademoiselle Voisin, et le roi lui donne 8,000 francs de pension, comme il donne toujours aux filles des ministres quand elles se marient. — M. de Pelleport, maréchal de camp, épouse mademoiselle de Villefort, fille de la sous-gouvernante de monseigneur le duc d'Anjou. La noce se fera ici chez madame Voisin. C'est madame de Caylus qui fait ce mariage ; M. de Pelleport est de ses parents.

Vendredi 7, à Versailles. — Le roi travailla le matin avec le P. le Tellier, son confesseur, et l'après-dînée il alla se promener à Trianon. — Les ennemis avoient assemblé quelques troupes, mais on a su aujourd'hui que ce n'étoit que pour mettre des munitions de bouche dans les villes qu'ils ont nouvellement conquises et où le pain étoit fort cher et particulièrement à Lille. — Il a couru beaucoup de bruits du départ du roi de Suède de Bender qui se sont trouvés tous faux, et les dernières nouvelles qu'on en a rendent le temps de son départ fort incertain, surtout depuis que le Grand Seigneur a renouvelé la trêve avec les Moscovites.

Samedi 8, à Versailles. — Le roi tint le conseil de finances à son ordinaire et travailla le soir chez madame de Maintenon avec M. Voisin. — Par les lettres de Madrid on apprend que le roi d'Espagne en doit partir le 23 du mois qui vient pour aller se mettre à la tête de son armée en Aragon. Ce sera le marquis de Villadarias qui la commandera sous lui ; c'est celui qui commandoit dans Charleroy quand M. de Luxembourg le prit et qui s'appeloit Castille. Il y a déjà longtemps qu'il est capitaine général, mais il étoit retiré chez lui en Andalousie depuis le siége de Gibraltar. Le roi d'Espagne avoit fait demander au roi, par le duc d'Albe, M. de Vendôme pour aller commander son armée *.

* Il y avoit longtemps que les affaires d'Espagne se trouvoient en grand danger et avec peu ou point d'espérance de ressources de France, où l'on étoit bien embarrassé à se défendre. Cette situation donna lieu à M. de Vendôme de tâcher d'en profiter pour se tirer de la sienne, qui lui devenoit tous les jours plus insupportable et qu'il voyoit s'approfondir tous les jours de plus en plus. En Espagne aussi ils manquoient tout à fait de généraux ; on y soulagea le roi en le délivrant de M. de Vendôme, et on se flatta de montrer, par le mettre

à la tête des armées, que la France s'intéressoit toujours essentiellement aux événements de ce pays. C'est ce qui fit l'affaire de M. de Vendôme, qui aima mieux se confiner avec des gens presque aux abois que de supporter l'abandon et la disgrâce dans un lieu où il avoit vu toute la France à ses pieds, et Monseigneur en donner l'exemple.

Dimanche 9, à Versailles. — Le roi tint le matin conseil d'État. L'après-dînée il alla au sermon et ensuite il se promena dans ses jardins. — M. le duc de Berwick achète la terre de Houarty, appartenant à la succession de MM. de la Frette. Elle est bien bâtie, mais d'un assez médiocre revenu. On croit qu'il a une bonne raison pour vouloir acheter une terre en France. — M. de Torcy a demandé au roi un cabinet dans le Louvre, à Paris, pour y mettre toutes les dépêches des ambassadeurs et toutes les instructions qu'ils ont eues, afin qu'après la mort de ceux qui auront la charge de secrétaire d'État des affaires étrangères, tous les papiers qui regardent les négociations ne puissent être détournés par la famille de ceux qui auront eu la charge. M. de Torcy a ramassé tout ce qui s'est passé depuis l'année 1662. M. de Croissy, son père, qui est mort dans cette charge, avoit commencé de ramasser tous ces papiers-là. Le roi a accordé depuis quelques mois à M. de Torcy ce qu'il lui demandoit; l'on travaille pour cela à un cabinet qui est au-dessus de la chapelle où le roi entendoit la messe quand il étoit au Louvre*.

* Jusque fort avant dans le ministère de M. de Croissy il n'y avoit presque aucun papier des affaires étrangères; les héritiers des secrétaires d'État de ce département avoient eu tout ce qu'ils avoient laissé, et pareillement ceux des ambassadeurs et des autres ministres employés au dehors, les dépêches et les mémoires de leurs négociations. Cela étoit d'une dangereuse conséquence en rendant public avec le temps les plus secrètes affaires de l'État, qui en attendant étoient entre les mains des particuliers et quelquefois des beurrières. Croissy ramassa ce qu'il put trouver épars de M. de Lyonne, et ainsi en remontant, et de même ce qu'il put recouvrer des ministres et des négociations au dehors. Torcy, son fils, continua cela avec plus de soin,

et y mit un grand ordre dans un dépôt public, aux Petits Pères, avec un commis chargé de ce soin. Outre que c'est un recours souvent nécessaire d'y trouver beaucoup de choses et de leçons, c'est un moyen d'empêcher les étrangers d'acheter de ces importants papiers, comme plusieurs ont fait, et les ambassadeurs et autres ministres au dehors y doivent à leur retour remettre leurs instructions et tous les papiers qui leur restent. M. de Louvois en a fait autant aux Invalides, pour tout ce qui regarde la guerre, de sorte que l'un et l'autre étant joint fournira un trésor pour l'histoire, depuis cet établissement. Les papiers de M. de Chavigny, que le roi voulut retirer de cette famille après la mort de l'ancien évêque de Troyes, valurent en 1733 un régiment à son petit-neveu, tandis que personne même de la première qualité n'en pouvoit obtenir. MM. de Pontchartrain en ont fait un aussi à cet exemple pour la marine et la maison du roi.

Lundi 10, *à Versailles.* — Le roi dîna de bonne heure et alla se promener à Marly ; au retour il travailla chez madame de Maintenon avec M. de Pontchartrain. — Madame de Lassay mourut à Paris après une assez longue maladie. Elle étoit fille de feu M. le Prince, et d'une femme veuve et de grande qualité. M. le Prince avoit été fort longtemps sans la vouloir reconnoître et la faisoit appeler mademoiselle de Guenani, qui est l'anagramme du mot d'Enghien. Madame la Princesse l'avoit prise en grande amitié et souhaita fort que M. son mari la reconnût et m'employa même pour cela auprès de lui, parce qu'il m'honoroit fort de son amitié. M. le Prince se rendit aux prières de madame la Princesse et aux justes raisons qu'elle m'avoit chargé de lui dire. Il la reconnut donc et la fit appeler mademoiselle de Chateaubriant, et, quelques années après, elle épousa M. de Lassay, qui a été marié trois fois et qui a un enfant de chacun des trois mariages : madame de Coligny du premier, le jeune Lassay, colonel d'infanterie, du second et une fille de ce dernier mariage.

Mardi 11, *à Versailles.* — Le roi tint le matin conseil de finances et travailla le soir chez madame de Maintenon avec M. Voisin. Monseigneur fut saigné par précaution, comme il se fait saigner de temps en temps. — Le roi donna à M. de Chamlay un brevet de retenue de 100,000 francs sur sa charge de maréchal des logis des camps et armées du roi. — L'assemblée du clergé commença à Paris aux Grands-Augustins; c'est M. le cardinal de Noailles qui en est président. — On eut la nouvelle de l'arrivée de la flottille qui est entrée dans le Pontal à Cadix. On la croit riche de douze millions d'écus en argent, sans compter les marchandises. C'est un capitaine de vaisseau françois qui en a porté la nouvelle au roi d'Espagne à Madrid. — Le roi a trouvé dans les papiers de M. le Duc quelques abus dans les officiers de sa maison, dont M. le Duc étoit grand maître. Il a cassé deux maîtres d'hôtel, dont il fait vendre les charges moins qu'elles ne valent, et en a interdit un troisième, qui n'a que la survivance de son père. Cela fut déclaré hier (1).

Mercredi 12, à Versailles. — Le roi tint le conseil d'État à son ordinaire. L'après-dînée il entendit le sermon et puis il alla se promener à Trianon. Monseigneur, après le conseil, alla dîner à Meudon, où il demeurera quelques jours. — M. le prince de Conty alla à Paris donner de l'eau-bénite à M. le Duc, de la part du roi, avec les cérémonies accoutumées. M. de la Trémoille comme duc accompagnoit ce prince, et le marquis de Hautefort portoit la queue de son manteau. — M. l'abbé de Pomponne revint de son ambassade de Venise et fit le soir au cou-

---

(1) « M. de Cambray, M. Destanchault et M. Darmanville, tous trois maîtres d'hôtel, ont été accusés et interdits, le dernier ayant ordre de vendre sa charge, parce qu'on dit qu'il y a six ans qu'il n'avoit été à confesse; les autres sont cassés de trop de dissipation...

« Le bonhomme Cambray est venu du lit de la mort remercier le roi de la bonne justice qu'il a rendue à la mauvaise conduite de son fils; Sa Majesté, touchée de ce pauvre père, a promis le rétablissement quand la peine aura été assez longue. Monseigneur implore miséricorde pour le fils de Destanchault...

« Les trois maîtres d'hôtel ont été rétablis; ils sont jeunes et étoient accusés de peu de choses, car il n'y alloit que de fort peu de bouteilles de vin dont ils avoient régalé leurs amis. C'est une pièce qu'on leur a voulu faire; Monseigneur les a protégés. » (*Lettres de la marquise d'Huxelles*, des 11, 14 et 17 mars.)

cher du roi sa fonction d'aumônier de quartier. — M. de Torcy a acheté le marquisat de Sablé au pays du Maine; cette terre lui coûtera 450,000 francs tant de ce qu'il donne aux créanciers que du pot de vin qu'il a fallu donner au marquis de Sablé pour avoir son consentement, et M. de Torcy jouira de la terre par bail judiciaire en attendant que le décret soit fait. — On a mis aujourd'hui en forme de règlement et par écrit le rang des princesses du sang, que j'ai mis par anticipation au 5.

Jeudi 13, à Versailles. — Le roi dîna de bonne heure et alla se promener à Marly. Monseigneur, qui est à Meudon, prit médecine par précaution. — On porta le cœur de M. le Duc aux Jésuites. On portera son corps à Valery avec les cérémonies accoutumées, et on ne fera point à Paris de service solennel pour lui. — M. Bosc a été fait intendant de Limoges en la place de Montgeron, qui est rappelé de cette intendance. On permet à Bosc de vendre sa charge de maître des requêtes, et il aura des lettres de vétéran, quoiqu'il n'ait pas servi le temps qu'il faut pour les avoir de justice. Il est surintendant de madame la duchesse de Bourgogne, charge qui n'a aucune fonction; cette princesse lui a fort servi à obtenir ces deux grâces-là du roi, et d'ailleurs M. le chancelier l'employoit fort comme un homme capable d'affaires. — Le roi a prêté aux enfants de M. le duc du Maine le logement de M. l'archevêque de Reims, qu'il n'avoit aussi que par emprunt.

Vendredi 14, à Versailles. — Le roi travailla le matin avec le P. le Tellier. L'après-dînée il alla au sermon et puis se promener à Trianon. — On a reçu des lettres de madame des Ursins, qui écrit que quelques bontés que le roi et la reine d'Espagne aient pour elle et quelque attachement qu'elle ait pour LL. MM. CC., elle partira de Madrid au commencement du mois prochain. Elle ne mande si c'est pour venir en France ou si c'est pour aller demeurer en Italie; elle dit seulement qu'elle prendra sa route par Toulouse. — D'Aubarède, ancien lieutenant général et gouverneur de Salins, est mort à Paris. Il avoit quatre-vingts ans et avoit, été trépané plusieurs fois. — M. le Bret, premier président de Provence, est mort. Durant sa maladie ce parlement avoit écrit au roi pour le supplier de donner sa charge à son fils en cas qu'il vînt à mourir, et depuis sa mort le parlement a encore fait les mêmes instances auprès de S. M. Le fils est déjà intendant de cette province. — Il arriva un courrier du maréchal d'Huxelles par lequel on apprend l'arrivée de nos plénipotentiaires à Saint-Gertruydemberg.

Samedi 15, *à Versailles.* — Le roi tint le conseil de finances et travailla le soir chez madame de Maintenon avec M. Voisin. Monseigneur le duc de Berry alla dès le matin à Meudon pour courre le loup avec Monseigneur. Monseigneur le duc de Bourgogne y alla l'après-dînée tirer des faisans dans le parc. Ils soupèrent tous deux avec Monseigneur avant que de revenir ici. — M. Pinon, intendant de Bourgogne, est rappelé. On envoie en sa place M. Trudaine, qui étoit intendant à Lyon. On envoie à Lyon M. Mélian, qui étoit intendant à Pau et qui l'avoit été de notre armée en Espagne. On donne l'intendance de Pau à M. Camus de la Grange, fils du premier président de la cour des aides; son frère aîné a depuis quelque temps la survivance de la charge de son père. — M. le duc d'Albe, ambassadeur d'Espagne, est assez considérablement malade. On croit toujours la duchesse d'Albe, sa femme, grosse; il ne leur reste plus d'enfants. Le connétable de Navarre, leur fils unique, mourut à Paris il y a cinq ou six mois. — On a fait repartir ce soir le courrier du maréchal d'Huxelles, et tout ce qu'on sait de nos plénipotentiaires, c'est qu'ils ont déjà eu deux conférences avec les députés des États Généraux.

Dimanche 16, *à Versailles.* — Le roi tint le conseil d'État. Monseigneur y vint de Meudon et puis y retourna dîner. Le roi alla l'après-dînée au sermon et puis alla tirer. Le soir, chez madame de Maintenon, il travailla avec M. Pelletier. — Le roi donne aux enfants de M. le duc du Maine le même rang qu'il a donné à ce prince et a fait entrer dans cela Monseigneur et monseigneur le duc de Bourgogne. Le roi en accordant cette grâce-là à M. du Maine lui a tenu les discours les plus sages et les plus tendres qu'on puisse tenir, et ceux qui les doivent savoir m'en ont promis une copie, que je mettrai ici. Le grand-maître des cérémonies étant absent, le roi fait mettre dans les registres du maître des cérémonies l'article suivant : « Le roi, étant à Versailles, a réglé que dorénavant les enfants de M. le duc du Maine, légitimé de France, auront comme petits-fils de S. M. le même rang, les mêmes honneurs et les mêmes traitements dont a joui jusqu'à présent mondit seigneur le duc du Maine, » et S. M. m'a ordonné d'en faire mention sur le présent registre*.

* Ce seroit non quelques additions pour éclaircir ou s'amuser, mais des dissertations et un juste volume qu'entrer dans le détail des divers degrés, circonstances et appendances, moyens et occasions par lesquels les bâtards sont devenus, non pas des hommes comme les autres, malgré leur état, mais des dieux pareils aux dieux anciens et plus même qu'eux, puisqu'ils les ont rehaussés infiniment plus qu'ils ne l'étoient auparavant par une fortune dont le roi, qui l'a faite, n'avoit pas la moindre idée d'abord, et n'en a eu qu'à mesure qu'il l'a portée de degré en degré. Ce grand pas toutefois ne fut pas fait sans peine ; madame de Maintenon y mit toute son industrie, et l'arracha plus qu'elle ne l'obtint. Monseigneur et monseigneur le duc de Bourgogne ne répondirent à ce que le roi leur en dit que par un morne silence ; le comte de Toulouse, qui n'avoit eu aucune part aux démarches de M. du Maine, fut bien aise qu'on le sût et qu'il ne l'approuvoit pas. La cour fut consternée au milieu des compliments qu'elle n'osa refuser à M. et à madame du Maine. Le roi, qui n'ignora pas comment cette grâce étoit reçue du monde, se repentit tellement de l'avoir faite qu'il fut au moment de la révoquer ; M. du Maine en eut toute la peur, et madame de Maintenon eut besoin de tout son art pour l'empêcher. Il arriva même une assez plaisante bagatelle là-dessus, et qui montre l'embarras où elle fut, et qu'elle n'oublia pas jusqu'à des riens pour maintenir son ouvrage. Le roi le lui reprochant et montrant sa peine de celle qui pa-

roissoit dans toute la cour, elle tâcha d'affoiblir en lui ces impressions, et se mit à lui dire qu'il étoit si peu exactement informé que jusqu'au duc de Saint-Simon avoit été témoigner sa joie à M. du Maine. Il la fit répéter, et sur ce qu'elle l'assura que M. du Maine le lui avoit dit, il se tourna à madame la duchesse de Bourgogne, devant qui cela se passoit, et lui dit, comme en se consolant, que, puisque celui-là y avoit été, il falloit donc bien qu'il n'y eût pas tant à redire dans ce qu'il avoit fait. Madame la duchesse de Bourgogne ne répondit rien, et madame de Maintenon continua. Il faut savoir que M. de Saint-Simon passoit pour être fort attaché à son rang et pour trouver fort amer tout ce qui le blessoit. Il n'avoit point fait de compliments aux bâtards sur les premiers degrés de grandeur qu'ils avoient obtenus, et cela avoit été trouvé fort mauvais sans que pourtant on eût voulu se fâcher; et c'étoit pour cela même que M. du Maine s'étoit vanté de sa visite à madame de Maintenon, qui en avoit fait si bon usage pour soutenir le roi dans ce qu'il avoit fait. Le lendemain madame la duchesse de Bourgogne voulut savoir ce qu'avoit fait et ce que pensoit M. de Saint-Simon, et le lui fit demander de sa part par madame de Nogaret, qui étoit fort de ses amis et de sa femme. Saint-Simon lui dit qu'il étoit vrai que, sachant combien le roi avoit été piqué qu'il n'eût fait jusqu'alors aucun compliment aux bâtards sur leurs agrandissements de rangs et voyant que personne ne s'en dispensoit en cette occasion-ci, il avoit cru ne devoir pas s'attirer quelque éclat pour un défaut de compliment qui n'empêcheroit pas une chose faite; qu'il étoit entré et étoit sorti fort sérieusement de chez M. du Maine avec un compliment fort court, et qu'il étoit surpris qu'il se fût vanté de si peu de chose, si courte, si froide et si forcée; que pour la chose en elle-même il la détestoit comme la nouveauté la plus injuste, sous laquelle son impuissance baissoit la tête, et qu'il prioit madame la duchesse de Bourgogne d'être persuadée qu'il ne penseroit jamais sur ces choses-là que de la même façon et comme il avoit toujours fait, mais de lui en garder le secret, parce qu'il ne vouloit pas se perdre et fort inutilement. Elle fut très-contente de cette réponse. On a rapporté cette anecdote curieuse pour montrer combien peu volontiers le roi se porta à cette élévation des enfants de M. du Maine, combien il la sentoit nouvelle, injuste, désapprouvée et combien peu il tint qu'il ne la révoquât aussitôt qu'accordée. Qui lui eût dit ce qu'il fit peu après, il ne l'auroit jamais pu croire, comme plus anciennement il n'eût pas imaginé rien d'approchant de ce qu'il fit jusqu'alors. L'entreprise de madame du Maine de ne céder pas aux filles de M. le Duc à l'occasion de la prétention des filles de M. le duc d'Orléans de ne céder pas aux femmes des princes du sang, et le dépit qu'elle témoigna du règlement qui intervint là-dessus, fut un des grands véhicules de ce que le roi fit pour ses enfants, en consolation de ce qu'elle se plaignoit de perdre par le règlement pour elle-même et pour M. du Maine.

Lundi 17, *à Versailles*. — Le roi tint le conseil des dépêches, et après son dîner il alla se promener à Marly. — L'assemblée du clergé accorde au roi vingt-quatre millions pour le rachat de la capitation, qui montoit à deux millions par an. Ils emprunteront ces vingt-quatre millions au denier douze, ainsi ils ne payeront par an que ce qu'ils payoient. — M. de Pons a fini son affaire pour le guidon des gendarmes du roi et a vendu le guidon que le roi lui avoit donné dans la gendarmerie à M. d'Urban, qui a été nourri page du roi et qui a toujours servi depuis. — Le marquis d'Herville-Palaiseau a acheté le régiment de cavalerie de Chartres qu'avoit M. de....

Mardi 18, *à Versailles*. — Le roi tint le conseil de finances et travailla assez longtemps avec M. Desmaretz. L'après-dînée il alla à Trianon et travailla le soir avec M. Voisin chez madame de Maintenon. Monseigneur revint le soir de Meudon, où il étoit depuis mercredi. Il n'y a point de comédie ici pendant qu'il n'y est pas. — M. le comte de Toulouse a rendu visite aux enfants de M. le duc du Maine, son frère, qui ne lui ont pas donné la porte; c'est l'usage établi entre les princes du sang. M. le prince de Dombes a déjà servi le roi en cette qualité, lui donnant la serviette à son dîner et la chemise à son lever. — Le roi a donné à Davignon, major des gardes du corps, le gouvernement de Salins, qu'avoit d'Aubarède; ce gouvernement vaut 15,000 livres de rentes et n'oblige point à résidence.

Mercredi 19, *à Versailles*. — Le roi tint le conseil d'État à son ordinaire. M. le cardinal de Noailles le harangua à la tête du clergé et fit un très-beau discours (1). Madame la duchesse de Bourgogne alla à l'autel qui est dans la

---

(1) Ce [d]iscours est rapporté dans le *Mercure* du mois de mars, pages 314 et suiv.

tribune de la chapelle se relever de ses couches. Le roi, l'après-dînée, entendit le sermon et puis alla tirer. M. d'Antin a assuré le roi qu'à la Pentecôte il entendra la messe dans sa chapelle nouvelle, qui sera fort magnifique. — Le roi envoie M. de Bonac, neveu de M. de Bonrepaux, commander dans le pays de Foix, dont il a acheté la lieutenance de roi pendant qu'il étoit en Pologne. Il en a prêté le serment depuis quelques jours. — Les comédies recommencent depuis que Monseigneur est revenu de Meudon, et il y en aura trois fois la semaine.

Jeudi 20, *à Versailles.* — Le roi dîna de bonne heure et alla courre le cerf dans le parc de Marly. Monseigneur et messeigneurs ses enfants étoient à la chasse. M. le président de Mesmes prit sa place à l'Académie françoise et fit un discours dont on fut très-content. — Tout le monde croit ici que M. d'Antin sera chargé par le roi de travailler sous M. le Duc aux affaires qui regardent la charge de grand maître de la maison. Ce fut lui que madame la Duchesse chargea de porter au roi le portefeuille de M. le Duc, où étoient tous les mémoires qu'avoit faits ce prince pour travailler à réformer les abus et les dissipations que quelques officiers faisoient dans la maison du roi. S. M. avoit déjà voulu charger, il y a quelques jours, M. d'Antin de cette commission-là, dont il avoit prié le roi de le dispenser. On est persuadé présentement qu'il l'y obligera, ce qu'il est capable de bien faire et que madame la Duchesse souhaite fort.

Vendredi 21, *à Versailles.* — Le roi travailla le matin avec le P. le Tellier. L'après-dînée il entendit le sermon et puis alla à la volerie pour la première fois de l'année. — M. le maréchal d'Estrées a acheté du duc d'Estrées, son cousin, la terre de Nanteuil, dont il lui donne 487,000 francs. Il a aussi acheté de lui la capitainerie de Villiers-Cotterets, qui convient fort au seigneur de Nanteuil et il ne l'a payée que 10,000 francs. Toute la terre de Nanteuil relève du roi, et les lods et ventes auroient été considérables, mais le maréchal n'en paye rien, étant chevalier de l'Ordre.

Samedi 22, *à Versailles.* — Le roi tint le conseil de finances et alla l'après-dînée se promener à Marly. Au retour, M. de Pontchartrain entra dans son cabinet et lui apprit avec beaucoup de détails l'arrivée de la flottille à Cadix. Elle entra le 2 de ce mois dans le Pontal; elle étoit escortée de deux vaisseaux de guerre françois et de quatre vaisseaux marchands françois aussi. Le roi d'Espagne en tirera pour lui trois millions d'écus; on croit qu'il y en aura bien autant pour les marchands françois. — Le soir le roi travailla chez madame de Maintenon avec M. Voisin.

Dimanche 23, *à Versailles.* — Le roi tint le conseil d'État. Il n'y eut point de sermon l'après-dînée; il est remis pour le jour de la Notre-Dame, qui est mardi. — Le roi a donné à madame la Duchesse la pension de 30,000 écus qu'avoit M. le Duc, sans quoi elle ne seroit pas à son aise. Elle n'a que 25,000 francs de douaire et ce que le roi lui avoit donné en mariage, qui étoit 100,000 francs de pension et un million au denier vingt sur la maison de ville. — On eut nouvelle que les Suédois, commandés par le général Steinbock, avoient gagné contre les Danois une grande bataille dans la province de Schonen.

Lundi 24, *à Versailles.* — Le roi dîna de bonne heure et alla se promener à Marly. Au retour il travailla chez madame de Maintenon avec M. de Pontchartrain; M. de Torcy y vint ensuite après que M. de Pontchartrain en fut sorti. — On mande de Londres qu'il y a d'assez grands désordres entre les protestants et les anglicans au sujet des sermons du ministre Sacheverel; il y a même eu beaucoup de gens tués la nuit dans les rues. — Le roi a nommé M. d'Antin pour travailler sous M. le Duc aux deux charges qu'a ce prince, qui sont celle de grand maître de la maison et celle de gouverneur de Bourgogne.

Mardi 25, *jour de la Notre-Dame, à Versailles.* — Le roi tint le conseil de finances avant que d'aller à la messe, où il fut accompagné de toute la maison royale. L'après-dînée il entendit le sermon et puis travailla avec M. Desmaretz jusqu'à l'heure du salut, où il alla ensuite. — Le roi a donné la charge de premier président de Provence à M. le Bret, fils de celui qui vient de mourir. Il étoit déjà intendant de Provence, et le roi avoit fait quelques difficultés de donner ces deux emplois-là au même homme. — Un envoyé du prince Ragotzki, qui est à Paris, assure qu'il a reçu une lettre du prince son maître, qui lui mande qu'il a gagné une grande bataille contre les troupes de l'empereur et qu'il leur a tué deux mille Rasciens et six mille Allemands.

Mercredi 26, *à Versailles.* — Le roi tint le conseil d'État à son ordinaire, et pendant qu'il y étoit il arriva un courrier de nos plénipotentiaires. Comme les lettres sont en chiffres, le roi ordonna à ses ministres de revenir le soir chez madame de Maintenon, où M. de Torcy apporteroit ces lettres déchiffrées. Il alla l'après-dînée se promener à Trianon, et au retour il tint le conseil qu'il avoit indiqué le matin. — L'intendance de Rochefort et de la Rochelle, qu'avoit M. Begon, mort depuis quelques jours, a été donnée à M. de Beauharnois. Cette intendance vaut 12,000 écus de rente, et on est intendant de terre et de mer. — M. de Roussillon a acheté pour M. de Chatte, son fils, le régiment Dauphin-infanterie. Il en donne 80,000 francs à M. de Rochechouart, frère du duc de Mortemart, qui n'est plus en état de servir.

Jeudi 27, *à Versailles.* — Le roi dîna de bonne heure et alla courre le cerf à Marly; Monseigneur étoit à la chasse. — M. de Rouvroy, capitaine de vaisseau, a acheté pour son fils, qui est sous-lieutenant aux gardes, le régiment de dragons qu'avoit le chevalier de la Vrillière et qu'après sa mort le roi avoit donné à vendre à M. de la Vrillière, son frère. Il l'achète 20,000 écus en rentes sur la maison de ville au denier vingt. Ce régiment est le premier après les quatorze qui furent conservés à la paix.

Vendredi 28, *à Versailles.* — Le roi travailla le matin avec le P. le Tellier; l'après-dînée il alla à la volerie. — Le roi a fait une promotion d'officiers généraux, et cela sera achevé de régler demain quand M. Voisin travaillera avec le roi. — L'assemblée du clergé a déjà trouvé quatre ou cinq millions, et si la paix se faisoit, les vingt-quatre millions qu'ils donnent pour le rachat de leur capitation seroient trouvés fort vite. — Le gouvernement de Sarrelouis, vacant par la mort de M. de Choisy, n'est pas encore donné.

Samedi 29, *à Versailles.* — Le roi tint le conseil de finances, et après son dîner il alla se promener à Marly. Le soir, chez madame de Maintenon, il travailla avec M. Voisin et fit la promotion des officiers généraux. On en sait déjà quelques-uns, mais cela ne sera public que demain matin.

Dimanche 30, *à Versailles.* — Le roi tint le conseil d'État, alla au sermon l'après-dînée et puis alla tirer. Le soir il travailla avec M. Pelletier chez madame de Maintenon.

Liste des officiers généraux.

LIEUTENANTS GÉNÉRAUX.

MM. De Montroux,
Coëtenfao,
Traisnel,
Vilaines,
Chazeron,
Mézières,
Conflans,
Vieuxpont,
Montsoreau,
Montpeiroux,
Castelas,
Canillac,
D'Avignon,

MM. Sebbeville,
Balivière,
Desseville,
Guerchy,
Muret,
Chevalier de Croissy,
Prince de Talmont,
Chevalier de Maulevrier,
Sezanne,
Ruffey,
Marquis de Brancas,
Comte de Broglio.

MARÉCHAUX DE CAMP.

MM. Beuzeval,
Mortagny,
Mouchy,
Puynormand,
Lessart,
Châtillon,
Châteaumorand,
Duc de Duras,
Chevalier de Roye,
Comte d'Esterre,
Comte de Nill,

MM. Cadrieu,
Marignane,
Vérac,
Chevalier de Montmorency,
Maulevrier-Langeron,
Marquis de Broglio,
Listenois,
Gonzague,
Lambert,
Rooth.

BRIGADIERS D'INFANTERIE.

MM. De Reynold,
Reding,
Mergeret,
Villiers,
Montgon,
Gassion,
Chevalier de Livry,
Montal,
Collandre,
Guitaut,
Laval, colonel de Bourbon,
Lannion,
Fervaques,
D'Aubigné,
Berthelot,

MM. Lachau-Montauban,
Crécy,
Sauvebœuf,
Balincourt,
Chevalier Sanguin,
Gondrin,
O'Brien,
Perrin,
Saint-Morel,
Chastenet,
Curty,
La Devèze,
Boissy,
Du Magny,
Chevalier de Saint-Pierre.

BRIGADIERS DE CAVALERIE ET DE DRAGONS.

MM. Volvire,
Bissy,
Saint-Sernin,
Chevalier de Mommeins,
Bouzols,
La Fare,
Bouville,

MM. Skelton,
Montiers,
La Billarderie,
Chevalier de Velleron,
Courcillon,
D'Ancenis,
Pujol,

Darifat, Miran,
Trudaine, Coëtenfao.

Lundi 31, *à Versailles.* — Le roi fut saigné par précaution. Il alla à la messe à midi et demi avec toute la maison royale. Il ne sortit point de tout le jour et travailla chez lui l'après-dînée avec M. de Pontchartrain. Monseigneur alla dîner à Meudon, et il y demeurera jusqu'à la fin de la semaine. — Le roi envoie Albergotti commander à Douai, Goesbriant dans Aire, le comte de Villars dans Ypres et le marquis de Vieuxpont dans Maubeuge. Ce sont les quatre places les plus menacées, et l'on croit que le dessein des ennemis est d'attaquer Douai dès le 15 du mois où nous allons entrer. Ils font de grands magasins et ont assemblé du sec pour faire subsister leur cavalerie durant un mois.

Mardi 1er *avril, à Versailles.* — Le roi tint le conseil de finances et travailla ensuite avec M. Desmaretz. L'après-dînée il alla se promener à Trianon, et le soir il travailla avec M. Voisin chez madame de Maintenon. — Monseigneur, qui est à Meudon, courut le loup. Monseigneur le duc de Berry y alla dès le matin, courut le loup et fit le retour de chasse avec lui. — On envoie pour commander au Quesnoy la Badie, ancien lieutenant général, que sa maladie empêcha de servir l'année passée et qui, les campagnes d'auparavant, avoit servi en Espagne. — Les ministres étrangers qui viennent toujours ici les mardis ont eu nouvelle que l'empereur étoit assez malade; mais le roi n'a reçu aucunes lettres où on lui parle de cette maladie-là.

Mercredi 2, *à Versailles.* — Le roi prit médecine comme il la prend tous les mois; l'après-dînée il tint le conseil d'État, qu'il auroit tenu le matin sans sa médecine. Monseigneur vint de Meudon pour le conseil; il y retourna après le conseil. — On fait revenir quelques bataillons de Roussillon, qui marchent en Dauphiné. On en fait revenir neuf de plus de Dauphiné, qui serviront dans l'armée d'Allemagne, et vingt-cinq bataillons de ceux qui doivent servir en Allemagne viennent en Flandre. — M. d'Hanovre a refusé de commander l'armée ennemie en Allemagne cette année.

Jeudi 3, à Versailles. — Le roi dîna de bonne heure et alla courre le cerf à Marly. Madame la duchesse de Bourgogne alla dîner avec Monseigneur à Meudon, où elle mena beaucoup de dames. Monseigneur les mena l'après-dînée à l'opéra à Paris. Après l'opéra Monseigneur retourna à Meudon, et madame la duchesse de Bourgogne avec les dames revinrent ici. — M. de Thouy, lieutenant général qui servoit en Dauphiné l'année passée, a eu permission du roi, il y a déjà quelque temps, d'aller servir en Espagne, mais on lui avoit ordonné de n'en point parler; on lui permet présentement de le dire.

Vendredi 4, à Versailles. — Le roi travailla le matin avec le P. le Tellier. L'après-dînée il entendit le sermon et puis alla se promener à Trianon. — On eut la confirmation du combat que le prince Ragotzki a gagné contre les Impériaux. Ce prince avoit avec lui des troupes polonoises commandées par le palatin de Kiovie, qui est toujours fort attaché au roi de Suède, et ce sont ces troupes-là qui ont eu plus de part au gain de ce combat. — On ne croit plus que madame la princesse des Ursins revienne d'Espagne. On prétend même qu'on lui a envoyé des ordres d'ici de demeurer à Madrid. — M. de Dreux, maréchal de camp, et Brendlé, colonel suisse et maréchal de camp aussi, vont servir dans Douai sous M. d'Albergotti.

Samedi 5, à Versailles. — Le roi tint le conseil de finances et travailla ensuite avec M. Desmaretz. L'après-dînée il alla à Marly et au retour il travailla avec M. Voisin chez madame de Maintenon. — Le roi envoie M. le maréchal de Bezons commander à Metz et y commandera quelques troupes qu'on assemble sur la Sarre. On croit même qu'on pourroit bien l'envoyer commander l'armée d'Alsace, la santé de M. le maréchal d'Harcourt n'étant pas bien rétablie. Il faudra même qu'il retourne aux eaux de Bourbonne dans le mois de mai, et en attendant il demeurera au Palier, qui n'en est qu'à six lieues et qui est un beau château à M. de Tavannes.

Dimanche 6, à Versailles. — Le roi tint le conseil d'État, et l'après-dînée, après avoir entendu le sermon, il alla tirer. Madame la duchesse de Bourgogne descendit en bas à la chapelle pour la première fois depuis ses couches. Madame la Duchesse reçut les compliments sur la mort de M. le Duc. Elle étoit sur son lit et en chaperon*, qui est un habillement des princesses du sang quand elles reçoivent en cérémonie les compliments sur la mort de leurs maris. Toutes les dames qui y allèrent étoient en mantes et les hommes en grand manteau. — M. le marquis de Listenois, qui vient d'être fait maréchal de camp, va servir dans Aire en cette qualité, sous M. de Goësbriant.

* Cet habillement ne fut jamais un chaperon, qui est d'étoffe et qu'on ne connoît plus qu'aux cérémonies funèbres, par-dessus lequel on porte un bonnet carré pareil à ceux des prêtres et des magistrats; c'est un domino de prêtre, dont le coqueluchon est mou et plat, mais un domino qui va jusqu'aux pieds en forme de robe qui a des manches fort larges, le corps étroit, et une queue longue qui finit en pointe. C'est un habit de bien plus grand deuil que le long manteau, et qui n'est porté que par ceux qui servent plus particulièrement à la cérémonie. Ceux qui sont chevaliers du Saint-Esprit portent toujours le collier sur cet habit, mais serré autour du cou, et point autour des épaules, et point de croix brodée sur cet habit, avec lequel il n'y a ni cravate, ni rabat, ni manchette, ni quoi que ce soit que noir; il n'est que pour les hommes. A l'égard du couvre-chef, c'est une coiffure de toile d'Hollande singulière, qui est basse, qui enveloppe la tête et les épaules, et qui est plus ample et surtout plus longue par degrés de rang comme les queues, c'est-à-dire à proportion de la longueur des queues; ce n'est pas plus un habillement des princesses du sang que la queue lorsqu'on en porte de mesurée. La reine et les duchesses en ont, et tout l'entre-deux et des couvre-chefs pareillement, avec ces proportions gardées de longueur par rang et différentes. La reine a onze aunes de queue, les filles de France neuf, les petites-filles de France sept, les princesses du sang cinq, les duchesses trois ; telle est la règle. Les couvre-chefs sans comparaison plus courts, mais dans la même proportion dans ces divers degrés. Il est à remarquer que l'invention du rang des petites-filles de France pour Mademoiselle, fille de Gaston, a crû la reine de deux pieds et la fille de France de même. Les mantes et les manteaux dont il y avoit des piles à la porte de madame la Duchesse pour ceux qui y entroient se passèrent avec la même indécence affectée que ce qu'on a vu sur ceux de la mort de M. le Prince.

Lundi 7, à Versailles. — Le roi dîna de bonne heure et alla se promener à Marly. Monseigneur et monseigneur le duc de Berry coururent le loup. Monseigneur le duc de Bourgogne et madame la duchesse de Bourgogne allèrent dîner à la Ménagerie, où monseigneur le duc de Berry les vint trouver après la chasse. Le roi travailla le soir chez madame de Maintenon avec M. de Pontchartrain. — M. le maréchal de Villars fut reçu duc et pair au parlement*. — Le comte de Tonnerre, qui a fait la dernière campagne mousquetaire, a l'agrément du roi pour acheter le régiment d'Anjou-infanterie, dont M. de Maulevrier-Langeron, qui vient d'être fait maréchal de camp, étoit colonel.

* Il y avoit une contestation de rang entre les ducs de Saint-Simon et de la Rochefoucauld, et qui étoit encore indécise : M. de la Rochefoucauld, premier érigé et premier enregistré duc et pair par les mêmes lettres d'érection, prétendoit précéder. M. de Saint-Simon, premier reçu au serment et à la séance et fonctions de pair, prétendoit aussi précéder, tous deux étant ceux en faveur de qui les deux érections avoient été faites. M. d'Harcourt avoit été fait pair à l'occasion du maréchal de Villars; celui-ci, hors d'état de se faire recevoir par l'état de sa blessure, craignit d'être gagné de la main par le maréchal d'Harcourt et de tomber dans le cas de M. de la Rochefoucauld ; il demanda donc au roi de défendre à M. d'Harcourt de se faire recevoir avant lui, et il l'obtint au grand regret de l'autre, qui avoit eu dessein, en effet, de se faire recevoir avant lui.

Mardi 8, à Versailles. — Le roi tint le conseil d'État et puis travailla avec M. Desmaretz. L'après-dînée il alla à Trianon et au retour il travailla avec M. Voisin chez madame de Maintenon. Les comédies ont fini ici à la fin de l'autre semaine; il n'y a pas même de spectacle à Paris qu'après la Quasimodo. — Le roi fera la revue des régiments des gardes françoises et suisses samedi, et puis il les fera marcher en Flandre. On retient à Paris quatorze compagnies des gardes françoises et quatre des suisses, comme l'année passée. — M. le maréchal de Villars compte toujours qu'il sera en état de faire la campagne.

Mercredi 9, à Versailles. — Le roi tint le conseil d'État; l'après-dînée il alla au sermon et puis alla tirer. — Le soir M. de Torcy vint chez madame de Maintenon porter des lettres d'Espagne qui sont arrivées par un courrier. On a fait de grandes réjouissances à Madrid sur ce qu'on y croit que la paix est rompue. Madame des Ursins y a eu la rougeole, mais elle en est guérie. — M. l'évêque de Nîmes, qui étant l'abbé Fléchier avoit été aumônier ordinaire de madame la Dauphine et puis évêque de Lavaur, est mort. Il avoit deux petites abbayes outre son évêché. Il étoit de l'Académie françoise et protecteur de celle de Nîmes. Il étoit fort honnête homme et fort éloquent, et a été fort regretté en Languedoc et étoit fort estimé ici.

Jeudi 10, à Versailles. — Le roi dîna de bonne heure et alla courre le cerf à Marly. La distribution des bénéfices qui se devoit faire à Pâques est remise à la Pentecôte. — Le maréchal de Bezons, au lieu d'aller à Metz, comme il en avoit eu d'abord l'ordre, va droit à Strasbourg. Il prendra congé du roi la semaine qui vient et verra dans son chemin le maréchal d'Harcourt, qui depuis avoir pris les eaux est au Palier, château qui appartient à MM. de Tavannes, où il attendra le mois de mai pour retourner aux eaux, qui lui ont déjà fait du bien. Il commence même à monter à cheval et compte toujours qu'il pourra faire la campagne.

Vendredi 11, à Versailles. — Le roi travailla le matin avec son confesseur; l'après-dînée il entendit le sermon et puis il alla tirer. M. de Torcy vint le soir chez madame de Maintenon dire au roi qu'il étoit arrivé un courrier du maréchal d'Huxelles et qu'on alloit déchiffrer les lettres. — M. le marquis du Châtelet, lieutenant général, servira cette année à la Rochelle sous le maréchal de Chamilly, comme l'année passée. Il y a deux lieutenants généraux qui servoient l'année passée qui ne serviront point cette année : ce sont MM. de Legall et Puiguyon.

Samedi 12, *à Versailles.* — Le roi tint le conseil de finances et travailla encore longtemps après avec M. Desmaretz. L'après-dînée il fit dans la cour du château la revue des régiments des gardes françoises et suisses, qui sont fort complets et dans le meilleur état du monde. Ils partiront pour Flandre le lendemain de Pâques. Le roi étoit dans une petite calèche dans la cour, sous les fenêtres de monseigneur le duc de Bourgogne, et Monseigneur étoit dans une autre calèche après celle du roi. Madame la duchesse de Bourgogne vit la revue du cabinet de madame de Maintenon, où elle étoit avec beaucoup de dames. Le roi et Monseigneur, après la revue, allèrent se promener à Trianon, et au retour de la promenade le roi travailla chez madame de Maintenon avec M. Voisin. — Le duc de Guiche, colonel des gardes, a beaucoup de peine à marcher et à se soutenir et sera obligé d'aller aux eaux, ainsi il ne pourra faire la campagne.

Dimanche 13, *jour de Pâques-Fleuries, à Versailles.* — Le roi et toute la maison royale assistèrent à toutes les dévotions de la journée, et le soir, chez madame de Maintenon, il travailla avec M. Pelletier. — M. de Druy, qui commande les troupes de France dans Luxembourg sous le comte d'Autel, gouverneur de la place pour le roi d'Espagne, a été dangereusement malade et a demandé au roi de pouvoir céder sa brigade des gardes du corps, dont il est lieutenant, à son fils, qui est exempt dans la même compagnie. Le roi le lui a permis. Soucy, qui étoit premier enseigne, monte à la lieutenance, et le jeune Druy sera enseigne. C'étoit le tour de la cavalerie de remplir cette charge-là, mais le roi a accordé à Druy cette grâce-là, d'autant plus qu'il se démet volontairement et pour son fils, qu'il y a longtemps qui est dans le corps, et le roi s'est expliqué en même temps que les deux premières charges vacantes dans ce corps seroient pour la cavalerie, afin qu'elle n'y perde rien.

Lundi 14, *à Versailles*. — Le roi tint le conseil d'État, qu'il auroit tenu hier sans la bonne fête; ce conseil fut fort long, et on croit qu'on y décida des choses considérables par rapport à la paix. Le roi alla tirer l'après-dînée et travailla le soir chez madame de Maintenon avec M. de Pontchartrain. Monseigneur le duc d'Anjou se trouva assez mal, et comme c'est un enfant fort délicat, on craint pour sa vie. — La distribution des bénéfices vacants, qui se devoit faire samedi prochain, qui est le jour que le roi fait ses dévotions, est remise à la Pentecôte. — On a fait repartir ce soir le courrier de nos plénipotentiaires qui étoit arrivé vendredi.

Mardi 15, *à Versailles*. — Le roi tint le conseil de finances, alla se promener l'après-dînée à Marly et travailla le soir chez madame de Maintenon avec M. Voisin. — Le marquis de Janson, sous-lieutenant des mousquetaires gris, et le marquis de la Luzerne, enseigne de la même compagnie, sont obligés l'un et l'autre par leur mauvaise santé de quitter le service. Le roi a choisi pour remplir la sous-lieutenance le marquis de Ruffey, lieutenant général, qui donnera à M. Janson 35,000 francs. Janson avoit donné la même somme en entrant dans cette place, et le roi lui donne 2,000 écus de pension, parce qu'il étoit fort content de lui. Il languit depuis longtemps, et on ne croit pas qu'il puisse vivre. Le roi a choisi Vignau, mestre de camp de cavalerie, pour l'autre charge. Il donnera aussi 35,000 francs à M. de la Luzerne, à qui le roi donne une pension de 4,000 francs. Il y avoit encore une troisième charge vacante dans cette compagnie, que le roi donne au plus ancien maréchal des logis, qui s'appelle........

Mercredi 16, *à Versailles.* — Le roi tint le conseil de finances. L'après-dînée il entendit ténèbres avec toute la maison royale et puis alla se promener à Trianon. Le soir il travailla chez madame de Maintenon avec M. Voisin. — Le roi a mandé au maréchal de Villars, qui est chez lui à Vaux, qu'on appelle présentement Vaux-Villars, de venir ici lundi. — Toutes les troupes qui ont hiverné dans le royaume marchent pour se rendre en Flandre. Le roi, après son lever, retint dans son cabinet le maréchal de Boufflers et Davignon, major des gardes du corps, et leur donna l'ordre de faire partir les quatre compagnies le lundi de la Quasimodo pour aller droit en Flandre. Ils ne reviendront point faire de revue devant le roi, comme les autres années. Le roi veut leur épargner cette peine et cette dépense, mais les officiers de ce corps en sont assez fâchés, parce qu'ils assurent tous que les gardes sont plus beaux que jamais. — Le roi fit partir hier Puységur, lieutenant général, et Contades, major du régiment des gardes et major général de l'armée.

Jeudi-Saint 17, *à Versailles.* — Le roi lava les pieds des pauvres, comme il fait tous les ans à pareil jour; l'après-dînée il entendit ténèbres. — Il arriva un courrier du maréchal de Montesquiou, qui mande que le chevalier de Luxembourg a repris Mortagne, où les ennemis avoient mis deux cents hommes, qui ont été faits prisonniers de guerre; mais c'est un poste que nous ne pourrons pas garder longtemps. — L'Estrade mourut à Paris; c'étoit le plus ancien lieutenant des gardes du corps; il les devoit commander cette année. Il étoit fort estimé et fort aimé; le roi le regrette. Il avoit le gouvernement de Landrecies. — Le roi fit partir hier pour la Flandre trois lieutenants généraux, qui sont Bouzols, le comte d'Estaing et Coigny; il fit partir aussi trois maréchaux de camp, qui sont le comte d'Estrades, Nangis et Mimeur. Le comte d'Estrades reçut hier son ordre à Paris et prit la poste dans le moment sans venir ici prendre congé. Sa diligence à partir a fait plaisir, d'autant plus qu'on le croyoit un peu dégoûté du service pour n'avoir pas été fait lieutenant général.

Vendredi-Saint 18, à Versailles. — Le roi assista à toutes les dévotions de la journée; il dîna en public avec toute la famille royale. M. le duc d'Orléans se trouva mal à table et demanda permission d'en sortir. Il s'alla mettre au lit et après avoir un peu dormi il se trouva mieux, et son mal apparemment n'aura pas de suite. Le roi, après ténèbres, s'enferma avec son confesseur et donnera demain quelques abbayes de moines et de filles et aussi quelques canonicats. Il ne disposera point des autres abbayes ni des évêchés vacants. — Le maréchal de Bezons prit congé du roi. Il va à Strasbourg et commandera l'armée d'Allemagne jusqu'à ce que le maréchal d'Harcourt y arrive. Il a ordre de le voir en passant pour conférer avec lui sur ce qu'il y a à faire. Gassion prit congé du roi pour aller assembler un petit corps en Flandre. Nous assemblons les troupes en différents endroits pour les faire subsister plus commodément, en attendant que nous soyons en état de faire tête aux ennemis.

Samedi 19, à Versailles. — Le roi alla faire ses pâques à la paroisse, toucha les malades, fut enfermé l'après-dînée avec son confesseur, alla à six heures à complies et puis entra chez madame de Maintenon, où il travailla avec M. Voisin. — On mande de Flandre qu'on a arrêté le commissaire de Douai, qui s'appelle Rié (1) et qu'on accuse d'avoir intelligence avec les ennemis. — Les ennemis ne sont pas encore assemblés, mais on ne doute pas qu'ils ne le soient incessamment. Ils ont beaucoup de sec à Lille, à Oudenarde et à Tournay. L'Escaut et la Lys

---

(1) C'est Ruelle. (*Note du duc de Luynes.*)

sont couverts de bateaux qui leur portent des munitions de guerre et de bouche. Ils disent toujours qu'ils vont faire le siége de Douai, et nous n'en doutons point ici. On travaille dans la place à faire un avant-chemin couvert, mais elle sera apparemment investie avant qu'il puisse être achevé.

Dimanche 20, *jour de Pâques, à Versailles.* — Le roi assista à toutes les dévotions de la journée et toute la maison royale avec lui. — Le maréchal de Montesquiou mande que le 18 les ennemis étoient campés sous Tournay. Ils n'ont encore là que vingt-cinq mille hommes; le prince Eugène et Marlborough y sont. Ils disent toujours dans leur armée qu'ils veulent faire le siége de Douai. Le roi a donné ordre au maréchal de Montesquiou d'envoyer presque tous les jours des courriers; ce maréchal mande, à la fin de la lettre qu'il écrit au roi, qu'il entend tirer du canon et qu'il croit que les ennemis rattaquent Mortagne, qu'ils reprendront bien aisément. — On apprit la mort de l'évêque de Comminges, frère de Dénonville, sous-gouverneur des princes. — Le roi travailla le soir avec M. Pelletier chez madame de Maintenon.

Lundi 21, *à Versailles.* — Le roi tint le conseil d'État, qu'il auroit tenu hier sans la bonne fête. Il alla tirer l'après-dînée et le soir il travailla chez madame de Maintenon avec M. de Pontchartrain. Monseigneur, après le conseil, alla dîner à Meudon et y mena madame la duchesse de Bourgogne. — Il arriva un courrier du maréchal de Montesquiou. Il mande que les ennemis ont repris Mortagne, qu'ils s'avancent et ont passé au pont Aventin. — Le roi a donné au cardinal de la Trémoille l'abbaye de Saint-Amand, qu'avoit le cardinal de Médicis, qui vient d'épouser la princesse de Guastalle et qui se réserve 20,000 francs de pension sur cette abbaye, si bien que le cardinal de la Trémoille n'en touchera presque rien, surtout en ce temps-ci.

Mardi 22, *à Versailles.* — Le roi tint le conseil de finances, alla l'après-dînée se promener à Trianon et le soir travailla avec M. Voisin chez madame de Maintenon. Madame la duchesse de Bourgogne alla à Saint-Cloud voir Mademoiselle, fit collation à la ménagerie de cette princesse et revint ici pour le souper du roi. — Les nouvelles qu'on reçut samedi de Madrid portoient que le roi d'Espagne en devoit partir à la fin du mois pour aller commander son armée d'Aragon. Il a retenu le corps des quatre vaisseaux françois qui avoient escorté la flottille et a renvoyé en France les officiers et les équipages de ces vaisseaux-là. — Madame de Vaubecourt mourut ces jours passés à Paris. Comme elle n'avoit point d'enfants, M. Amelot hérite de 400,000 francs qu'elle avoit eus en mariage. L'évêque de Montauban et la comtesse d'Estaing profitent de 8,000 francs de douaire qu'elle avoit.

Mercredi 23, à Versailles. — Le roi tint le conseil d'État et l'après-dînée il monta en carrosse pour aller tirer, mais la pluie l'en empêcha; il ne fut qu'un quart d'heure dehors. — Par la mort de l'Estrade, lieutenant des gardes du corps, Savinnes, premier enseigne de la compagnie, a monté à la lieutenance, et comme c'est le tour de la cavalerie de remplir l'enseigne vacante, le roi a choisi pour cette charge le chevalier de Saint-Chamand, mestre de camp du Royal-étranger et brigadier. Il vendra ce régiment, dont il aura bien près de 40,000 écus. Montesson est le plus ancien lieutenant des gardes du corps, et en cette qualité il commandera les gardes cette année.

Jeudi 24, à Versailles. — Le roi dîna de bonne heure et alla se promener à Marly. Il donna le matin dans son cabinet et le soir chez madame de Maintenon audience au maréchal de Villars, qui a été quelques jours à la campagne chez lui, où il a monté à cheval et y a été trois heures de suite sans en être incommodé. Il partira les premiers jours du mois qui vient pour la Flandre. — Il arriva un courrier du maréchal de Montesquiou, qui s'est retiré sous Cambray avec le petit corps qu'il commande.

Les ennemis ont passé la Scarpe. — Le roi a donné à M. le duc du Maine la survivance de la charge de colonel général des Suisses pour le prince de Dombes, son fils aîné, et la survivance de la charge de grand maître de l'artillerie pour le comte d'Eu, son second fils; cela a été accompagné de discours les plus obligeants du monde, dans lesquels le roi a fait entrer Monseigneur et monseigneur le duc de Bourgogne.

Vendredi 25, à Versailles. — Le roi travailla le matin avec son confesseur et alla se promener l'après-dînée à Trianon. Le matin, après la messe, il entra dans la chapelle neuve et y fit chanter un motet pour voir l'effet qu'y feroit la musique. — Il arriva un courrier du maréchal de Montesquiou, qui est sous Cambray avec trente bataillons. Douai est investie du 22. — M. de Vendôme est ici depuis trois jours, et il a déjà eu trois petites audiences du roi dans son cabinet. On croit qu'il s'agit du mariage de ce prince avec mademoiselle d'Enghien et que le roi y a consenti. On avoit déjà parlé de ce mariage durant la vie de feu M. le Prince et dans le temps que M. de Vendôme paroissoit le mieux à la cour, mais M. le Prince n'avoit jamais rien voulu écouter là-dessus et avoit même supplié le roi, qui vouloit entrer dans cette affaire, de lui faire la grâce de ne lui en point parler. M. le Prince avoit cru qu'on ne s'étoit pas d'abord adressé à lui pour cela, et c'est ce qui l'avoit blessé contre M. de Vendôme.

Samedi 26, à Versailles. — Le roi tint le conseil de finances, alla l'après-dînée à Marly et travailla au retour avec M. Voisin chez madame de Maintenon. Madame la duchesse de Bourgogne alla dîner à Meudon avec Monseigneur. — On apprit la mort de madame de Caderousse, qui étoit à sa terre de Courtenay, où elle toit allée pour assister les malades, qui y sont en grand nombre. La princesse de Montauban, sa tante, sera son unique héritière si elle n'a point fait de testament. — Le mariage de M. de Vendôme * avec mademoiselle d'Enghien fut déclaré. La noce se fera dans quelques jours à Sceaux pendant que le roi sera à Marly. M. du Maine et madame du Maine, qui ont eu beaucoup de part à ce mariage, veulent que la cérémonie se fasse chez eux.

* M. le Prince mort et M. le Duc aussi, il n'y eut d'obstacle au mariage de M. de Vendôme que sa disgrâce ; le roi étoit fort entré dans ce mariage longtemps auparavant qu'elle arrivât ; M. du Maine en avoit fait son affaire. Ses liaisons étoient les plus grandes du monde avec M. de Vendôme ; il regardoit de plus ce mariage comme avantageux pour lui-même, parce qu'il n'avoit pas encore pris l'essor au-dessus de M. de Vendôme, au point où cela arriva depuis. La disgrâce ne les avoit rien moins que séparés, et M. du Maine n'oublia rien pour achever son mariage. Il en vint donc à bout, mais d'une manière qui ne montra que de plus en plus jusqu'à quel point M. de Vendôme étoit perdu. Il eut peine à obtenir d'aller à Versailles parler au roi sur ce mariage ; ce fut à condition de se tenir beaucoup dans sa chambre et de n'y voir personne, et personne aussi ou presque personne ne s'y présenta. Ses conversations avec le roi furent sèches et très-courtes, et quand il fut question de la signature de son contrat de mariage il n'eut pas même la permission de s'y trouver. Bien loin d'être fiancé dans le cabinet du roi, la noce se fit avec obscurité à Sceaux, sans qui que ce fût que d'indispensable, cinq ou six personnes au plus, bien loin des fêtes et des réjouissances, et sans compliment de la part du roi ni des personnes royales, même à mademoiselle d'Enghien. À peine même en parla-t-on dans le monde, et pas d'espérance de se relever un peu, même sur le point de son départ pour l'Espagne, dont il s'étoit flatté de se faire un chausse-pied.

Dimanche 27, à Versailles. — Le roi tint le conseil d'État ; l'après-dînée il alla tirer et le soir, chez madame de Maintenon, il travailla avec M. Pelletier. — L'armée des ennemis se renforce tous les jours, mais leur gros canon est encore à Gand ; ainsi on ne croit pas qu'ils ouvrent la tranchée avant la fin du mois. — Toutes les nouvelles que l'on débite du roi de Suède sont si incertaines qu'on n'y sauroit ajouter foi, non plus qu'à celles de Hongrie, qui varient tous les jours.

Lundi 28, à Marly. — Le roi tint à Versailles le conseil de dépêches et partit l'après-dînée pour venir ici, où il se promena dans les jardins jusqu'à la nuit. Il travailla le soir chez madame de Maintenon avec M. de Pontchartrain. Le roi a voulu que madame la Duchesse fût de ce voyage malgré son grand deuil, mais elle ne va ni à la promenade ni dans le salon; elle ne voit le roi que les soirs après souper dans son cabinet. M. le Duc est du voyage de Marly pour la première fois.

Mardi 29, *à Marly*. — Le roi tint conseil de finances, se promena l'après-dînée dans ses jardins et le soir travailla avec M. Voisin chez madame de Maintenon. On a retranché quelque chose de la dépense que le roi faisoit ici pour les tables, et on parle de faire encore un plus grand retranchement la première fois qu'on y viendra.

Mercredi 30, *à Marly*. — Le roi tint le conseil d'État et alla courre le cerf l'après-dînée; Monseigneur et messeigneurs ses enfants étoient à la chasse avec lui. — Le marquis de Vassé mourut à Paris. Il étoit brigadier et avoit un des plus anciens régiments de dragons. Il a laissé trois ou quatre garçons; sa veuve est fille de M. le Premier. — Il arriva un courrier du maréchal de Montesquiou, qui est toujours sous Cambray; il mande que la tranchée n'est pas encore ouverte à Douai. Ses lettres sont de hier au matin. — Il se répand à Paris des bruits de paix qui ne sont fondés que sur des lettres que quelques négociants ont reçues de leurs correspondants en Hollande.

Jeudi 1ᵉʳ *mai, à Marly*. — Le roi, après la messe, se promena dans les jardins. Il alla tirer l'après-dînée et à six heures et demie il alla au salut à la paroisse de Marly, où sont les prières de quarante heures. Monseigneur le duc de Bourgogne alla à vêpres et au salut, et madame la duchesse de Bourgogne y alla un peu avant le roi. — Le roi donne à M. le Premier 20,000 écus sur le régiment de Vassé, qui seroit vendu au moins le double, et il en payera des dettes de M. de Vassé et en partagera le reste à la veuve et aux enfants, comme il le jugera à propos. — Les ennemis qui sont devant Douai font un grand travail pour saigner la Scarpe.

Vendredi 2, à Marly. — Le roi travailla le matin avec le P. le Tellier, son confesseur, et l'après-dînée il alla faire la revue des gendarmes, des chevau-légers, des mousquetaires gris et noirs et trouva ces quatre compagnies plus belles même que durant la paix. — Le marquis d'Épinay, gendre de M. d'O, et qui avoit un régiment nouveau de dragons, aura le régiment de Vassé en donnant les 20,000 écus à M. le Premier. M. d'Épinay vendra son régiment, dont on croit qu'il trouvera au moins 40 ou 45,000 francs. — Le roi à son souper me demanda des nouvelles du régiment de mon fils, que j'allai hier voir à Meaux, où il passoit s'en allant en Flandre, et qui est en très-bon état.

Samedi 3, à Marly. — Le roi ne tient point de conseil de finances les samedis durant qu'il est à Marly. Il donna une assez longue audience au maréchal de Villars, qui vint hier ici de sa belle maison de Vaux-Villars et qui se prépare à partir pour aller commander l'armée de Flandre. Le roi courut le cerf l'après-dînée et le soir il travailla chez madame de Maintenon avec M. Voisin. — Par un courrier arrivé de Madrid on apprend que le roi d'Espagne a fait arrêter le duc de Médina-Céli et l'a fait conduire au château de Ségovie. On ne sait point encore les raisons qui ont obligé S. M. C. à le faire arrêter; il mande seulement au roi dans sa lettre que le duc de Médina-Céli lui a manqué en affaire très-importante.

Dimanche 4, à Marly. — Le roi tint le conseil d'État et se promena l'après-dînée dans ses jardins. Le soir il travailla chez madame de Maintenon avec M. Pelletier. — On compte que les ennemis ouvriront ce soir la tranchée à Douai. Le gros canon qu'ils avoient embarqué à Gand pour ce siége n'est pas encore arrivé, mais ils en ont fait venir de Tournay, d'Oudenarde et de Lille. Ils comptent d'être maîtres de cette place au plus tard dans quinze jours.

Lundi 5, à Marly. — Le roi prit médecine par pure précaution, comme il la prend tous les mois. Il dîna à trois heures et passa ensuite chez madame de Maintenon, où il travailla avec M. de Pontchartrain. — Il y a beaucoup de lettres de particuliers qui parlent de l'affaire du duc de Médina-Céli, et on en avoit eu de Bayonne qui portoient que [le marquis d'Astorgos] (1), son beau-frère, en mourant n'avoit pu obtenir l'absolution de son confesseur qu'en écrivant au roi son maître tout ce qu'il savoit des mauvais desseins du duc de Médina-Céli, dont il avoit eu connoissance et dans lesquels même il avoit promis d'entrer; mais il n'y a aucunes lettres de Madrid qui parlent de cela.

Mardi 6, à Marly. — Le roi tint le conseil de finances, travailla ensuite fort longtemps avec M. Desmaretz. L'après-dînée il se promena dans ses jardins et le soir travailla avec M. Voisin chez madame de Maintenon. — Le maréchal de Montesquiou mande que sûrement la tranchée fut ouverte à Douai la nuit du 4 au 5. Toutes nos troupes qui doivent servir en Flandre sont en marche; mais notre armée ne pourra être assemblée que le 14 au plus tôt, et ce sera sous Cambray qu'elle s'assemblera.

Mercredi 7, à Marly. — Le roi tint le conseil d'État le matin et courut le cerf l'après-dînée. — Le duc de Coislin * mourut à Paris après une longue maladie. Il a fait son testament en faveur des enfants de madame de Blanzac, sa cousine germaine; mais on prétend que ce testament ne sauroit nuire à M. de Metz, son frère unique, parce que les terres sont substituées. Il étoit un des quarante de l'Académie. — Le maréchal de Montesquiou mande que la tranchée fut ouverte à Douai la nuit du 4 au 5.

* Le duc de Coislin étoit un homme de beaucoup d'esprit, extraordinaire au dernier point et qui se piquoit de l'être, plaisant en sé-

---

(1) Ce nom nous est donné par une note du duc de Luynes.

rieux et fort amusant, dangereux aussi, qui ne se refusoit rien, qui méprisoit la cour et la guerre, où il n'alloit plus depuis longtemps, et presque jamais à la cour, où il étoit mal avec le roi, et ne s'en mettoit guère en peine, passoit sa vie avec une comédienne (1) qui le ruinoit quoique impuissant, avoit des amis en fort petit nombre. C'étoit le seul homme qui ne passoit rien à M. le Duc, qui eût pris empire sur lui, et qui toutefois demeura toujours fort bien avec lui, à qui il lâchoit quelquefois des choses étranges sans que M. le Duc osât souffler. On sut sa mort à Marly, où la cour étoit, vers le midi ou une heure. Son duché-pairie passoit de plein droit à l'évêque de Metz, son frère unique, cela fit la conversation. Le comte de Roucy, qui, sans avoir le sens commun, mais beaucoup de brutalité et de bassesse et d'assiduité, étoit de tout à la cour de Monseigneur et point mal avec le roi, étoit aussi avec un air de bonhomme et sans façon avec tout le monde, et surtout avec les valets, le plus curieux homme du monde, se trouva choqué que M. de Metz fût duc et pair. Il s'en fut chez Monseigneur, à qui il dit que M. de Metz seroit plaisant à voir en bouquet de plume; et, comme il avoit affaire à un aussi habile homme que lui, il l'infatua par ces sottises-là que M. de Metz, étant prêtre et évêque, ne pouvoit être duc et pair, comme si pour l'être il falloit une épée et un bouquet de plume, et qu'il n'y eût pas des pairs ecclésiastiques séants au parlement, avec un habit qui leur est particulier. De là il alla à la fin du dîner de madame la duchesse de Bourgogne avec ces mêmes propos; mais il y trouva monseigneur le duc de Bourgogne, qu'ils ne persuadèrent pas si aisément et qui démontra que M. de Metz pouvoit et devoit recueillir la dignité de son frère puisqu'il en héritoit de droit, qu'il étoit fils de celui pour qui l'érection avoit été faite, et qu'il n'étoit mort au monde par aucun crime ni par aucun vœu de religion. Les envieux dans les cours ne sont pas rares; il s'en trouva un nombre qui firent chorus avec le comte de Roucy, sans que pas un pût alléguer quoique ce soit, que ce ridicule contraste d'épée et de bouquet de plume, qui à peine auroit pu surprendre les petits enfants. M. de Metz avoit aussi son extraordinaire et n'étoit pas aimé de tout le monde, et sa fortune ecclésiastique avoit révolté contre lui beaucoup de gens de cet état, quoique la plupart hors de portée d'un poste comme Metz et d'une charge comme la sienne. Toute la journée se passa en ces disputes dans le salon et

---

(1) « Il donne et lègue à mademoiselle Duclos quatre mille francs de pension viagère, dix mille francs comptant et sa maison de Saint-Germain, le P. Gaillard y ayant fait ajouter que ce seroit à condition qu'elle quitteroit la comédie..... Il n'a tenu qu'à elle de l'épouser... » (*Lettres de la marquise d'Huxelles*, des 9 et 12 mai.)

dans les compagnies; mais l'étonnement fut grand le soir quand on sut que le roi y faisoit de la difficulté; que Monseigneur l'avoit fort appuyé dans le cabinet après le souper, et que monseigneur le duc de Bourgogne avoit aussi solidement qu'inutilement plaidé pour M. de Metz. Le lendemain il eut défense par M. de Pontchartrain de prendre ni qualité, ni marque, ni rang, ni honneur aucun de duc jusqu'à ce que le roi se fût fait rendre compte de son affaire. M. de Metz eut beau presser du moins que quelqu'un en fût chargé, il n'en put venir à bout et s'en alla de dépit brusquement à Metz. Il n'avoit garde d'obtenir que quelqu'un fût chargé de l'entendre pour en rendre compte au roi, encore moins d'être entendu lui-même. Le roi, quoique peu instruit, savoit bien qu'il n'y avoit aucune difficulté, et qu'il étoit duc et pair de plein droit à l'instant de la mort de son frère; mais il étoit outré contre M. de Metz; il l'étoit de façon à ne vouloir pas le montrer, et il fut ravi de cette sottise du comte de Roucy; et au bruit qu'elle fit dans un peuple ignorant et jaloux de tout, il la saisit, et, ne pouvant faire pis à M. de Metz, il le châtia de la manière la plus cruelle, sous prétexte de ne rien précipiter et d'un éclaircissement qu'il n'avoit garde de prendre, mais qu'il pouvoit suspendre tant qu'il lui plairoit et par conséquent le désespoir de M. de Metz, à qui la tête en pensa tourner réellement. Son fait étoit double. Le roi, après avoir fort aimé le cardinal de Coislin, eut pour lui jusqu'à la fin une estime qui alloit à la vénération, se laissa aller au P. le Tellier, qui, pour fourrager le diocèse d'Orléans, de concert en cela avec MM. de Saint-Sulpice, persuadèrent au roi que ce cardinal étoit janséniste, et qu'il avoit mis en place à Orléans tous gens qu'il en falloit chasser. C'étoient des hommes du premier mérite, qui étoient fort attachés à ce cardinal; ils furent ôtés et quelques-uns exilés. Tout le diocèse cria; cela aigrit les persécuteurs qui firent ôter la tombe du cardinal, parce qu'on s'étoit accoutumé à y aller prier, et on empêcha avec violence ce pieux usage et qui avoit commencé dès sa mort, et qui n'étoit qu'une suite de la constante réputation de toute sa vie. M. de Metz, qui avoit protégé tant qu'il avoit pu les ecclésiastiques déplacés et exilés, perdit toute patience à l'enlèvement de la tombe, surtout après en avoir inutilement et fortement parlé au roi. Il s'échappa en propos qui furent rapportés et envenimés par ceux qu'ils regardoient le plus, et qui mirent le roi de part dans leur querelle et dans leur ressentiment. L'autre point de M. de Metz fut que s'étant trouvé un jour avec M. de la Rocheguyon et fort peu d'autres, ils allèrent voir la nouvelle chapelle qu'on commençoit à découvrir et qui étoit achevée, et ils menèrent Fornaro avec eux. Ce Fornaro étoit un prétendu duc sicilien que M. de la Feuillade avoit ramené avec lui de Sicile, où il n'avoit osé retourner depuis l'amnistie, accusé d'avoir empoisonné sa femme. Il demeura chez M. de la Feuillade tant qu'il vécut, suivant son fils comme une espèce de gouverneur, dans sa jeunesse. Il tiroit quelque chose du roi, et se fourra depuis chez M. de la Rochefoucauld, où il commença à faire l'homme de qualité. Il avoit un goût exquis pour les bâtiments et surtout pour les grands édifices. Il fit un degré charmant à Liancourt dans un emplacement où l'on n'en avoit jamais pu mettre; cela lui donna de la réputation. M. de la Rochefoucauld le prôna et le fit aller à Marly, où le roi lui parloit quelquefois de ses bâtiments et de ses fontaines, au point que Mansart en avoit pris jalousie et peur. Il fut accusé de rapporter, et en effet M. de la Rochefoucauld le chassa de chez lui pour quelque chose qui y avoit été dit entre trois ou quatre personnes dont aucune autre que Fornaro ne pouvoit être soupçonnée, et que le roi reprocha à M. de la Rochefoucauld, et tout de suite doubla la pension à Fornaro, qui demeura à Versailles et souvent alloit à Marly, mieux avec le roi que devant, mais fui et méprisé de tout le monde. M. de Metz allant donc voir la chapelle neuve avec quatre ou cinq autres, ils y menèrent Fornaro avec eux pour la mieux considérer et voir ce qu'il en diroit. M. de Metz, aigri des affaires d'Orléans et frappé de l'extrême quantité et magnificence de dorures, sculptures et peintures, ne put s'empêcher de dire que le roi feroit bien mieux et une œuvre bien plus agréable à Dieu de payer ses troupes, qui mouroient de faim, que d'entasser tant de choses superbes aux dépens du sang de ses peuples, qui périssoient de misère sous le poids des impôts; et alloit paraphraser cette morale, quand M. de Castries, aussi considéré que l'autre étoit imprudent, le retint et lui fit peur de Fornaro; mais il en avoit bien dit assez, et dès le soir le roi le sut mot pour mot. Les lettres que M. de Metz écrivit depuis de Metz à ses amis ne furent pas plus discrètes; et comme le roi en voyoit les extraits depuis le fatal secret de M. de Louvois à violer la foi publique et le secret des lettres et des amis, c'étoient de nouveaux sujets de colère qui piquoient le roi d'autant plus que, retenu par la nature des voies qui l'informoient, il ne vouloit pas la faire éclater; aussi se plut-il plus de dix-huit mois à se venger cruellement de M. de Metz en suspendant son état, sans en vouloir ouïr parler; et, quand il crut enfin que cela ne se pouvoit soutenir plus longtemps sans une iniquité trop déclarée, il fit dire un matin à M. de Metz par M. de Pontchartrain qu'il n'avoit pas besoin d'éclaircissement sur son affaire; qu'il n'avoit jamais douté qu'il ne fût de plein droit duc et pair par la mort de son frère; qu'il avoit eu ses raisons pour en user comme il avoit fait, mais qu'il trouvoit bon alors qu'il prît la qualité, les marques, le rang et les honneurs de duc et pair, et qu'il lui permettoit même de prendre sa place au parlement et de s'y faire recevoir en cette qualité. M. de Metz, qui avoit ôté ses armes de ses carrosses, de sa vaisselle et de partout, parce qu'il avoit défense de porter le manteau ducal, alla remercier le roi une heure après; mais il n'en put tirer quoi que ce fût sur les raisons qu'il avoit eues; il fut reçu honnêtement, et ce fut tout. Aussitôt il prit tout ce qu'il auroit dû avoir dès la mort de son frère, et ne tarda pas aussi de se faire recevoir au parlement. Mais, pour achever cette affaire tout de suite, il trouva un hoquet pour sa réception auquel il n'avoit pas lieu de s'attendre. Son habit fut contesté; des magistrats du parlement et même des ducs, dont beaucoup ne savent rien ni ne veulent apprendre, prétendirent qu'il ne devoit paroître qu'en rochet et camail, parce qu'il n'étoit pas pair par son siége, mais par lui-même. Cela étoit d'autant plus absurde que pair ecclésiastique n'est qu'un nom et non pas une chose, puisque quant à la dignité il n'y a différence quelconque entre les ecclésiastiques et les laïques, et que l'habit des uns et des autres ne peut être que le même suivant sa profession et son état ecclésiastique ou laïque. Ainsi, après quelques disputes, la raison à la fin l'emporta, et M. de Metz fut reçu en habit de pair ecclésiastique, et n'en a point porté d'autre.

Jeudi 8, à Marly. — Le roi se promena le matin dans ses jardins et alla tirer l'après-dînée. — Le maréchal de Villars prit congé du roi à son botter; le roi l'embrassa et lui fit beaucoup d'amitiés. — M. de Gacé, fils du maréchal de Matignon, épouse la fille du maréchal de Château-Renaud, à qui son père donne 100,000 écus presque tout en argent comptant. Le roi donne à Gacé le gouvernement de la Rochelle et du pays d'Aunis, dont le maréchal de Matignon se défait en sa faveur, et le roi lui conserve un brevet de 130,000 francs qu'il avoit sur ce gouvernement.

Vendredi 9, à Marly. — Le roi se promena le matin et l'après-dînée dans ses jardins. — Le maréchal de Villars partit de Paris, mais il n'arrivera que dimanche à Péronne. — On fait quelques réformations dans la dépense des tables du roi à Marly, et l'on croit qu'au premier voyage le roi ne nourrira plus les dames (1). — La veuve

---

(1) « Il y a une réforme à Marly : le roi y vivra comme à Versailles, à dîner au petit couvert, à souper à une table de douze pour madame la duchesse de Bourgogne et le reste de la troupe royale, où tour à tour deux dames seront

de M. de Marillac, fils du conseiller d'État, épouse M. de l'Aubespine-Châteauneuf, qui n'a jamais paru à la cour. Elle est fille du feu duc de Saint-Aignan de son second mariage et par conséquent demi-sœur de M. de Beauvilliers.

Samedi 10, *à Marly*. — Le roi courut le cerf l'après-dînée et travailla le soir avec M. Voisin chez madame de Maintenon. — M. le maréchal de Berwick est fait par le roi duc et pair, avec permission de faire passer cette dignité sur lequel de ses enfants il voudra. Il a des fils de ses deux mariages. Sa pairie est mise sur la terre de Ouarty, qui étoit à M. de la Frette et qu'il vient d'acheter, et il veut qu'elle s'appelle la duché de Fitz-James. C'est le nom qu'il signe comme fils du roi Jacques *.

* On a déjà dit, à l'occasion de la grandesse accordée avec pareille clause au duc de Berwick, la raison de ces clauses uniques en Espagne et en France, qui étoit l'état de sa famille. Il avoit un fils unique du premier lit et plusieurs du second, et son dessein d'établir ce fils du premier lit en Angleterre, s'il pouvoit venir à bout de s'y faire rétablir, ce qu'il espéroit toujours lorsque la paix se feroit, et pour cela il falloit être maître des dignités qu'il acquéroit, pour les pouvoir faire passer à ses cadets, sans quoi elles alloient de droit à l'aîné comme sa dignité de duc et pair d'Angleterre dont il ne pouvoit le dépouiller, parce qu'il n'avoit pas obtenu la même clause quand il avoit obtenu cette dignité. Il fit donner à la terre d'Ouarty, dont il forma son duché-pairie, le nom de Fitz-James, qui veut dire en anglois fils de Jacques. Les rois d'Angleterre, en légitimant leurs bâtards ou ceux des autres, leur donnent en même temps un nom et des armes qui demeurent à leur postérité; celui qui avoit été donné au duc de Berwick étoit celui-ci, qui, tout étrange qu'il nous paroît, n'est pas rare en Angleterre, où on voit des Fitz-Gérard, des Fitz-Morice et autres.

Dimanche 11, *à Marly*. — Le roi tint le conseil d'État, travailla avec M. Pelletier l'après-dînée. — On eut des nouvelles de Douai du dedans de la place du 9. M. d'Al-

admises seulement. Comme les princesses tiendront chacune les leurs, les autres y mangeront. Enfin le roi n'y nourrira plus personne. » (*Lettre de la marquise d'Huxelles*, du 12 mai.)

bergotti fit faire la nuit du 6 au 7 deux sorties qui ont fort bien réussi et où les assiégeants ont perdu assez de monde. — M. le duc de Vendôme épouse mademoiselle d'Enghien, fille de feu M. le Prince. On avoit fort parlé de ce mariage-là durant la vie de ce prince, mais il n'avoit jamais voulu y consentir.

Lundi 12, *à Marly*. — Le roi se promena le matin et l'après-dînée. Il travailla le soir chez madame de Maintenon avec M. de Pontchartrain après qu'il eut été quelque temps avec le roi et la reine d'Angleterre, qui vinrent ici sur les six heures. Le roi d'Angleterre prit congé du roi et part jeudi pour l'armée de Flandre. La reine d'Angleterre se mettra à Chaillot avec la princesse sa fille, peu de jours après que le roi son fils sera parti. — Le roi a donné à M. de Caderousse le rachat de la terre de Courtenay, qu'avoit madame sa femme, qui vient de mourir.

Mardi 13, *à Marly*. — Le roi tint conseil de finances et travailla ensuite longtemps avec M. Desmaretz; il travailla l'après-dînée avec M. Voisin. — Le roi signa le soir le contrat de mariage de mademoiselle d'Enghien avec M. de Vendôme*; ce fut M. le duc du Maine qui présenta le contrat à signer au roi. M. de Vendôme n'y étoit point. Par ce contrat M. de Vendôme fait de grands avantages à mademoiselle d'Enghien. M. et madame du Maine ont fort travaillé à ce mariage. — M. le maréchal de Villars, dont la santé est encore assez mauvaise, n'est parti que ce matin de Paris.

* Il a été parlé de tout ce qui regarde le mariage de M. de Vendôme à la page 144.

Mercredi 14, *à Marly*. — Le roi tint le conseil d'État et l'après-dînée alla courre le cerf; Monseigneur et messeigneurs ses enfants étoient à la chasse; ce sera la dernière qu'on fera ce voyage-ci. — On eut des lettres de Douai du dedans de la place du 9. Il y a dedans un grand détail de la sortie du 7, que commandoit M. de

Mortemart et qui a été encore plus heureuse qu'on ne l'avoit dit d'abord. Nous n'y avons perdu que vingt hommes. On a rasé la tranchée la plus avancée et on a entièrement défait deux bataillons anglois et dont il n'est resté, à ce qu'on prétend, que cent soldats. — On apprit que Vandeuil, mestre de camp du régiment Dauphin, est mort de maladie. Il étoit fils de Vandeuil qui étoit lieutenant général et lieutenant des gardes du corps. Il avoit le gouvernement de Pecquai en Languedoc, que le roi lui donna après la mort de son père, qui en étoit gouverneur. Celui qui vient de mourir avoit acheté ce régiment 30,000 écus.

Jeudi 15, à Marly. — Le roi se promena le matin dans ses jardins. L'après-dînée il régla avec M. d'Antin ce qu'il faut pour les cuisines et les offices qu'il fait donner ici à madame la duchesse de Bourgogne, à Madame et aux princesses. Il veut qu'elles aient toutes leurs commodités ici pour pouvoir donner à manger aux dames qu'elles amèneront ici. — Le roi d'Angleterre partit de Saint-Germain pour aller à l'armée de Flandre, où il va avec un très-petit équipage, et cela n'en est que plus beau à lui. — M. de Vendôme épousa le matin à Sceaux mademoiselle d'Enghien. Il lui donne par le contrat de mariage tout son bien et ne se réserve que 500,000 francs pour en pouvoir disposer. — On eut des lettres de Douai du 12, du dedans de la place. Le gros canon des ennemis ne tiroit pas encore; ils ont six petites pièces de campagne qui tirent depuis six jours sur une redoute qui voit leur tranchée à revers et dont ils n'ont pas pu encore se rendre maîtres. — Monseigneur et monseigneur le duc de Berry coururent le loup, qui se fit prendre à la porte de Pontchartrain. Ils entrèrent dans la maison, et M. le chancelier leur donna un dîner excellent.

Vendredi 16, à Marly. — Le roi travailla l'après-dînée jusqu'à cinq heures avec le P. le Tellier, puis il alla voir jouer au petit mail et se promena dans les jardins jusqu'à la nuit. — La maréchale de la Meilleraye * mourut hier à Paris. Elle avoit quatre-vingt-huit ans. Elle avoit donné tout son bien au duc de Brissac, son petit neveu ; elle ne s'étoit réservé qu'un fort léger usufruit. Elle avoit 10,000 francs de douaire, qui reviennent au duc de Mazarin. — Quand le duc de Noailles épousa mademoiselle d'Aubigné, le roi lui donna le gouvernement de Berry, qu'avoit M. d'Aubigné, son père, à condition qu'il le vendroit quand M. le maréchal de Noailles, dont il étoit survivancier pour le gouvernement de Roussillon, mourroit. Il n'a pu vendre le gouvernement de Berry depuis la mort de son père, et le roi lui a accordé ces jours-ci un brevet de retenue de 100,000 écus sur ce gouvernement pour la duchesse de Noailles.

* Cette maréchale de la Meilleraye a fourni d'étranges preuves de l'égarement de l'esprit humain. Elle étoit sœur du duc de Brissac, père de la dernière maréchale de Villeroy, et de Cossé, père de celui qui fut duc de Brissac par la mort sans enfants du frère de la dernière maréchale de Villeroy. Elle avoit eu beaucoup de beauté et de monde, avoit beaucoup d'esprit, et le maréchal de la Meilleraye, veuf de la fille du maréchal d'Effiat, l'avoit épousée en secondes noces et n'en eut point d'enfants. L'amour que le cardinal de Retz eut pour elle eut la principale part à tout ce qu'il entreprit sous la minorité de Louis XIV, dans l'extravagante idée qu'il brouilleroit tant et qu'il deviendroit si considérable qu'il obligeroit à tout faire pour lui jusqu'à lui obtenir dispense, quoique prêtre et évêque, de l'épouser. Elle n'a pas donné lieu à reprendre ses mœurs ; mais son orgueil, qui alloit jusqu'à la folie, fut rudement châtié. Elle s'amouracha de Saint-Ruth, qui, de page de son mari, devint lieutenant général, commanda en Guyenne et fut tué général d'armée en Irlande après avoir été longtemps lieutenant des gardes du corps. Il étoit fort laid, brutal, et toutefois elle fit avec lui un mariage secret pour conserver son nom et son rang. Elle n'en eut point d'enfants, mais tant de soufflets, de coups de pied et de poing et tant de toutes sortes de traitements énormes qu'elle eut recours au roi, à qui elle fit confidence de son mariage et de ses malheurs. Le roi, qui étoit touché de ces sortes de confiances, lava bien la tête à Saint-Ruth, et lui défendit de donner lieu de se plaindre davantage à la maréchale ; mais sa brutalité ne pouvant être contenue, la maréchale obtint qu'il fût continuellement employé et s'en délivra de la sorte. Elle étoit folle de sa maison et la croyoit ou la vouloit

faire croire au-dessus de toute autre du royaume. Étant un jour à Brissac, elle se promenoit avec complaisance dans une galerie où ses ancêtres étoient peints, et de temps en temps faisoit des révérences aux maréchaux de Brissac et à quelques autres, puis se tournant vers la duchesse de Brissac, sa nièce, elle l'exhortoit à regarder ces grands hommes. Cette nièce, belle comme le jour, étoit fille du duc de Saint-Simon ; elle avoit beaucoup d'esprit, étoit fort jeune, et son mari, d'avec qui elle fut séparée depuis pour des choses énormes, ne lui donnoit pas lieu de se plaire beaucoup à Brissac ni d'affectionner ses ancêtres. Elle demanda donc à la maréchale qui étoit un vieux barbouillé qu'elle voyoit là parmi les autres ; la maréchale, scandalisée, lui en conta merveilles et tant de choses hors de raison et d'apparence que la nièce, pour se moquer d'elle et se divertir, prit occasion de lui faire accroire à son tour que ce personnage avoit eu quelque principauté en Italie, et lui en ajouta l'histoire sur-le-champ. La maréchale fut ravie et la goba, puis la distribua, mais pour que ce ne fût pas sans preuves, elle fit mettre à ce portrait un de ces bonnets modernes qu'on a imités des électeurs ; de là elle crut ce fondement suffisant pour communiquer ce bonnet à toute la maison. C'est l'unique source et l'époque d'où il leur est venu, et que cette duchesse de Brissac n'appeloit jamais en se moquant que le *Bonnet de ma tante*. Son entêtement pour la naissance alloit à la folie : le chevalier de Soissons mourut fort promptement avec des bénéfices après une vie fort déréglée : on en parloit et on moralisoit sur son salut ; « Je vous assure, dit la maréchale, qu'il n'en faut pas aussi être si en peine, et que Dieu y regarde à deux fois pour des gens de cette qualité-là. » Elle avoit un précieux dans toute sa personne qui en relevoit les dits et qui y ajoutoit. Ce qu'elle proposoit de plus raisonnable étoit qu'il falloit toujours épouser des filles de bonne maison, parce qu'il en pleuvoit ou qu'il en dégouttoit ; et la vérité est que celles qui sont mariées souvent sur le pied de n'avoir rien deviennent par des hasards des héritières. La maréchale de la Meilleraye conserva de la considération et du roi et du monde jusqu'à la fin de sa vie.

Samedi 17, à Versailles. — Le roi se promena le matin dans ses jardins de Marly, travailla l'après-dînée avec M. Voisin et en repartit à sept heures pour revenir ici. Monseigneur et madame la duchesse de Bourgogne y jouèrent l'après-dînée au papillon et revinrent ici un peu avant le roi. — Il arriva hier au soir à Marly un courrier de nos plénipotentiaires, et le bruit se répand qu'ils étoient prêts à partir de Saint-Gertruydemberg quand ils ont reçu un courrier des députés des États Généraux qui les prioient de demeurer, et que c'est sur cela qu'ils ont envoyé ici. — On reçut hier des lettres du maréchal de Villars, qui est arrivé à Péronne. Il mande que le canon des ennemis ne tiroit pas encore à Douai le 13, mais par les lettres qu'on a reçues aujourd'hui ils ont déjà beaucoup de pièces en batterie. Il leur déserte beaucoup de monde, et il nous revient beaucoup de nos déserteurs depuis qu'ils ont appris que nos soldats ont du pain et de la viande et qu'on leur paye le prêt régulièrement. — M. le Duc est parti à quatre heures du matin et va coucher à Péronne.

Dimanche 18, *à Versailles.* — Le roi tint le conseil d'État; il travailla avec M. Pelletier l'après-dînée jusqu'à cinq heures et alla tirer. — M. le cardinal de Noailles manda hier à M. Voisin que Vandeuil, qu'on avoit cru mort, étoit presque hors de danger. Il avoit été en léthargie pendant douze heures. Plusieurs gens avoient demandé son régiment. — Le maréchal de Villars mande qu'il assemblera son armée le 22. — On a reçu des lettres de Madrid qui portent que le roi d'Espagne partit le 3 de ce mois pour aller se mettre à la tête de son armée, et avant que de partir il a nommé quatre commissaires, tous Letrados, pour travailler au procès du duc de Médina-Céli. — Le duc de Berwick prit hier congé du roi à Marly, mais il ne partira de Paris qu'à la fin de la semaine, parce qu'il attend que ses lettres de duc et pair soient registrées au parlement, et cela doit être fait jeudi.

Lundi 19, *à Versailles.* — Le roi tint conseil de dépêches; l'après-dînée il travailla avec M. de Pontchartrain et à six heures il alla à la chapelle, où les prières de quarante heures sont établies depuis hier pour obtenir une heureuse paix. Monseigneur alla dès le matin à Meudon, où il demeurera jusqu'à la fin de la semaine. Après le salut le roi alla se promener à Trianon. — On eut un courrier du maréchal de Villars, qui envoie une lettre que Albergotti lui a écrite du 16. La tranchée est encore éloignée de quelques toises de l'avant-fossé. Notre armée commencera à s'assembler le 22 sous Cambray. On ne doute plus que le maréchal de Berwick n'y aille ; il nous assura pourtant encore samedi, en prenant congé du roi à Marly, qu'il alloit tout droit à Grenoble. — Mademoiselle de Choiseul, fille aînée du feu duc de Choiseul, mourut à Paris. Après la mort de son père madame la princesse de Conty obtint du roi une pension de 4,000 francs pour les deux filles de ce duc, qui avoit épousé sa cousine germaine, et elle vient d'obtenir du roi, dans une conversation où le roi a été fort content d'elle, que les 4,000 francs de pension seroient pour la fille qui reste.

Mardi 20, à Versailles. — Le roi, après la messe, donna une longue audience au duc de Berwick, qui avoit pris congé de lui samedi, et ce duc, après son audience, partit en chaise de poste pour aller coucher à Gournay, et il sera demain matin à Péronne, où il trouvera encore le maréchal de Villars. Monseigneur le duc de Bourgogne et madame la duchesse de Bourgogne allèrent à la chapelle, aux prières de quarante heures, qui ont fini aujourd'hui à la chapelle. Ils avoient dîné à la Ménagerie. Le roi, après l'audience du duc de Berwick, tint le conseil de finances à son ordinaire et l'après-dînée il travailla chez lui avec M. Voisin et puis alla se promener à Trianon. Monseigneur le duc de Berry alla dès le matin à Rambouillet, où M. le comte de Toulouse est depuis hier ; ils en reviendront demain. M. le comte de Toulouse a vendu au président Rouillé sa maison de la Bretèche auprès de Marly. Il y a quelque petit revenu, et il ne l'a pas vendue la moitié de ce qu'elle lui avoit coûté à accommoder.

Mercredi 21, à Versailles. — Le roi tint le conseil d'État et alla tirer l'après-dînée. Monseigneur le duc de Bourgogne et madame la duchesse de Bourgogne allèrent dîner avec Monseigneur à Meudon. Ils se promenèrent beaucoup avec lui, le soir, dans les jardins et revinrent ici à neuf heures. — M. Voisin vint le soir chez madame de Maintenon apporter au roi des lettres du maréchal de Villars, à qui M. d'Albergotti mande du 18 que les ennemis ont poussé leur tranchée jusqu'à l'avant-fossé. Ils travaillent à jeter des ponts dessus pour le passer. Il mande aussi à ce maréchal qu'il espère pouvoir tenir le temps qu'il lui a promis et que nous ne savons point ; on croit que cela passera de quelques jours la fin du mois. Il paroît que l'on veut faire quelque tentative pour secourir cette place. Le maréchal de Villars mande que ce qu'il a vu de troupes ne sont pas en fort mauvais état et qu'il y paroît beaucoup de bonne volonté. On leur donne du pain, de la viande, et on leur a payé le prêt fort régulièrement depuis un mois.

Jeudi 22, *à Versailles.* — Le roi, après son lever, donna audience aux députés des états de Bourgogne après la messe, et il alla dans la chapelle neuve, dont il examina le haut et le bas avec beaucoup de soin. Il y fit chanter un motet pour voir l'effet que la musique feroit dans cette chapelle. Monseigneur y vint de Meudon et puis y retourna dîner. Toute la maison royale y étoit. Après le dîner le roi alla se promener à Marly. Monseigneur le duc de Bourgogne, madame la duchesse de Bourgogne et monseigneur le duc de Berry allèrent dîner à la Ménagerie avec beaucoup de dames. — Un courrier que M. de Torcy avoit envoyé il y a huit ou dix jours à nos plénipotentiaires revint ici le soir. On ne nous dit point quelles nouvelles il a apportées. — Le duc de Noailles partit lundi pour aller à Perpignan ; les officiers généraux qui doivent servir sous lui ont ordre de s'y rendre dans le 15 du mois prochain.

Vendredi 23, *à Versailles.* — Le roi travailla le matin avec le P. le Tellier, son confesseur, et l'après-dînée il alla à Meudon voir Monseigneur et y mena avec lui madame la duchesse de Bourgogne dans sa calèche. Il descendit au château neuf, où il demeura quelque temps, et puis alla au mail voir jouer messeigneurs les ducs de Bourgogne et de Berry ; ensuite il se promena dans le parc, madame la duchesse de Bourgogne étant toujours avec lui dans sa petite calèche, et ils revinrent ici à neuf heures. — Notre armée de Flandre s'assembla hier sous Cambray. Nous y avons cent cinquante-sept bataillons et deux cent soixante-deux escadrons, sans compter tout ce qui est dans les places. Tous les régiments ne sont pas complets, mais ils sont plus forts qu'on ne croyoit cet hiver qu'ils pourroient être au commencement de la campagne ; ils sont même plus complets en officiers qu'on ne l'auroit espéré. On leur donne de bon pain'; ils ont de la viande, et le prêt est payé régulièrement.

Samedi 24, *à Versailles.* — Le roi tint le conseil de finances, et l'après-dînée il alla se promener à Marly, où il acheva de régler les offices qu'il donne aux princesses, afin qu'elles puissent donner à manger aux dames durant le voyage de Marly. — Le roi, au soir, reçut par M. de Torcy une lettre que le cardinal de Bouillon lui écrivit d'Arras*. Il a pris le parti, en feignant d'aller d'Arras à Vigogne, une de ses abbayes, de se faire enlever par des troupes ennemies. Le roi veut que la lettre que ce cardinal lui a écrite soit rendue publique. J'en aurai la copie demain, que je mettrai ici.

Copie de la lettre du cardinal de Bouillon.

Sire, j'envoie à Votre Majesté, par cette lettre que je me donne l'honneur de lui écrire après dix ans et plus des plus inouïes, des plus injustes et des moins méritées souffrances, accompagnées durant tout ce temps-là de ma part de la plus constante et peut-être trop outrée (non-seulement à l'égard du monde, mais même à l'égard de Dieu et de son Église) patience et du plus profond silence, j'envoie, dis-je, à Votre Majesté, avec un très-profond respect, la démission volontaire, qui ne peut être regardée par personne comme l'aveu d'un crime que je n'ai pas commis, de ma charge de grand aumônier de France et de ma dignité de l'un des neuf prélats commandeurs de l'ordre du Saint-Esprit, qui a l'honneur d'avoir Votre Majesté pour chef et grand maître, qui a juré sur les saints Évangiles, le jour de son sacre, l'exacte observation des statuts dudit ordre ; en conséquence desquels statuts je joins dans cette lettre le cordon et la croix de l'ordre du Saint-Esprit que, par respect et soumission pour les ordres de Votre Majesté, j'ai toujours porté sous mes habits depuis l'arrêt que Votre Majesté rendit contre moi absent et non entendu, dans son conseil d'en haut, le 11 septembre 1701. En conséquence de ces deux démissions que j'envoie aujourd'hui à Votre Majesté, je reprends par ce moyen la liberté que ma naissance de prince étranger, fils de souverain, me donne, ne dépendant que de Dieu et de ma dignité de cardinal évêque de la sainte Église romaine et doyen du sacré collège, évêque d'Ostie, premier suffragant de l'Église romaine, me donnent naturellement liberté séculière et ecclésiastique de laquelle je ne me suis privé volontairement que par les deux serments que je fis entre les mains de Votre Majesté en 1671, le premier pour la charge de grand aumônier de France, la première des quatre grandes charges de sa maison et de sa couronne, et le second serment pour la dignité d'un des neuf prélats commandeurs de l'ordre du Saint-Esprit, desquels serments je me suis toujours très-fidèlement et très-religieusement acquitté tant que j'ai possédé ces deux dignités, desquelles je me dépose aujourd'hui volontairement et avec une telle fidélité aux ordres et volontés de Votre Majesté, en tout ce qui n'étoit pas contraire au service de Dieu et de son Église, que je désirerois bien d'en avoir une semblable à l'égard des ordres de Dieu et de ses volontés, à quoi je tâcherai de travailler uniquement le reste de mes jours en servant Dieu et son Église, dans la première place après la suprême où la divine Providence m'a établi, quoique très-indigne, et en cette qualité qui m'attache uniquement au saint-siége. J'assure Votre Majesté que je suis et serai jusqu'au dernier soupir de ma vie, avec le respect le plus profond qui est dû à la Majesté Royale, Sire,

de Votre Majesté,

le très-humble et très-obéissant serviteur.
Le cardinal de BOUILLON, doyen du sacré collége.

*Le cardinal de Bouillon erra longtemps d'abbaye en abbaye dans l'espérance que sa disgrâce finiroit; il avoit son compte, ayant persévéré à Rome jusqu'à ce qu'il eût recueilli le décanat; il en avoit fait fonction au conclave et à ses suites, et surtout à l'année sainte, dont i eut grand soin de conserver les monuments par les portraits qu'il fit faire de soi dans ces différentes fonctions de doyen du sacré collége. Il avoit lieu de croire le roi content de son exil, du dépouillement de sa charge de grand aumônier et surtout de la fortune du fils de la belle madame de Soubise aux dépens de lui et des siens. Il étoit cousin germain du feu maréchal de Lorges, et, quoiqu'en nulle liaison avec le duc de Saint-Simon, son gendre, il trouva commode de séjourner chez lui à la Ferté, allant de Cluny à son abbaye de Saint-Ouen de Rouen et retournant de cette abbaye à celle de Saint-Waast d'Arras; mais ce dernier séjour, demandé pour quelques jours, il le prolongea près de trois mois, tellement que, ce lieu n'étant qu'à vingt lieues de Versailles, le roi s'en fâcha à la fin, parce qu'il n'avoit pas permission d'approcher plus près de la cour que de trente lieues, et cependant le roi ne voulut ni l'en faire sortir ni exiger du maître du lieu qu'il lui fît une malhonnêteté. Ce fut de là qu'il travailla le plus à son retour, et il envoyoit tant de gens de côté et d'autre qu'il ne lui demeuroit souvent que deux ou trois domestiques. Les jésuites étoient ses fidèles amis; il négocioit aussi avec Saint-Sulpice et M. de Chartres, Godet Desmarets, duquel il ne fut pas content, et sur la fin, et son parti pris en lui-même, il ne le ménagea pas dans ses plaintes. Il disoit quelquefois la messe à la chapelle et à la paroisse, et il y officia à la fête du Saint-Sacrement, qu'il porta à la procession. Il ne manquoit guère, au sortir de l'église, d'avertir les paysans et le curé de se souvenir bien de ce qu'ils venoient de voir un prince et un doyen des cardinaux, le premier homme de l'Église après le pape, célébrer la messe dans leur paroisse. Le curé étoit souvent honteux des misères de vanité qu'il lui déployoit, et avoit pitié du désespoir de ses plaintes. Il alla de là à la Trappe, qui en est proche; il avoit fort connu et visité quelquefois le réformateur,

Bouthillier de Rancé, et y avoit vu M. de Saint-Louis, vieux brigadier de cavalerie fort estimé, qui y a été trente ans retiré et qui vivoit encore. Il lui déploya toutes ses amertumes; le solitaire l'exhorta du mieux qu'il put et lui parla de son âge et de la mort; mais le cardinal s'écria vivement, et plusieurs fois qu'il ne vouloit point mourir et qu'il ne lui parlât point de cela, et s'en revint fort vite; aussi étoit-il esclave de sa santé. Le procès qu'il perdit contre les réformés de Cluny, et qu'il tenta vainement de faire juger une seconde fois par le même conseil qui, le roi présent, l'avoit condamné, mit le comble à sa rage et le dernier sceau à sa sortie du royaume, vers laquelle il s'achemina de la Ferté incontinent après. Il eut la foiblesse de tourner autour de sa maison de Pontoise, où il avoit tant dépensé et passé de si beaux jours, et n'osant y entrer, de s'arrêter aux grilles. Le prince d'Auvergne, son neveu, le reçut dans sa fuite d'Arras avec un gros détachement, et le conduisit à l'armée du prince Eugène, qui lui fit donner l'ordre et les plus grands honneurs. Il étoit fils de la sœur de madame de Bouillon, et bien aise de ne manquer pas cette occasion de piquer le roi. La considération du cardinal se tourna bientôt en misère et en mépris; la colère du roi n'y tourna guère moins. On n'osa pousser un cardinal; on en craignit les embarras; sa famille, qui trembla pour un rang aussi en l'air que le sien et en même temps pour ses charges, n'oublia rien pour piquer le roi de générosité, et l'ancienne habitude et amitié du roi pour M. de Bouillon les sauva de tout. Le patrimoine du cardinal fut confisqué et ses bénéfices saisis, et ce fut tout, après bien du vacarme. Le roi seulement fit rechercher tous les endroits, papiers, inscriptions, registres, etc., où les Bouillon avoient pris la qualité de princes, qui fut partout biffée. Il ne se doutoit pas que M. de Fréjus, devenu premier ministre pour le moins de son successeur, les feroit reconnoître, par lui et malgré les princes du sang, princes et par la grâce de Dieu. Ainsi va le monde.

Dimanche 25, à Versailles. — Le roi tint le conseil d'État et alla tirer l'après-dînée. Il a donné ordre à son procureur général, qui étoit ici, de demander au parlement qu'on fasse le procès du cardinal de Bouillon comme coupable de félonie. Il fait remettre au procureur général la lettre de ce cardinal, qui est toute de sa main, et le roi, dans son arrêt du conseil d'en haut en parlant de cette lettre, dit qu'elle est encore plus criminelle que son évasion. L'abbé d'Auvergne vint ici le matin, n'osant quasi se présenter devant le roi; mais les ministres l'assurèrent qu'il le pouvoit faire, et il vit le roi après dîner, qui lui parla avec beaucoup de bonté par rapport à lui. On a envoyé avertir M. de Bouillon, qui est à Évreux, où il prend du lait. Madame de Bouillon, qui est malade à Paris, a écrit une lettre fort sensée au roi. Le duc d'Albret, le comte d'Évreux et le chevalier de Bouillon sont venus marquer leur douleur, et le roi leur a dit : « Messieurs, je vous plains bien d'avoir un oncle si extravagant. »

Lundi 26, à Marly. — Le roi partit ici de Versailles aussitôt après son dîner. Il avoit travaillé le matin avec M. de Pontchartrain, qui retourna encore lui parler avant qu'il montât en carrosse pour venir ici. — Il arriva un courrier de M. de Villars qui partit hier au soir. Notre armée se doit mettre en marche aujourd'hui pour venir en deux jours sous Arras, où elle passera la Scarpe pour s'approcher des ennemis et voir si on pourra les attaquer dans le camp qu'ils ont pris et où ils se retranchent beaucoup. Ils ont leur gauche à Vitry sur la Scarpe et leur droite à Hénin-Liétart. M. de Villars envoie aujourd'hui une lettre d'Albergotti du 24 au soir. Il mande qu'il est attaqué fort mollement et même que les ingénieurs qui conduisent la tranchée ne sont pas fort habiles ; qu'il espère de donner à M. de Villars tout le temps nécessaire pour le secourir, n'étant point du tout pressé. Il n'a perdu aucun officier considérable dans sa place. Le major du régiment de Touraine, qui s'étoit fort distingué durant le siége de Lille, où ce régiment étoit en garnison, a été dangereusement blessé au visage en défendant un poste avancé dont il n'a point voulu être relevé.

Mardi 27, à Marly. — Le roi tint le conseil de finances, travailla l'après-dînée avec M. Voisin et puis se promena dans ses jardins jusqu'à la nuit. Monseigneur et messeigneurs ses enfants coururent le cerf avec les chiens du roi dans la forêt de Saint-Germain. Mesdemoiselles de Bourbon et de Charolois sont de ce voyage pour la première fois, et l'une des deux soupera tous les soirs avec le roi pendant qu'il sera ici. Le roi dîne tous les jours à son petit couvert dans sa chambre, et le soir il tient une table de seize couverts, dont on compte qu'il y aura toujours huit places remplies par la maison royale et les huit autres pour les dames qui sont ici et qu'on nommera tour à tour, sans avoir égard ni aux charges ni aux dignités. Il y en eut hier neuf qui y mangèrent, parce que M. le duc d'Orléans n'y étoit pas, et il y en a mangé ce soir onze, parce que Monseigneur et messeigneurs ses enfants avoient fait un retour de chasse.

Mercredi 28, *à Marly*. — Le roi tint le conseil d'État; il demeura l'après-dînée chez madame de Maintenon jusqu'à cinq heures et puis se promena dans ses jardins et vit jouer au mail les bons joueurs. — On apprend de Rome que le cardinal Durazzo est mort; voilà un treizième chapeau vacant. Les affaires du pape avec l'empereur ne s'accommodent point encore, et le marquis de Prié étend tous les jours les prétentions de l'empereur son maître. Le prince d'Avellino a enfin donné part au pape de son arrivée, en qualité d'ambassadeur de l'archiduc. Il n'en a point donné part aux cardinaux et n'a été complimenté que par le cardinal Barberin, qui l'a fait contre l'avis du sacré collége et sans la participation du pape. Il a amené du royaume de Naples plusieurs bandits avec lui et menace de se mettre par force en possession du palais d'Espagne et commence déjà à former de nouvelles prétentions sur le duché de Ferrare. — Il arriva un courrier de nos plénipotentiaires, et tout ce que nous en savons, c'est que le 23 et le 24 ils ont été en conférence avec les députés de MM. les États.

Jeudi 29, *à Marly*. — Le roi se promena le matin e le soir dans ses jardins. Il retournera jeudi à Versailles et y entendra le salut dans sa nouvelle chapelle, que le cardinal de Noailles bénira le matin de ce jour-là. Madame la duchesse de Bourgogne tint ici le matin dans son cabinet une table de douze couverts, où Monseigneur et messeigneurs ses enfants mangent quand ils ne vont point à la chasse. Cette table est servie à merveille, et quelquefois même elle fait mettre une petite table dans un coin près de la fenêtre. Le soir, comme cette princesse mange avec le roi, sa table n'est que de huit couverts pour les dames du palais et pour quelques-unes des dames qu'elle nomme. Madame tient une table chez elle, mais qui n'est que pour ses dames. Madame la duchesse d'Orléans et madame la Duchesse en tiennent aussi pour les dames qu'elles ont amenées. Madame la princesse de Conty est demeurée à Versailles, où elle prend des eaux. Madame la duchesse du Maine est à Sceaux, où elle se va faire donner la douche sur la tête pour de grandes douleurs qu'elle a.

Vendredi 30, à Marly. — Le roi se promena le matin et le soir dans les jardins. Monseigneur et messeigneurs ses enfants coururent le loup. On joue beaucoup au lansquenet ce voyage-ci dans le salon, mais ce n'est qu'aux écus, et Monseigneur n'y joue point. Il joue de temps en temps au papillon, et madame la duchesse de Bourgogne quitte le lansquenet pour aller jouer avec lui. — On mande d'Aragon que le roi d'Espagne partit le 10 de Saragosse et arriva le 13 à Lérida. Le marquis de Villadarias alla au-devant de lui et y fut reçu avec de grandes acclamations des troupes et des peuples. Le 14 il passa la Sègre, et le 15 il s'avança à Balaguier, dont il veut faire le siége. Il y a dans Balaguier quinze cents hommes et quelques hussards et miquelets. — On a des lettres de M. d'Albergotti du 26. Les ennemis n'ont pas encore attaqué le chemin couvert. Ils travaillent sous terre dans le glacis, et nos mineurs vont au-devant des leurs. On ne croit pas que le maréchal de Villars puisse attaquer les ennemis dans le poste où ils sont, qu'ils ont fort retranché.

Samedi 31, à Marly. — Le roi ne tient point à Marly de conseil de finances les samedis; il travailla l'après-dînée avec M. Voisin. — On attend un courrier de M. le maréchal de Villars avec impatience. Il s'approche des ennemis, et le roi a grande envie qu'on les attaque. Il l'a mandé même aux généraux, outre ce qu'il leur avoit dit avant qu'ils partissent; cependant la commune opinion ici est qu'on ne pourra pas les attaquer. Ils ont des redoutes farcies de canon à la tête de leur camp, et ils se retranchent tous les jours de plus en plus. — Il se répand un bruit sourd que le roi va faire le mariage de monseigneur le duc de Berry avec Mademoiselle * et que pour épargner la dépense présentement on ne fera leur maison qu'à la paix. Il paroît que madame la duchesse de Bourgogne souhaite fort ce mariage. — Il n'y a point eu de musique ici ce voyage. Il y en avoit aux autres voyages trois fois la semaine, et le roi veut retrancher cette dépense-là comme beaucoup d'autres qu'on faisoit ici. Il ne dépense pas plus à Marly qu'à Versailles.

* A la façon dont M. le duc d'Orléans étoit avec le roi, avec madame de Maintenon, avec Monseigneur, et, s'il ne faut rien oublier, avec l'empereur, rien ne fut plus étonnant que ce mariage, et la surprise montera au comble en ajoutant qu'il fut déterminé à l'insu de Monseigneur et fait malgré lui. Ce fut aussi l'ouvrage de bien des pièces différentes qu'il fallut toutes rassembler, unir, diriger au même but et les y faire frapper ensemble et avec une cadence dont le moindre contre-temps auroit tout déconcerté. Tant de ressorts furent conduits par un seul homme, qui trouva moyen d'y réunir des gens d'ailleurs ou très-étrangers les uns aux autres, ou même très-opposés, et de quelques-uns desquels il n'étoit à nulle portée. Ce fut le même qui répondit avec si peu d'embarras à M. le chancelier de Pontchartrain sur l'affaire d'Espagne qu'on vouloit porter au parlement, et le même qui sépara M. le duc d'Orléans d'avec madame d'Argenton et qui le réconcilia avec sa femme. Il crut pouvoir faire profiter grandement M. le duc d'Orléans de ces premiers temps de règle et de réunion. Il hasarda le projet; il le mit en mouvement, et ne quitta point prise qu'il n'en fût venu à bout. Cette anecdote seroit trop longue à raconter ici; elle est aussi trop curieuse pour n'en rien dire. La duchesse de Villeroy étoit de longue main amie intime de madame la duchesse d'Orléans; un caprice de la maréchale d'Estrées, qui s'en étoit engouée, l'initia chez madame la duchesse de Bourgogne, sur laquelle d'autres raisons lui firent prendre ensuite l'ascendant; elle vivoit avec la maréchale de Rochefort pres-

que comme avec une mère. Nangis, petit-fils de la maréchale, ne bougeoit de chez elle ni de chez la duchesse de Villeroy, mais il ignoroit toute cette affaire. Il étoit extrêmement lié avec madame d'O, qui étoit mise à portée de tout avec madame la duchesse de Bourgogne, et laquelle avec cela étoit assez bien avec madame de Maintenon pour hasarder certaines choses et les bien remarquer toutes. L'amitié invariable de M. le duc d'Orléans pour M. de Cambray et un commerce de science avec le duc de Chevreuse les lui avoient parfaitement acquis et avec eux le duc de Beauvilliers, qui ne faisoit qu'un avec ces deux autres. Madame de Lévis, fille du duc de Chevreuse et dame du palais, étoit à portée de bien des choses sérieuses avec madame la duchesse de Bourgogne et fort bien avec madame de Maintenon et sur un grand pied d'estime et d'amitié. Le P. Tellier fut gagné absolument, et le maréchal de Boufflers aussi alors fort à la mode, ce qui ne dura qu'un moment; ainsi madame la duchesse de Bourgogne et madame de Maintenon étoient des rênes sans lesquelles rien ne se pouvoit en cette affaire, et qui avec le P. Tellier devinrent celles avec qui on put tout. Le contradictoire étoit la guerre, la misère, la dépense, l'apanage des mariages étrangers, l'âge de M. le duc de Berry, qui ne pressoit point, les princes nés de monseigneur le duc de Bourgogne, qui diminuoient l'empressement de le marier, la haine trop ouverte et trop marquée en tout de Monseigneur pour M. le duc d'Orléans, son attachement extrême pour madame la Duchesse, l'aversion des deux sœurs, la passion de celle-ci de parvenir à ce grand mariage pour sa fille, la faveur et les manéges de d'Antin, tout à celle-ci et à Monseigneur, les réflexions qui se pouvoient si aisément faire à l'égard de l'Espagne, et tout ce qui environnoit Monseigneur infiniment opposé à M. d'Orléans et dévoué à madame la Duchesse. La dévotion sur l'âge et la brillante santé de M. le duc de Berry déterminèrent le roi à le marier, les mêmes raisons à ne point attendre la fin incertaine de la guerre; le peu d'usage pour les affaires d'un mariage étranger et le dégoût de mettre une inconnue dans leur sein déterminèrent encore le roi et madame de Maintenon à un mariage domestique, et l'intérêt des bâtards, si cher à tous les deux, acheva de les emporter. Le procès de la succession de M. le Prince avoit brouillé à l'excès M. du Maine avec madame la Duchesse; il fit sentir au roi et à sa gouvernante madame de Maintenon de quelle importance il lui étoit pour l'avenir de faire M. le duc de Berry gendre de sa sœur et cousin germain de ses enfants, et entre ses deux sœurs il n'avoit pas de choix, outre qu'indépendamment du procès qui les brouilloit avec madame la Duchesse il n'ignoroit pas qu'elle étoit toute princesse du sang et madame d'Orléans toute bâtarde. C'en fut assez pour y dévouer madame de Maintenon et lui faire oublier à cet égard le mari, en faveur de la femme et du frère de sa femme. Madame la duchesse de Bourgogne n'aimoit pas madame la Duchesse ; elle la craignoit auprès de Monseigneur, de sorte qu'elle et madame du Maine, ayant par différentes raisons le même point d'aversion, se réunirent sans concert dans le même point de désir. Madame la duchesse de Bourgogne de plus craignoit une étrangère, et vouloit qu'une duchesse de Berry lui eût l'obligation de sa fortune, dépendît d'elle, ne pût lui donner d'ombrage d'aucun côté, et avoit de plus l'enfance d'être flattée d'en devenir la gouvernante. Outre ces raisons monseigneur le duc de Bourgogne et elle, intimement unis à M. le duc de Berry, lui vouloient une femme qui, bien loin de les délier d'ensemble, devînt encore un nouveau lien, et c'est ce qu'ils crurent qui ne se pouvoit trouver que dans la fille du duc et de la duchesse d'Orléans. Cette dernière raison toucha extrêmement les ducs de Chevreuse et de Beauvilliers, et après l'intérêt de M. du Maine rien n'enleva tant madame de Maintenon que celui de madame la duchesse de Bourgogne, et de lui donner une belle-sœur obligée et dépendante, et d'en éviter une qui par l'agrément de la nouveauté eût pu partager le roi avec elle et encore plus Monseigneur, auprès duquel elle n'avoit aucun soutien et tout contraire. Trois mois virent naître et consommer ce grand ouvrage, dont qui que ce soit ne s'aperçut que vers les derniers dix ou douze jours, et encore bien peu et d'une manière fort incertaine. Alors il ne resta plus que deux difficultés, Monseigneur, dont on marioit le fils bien-aimé sans lui en avoir rien dit et avec certitude de sa plus que répugnance, l'autre M. le duc d'Orléans à faire parler au roi. Tout étoit néanmoins parvenu au point d'être arrangé ; de sorte que madame de Maintenon et madame la duchesse de Bourgogne pressoient également cette démarche, et quoiqu'elles n'osassent répondre du succès, elles assuroient qu'il étoit temps de la faire. Néanmoins tout bien considéré, M. et madame d'Orléans crurent impraticable de pousser plus avant sans avoir fait quelque démarche auprès de Monseigneur. Le même ami de M. d'Orléans l'étoit des Bignon de tout temps, et la femme de l'intendant des finances l'étoit intime de mademoiselle Choin ; cela fut donc tenté par là, quoique la Choin et madame la Duchesse ne fussent qu'un ; mais dans la nécessité d'une démarche auprès de Monseigneur, sur le point de la conclusion, l'on ne pouvoit pas espérer qu'il ne la dît à cette confidente de son âme, et c'étoit la blesser et par elle Monseigneur, que de ne pas s'adresser à elle. Cela fut donc exécuté en telle sorte qu'on ne fit qu'effleurer, sans découvrir à quel point on étoit, et cela sous un voile de respect et de consulter les volontés de Monseigneur sur un désir si raisonnable. Au premier mot, la Choin en furie répondit tout ce qui se pouvoit dire de plus offensant, reprit toute l'affaire d'Espagne au plus criminel et vomit des injures ; heureusement tout étoit consenti. Madame la duchesse de Bourgogne et madame de Maintenon, averties le soir même de la réponse de la Choin, pressèrent la mesure. Le roi parla à Monseigneur en père, et qui savoit l'être, mais qui faisoit semblant d'ignorer l'éloignement de Monseigneur et qui toutefois n'en vouloit pas trouver, et Monseigneur, qui savoit même plus que de raison à qui il avoit affaire, baissa la tête et répondit monosyllabe au roi, qu'il étoit le maître. C'étoit tout ce que le roi vouloit, et ne lui en parla plus ; dès le lendemain il déclara le mariage. Mais après ce gros du réel de l'affaire il ne sera peut-être pas moins curieux d'en raconter la bagatelle, qui est ce qui se passa là-dessus de M. le duc d'Orléans au roi. Tout étant préparé à souhait, il ne s'agissoit plus que de parler au roi lui-même. M. le duc d'Orléans n'avoit jamais montré en faire difficulté, et au contraire ; mais quand ce vint à l'exécution, au voyage de Marly qui précéda celui où le mariage fut déclaré, il recula. Pressé par madame la duchesse d'Orléans, qui l'étoit elle-même par madame la duchesse de Bourgogne et par madame de Maintenon, il chercha divers prétextes, et, poussé enfin à bout, il avoua à sa femme et à l'ami qui les avoit raccommodés et qui avoit principalement ourdi toute cette trame de mariage qu'il ne pouvoit s'y résoudre ; que ce mariage étoit si fou dans un temps de guerre et de misère, et par un nombre de raisons qu'il étala avec éloquence, que c'étoit une proposition qu'il n'oseroit jamais faire. L'étonnement des deux témoins fut grand, et ils se trouvèrent d'autant plus déconcertés qu'ils reconnurent que la peur du roi et de la situation où il avoit été avec lui et où il étoit encore en grande partie étoit le motif secret qui l'arrêtoit tout court et qu'il cachoit sous l'apparence des autres ; cependant sans cette démarche tout manquoit quand tout étoit prêt à réussir selon toute apparence. De ce débat il résulta que sa femme lui proposa d'écrire et de donner lui-même sa lettre au roi, s'il ne vouloit pas lui parler ; tout aussitôt il accepta, et montra par là qu'on en avoit jugé juste, parce que c'étoit un des hommes du monde qui parloit le mieux, le plus aisément et à qui, sans cette frayeur du roi, le parler auroit moins coûté que d'écrire. Tout de suite il fut pressé d'aller faire sa lettre, et il sortit pour l'aller écrire ; comme il sortoit, madame d'Orléans demanda à leur ami s'il le laisseroit sans aller avec lui, et qu'il étoit fort à craindre, s'il ne lui voyoit faire la lettre, qu'il n'en usât comme pour parler. L'ami sentit la force de cette juste crainte et s'en alla après lui. Madame d'Orléans logeoit en haut au château et lui en bas au premier pavillon du côté de la chapelle ; en chemin ils parlèrent de la lettre, et en arrivant chez lui M. d'Orléans, qui n'avoit jamais de quoi écrire, en demanda. Il fit encore quelques tours de chambre avant de se mettre à écrire, puis demeura la plume immobile à la main. L'autre, le voyant ainsi, le laissoit faire sans montrer qu'il le voyoit et s'impatientoit d'autant ; enfin cela ne finissant point, il lui demanda s'il ne commenceroit point. M. d'Orléans lui dit qu'il étoit embarrassé et qu'il vaudroit mieux qu'ils fissent ensemble. L'ami, haussant les épaules, se mit à la table ; mais cela n'en fut pas mieux, tellement que de dépit il lui proposa qu'ils écrivissent chacun à part sur cette table, pour quand ils auroient fait il choisît celle des deux lettres qu'il voudroit, ou que des deux il en fît une troisième ; c'est que l'ami prévoyoit qu'avec cette répugnance que la crainte inspiroit il n'écriroit point, et qu'au moins, se trouvant une lettre faite, on parviendroit à la lui faire copier et donner, et c'est ce qui arriva. L'ami se mit à écrire et tout de suite ; en tournant la feuille il vit celle de M. le duc d'Orléans vide et lui qui n'écrivoit point ; il lui en demanda la raison. M. d'Orléans dit qu'il écriroit quand il auroit vu la lettre écrite, et l'autre poursuivit. Quand elle fut achevée, M. le duc d'Orléans eut plutôt fait de la trouver admirable qu'en écrire une autre ; il se contenta de deux ou trois petites corrections de mots et de rien ; puis la voulut prendre pour la montrer à madame la duchesse d'Orléans, mais ayant essayé de la lire il ne le put, parce qu'il avoit la vue très-mauvaise, et que cela étoit écrit fort petit et couramment, de sorte qu'il fallut que celui qui l'avoit faite l'emportât chez lui pour, avec une meilleure plume, l'écrire bien et gros, et la leur porta à tous deux ensemble le même soir. Le lendemain elle fut copiée par M. le duc d'Orléans. Il fut question de la donner et d'en prendre bien le temps, il en manqua deux de pure male peur : enfin, pressé de la part de madame la duchesse de Bourgogne et de madame de Maintenon, tout ce qu'on le peut être, un matin qu'on sut le roi de bonne humeur, madame de Maintenon dans Marly et point à Saint-Cyr, le P. le Tellier à Marly et d'Antin absent, l'ami amena M. le duc d'Orléans dans le salon, tandis que le roi au sortir de sa messe étoit chez madame de Maintenon, et l'exhorta de son mieux à finir dès que le roi seroit rentré chez lui. Dès qu'il le fut, M. d'Orléans s'approcha, puis s'éloigna à diverses reprises, et son ami toujours lui parlant le tournoit de l'épaule pour l'acheminer, avec grand'peur que tout ce qui étoit là ne s'aperçût de ce manége. Enfin après bien des pirouettes, des excuses, des résolutions, des refuites, le chemin fut enfilé et plus d'une fois ralenti, jusqu'à ce que, forcé d'épaule et de propos, il le conduisit dans la porte du cabinet. Mais ce fut une autre peine quand son ami, qui s'étoit assis dans la fenêtre près de cette porte avec quelques seigneurs qui attendoient que le roi sortît pour sa promenade, vit fort peu de moments après M. le duc d'Orléans sortir du cabinet et traverser de suite pour s'en aller. L'autre n'osa ni le suivre ni encore moins lui parler ; le roi fut assez longtemps sans venir, puis alla à la promenade; quelque temps après M. le duc d'Orléans le vint joindre à un bassin de carpes. Comme le roi le quitta, M. d'Orléans demeura en arrière et son ami aussi, avec impatience de lui parler, et là il apprit qu'il avoit donné sa lettre; que le roi lui avoit paru surpris de ce qu'il lui écrivoit; qu'il lui avoit dit que c'étoit de chose qui ne pouvoit lui déplaire, mais lui marquer de plus en plus son attachement et sa confiance, et de telle nature en même temps et si importante qu'il avoit eu peur d'être trahi par la force de son désir en lui parlant, et qu'il avoit mieux aimé lui écrire; qu'il le supplioit de vouloir bien lire sa lettre et qu'il se retiroit pour lui laisser toute liberté. Il ajouta qu'en sortant il avoit tourné la tête et vu le roi ouvrir la lettre. Le fait étoit qu'il craignit que le roi ne lui parlât après l'avoir lue, et son coup de pistolet tiré il s'enfuit. Le soir le roi la lut à madame de Maintenon et à madame la duchesse de Bourgogne et la loua avec enjouement; de ce moment le mariage fut résolu. La considération de Monseigneur le suspendit sans le faire balancer, et ce ne fut que pendant les premiers jours du Marly suivant que le voyant prêt à être déclaré on fit auprès de mademoiselle Choin la démarche dont a parlé. Le particulier du roi et de M. d'Orléans a paru trop curieux pour l'omettre; il caractérise même en partie un prince qui a gouverné depuis l'État.

Dimanche 1er juin, à Marly. — Le roi tint le conseil d'État et l'après-dînée il travailla chez lui avec M. Pelletier. Pendant qu'il y travailloit, M. Voisin vint, qui lui apporta des lettres du maréchal de Villars. Le courrier étoit parti de notre camp de hier au soir. Notre armée étoit en présence de celle des ennemis et à trois quarts de lieue d'eux. On a bien visité et reconnu leur droite, leur gauche et leur centre, et par l'avis des trois maréchaux et de tous les officiers généraux on a jugé que ce seroit une folie que de songer à les attaquer. — On a fait repartir ce soir le courrier de nos plénipotentiaires. Avant que de partir de Versailles, M. d'Aumont avoit obtenu du roi de changer le régiment du marquis de Villequier, son fils, contre celui du duc de Duras, qui est un des plus anciens, et le marquis de Thois, de la maison de Gouffier, a eu l'agrément pour son fils d'acheter celui de Villequier; ainsi ce sera lui qui payera au duc de Duras les 22,500 livres à quoi sont taxés les régiments de cavalerie des gentilshommes. Le duc de Duras avoit fort souhaité que Nancré, son lieutenant-colonel, eût son régiment et en avoit obtenu l'agrément pour lui, mais il ne s'est pas trouvé en état d'acheter.

Lundi 2, à Marly. — Le roi travailla l'après-dînée avec M. de Pontchartrain et alla ensuite chez Madame. En y allant il déclara le mariage de monseigneur le duc de Berry avec Mademoiselle (1). Madame le savoit dès hier, et le roi l'avoit confié aussi à M. le duc d'Orléans, mais il lui en avoit commandé le secret; et M. le duc d'Orléans, qui devoit aller hier à Saint-Cloud voir Mademoiselle, lui dit qu'il n'iroit point voir sa fille parce qu'il n'auroit point la force de lui cacher une nouvelle qui lui feroit tant de plaisir. On nommera une dame d'honneur et une dame d'atours pour madame la duchesse de Berry, mais on ne fera point sa maison ni celle de monseigneur son mari qu'à la paix. On va envoyer pour la dispense deux courriers à Rome dont l'un ira par mer et l'autre passera à Turin et donnera part de ce mariage à M. de Savoie, que M. le duc d'Orléans priera de faire passer diligemment son courrier à Rome; ainsi on compte que la dispense pourra être arrivée à la fin du mois.

Mardi 3, à Marly. — Le roi tint le conseil de finances et l'après-dînée il travailla avec M. Voisin. M. le duc

---

(1) Mademoiselle désiroit passionnément ce mariage, mais elle savoit que le roi y avoit de l'opposition, trouvant qu'elle étoit fort grasse, et craignant par cette raison qu'il n'y eût point d'enfants. Mademoiselle avoit aimé de tous les temps à ne se contraindre sur rien et surtout de manger beaucoup. Instruite cependant de la prévention que le roi avoit contre sa taille, elle prit la résolution de maigrir à quelque prix que ce fût. Elle fut donc un an entier à avoir un corps fort serré, ne mangeant jamais à table et toujours en courant. Cette méthode lui réussit; sa taille changea, et le mariage fut fait. Mais aussitôt qu'elle fut parvenue à son but elle se livra de nouveau à son goût, et en moins de six mois elle engraissa prodigieusement. On sait que ce n'est pas la seule chose sur laquelle elle ne garda point de mesure. On peut dire que cette princesse a été dans ce siècle un exemple rare de dissolution et de déréglement. (*Note du duc de Luynes.*)

d'Orléans alla à Versailles voir madame la princesse de Conty et à Sceaux voir madame du Maine pour leur donner part du mariage et ensuite alla à Saint-Cloud voir Mademoiselle, où Madame étoit déjà et où tous les courtisans et beaucoup de gens de Paris étoient venus faire leurs compliments. — Le roi envoya dès le matin le duc de Tresmes à la reine d'Angleterre, qui est à Chaillot, pour lui donner part du mariage.

Copie d'une lettre du duc de Berwick.

Au camp d'Arleux, le 1er juin.

L'armée vint camper ici avant-hier, la droite près de Fampou, la gauche à Avion, le front de bandière n'est qu'à une lieue des ennemis. Dès en arrivant et hier matin, l'on fut reconnoître le camp des ennemis, dont la situation est très-avantageuse, leur droite et leur gauche bien appuyées et à leur front, force redoutes de distances en distances avec des batteries, ce qui, joint à ce que leur armée est du moins aussi nombreuse que celle du roi, ne permet pas de songer à les attaquer. L'on se contente de rester ici en beau début quelques jours pour faire voir que l'on ne refuse point le combat. Les ennemis n'ont point encore pris le chemin couvert, mais leur sape est fort près des palissades.

Mercredi 4, à Marly. — Le roi tint le conseil d'État, et l'après-dînée Madame, M. le duc d'Orléans et madame la duchesse d'Orléans menèrent Mademoiselle dans son cabinet. Elle étoit venue ici de Saint-Cloud et avoit dîné avec madame sa mère. Quand elles sortirent de chez le roi, Madame la mena dans son appartement, où Monseigneur mena monseigneur le duc de Berry. Mademoiselle, qui n'a pas encore quinze ans, se tire de tout cela avec un air de modestie à travers laquelle sa joie paroît. La reine d'Angleterre et la princesse sa fille vinrent ici de Chaillot, firent leur compliment sur le mariage. Elles arrivèrent sur les cinq heures et elles partirent à sept heures pour retourner à Chaillot. — On a des nouvelles d'Albergotti du 1ᵉʳ de ce mois. Il mande que les ennemis n'ont point encore attaqué la contrescarpe. Ils travaillent toujours à la sape, et l'on fait souvent de petites sorties qui dérangent fort leur travail. Ils travaillent aussi sous terre, et Albergotti y fait travailler de son côté pour rencontrer leurs mineurs.

Jeudi 5, à Versailles. — Le roi partit de Marly à quatre heures avec madame la duchesse de Bourgogne et entendit le salut dans la chapelle neuve*, que M. le cardinal de Noailles avoit bénie le matin. Monseigneur le duc de Bourgogne étoit venu à la bénédiction et demeura ici. Madame la duchesse de Bourgogne vint aussi à la bénédiction, mais elle retourna dîner à Marly. — M. l'évêque de Metz fut élu à l'Académie en la place de M. le duc de Coislin, son frère. — Le maréchal de Bezons a fait passer le Rhin à notre cavalerie pour manger les fourrages de ce côté-là. — Il y a déjà quelque temps que le maréchal d'Harcourt a eu l'agrément du roi pour son fils de changer son régiment, qui est tout nouveau, avec celui de Châteaumorand, qui est assez ancien, et M. de Blimont, capitaine de cavalerie dans Berry, a l'agrément pour acheter celui du marquis d'Harcourt, et ce sera lui qui payera les 22,500 francs à M. de Châteaumorand, qui a été fait maréchal de camp à la dernière promotion.

* Ce ne fut pas sans opposition de la part du grand aumônier et de toute la chapelle que le cardinal de Noailles fit cette cérémonie, qu'elle prétendoit si contraire à l'exemption et aux droits dont elle étoit si jalouse contre les ordinaires et appartenir du grand aumônier : mais le roi le voulut de la sorte. L'amour des règles fut en cette occasion fort aidé de la vénération qu'avoient alors le roi et madame de Maintenon pour le cardinal de Noailles.

Vendredi 6, à Versailles. — Le roi travailla le matin avec son confesseur et fut encore enfermé avec lui l'après-dînée, comme il fait toujours la veille des jours qu'il doit faire ses dévotions. Monseigneur partit hier à six heures du matin de Marly et alla courre le loup à Rambouillet. Il y a couché, y a couru le cerf aujourd'hui et en est revenu le soir. — Madame la duchesse de la Vallière*, qui s'appeloit dans les Carmélites sœur Louise de la Miséricorde, se trouva dès hier fort mal et en grand danger. La nouvelle en vint ici à onze heures du soir; mais on ne voulut pas réveiller madame la princesse de Conty, qui est malade et qui prend des eaux. Le mal de madame sa mère ayant augmenté cette nuit, on l'a éveillée de bon matin; elle est allée aux Carmélites, et madame sa mère est expirée entre ses bras. Elle la trouva presque sans connoissance, cependant elle lui donna quelques signes de vie et d'amitié. Elle voulut même lui parler et lui dire quelques mots, mais les douleurs horribles qu'elle souffroit lui coupèrent la parole. Elle souffroit beaucoup depuis quelque temps et avoit avoué son mal à madame la princesse de Conty depuis six mois. Elle est morte comme une sainte, et jusqu'au moment qu'elle a perdu connoissance elle a offert ses douleurs à Dieu, trouvant qu'elle ne souffroit pas assez (1).

* La fortune de la duchesse de la Vallière, la façon dont elle sut en user et la perdre, les suites qu'elle eut et la sainteté si constamment soutenue de sa pénitence sont trop connues pour avoir besoin d'en parler ici. Le contraste en fut longuement grand avec madame de Montespan; le roi fut presque aussi insensible pour l'une que pour l'autre; mais la vertu de celle-ci lui arrachoit par-ci par-là quelques retours, comme quand il voulut que les deux dauphines l'allassent voir. Pour madame de la Vallière, elle n'en ouvrit jamais la bouche, et se contentoit de pleurer son malheur de l'avoir aimé tendrement et de l'aimer encore autant que cela pouvoit n'être pas contraire à sa pénitence. La mort de M. de Vermandois, qui la toucha vivement, fit paroître sa force et sa pénitence. Madame la princesse de Conty lui rendit de grands devoirs et l'aimoit extrêmement, et cette

(1) Madame de la Vallière étoit depuis longtemps dans une grande retraite et une grande pénitence. On lui reproche de s'être trop livrée aux sentiments des novateurs et d'avoir trop étudié des matières de doctrine peu convenables à une carmélite. (*Note du duc de Luynes.*)

mère si sainte les supportoit avec tendresse, mais avec peine, et les éloignoit tant qu'elle pouvoit. Il ne se peut rien ajouter aux soins qu'elle en eut dans ces derniers jours, ni le détachement et la pénitence avec laquelle elle mourut. Sa pénitence d'esprit, de cœur et de corps avoit été continuelle et affreuse ; elle avoit été une fois une année entière sans boire, et en fut après à l'extrémité (1). Elle ajoutoit tout ce qui lui étoit possible aux austérités de la vie des Carmélites, et se regardoit comme indigne d'être parmi ces vierges après un péché tel que le sien, et s'en humilioit sans cesse et publiquement. Il est pourtant vrai qu'au milieu de ce péché même et de toute la pompe, le crédit, la splendeur de la cour elle en gémissoit ; que son cœur étoit pris, et que le remords et la honte lui en ôtoient toute la douceur. Bonne dame, bienfaisante, désintéressée, elle s'y fit aimer jusque par la reine, qu'elle combla toujours de services et à qui elle voulut faire une amende honorable publique en se jetant dans les Carmélites, où elle en fut visitée souvent depuis. Elle y fut l'exemple et les délices de toutes les religieuses, parmi lesquelles elle refusa constamment toutes sortes de charges et d'emplois, pour y vivre comme la plus indigne et la dernière.

Samedi 7, à Versailles. — Le roi fit ses dévotions dans la nouvelle chapelle ; madame la duchesse de Bourgogne les y fit aussi. L'après-dînée ils descendirent en bas et y entendirent vêpres, quoiqu'il n'y eût point d'évêque qui y officiât, et dans l'ancienne chapelle ils ne descendoient en bas que quand un évêque officioit. Après vêpres le roi travailla avec le P. le Tellier, donna quelques abbayes de filles et de religieux et quelques canonicats ; mais il n'a point disposé des bénéfices considérables, et il ne le fera qu'après la fin de l'assemblée du clergé, dont on compte que la clôture sera dans quinze jours. — On

---

(1) « Un jour du Vendredi-Saint elle se sentit si portée à honorer la soif de Jésus-Christ sur la croix que, pour y rendre quelque hommage et expier le plaisir qu'elle avoit pris autrefois à boire des liqueurs, elle fut plus de trois semaines sans boire une goutte d'eau et trois ans entiers à n'en boire par jour que la valeur d'un demi-verre. Cette affreuse pénitence ayant enfin été découverte, une de mes sœurs lui demanda si elle avoit cru la pouvoir faire sans permission et de son propre mouvement. « J'ai agi sans réflexion, lui répondit-elle, je n'ai été occupée que de satisfaire à la justice de Dieu. » (*Lettre de la sœur Magdelaine du Saint-Esprit*, religieuse carmélite, sur la vie pénitente et la mort de la sœur de Louise de la Miséricorde, 1710, in-4°.

eut des nouvelles de Madrid qui nous apprennent que le roi d'Espagne n'a pu faire le siége de Balaguier. Les grandes pluies ont fait déborder la Sègre ; les ponts que l'on faisoit ont été emportés. On avoit tiré quelques coups de canon contre la place, la rivière entre deux. Le roi d'Espagne s'est retiré sous Lérida. Le comte de Staremberg, dont la santé s'est rétablie plus tôt qu'on ne l'auroit cru, assemblé un assez grand nombre de troupes et a fait revenir toutes celles qui étoient du côté de Girone, étant bien informé que le duc de Noailles n'est point en état d'agir de ce côté-là.

Dimanche 8, jour de la Pentecôte, à Versailles. — Le roi alla à la chapelle en procession avec les chevaliers de l'Ordre ; l'abbé d'Estrées officioit. L'après-dînée le roi et toute la maison royale entendirent le sermon de l'abbé de Conflans, qui a été capitaine des chevau-légers et aide de camp du maréchal de Boufflers et qui est présentement un très-bon ecclésiastique. Il y eut vêpres ensuite, et le roi retourna encore à la chapelle à six heures pour être au salut. La vieille chapelle est présentement renversée ; on n'y a laissé que la tribune, qui sert de passage pour aller à la nouvelle (1). — Madame la princesse de Conty* prendra le deuil de madame sa mère, quoiqu'elle fût carmélite et que les autres enfants du roi n'eussent point pris le deuil à la mort de madame de Montespan. — On mettra monseigneur le duc de Berry et madame la duchesse de Berry dans les appartements qui sont depuis le nouveau salon devant la chapelle jusqu'au degré qui sépare la galerie de l'aile neuve, et pour cela on déloge M. le duc de Chartres et les enfants de M. du Maine, et on leur donne l'appartement qu'avoit monseigneur le duc de Berry, qui est partagé en deux. M. le duc de Chartres en aura un et les enfants de M. du Maine l'autre. — Le roi, après le salut, travailla chez ma-

---

(1) Cette vieille chapelle devint, sous Louis XV, le salon d'Hercule.

dame de Maintenon avec M. Pelletier, et hier, après vêpres, il travailla avec M. Voisin.

* Madame la princesse de Conty fut infiniment touchée de la mort de sa mère; quoique carmélite, elle en drapa, et ce fut un crève-cœur pour les enfants de madame de Montespan, qui les mit au désespoir. Cette différence mit au jour celle du double adultère de leur naissance; il n'y avoit que peu de mois qu'ils avoient perdu leur mère; ils n'avoient osé prendre la moindre marque de deuil; personne n'avoit osé leur en faire compliment que leurs amis ou leurs familiers, et encore comme en secret, et ils voyoient la princesse de Conty les recevoir publics de la mort de madame de la Vallière et en user pour son deuil comme une fille légitime pour sa mère. Cela fut humiliant au dernier point, et senti aussi dans toute son étendue. Madame la princesse de Conty ne le sentit pas moins à travers son affliction, et affecta de jouir de cette prodigieuse différence avec une complaisance qui sauta aux yeux.

Lundi 9, à Versailles. — Le roi tint le conseil d'État, qu'il auroit tenu hier sans la bonne fête. Il travailla l'après-dînée chez lui avec M. de Pontchartrain. — Le roi a approuvé le choix que madame la Princesse fait de madame de Brassac pour dame d'honneur de madame de Vendôme, sa fille. M. de Brassac, son mari, est petit-neveu de madame de Brassac qui avoit été dame d'honneur de la reine mère. Avant que de la déclarer et d'en parler au roi, madame la Princesse lui avoit fait écrire par madame de Pompadour pour savoir si cet emploi lui feroit plaisir, et on lui va récrire présentement pour la presser de venir. Elle entrera dans les carrosses et aura l'honneur de manger avec le roi *. — Nous prîmes il y a quelques jours, en Flandre, la redoute que les ennemis avoient faite à Biache sur la Scarpe, où il y avoit deux cents hommes, qui ont été faits prisonniers de guerre. Les généraux ennemis faisoient avancer des troupes pour la secourir qui arrivèrent trop tard, et comme le maréchal de Villars s'y étoit porté de son côté, cela attira une conversation de ce maréchal avec le prince de Hesse, le ruisseau entre deux. La conversation fut fort polie de part et d'autre.

* J'ai peine à croire que les Mémoires soient corrects sur ce qui regarde madame de Brassac. M. de Vendôme étoit en disgrâce, et la manière dont son mariage se passa le montra bien. C'étoit l'égaler aux enfants du roi, et donner à la dame d'honneur de sa femme la même distinction de celle des filles et belles-filles bâtardes du roi par-dessus celle des princesses du sang qui ne l'étoient pas. Dangeau l'a pu avoir ouï dire à madame d'Elbeuf ou à M. de Vaudemont, si lié avec M. de Vendôme. Quoi qu'il en soit, le cas n'est point arrivé, et de fait madame de Brassac n'a jamais mis le pied dans les carrosses ni mangé avec madame la duchesse de Bourgogne. Cette dame étoit sœur de Foullé de Martangis, qui a été maître des requêtes et ambassadeur en Danemark; le frère aîné du grand-père de son mari, qui n'eut point d'enfants de la tante paternelle du duc de Montauzier, fut gouverneur de Nancy, surintendant de la maison de la reine, et sa femme dame d'honneur, lorsque madame de Senecey fut chassée et exilée à Randan. M. de Brassac fut ministre d'État un moment et ambassadeur à Rome vers Urbain VIII. A la mort de Louis XIII madame de Brassac fut congédiée, madame de Senecey rappelée, et sa charge de dame d'honneur lui fut rendue avec la survivance à la comtesse de Fleix, sa fille, et la reine mère n'en a point eu d'autres depuis.

Mardi 10, à Versailles. — Le roi tint le conseil de finances et l'après-dînée, avant que de sortir, il travailla avec M. Voisin. Monseigneur va demain à Meudon, où il demeurera quelques jours. Madame la duchesse de Bourgogne et monseigneur le duc de Berry allèrent dimanche et lundi jouer au lansquenet chez madame la duchesse d'Orléans, où Mademoiselle jouoit aussi. M. le duc d'Orléans et madame la duchesse d'Orléans sont très-reconnoissants de la manière dont madame la duchesse de Bourgogne en a agi pour ce mariage. Ils sont allés aujourd'hui à Paris avec Mademoiselle. Ils vont faire les emplettes pour le mariage, et demain ils iront à Chelles, où ils ont mis mesdemoiselles de Chartres et de Valois, qui jusques ici étoient demeurées à Saint-Cloud avec Mademoiselle (1). — Il arriva le matin un courrier du

---

(1) « Monseigneur le duc d'Orléans met en religion mesdemoiselles ses filles au nombre de deux, car il y en a une troisième qui n'a encore que cinq ou six mois; ces deux princesses aînées étant au désespoir de ce parti. C'est dans l'ab-

maréchal de Villars par lequel on eut une lettre d'Albergotti du 7. Il mande que les ennemis n'ont encore rien pris. Ils n'ont point pris le chemin couvert et n'ont pas même de logement sur l'angle saillant. Albergotti espère pouvoir tenir jusqu'au 15 et peut-être même un peu plus longtemps. M. le maréchal de Villars avoit espéré pouvoir attaquer un quartier des ennemis et par là secourir Douai. Voici ce que le duc de Berwick mande; je reçus sa lettre hier.

Copie de la lettre du duc de Berwick.

Au camp de Felu, le 6 juin 1710.

Nous avions fait rompre les écluses de Biache, qui rejetoient l'eau de la Scarpe par la tranchée dans le Sansée, dans l'espérance que l'écluse de Vitry, ne pouvant plus soutenir ce grand poids d'eau, se romproit et qu'ainsi, les ponts des ennemis sur la Scarpe au-dessous de Vitry étant emportés, nous pourrions trouver le moyen d'attaquer le quartier qu'ils ont de l'autre côté de la Scarpe et par là secourir Douai; mais cela n'a pas réussi. La digue de Vitry tient bon, et les eaux que nous avons lâchées n'ont fait qu'augmenter l'inondation, qui s'étend depuis Vitry jusqu'à Ambrain et qui nous empêche de pénétrer par l'autre côté de la Scarpe jusqu'aux lignes de circonvallation.

Mercredi 11, à Versailles. — Le roi tint le conseil d'État,

---

baye de Chelles où elles iront quand les lieux seront disposés, ce que madame la maréchale de Villars va faire dès aujourd'hui...

« Les deux princesses filles de monseigneur le duc d'Orléans sont à Chelles du jour même qu'on en a parlé, si affligées qu'elles ont passé par Paris les rideaux du carrosse fermés, leur train composé d'une sous-gouvernante, avec cinq ou six femmes de chambre non mariées, comme l'abbesse l'a demandé...

- « M. le duc et madame la duchesse d'Orléans ont été à Chelles voir les princesses, qui payent une médiocre somme pour leur pension, car on ne parle que de mille écus pour chacune et que le retranchement de leur maison en épargnera vingt-quatre mille à S. A. R. » (*Lettres de la marquise d'Huxelles*, des 7, 9 et 13 juin.)

et l'après-dînée il alla se promener à Trianon. Monseigneur alla dès le matin à Meudon, d'où il reviendra les premiers jours de la semaine qui vient. Le roi prend les appartements de la duchesse Sforce et de madame de Gondrin pour y loger la dame d'honneur de madame de Berry, qui n'est pas encore nommée. On met la duchesse de Sforce dans l'appartement de M. de Monaco, qui est depuis longtemps à Monaco, où il sert très-bien le roi. Il y a même beaucoup dépensé de son argent pour faire fortifier sa place, qui est présentement une des meilleures du royaume. On donne à madame de Gondrin l'appartement qu'avoit madame d'Heudicourt, et on donne à M. d'Heudicourt, à qui on avoit laissé jusques ici l'appartement de sa femme, le logement qu'avoit madame de Pracomtal, qui ne vient quasi plus ici. — Madame de Marey, qu'on croyoit qui seroit dame d'atours de madame la duchesse de Berry, étant sa gouvernante, a témoigné qu'elle seroit bien aise de se retirer, malgré tout l'attachement qu'elle a pour sa maîtresse. On la loue fort du sage parti qu'elle prend, et elle sera bien traitée.

Jeudi 12, à Versailles. — Le roi s'alla promener à Trianon; madame la duchesse de Bourgogne alla l'y trouver. Madame de Maintenon y vint aussi de son côté avec mesdames de Dangeau et de Caylus. On sut que madame de Maintenon ne songeoit point à la place de dame d'atours chez madame la duchesse de Berry pour madame de Caylus, sa nièce; et pour remplir cette place on parle présentement de mesdames de la Vieuville et de Chiverny. — L'empereur a enfin accordé à M. de Savoie les fiefs des langues qu'on lui avoit fait espérer, mais dont on ne lui laissoit pas la jouissance libre, et M. de Savoie a promis à l'empereur d'entrer en campagne au commencement de juillet. — Le roi a accordé au maréchal de Berwick son congé pour revenir de Flandre, et dès qu'il sera arrivé ici il en repartira pour aller commander l'armée de Dauphiné. Le siége de Douai va toujours assez lentement par la vigoureuse et habile défense des assiégés. On espère que la place durera du moins jusqu'au 20.

Vendredi 13, à Versailles. — Le roi travailla avec son confesseur. — On a eu des lettres d'Ypres du 11 qui marquent que les ennemis avoient tenté de surprendre cette place par le moyen d'un partisan de la garnison qu'ils croyoient avoir gagné; mais le partisan en avertit Chevilly, commandant de la place, qui fit tenir sa garnison sous les armes. Les ennemis avoient détaché de leur armée deux mille chevaux ou dragons qui portoient des fantassins en croupe, sous prétexte de renforcer les garnisons de Lille et de Menin. Ce partisan marchoit à la tête de ce détachement avec douze ou quinze hommes des ennemis, le reste suivant d'assez près. Il se présenta à la barrière, qu'on lui ouvrit. Les gens à la tête de qui il marchoit furent aussitôt pris. Le gros du détachement s'approchoit, mais le fusil d'un soldat de milice qui étoit dans les dehors ayant tiré, ce détachement s'arrêta; ils se crurent découverts et ne songèrent plus qu'à se retirer; alors on fit feu sur eux de tous côtés et on en tua ou blessa environ cinquante. Le roi a donné à ce partisan commission de lieutenant-colonel et une petite pension.

Samedi 14, à Versailles. — Le roi tint conseil de finances, et l'après-dînée il travailla chez lui avec M. Voisin. — On eut nouvelle que le pape avoit donné au cardinal de la Trémoille les bulles pour l'abbaye de Saint-Amand telles qu'il les pouvoit demander. On mande aussi d'Italie que l'empereur a mis le duc de Modène en possession de la Mirandole, contre les espérances qu'on avoit données à Vienne au prince de la Mirandole, qui avoit même offert 200,000 écus pour rentrer dans sa principauté. On ne doute pas que M. de Modène n'ait fait des offres plus considérables. On assure que l'impératrice, quoique belle-sœur de M. de Modène, n'a pas approuvé qu'il ait emporté cette principauté-là sur le prince de la Mirandole, à qui elle appartient légitimement et qui par-dessus cela est son neveu. — Les Anglois ont depuis quelques jours une flotte assez considérable à l'île de Wight. On voit leurs vaisseaux se promener dans la Manche; mais jusques ici ils n'ont point encore approché de nos côtes. On assure que dans cette flotte il y a des vaisseaux du premier rang et quelques-uns même de cent pièces de canon, qu'ils n'avoient pas mis à la mer les dernières années.

Dimanche 15, *à Versailles.* — Le roi tint le conseil d'État et travailla l'après-dînée avec M. Pelletier. Le roi, en sortant de la messe, fit entrer le duc de Saint-Simon dans son cabinet, et lui dit qu'il avoit choisi madame sa femme pour dame d'honneur de madame la duchesse de Berry *. Madame la marquise de la Vieuville en sera dame d'atours. Le roi chargea l'après-dînée madame de Ventadour de le lui mander, et elle vint le soir de Paris faire ses remerciments au roi. On a choisi pour première femme de chambre de cette princesse mademoiselle de la Devaize, qui est une fille qui a toujours été auprès de madame la duchesse d'Orléans et qu'elle estime fort. Madame la duchesse de Bourgogne et monseigneur le duc de Berry allèrent dîner à Meudon avec Monseigneur; madame la duchesse d'Orléans y vint l'après-dînée et y mena Mademoiselle. — Il arriva un courrier du maréchal de Villars par lequel on apprit que le maréchal de Berwick seroit ici demain. Ce courrier apporta une lettre d'Albergotti du 12. Il mande que les ennemis ne sont point encore maîtres du chemin couvert. On fait sauter force fourneaux qui incommodent fort les assiégeants.

* Le duc de Saint-Simon savoit ce qui se passoit sur le mariage de M. le duc de Berry ; il avoit entrevu qu'on songeoit à sa femme, et il avoit paré et fait sentir que cette place n'étoit ni de son goût ni du sien. La duchesse de Saint-Simon en parla plus d'un mois d'avance à madame la duchesse de Bourgogne, dans une audience qu'elle lui demanda exprès dans son cabinet, qui lui dit les choses du monde les plus engageantes pour lui persuader de l'accepter. Elle et monseigneur le duc de Bourgogne la destinoient à remplacer la duchesse du Lude, dont

l'âge et les infirmités menaçoient, mais qui les survécut longtemps. Madame de Saint-Simon tint bon et obtint au grand regret de madame la duchesse de Bourgogne qu'elle tâcheroit de détourner le roi et madame de Maintenon de penser à elle. Madame la duchesse d'Orléans en parla ouvertement à Saint-Cloud au duc de Saint-Simon, le jour des compliments, qui refusa respectueusement, mais si fermement qu'elle le quitta en pleurant; elle n'en poussa pas moins sa pointe. Quand il fut tout à fait question du choix, le roi prit une liste des duchesses, entre madame la duchesse de Bourgogne et madame de Maintenon; car depuis la planche de madame de Ventadour le roi ne crut pas en devoir nommer d'autres. Il s'arrêta à madame de Saint-Simon, comme à celle dont le mérite, la conduite, la naissance et l'habitude à la voir lui convenoient le mieux. Madame de Maintenon y applaudit malgré son âge, car elle n'avoit que trente-deux ans; madame la duchesse de Bourgogne se taisoit, et le roi lui demanda pourquoi. Elle lui proposa de continuer la liste, qui n'étoit pas au quart; le roi continua et en revint à madame de Saint-Simon. Surpris de la froideur de madame la duchesse de Bourgogne, il lui demanda si elle avoit quelque chose contre elle; elle répondit qu'il s'en falloit beaucoup, mais qu'elle croyoit qu'il feroit mieux d'en chercher quelque autre. Le roi et madame de Maintenon, avec qui pourtant madame de Saint-Simon n'avoit aucun commerce et qui n'aimoit point son mari, pressèrent de nouveau la princesse, qui à la fin dit qu'elle ne savoit si cette place leur conviendroit. A ce mot le roi dit avec vivacité qu'il voyoit bien ce que c'étoit; que le duc de Saint-Simon étoit glorieux et qu'il n'en voudroit point, mais qu'il savoit bien se faire obéir, se remit à louer la duchesse, et se fixa sur elle; puis ajouta qu'il mettroit cette place sur un tel pied qu'il les consoleroit de l'avoir. M. et madame de Saint-Simon se tenoient cependant à Paris contre leur coutume, pour laisser nommer la dame d'honneur. Le bruit avoit été sur elle dès le moment de la déclaration du mariage, et cela les tenoit fort à l'écart. Cependant le roi fit le logement qu'on voit dans ces Mémoires, et il régla les entrées et les appointements sans aucune différence de ceux de la duchesse du Lude, et payés par lui; puis, se lassant de voir la refuite, il fit parler au duc de Saint-Simon obliquement et à sa femme par différentes personnes, et n'y gagnant rien il en vint aux menaces et fit entendre au duc par le chancelier et par le maréchal de Boufflers, ses amis intimes, qu'il n'étoit pas accoutumé aux refus et qu'il l'enverroit si loin, et cela nettement exprimé, qu'il auroit longtemps lieu de s'en repentir. Cela les fit résoudre et retourner à Versailles pour n'irriter pas, et voir s'il n'y avoit pas moyen encore d'éviter, mais le parti étoit pris et le roi butté. Il n'y eut rien d'honnête dont ils n'assaisonnèrent ce mauvais poisson en discours au mari et à la femme et en choses, et madame la duchesse de Bourgogne fut doublement aise de sa fidélité et de ce qu'elle n'avoit pas réussi. Pour M. et madame d'Orléans, tous les deux leur en dirent leur avis; puis, comme c'étoit chose finie, ils eurent l'égard de ne leur en rien faire sentir depuis. Ce fut la première duchesse riche et intimement unie avec son mari et sa famille qui fut faite dame d'honneur de fille de France, et la première aussi qui fit plus pour l'éviter qu'on ne fait pour obtenir les places qu'on désire le plus; aussi y fut-elle toujours avec la distinction la plus marquée du roi, et de tous les côtés.

Lundi 16, *à Versailles.* — Le roi, après la messe, signa le contrat de mariage de mademoiselle de Rohan, fille du duc, avec le prince de Berghes; il est grand d'Espagne; ainsi elle aura les honneurs. On donne à mademoiselle de Rohan une terre qu'on estime 50,000 écus dans sa famille et 50,000 francs en autres effets. Le prince de Berghes est frère de mademoiselle de Montigny*, pour qui M. de Bavière a beaucoup de considération, et c'est cet électeur qui obtint du roi d'Espagne, il y a quelques années, la grandesse pour le prince de Berghes. — Le roi alla dîner à Marly; madame la duchesse de Bourgogne y alla un peu après lui et y mena dans son carrosse madame de Maintenon et mesdames d'O, de Lévis, de Caylus, Voisin et de Dangeau. Le roi les vint recevoir à la grille de la chapelle. Ils dînèrent dans le cabinet de madame de Maintenon. Ils furent deux heures à table, et le dîner se passa fort gaiement. Ils se promenèrent à cinq heures, le roi et madame la duchesse de Bourgogne dans un petit chariot, madame de Maintenon dans une chaise faite exprès et qu'on traîne comme les chariots toujours à côté du roi, et les autres dames dans des chariots qui suivoient. Madame la duchesse de Bourgogne partit à huit heures pour venir ici avec ses dames et le roi une demi-heure après.

* Mademoiselle de Montigny, parfaitement belle et bien faite, étoit chanoinesse de Mons, dont son père étoit gouverneur quand le roi le prit. L'électeur de Bavière en devint amoureux après madame d'Arco, mère du comte de Bavière, et l'a été jusqu'à sa mort. Le comte d'Albert, perdu en France comme on l'a vu ici en son temps, s'étoit accroché à lui, et, n'ayant rien, se laissa aller à épouser mademoiselle de Montigny, à qui l'électeur vouloit faire une fortune. Il lui donna immensément, fit le comte d'Albert son grand écuyer, et souvent son ministre en France et dans d'autres cours; sa famille fut outrée d'un si étrange mariage. Après la mort de l'électeur, en 1726, l'électeur son fils ne s'accommoda point de ce qui avoit régné sous son père, et le comte d'Albert revint en France avec sa femme, qui avoit hérité beaucoup de son frère, mort sans enfants. Ils prirent le nom de princes de Grimberghe, sans rangs ni honneurs, et n'ont qu'une fille unique, qui aura d'immenses biens.

Mardi 17, à Versailles. — Le roi tint le conseil de finances, travailla l'après-dînée avec M. Voisin et puis alla se promener à Trianon. Monseigneur revint le soir de Meudon. — M. le duc d'Orléans demanda hier au roi son agrément pour le marquis de Simiane, qui a traité avec M. de Châtillon de la charge de premier gentilhomme de la chambre de S. A. R. M. le duc d'Orléans demande toujours au roi son agrément pour les grandes charges de sa maison. Le roi y a consenti. M. de Simiane en donne 136,000 francs à M. de Châtillon. Le roi a donné 2,000 écus de pension à madame la comtesse de Marey *, et M. le duc d'Orléans lui continue les 12,000 francs de pension qu'il lui donnoit comme gouvernante de Mademoiselle. — M. le maréchal d'Harcourt partit le 10 de Bourbonne pour aller commander l'armée d'Alsace. Il doit arriver le 18 à Strasbourg, à moins qu'il ne reçoive un contre-ordre en chemin, et des courtisans qui prétendent être bien informés croient qu'on le pourroit bien envoyer ailleurs, si sa santé le lui permet.

* Madame de Marey étoit fille du maréchal de Grancey et de sa seconde femme, sœur du vieux Villarceaux, le grand ami et plus de madame de Maintenon. Elle étoit devenue veuve très-jeune et sans enfants d'un Grancey comme elle, et avoit demeuré avec son père et sa mère, de qui elle eut la survivance de gouvernante des enfants de Monsieur; elle l'étoit demeurée de ceux de M. le duc d'Orléans. Elle étoit vieille, avoit des amis, un grand usage du monde, et eut assez de bon sens pour ne vouloir point changer de vie et être dame d'atours de madame

la duchesse de Berry. Elle mourut très-âgée et eut toujours de la considération.

Mercredi 18, *à Versailles.* — Le roi tint le matin conseil d'État, et l'après-dînée il eut une assez violente colique qui l'obligea de se mettre au lit. Le soir il se trouva fort soulagé; il se leva et soupa en robe de chambre, mais il ne mangea que du pain dans du bouillon, quoiqu'il se sentît assez d'appétit. On fit entrer les principaux courtisans à son souper, qui fut dans sa chambre, et après souper il entra dans son cabinet avec la famille royale comme à l'ordinaire et se coucha à onze heures. Monseigneur soupa chez madame la princesse de Conty. Messeigneurs les ducs de Bourgogne et de Berry soupèrent avec madame la duchesse de Bourgogne. M. le maréchal de Berwick eut une audience du roi l'après-dînée avant qu'il se mît au lit et partira demain de Saint-Germain pour le Dauphiné. — L'assemblée du clergé aux Grands-Augustins de Paris est finie de ce matin. Il y a encore quelque petit reste d'affaires qui se réglera chez M. le cardinal de Noailles. Il y eut ces jours passés quelque chaleur entre cette éminence et l'abbé de Maulevrier*, nommé évêque d'Autun, qui sort de l'agence du clergé et qui étoit promoteur de l'assemblée.

* L'abbé de Maulevrier tel qu'il a été devint ami intime des jésuites et de M. de Cambray, et nommé à l'évêché d'Autun qu'il vouloit rendre pour une abbaye, ne garda pas grande mesure avec le cardinal de Noailles, qui à la fin ne crut pas devoir tout souffrir.

Jeudi 19, *fête de Dieu, à Versailles.* — Le roi passa fort bien la nuit et ne se sentit point de sa colique. Il entendit la messe à son ordinaire et attendit la procession dans la chapelle. Monseigneur alla à la paroisse quérir le saint sacrement. Il avoit dans son carrosse avec lui monseigneur le duc de Bourgogne, madame la duchesse de Bourgogne, monseigneur le duc de Berry, M. le duc d'Orléans et mademoiselle de Bourbon. Ils conduisirent le saint sacrement à pied jusqu'à la chapelle du château, et le reconduisirent de même et entendirent la grande messe à la paroisse. Le roi alla l'après-dînée à vêpres et au salut. — Le parlement a rendu un arrêt de décret de prise de corps contre le cardinal de Bouillon, contre de Certes, qui est un gentilhomme attaché à lui, et contre un jésuite qui l'a suivi. Le cardinal est encore à Tournay, où il a souvent reçu des visites des généraux ennemis. — Le mariage de mademoiselle de Rohan avec M. de Berghes se fit hier au soir à Paris chez le père de la mariée, et le marié s'en retourne à l'armée de Flandre, où il commande une compagnie des gardes du roi d'Espagne.

Vendredi 20, *à Versailles*. — Le roi travailla le matin avec son confesseur, et l'après-dînée il entendit la harangue du clergé pour la clôture de leur assemblée. C'étoit M. l'évêque de Troyes qui portoit la parole et qui fut fort applaudi. Le clergé ne harangue que le roi à la clôture de leurs assemblées. — Il arriva un courrier de Flandre. Notre armée est campée depuis Vis en Artois jusqu'à Arleux, ayant la Sensée devant nous; c'est une petite rivière assez marécageuse. Il y a une lettre d'Albergotti du 17 au soir. Il mande que les ennemis n'ont point avancé depuis le 15. Nous sommes toujours maîtres des places d'armes et de plusieurs traverses du chemin couvert. — On a nouvelle que le courrier qu'on envoie à Rome pour la dispense a passé à Turin (1). On croit qu'il sera de retour ici à la fin de la semaine qui vient, et le mariage se fera le lundi ou le mardi après. On publiera le premier ban dimanche ici et à Paris, à Saint-Eustache, qui est la paroisse du Palais-Royal.

Samedi 21, *à Versailles*. — Le roi tint le conseil de finances; l'après-dînée il travailla avec M. Voisin; à six heures il alla au salut et après le salut il alla se promener à Trianon. — Il arriva un courrier du maréchal de Vil-

---

(1) Il n'est point vrai que ce courrier ait passé à Turin, et on n'en a eu des nouvelles que de Saint-Jean de Maurienne. (*Note de Dangeau.*)

lars, qui envoie une lettre d'Albergotti du 18 au soir. Il mande que les ennemis n'étoient pas plus avancés que le 15. Par toutes les lettres qu'on reçoit d'Angleterre et de Hollande il paroît qu'on y murmure fort de la longueur de ce siége, qui leur coûte des sommes immenses et où ils perdent beaucoup de monde. Ils y ont déjà eu trente ingénieurs tués, et il ne leur en reste presque plus. — Un de nos partisans, sorti de Namur avec deux cent cinquante hommes, trouva moyen d'entrer dans Liége, se rendit maître du corps de garde qui étoit à la porte, alla ensuite sur la place, tua celui qui y commandoit et prit toute la garde. Il pilla les maisons du ministre de l'empereur et celle d'un Hollandois qui commande dans Liége. Après avoir fait un assez gros butin, il ressortit de la ville et emmena cinquante prisonniers. Il n'a eu dans cette affaire-là qu'un soldat tué et un blessé.

Dimanche 22, à Versailles. — Le roi tint le conseil d'État, qui fut fort long. Il étoit arrivé un courrier de nos plénipotentiaires avant-hier qu'on renvoie, et on prétend qu'il y a plus d'apparence à la paix qu'il n'y en a eu jusques ici ; mais ce sont raisonnements de courtisans sur les lettres qu'on reçoit d'Angleterre et de Hollande, car le secret de la négociation est fort caché ici. L'après-dînée le roi travailla avec M. Pelletier, alla ensuite au salut et puis alla se promener à Trianon ; Monseigneur y alla aussi. Madame la duchesse de Bourgogne et monseigneur le duc de Berry allèrent souper à la Ménagerie, où monseigneur le duc de Bourgogne les vint trouver après s'être promené quelque temps avec le roi à Trianon. — Le bruit se répandit qu'on avoit fait partir mercredi dernier un courrier pour faire revenir ici le maréchal d'Harcourt, qui doit être arrivé du 18 à Strasbourg et qui doit ramener Saint-Frémont avec lui.

Lundi 23, à Versailles. — Le roi tint le conseil de

dépêches. Il dîna de bonne heure et alla se promener à Marly, et au retour travailla chez madame de Maintenon avec M. de Pontchartrain. — L'apanage* de monseigneur le duc de Berry est réglé. On lui donne le duché d'Alençon, le comté de Ponthieu, le duché d'Angoulême avec Cognac. Cela vaut au moins 200,000 livres de rente, et c'est à quoi sont réglés les apanages des fils de France. Monseigneur le duc de Berry a souhaité de ne point changer de nom, quoiqu'il n'eût rien dans le Berry; mais il signera seulement dans tous les actes : « Charles, fils de France. »

* Cet apanage changea encore; il s'y trouva des morceaux entiers où il ne restoit aucun domaine à donner, sans qu'on y eût pris garde. A l'égard du nom, il est vrai que monseigneur le duc de Berry désira n'en point changer, et le roi aussi. Le fils de M. de Guise dernier et un bâtard de Charles IX avoient dégradé pour un fils de France les noms d'Alençon et d'Angoulême; mais pour la signature le bonhomme Dangeau ne savoit pas qu'il n'y eut rien de nouveau à l'égard de monseigneur le duc de Berry, et que tous les fils et filles de France ne signent jamais que leur nom de baptême, comme le roi et la reine.

Mardi 24, à Versailles. — Le roi tint le conseil d'État, travailla ensuite avec M. Desmaretz; l'après-dînée il travailla avec M. Voisin. A six heures il alla au salut et après le salut alla se promener à Trianon. — Le courrier qu'on envoyoit par terre à Rome pour la dispense a été retenu à Saint-Jean de Maurienne quelques jours; ainsi il ne sera pas arrivé à Rome sitôt qu'on le croyoit, et on n'attend la dispense que sur la fin de la semaine qui vient. Monseigneur alla le matin dîner à Meudon et y mena madame la duchesse de Bourgogne dans sa berline. Elle revint ici le soir pour le souper du roi, et Monseigneur, qui comptoit de revenir samedi de Meudon, y demeurera jusqu'à mardi. — Il arriva un courrier du maréchal de Villars. Ses lettres sont de hier, et il en envoie une de M. d'Albergotti, qui rend compte d'une action qui se passa le 20, où les ennemis ont perdu beaucoup de monde. Ils s'étoient rendus maîtres d'une demi-lune ; M. de Dreux et M. de Mortemart les en chassèrent. Ils revinrent et s'établirent sur la berne ; on fit jouer un fourneau qui les fit tous sauter. Ils revinrent une troisième fois et s'établirent sur un angle de cet ouvrage. Les rendus assurent qu'ils ont perdu plus de deux mille hommes à cette affaire.

Mercredi 25, *à Versailles*. — Le roi tint le conseil d'État, entendit le salut à six heures et puis alla se promener à Trianon. — Il est arrivé à Cherbourg beaucoup de blé venant de Bretagne. Les officiers de la marine qui conduisoient les bâtiments qui ont apporté ces blés ont évité fort habilement tous les vaisseaux ennemis qui sont dans la Manche ; mais ils sont présentement bloqués dans Cherbourg par beaucoup de vaisseaux anglois, et on sera peut-être obligé de les décharger pour les faire porter par terre à notre armée de Flandre, où ils sont destinés. — M. le maréchal de Villars mande du 23 qu'il a trouvé un camp en deçà et fort près d'Arras qui est très-bon et qu'il prendra en cas que les ennemis songeassent à le tourner pour l'attaquer dans le camp où il est présentement. Il mande aussi que ce jour-là on a entendu un grand feu à Douai et qu'il ne doute pas que ce ne soit une nouvelle attaque, mais il n'a eu aucune nouvelle de la place. Il y a de la désertion dans notre armée aussi bien que dans celle des ennemis et même de nos meilleures troupes.

Jeudi 26, *à Versailles*. — Le roi monta en carrosse avant dix heures avec Monseigneur, monseigneur le duc de Bourgogne, madame la duchesse de Bourgogne, monseigneur le duc de Berry, madame la duchesse d'Orléans, mesdemoiselles de Bourbon et de Charolois. Ils allèrent prendre le saint sacrement à la paroisse, le conduisirent à pied jusqu'au reposoir du petit hôtel de Conty et le ramenèrent de même à la paroisse, où ils entendirent la grande messe. Après la messe Monseigneur retourna à Meudon, d'où il étoit venu le matin, et M. le duc d'Orléans prit sa place dans le carrosse du roi pour revenir au château. L'après-dînée le roi alla de bonne heure chez madame de Maintenon, où madame la duchesse de Bourgogne alla le trouver. A six heures ils allèrent au salut, et après le salut le roi alla se promener à Trianon. Monseigneur le duc de Bourgogne, madame la duchesse de Bourgogne et monseigneur le duc de Berry allèrent faire collation à la Ménagerie et revinrent ici au souper du roi. — M. Voisin vint après la promenade du roi lui rendre compte d'un courrier que le duc de Noailles avoit envoyé et qui n'apporte que la disposition où il a mis le peu de troupes qu'il a. — On a des nouvelles de Flandre du 24 par l'ordinaire qui n'apprennent rien de nouveau.

Vendredi 27, *à Versailles.* — Le roi travailla le matin avec son confesseur, dîna de bonne heure et alla se promener à Marly. — On n'a point eu de nouvelles d'Albergotti depuis le 20, et comme le roi a dit à la promenade qu'il lui avoit envoyé ordre de ne point commettre sa garnison à être prisonnière de guerre, on croit que les premières nouvelles qu'on en aura seront que la place aura capitulé. — Le maréchal d'Harcourt arriva à Strasbourg le 18, et il est en chemin pour revenir; mais comme il est incommodé, il revient en carrosse et à petites journées. — L'archevêque de Toulouse a pensé mourir ces jours-ci. Il est un peu mieux, et on croit qu'il traînera encore quelque mois. Il a résigné ce matin à l'abbé de Villacerf, son neveu, deux prieurés dont il y en a un qui vaut 10,000 livres de rente, et comme ces prieurés dépendent de Cluny, dont le cardinal de Bouillon est abbé, il faut qu'il vive vingt et un jours pour que la résignation soit bonne. — Madame la duchesse de Bourgogne alla faire collation à la Ménagerie et y monta à cheval; elle s'y veut raccoutumer pour être à cheval aux chasses du roi à Marly.

Samedi 28, *à Versailles.* — Le roi tint le conseil de finances et travailla l'après-dînée avec M. Voisin. — Il arriva un courrier du maréchal de Villars par lequel on apprit que le 24 les ennemis s'étoient rendus maîtres des deux demi-lunes et que, la brèche au corps de la place étant fort grande, Albergotti avoit fait battre la chamade le 25, le 26 la capitulation avoit été signée; qu'elle étoit fort honorable et que nos troupes en devoient sortir le 29 Voilà tout ce qu'on sait de la capitulation, et on croit que M. d'Albergotti envoie M. de Mortemart pour l'apporter au roi. M. de Dreux fut blessé d'un éclat de bombe à l'attaque d'une demi-lune le 24; il n'y a que lui d'officier considérable et deux lieutenants-colonels blessés durant le siége. — Le roi d'Espagne, ayant été joint par les troupes qu'il a fait revenir de Flandre, avoit marché aux ennemis qui s'étoient retirés à Agramont, mais il les a trouvés dans un poste inattaquable; ainsi apparemment la campagne se passera sans combattre, quelque envie qu'en ait S. M. C.

Dimanche 29, à Versailles. — Le roi tint le conseil d'État. Monseigneur y vint de Meudon et en sortit un peu après midi et emmena madame la duchesse de Bourgogne avec lui dîner à Meudon. — M. de Mortemart arriva un peu après que Monseigneur fut au conseil. Le roi le fit entrer et demeura plus d'une demi-heure avec lui. Il a apporté la capitulation de Douai. Il loue fort M. Albergotti et M. de Dreux et ne parle point du tout de lui. Le roi est fort content du compte qu'il lui a rendu. Les ennemis ont accordé tout ce qu'ils avoient demandé pour la capitulation. Il y avoit une brèche au corps de la place à passer deux bataillons de front, et on avoit déjà commencé à combler le fossé. On envoie la garnison à Cambray. La blessure de M. de Dreux est fort peu considérable, et la garnison est réduite à la moitié de ce qu'elle étoit au commencement du siége. — Le marquis de Sablé* mourut à Paris. Il étoit fils de feu M. Servien, surintendant des finances. Il étoit fort ruiné; c'est lui qui avoit vendu Meudon à M. de Louvois et qui venoit de vendre Sablé à M. de Torcy. Le roi lui avoit donné par charité une pension de 1,000 écus.

*M. de Sablé étoit un homme parfaitement bien fait, avec de l'esprit et de bonne compagnie, mais d'un esprit si déréglé et de si étranges mœurs que les plus débauchés avoient honte de le fréquenter. Sur lui tomba la malédiction si ordinaire aux familles des ministres; il se ruina avec un fort grand bien, qu'il dissipa jusqu'au point que les Mémoires le rapportent, et passa une longue vie obscure et misérable. Il ne voulut faire aucun métier, et il ne fut connu à la guerre que pour s'y être laissé sottement enlever avec l'arrière-ban d'Anjou, que comme sénéchal de la province il menoit joindre M. de Turenne, et s'y fit estropier le pied sans honneur, qui en fut toujours difforme sans l'avoir rendu boiteux. Il mourut comme il avoit vécu et sans s'être marié. Il étoit frère de la duchesse de Sully et de l'abbé Servien, un des plus agréables hommes du monde par son esprit, si une débauche plus infâme que celle de son frère ne l'avoit séparé toute sa vie de la compagnie des honnêtes gens, et pour laquelle il fut chassé et mis en prison plus d'une fois sans qu'il ait changé de conduite. Ils étoient enfants de M. Servien, qui, de procureur général au parlement de Dauphiné, fut employé et mis en diverses affaires et fait secrétaire d'État à la mort de M. de Beauclerc; il fut employé en diverses négociations au traité fameux de Quérasque en 1631; mais s'étant brouillé avec le cardinal de Richelieu, il fut chassé en 1636, et reçut cent mille écus de des Noyers pour sa charge de secrétaire d'État. Aussitôt après la mort de Louis XIII, la reine mère le rappela, puis l'envoya avec M. de Longueville et M. d'Avaux à Munster. Il s'y brouilla avec eux, les fit rappeler; puis fit le traité avec l'empire, et revint à la cour, où il fut fait ministre d'État. Chassé encore, malgré la reine, dans les troubles, elle le rappela dès qu'elle le put, et le fit garde de sceaux de l'Ordre et surintendant des finances à la mort de M. de la Vieuville. Il n'en jouit guère que cinq ou six ans et mourut à soixante-six ans en 1659 à Meudon, où il avoit dépensé des trésors, surtout à combler le village, qui étoit en grande partie dans ce qui fait l'avant-cour et la terrasse, et dont le terrain étoit aussi bas que celui qu'on voit encore au bas de cette terrasse, qu'il ne craignit point d'entreprendre et qu'il mit fort près de perfection. Qui lui eût dit que le procureur du roi au Châtelet le Tellier, qui le venoit amuser les soirs, dans sa première fortune, des contes de la ville, et qu'il poussa par là à l'intendance de l'armée d'Italie, surpasseroit la sienne de si loin et qu'il auroit un fils plus puissant encore que l'un et l'autre, qui achèteroit Meudon du sien, et qui par les millions qu'il jetteroit en ce lieu, sans endommager la fortune de ses enfants, la porteroit où ils sont parvenus à Meudon au point des plus belles maisons royales, en sorte qu'il n'y auroit après lui que le roi en état de la posséder. Servien vit encore la peu durable fortune du célèbre Lyonne, fils de sa sœur. Servien eut trois frères dont l'un eut plusieurs emplois de finances et de justice en Dauphiné, président de la chambre des comptes, puis du conseil souverain de Pignerol et ambassadeur en Savoie ; il a laissé un fils obscur. L'autre frère fut évêque de Bayeux, et le troisième s'est mêlé de quelques négociations en Italie, et a été camérier de Clément IX et d'Innocent XI et a eu des bénéfices. Pour achever ces Servien, il faut ajouter que le surintendant étoit cousin germain de M. Servien, trésorier des parties casuelles à Paris, qui n'eut que trois filles : l'une épousa Bauquemare, président aux enquêtes à Paris ; l'autre fut mère de MM. de la Frette, célèbres par leur duel et ses suites, puis se remaria à un le Férou, dont elle eut une fille unique qui épousa le duc de Chaulnes, gouverneur de Bretagne, si connu par ses ambassades ; et la troisième le duc de Saint-Aignan, qui fut mère du duc de Beauvilliers et de la femme de Livry, premier maître d'hôtel du roi.

Lundi 30, à Versailles. — Le roi tint deux conseils le matin : celui de dépêches, qu'il ne tient que tous les quinze jours, mais qu'il n'avoit pas pu finir lundi dernier, et ensuite le conseil d'État, qu'il ne finit pas hier à cause de l'arrivée de M. de Mortemart, qu'il avoit voulu entretenir. Après ces conseils le roi alla dîner à Trianon, où madame la duchesse de Bourgogne et madame de Maintenon étoient arrivées avant lui et avoient mené mesdames d'O, de Lévis, de Caylus, Voisin et de Dangeau. Après le dîner madame la duchesse de Bourgogne y fit venir les duchesses de Villeroy et de Lauzun, la maréchale d'Estrées, mesdames de Nogaret, du Châtelet, de la Vallière et de Gondrin. Le roi y fit venir M. de Pontchartrain, avec qui il travailla jusqu'à six heures. Il se promena ensuite dans les jardins jusqu'à huit heures et ramena madame la duchesse de Bourgogne avec lui dans sa calèche. Messeigneurs les ducs de Bourgogne et de Berry allèrent tirer chacun de leur côté. — Le maréchal de Joyeuse est à la dernière extrémité. Il a quatre-vingts ans passés. Il est gouverneur de Metz, du pays Messin et du Verdunois, ce qui compose un petit gouvernement de province. Il restera encore dix-huit maréchaux de France.

Mardi 1er juillet, à Versailles. — Le roi tint le conseil

JUILLET 1710.

de finances et travailla l'après-dînée avec M. Voisin. Monseigneur revint de Meudon. Monseigneur le duc de Bourgogne et madame la duchesse de Bourgogne allèrent dîner chez madame Voisin, où étoit madame de Maintenon, et le soir ils allèrent souper à Folichancourt, qui est un petit endroit dans le jardin que le roi a donné à la maréchale d'Estrées. — Le maréchal de Joyeuse* mourut le matin à Paris. Le roi a donné au maréchal de Villars le gouvernement de Metz, qui vaut au moins 25,000 livres de rente. — Le roi fait M. d'Albergotti chevalier de l'Ordre et lui donne le gouvernement de Sarrelouis, qui étoit vacant depuis plusieurs mois par la mort de M. de Choisy. — Les dernières lettres qu'on a eues de nos plénipotentiaires ne nous donnent pas grande espérance de la paix. Les ennemis nous veulent toujours imposer des conditions qui, outre qu'elles sont fort rudes, ne peuvent pas s'exécuter.

* Ce maréchal de Joyeuse pilloit tant qu'il pouvoit pour le manger avec magnificence. Excellent officier de cavalerie, fort bon lieutenant général, mais à qui le commandement d'une armée, qu'il n'eut jamais que par accident, faisoit tourner la tête, et aux autres aussi par sa brutalité. Il ne laissa point d'enfants d'une fille de sa maison qu'il avoit épousée et qui ne fut pas heureuse avec lui. Il étoit frère cadet d'un aîné ruiné, qui étoit le comte de Grandpré, ancien et bon lieutenant général, chevalier de l'Ordre, qu'il portoit souvent à pied par les rues, et mort longtemps avant lui. L'abbé Quatorze, dont on a parlé en ce volume (1), étoit aussi leur frère. Le maréchal étoit fort vieux et ressembloit à un roi des Huns.

Mercredi 2, à Versailles. — Le roi tint le conseil d'État. — Le roi a fait trois lieutenants généraux, qui sont MM. de Dreux, de Brendlé et de Valory, qui étoient tous trois dans Douai, où ils ont servi très-dignement. Valory étoit l'ingénieur en chef et qui étoit dans Lille avec le maréchal de Boufflers, qui s'en louoit fort. M. de Mortemart a été fait maréchal de camp, et Villelouvet, colonel de dra-

(1) Voir page 110.

gons réformé, a été fait brigadier. — Le roi, en donnant au maréchal de Villars le gouvernement de Metz, lui conserve les 15,000 francs qu'il lui donnoit pour avoir été gouverneur de Fribourg. — Le roi, dans son conseil, a donné un arrêt par lequel il ordonne qu'un livre imprimé depuis quelques mois, qui est une généalogie de la maison de Bouillon, sera rapporté pour être cancellé. L'auteur de ce livre, qui est M. Baluze*, est exilé à quarante lieues de Paris, et on lui ôte une chaire de professeur qu'il avoit dans Paris. On fera une recherche exacte de tous les exemplaires dudit ouvrage, qui seront déchirés et mis au pilon, attendu qu'un pareil ouvrage n'est fait que pour appuyer une usurpation criminelle et ménagée depuis longtemps par tous les artifices les plus condamnables, et tromper le public dans les droits ou les prétentions des grands du royaume. Ce sont les propres termes de l'arrêt. — Madame de Bullion parla le soir au roi sur ce que M. de Fervaques, son fils, étoit le seul officier considérable de ceux qui servoient dans Douai qui ne fût point avancé. Le roi lui répondit avec beaucoup de bonté que son fils avoit fort bien fait son devoir, qu'il en étoit très-content, mais qu'elle ne devoit point être étonnée qu'il ne fût point maréchal de camp, n'y ayant que quatre mois qu'il a été fait brigadier.

* Baluze étoit un homme attaché à M. Colbert et qui s'étoit rendu célèbre dans la république des lettres parmi les savants; mais le cardinal de Bouillon le sut gagner et le déshonora par cette généalogie vénale, qui, en tout autre temps, eût passé comme beaucoup d'autres impostures de ce genre, qui y est plus sujet qu'aucun autre. L'éclat de celles-ci fut grand, et par leur évidence démontrée et par le châtiment, sans que ceux pour qui elles avoient été forgées, arrangées et mises au jour avec tant de travail, de temps et de dépense osassent en dire le moindre mot, dans la crainte de pis pour eux-mêmes.

Jeudi 3, à Versailles. — Le roi dîna de bonne heure et alla se promener à Marly. M. le duc de Chartres et mademoiselle de Valois, sa troisième sœur, furent baptisés dans la chapelle en bas par M. le cardinal de Janson. Monseigneur le duc de Bourgogne et Madame tinrent M. le duc de Chartres, à qui ils donnèrent le nom de Louis. Monseigneur le duc de Berry et Mademoiselle tinrent mademoiselle de Valois, à qui ils donnèrent le nom de Charlotte-Aglaé. C'est madame la duchesse d'Orléans qui a voulu qu'on lui donnât ce dernier nom. Le courrier pour la dispense arriva de Rome. Les fiançailles se feront samedi à six heures dans le cabinet du roi et ils seront mariés dimanche matin dans la chapelle. — Il y avoit une petite contestation entre M. de Bouillon comme grand chambellan et M. de Beauvilliers comme gouverneur de monseigneur le duc de Berry, savoir qui devoit présenter au roi la chemise qu'il donnera à monseigneur le duc de Berry le jour de la noce en couchant le marié, et le roi a jugé que ce devoit être à M. de Beauvilliers.

Vendredi 4, à Versailles. — Le roi travailla le matin avec son confesseur. Après son dîner il passa chez madame de Maintenon et en sortit à quatre heures pour aller tirer. — On eut des lettres du maréchal de Villars par l'ordinaire. Les ennemis n'avoient encore fait aucun mouvement le 2, et on croit qu'ils ne marcheront encore de quelques jours. — Le maréchal de Berwick écrit de Briançon du 28; voici la copie de sa lettre :

« Je ne suis arrivé que hier, ayant visité en partant de Chambéry partie de Savoie [*sic*]. L'armée des ennemis continue de s'assembler entre Conis et Orbassan. On voiture force munitions de guerre et de bouche à Conis. Je vais demain camper à Guillestre avec un corps de troupes pour être également à portée de Barcellonette, de Queyras et de Briançon. Notre infanterie est très-belle et nombreuse. Vallière, maréchal de camp qui commandoit dans Chambéry, est mort. »

Le roi a parlé à Monseigneur comme ayant envie d'aller cette année à Fontainebleau, dont Monseigneur est fort aise. Il a dit même qu'il pourroit partir le 4 septembre.

Samedi 5, à Versailles. — Le roi tint le conseil d'État et travailla avec M. Voisin l'après-dînée jusqu'à cinq heures ; ensuite il attendit dans son cabinet qu'on y vînt pour les fiançailles. Monseigneur le duc de Berry alla chez Madame, où étoit Mademoiselle, à qui il donna la main et la mena chez madame la duchesse de Bourgogne, où il y avoit plus de dames parées que je n'en ai vu à aucune cérémonie. Ils passèrent tous de chez madame la duchesse de Bourgogne chez le roi. Ils entrèrent dans son cabinet, d'où il avoit fait ôter la table autour de laquelle il tient le conseil, et il y avoit tant de dames qu'elles n'y purent pas toutes entrer. On commença par signer le contrat de mariage, et puis le cardinal de Janson les fiança. Après les fiançailles madame la duchesse de Bourgogne mena Mademoiselle chez elle, où l'on joua jusqu'au souper du roi. Madame la duchesse de Bourgogne avoit fait ôter le billard qui étoit dans le salon au bout de son appartement, afin qu'il y eût plus de place et qu'on y pût mettre plusieurs tables de jeu. — Le marquis de Renty*, ancien lieutenant général, qui n'étoit plus dans le service et qui étoit dans une grande dévotion depuis longtemps, est mort. Il étoit lieutenant général de Franche-Comté.

* Ce marquis de Renty étoit un très-brave homme, mais médiocre officier, frère de la maréchale de Choiseul et fils de ce marquis de Renty célèbre par la sainteté de sa vie. Celui-ci étoit un très-honnête homme et fort homme de bien ; il a laissé un fils fort brave aussi, mais d'une vue si basse qu'il n'a pu continuer à servir.

Dimanche 6, à Versailles. — Le roi tint le conseil d'État à l'ordinaire, mais il en sortit un peu de meilleure heure ; puis, quand toute la maison royale fut assemblée, il descendit dans la chapelle en bas, où se fit le mariage de monseigneur le duc de Berry. Le cardinal de Janson dit la messe et fit la cérémonie. M. de Metz et un autre aumônier tinrent le poêle. Au sortir de la messe madame la duchesse de Berry passa devant Madame ; mais elle fut assez polie pour lui dire : « Poussez-moi donc, Madame ;

car il faut me pousser pour me faire passer devant vous, et il me faut encore quelque temps pour m'accoutumer à cet honneur-là. » L'après-dînée le roi tint encore le conseil d'État, qu'il n'avoit pu finir le matin. Il travailla le soir avec M. Pelletier chez madame de Maintenon, et un peu avant dix heures il en sortit et passa chez madame la duchesse de Bourgogne, où tous les princes et les princesses du sang étoient assemblés. Ils en sortirent aussitôt et se mirent à table selon leur rang. Le souper étoit dans la pièce qui est entre la chambre du roi et celle où il soupe d'ordinaire. Ils étoient vingt-huit à table : le roi, Monseigneur, monseigneur le duc de Bourgogne, madame la duchesse de Bourgogne, monseigneur le duc de Berry, madame la duchesse de Berry, Madame, M. le le duc d'Orléans, madame la duchesse d'Orléans, madame la grande duchesse, M. le duc de Chartres, madame la Princesse, M. le comte de Charolois, les deux princesses de Conty veuves, mademoiselle de Chartres, mademoiselle de Valois, mademoiselle de Bourbon, mademoiselle de Charolois, madame la duchesse du Maine et madame de Vendôme, M. le prince de Conty, mademoiselle de Conty, mademoiselle de la Roche-sur-Yon, M. le duc du Maine, M. le prince de Dombes, M. le comte d'Eu et M. le comte de Toulouse. Madame la Duchesse n'étoit point à ce souper à cause du grand deuil où elle est *. Après le souper on alla chez M. le duc de Berry et madame la duchesse de Berry à leur nouvel appartement. Toutes les dames de la cour qui étoient en haie dans la grande galerie suivirent et entrèrent dans l'appartement de la mariée. Le cardinal de Janson fit la bénédiction du lit, et puis le roi alla donner la chemise à monseigneur le duc de Berry ; ce fut M. de Beauvilliers qui la lui présenta. Madame la duchesse de Bourgogne donna la chemise à madame la duchesse de Berry ; ce fut madame de Saint-Simon qui la lui présenta ; et le roi, après les avoir vu mettre au lit, se retira et tout le monde sortit avec lui.

* A ces festins royaux, où les princes et les princesses du sang sont admis, les duchesses et princesses étrangères ne s'y trouvent jamais; celles qui sont en fonction auprès de madame la duchesse de Bourgogne, comme précédemment de la reine et de madame la Dauphine, comme la dame d'honneur et les dames du palais en semaine, l'accompagnent jusqu'au lieu du festin, puis se retirent. A la fin du fruit, elles viennent attendre dans la pièce où le roi passe après le festin. Cela se fit de la sorte en celui-ci, et par la duchesse de Saint-Simon même, quoique dame d'honneur de la mariée, et cela s'est passé toujours de même, et avant et depuis.

Lundi 7, à Versailles. — Le roi tint le conseil de dépêches, passa de bonne heure l'après-dînée chez madame de Maintenon, où la reine d'Angleterre et la princesse sa fille vinrent à quatre heures. Elles furent assez longtemps avec le roi, et, quand elles l'eurent quitté, il alla se promener à Marly et au retour de la promenade travailla avec M. de Pontchartrain. La reine d'Angleterre et la princesse sa fille, qui étoient arrivées avant quatre heures, allèrent d'abord voir Monseigneur, qui étoit chez madame la princesse de Conty, et, après avoir vu le roi chez madame de Maintenon, elles allèrent chez madame la duchesse de Bourgogne, qu'elles trouvèrent jouant dans le salon au bout de son appartement, où étoient toutes les dames de la cour, que le roi avoit ordonné qui fussent aussi parées que le jour de devant, afin que la reine d'Angleterre vît la cour dans sa magnificence (1). La reine, après avoir demeuré là quelque temps, alla rendre visite à monseigneur le duc de Berry et à madame la duchesse de Berry, et puis s'en retourna avec la princesse sa fille à Chaillot. — On eut par l'ordinaire de samedi des lettres de Madrid du 23 par lesquelles on apprend que

---

(1) « Jamais tant de magnificence pour les dames ni tant de coupeurs de bourse, dont M. d'Argenson avoit donné avis, comme de leurs habits en toutes façons d'ecclésiastiques et de militaires; mais le plus remarquable vol a été la montre de madame Voisin. » (*Lettre de la marquise d'Huxelles, du 9 juillet.*)

le roi d'Espagne avoit fait un détachement de son armée, commandé par Mahoni, et qu'il a pris Cervera, Ygualada et Calaf. On a trouvé dans ces petites villes-là les principaux magasins de l'armée de l'archiduc; il y avoit même cinq mille habits pour les troupes qui lui arrivent d'Italie. On mande que présentement par la prise de ce magasin le pain et le vin sont d'une cherté prodigieuse dans l'armée ennemie. Le roi d'Espagne est campé avec le gros de son armée à Belpuech.

Mardi 8, à Versailles. — Le roi tint le conseil de finances et travailla longtemps ensuite avec M. Desmaretz. Après son dîner il travailla avec M. Voisin jusqu'à cinq heures, et puis alla se promener à Trianon. Monseigneur le duc de Bourgogne, madame la duchesse de Bourgogne, monseigneur le duc de Berry et madame la duchesse de Berry allèrent souper à la Ménagerie. — Le roi hier, au conseil de dépêches, donna une déclaration, qui sera incessamment registrée au parlement par laquelle les bénéfices qui viendront à vaquer à la nomination du cardinal de Bouillon seront donnés par les évêques des lieux où les bénéfices seront situés, sauf aux grands vicaires de ce cardinal de soutenir leurs droits au parlement, à qui le roi renvoie la connoissance de cette affaire. — Les dernières nouvelles d'Angleterre sont que la reine Anne a ôté la charge de secrétaire d'État à milord Sunderland, gendre de Marlborough, et, après lui avoir ôté la charge, elle lui envoya offrir une pension de 3,000 guinées, qu'il refusa, mandant à la reine que, s'il avoit bien servi, il ne lui falloit point ôter sa charge, et que, s'il avoit mal servi, il ne méritoit pas une pension. La reine Anne paroît fort lasse aussi de madame de Marlborough, sa dame d'honneur, et l'on dit qu'elle va mettre en sa place la duchesse de Sommerset.

Mercredi 9, à Marly. — Le roi tint le conseil d'État à Versailles et en partit aussitôt après son dîner pour venir ici, où l'on demeurera dix-huit jours. Madame la duchesse de Berry vint avec madame la duchesse de Bourgogne et loge dans le corps du château, dans l'appartement qui touche à celui de monseigneur son mari. Il a fallu pour cela déloger des dames qui logeoient toujours dans le château, dont est la duchesse du Lude, à qui le roi a eu l'honnêteté de faire dire par madame la duchesse de Bourgogne qu'elle choisisse de tous les appartements de Marly celui qui lui conviendroit le mieux, et elle a choisi le premier pavillon en haut. Le bas de ce pavillon est pour une des filles de madame la Duchesse. Les deux princesses ses filles seront ici tous les voyages, et l'une des deux demeurera avec elle dans son appartement. Il y a beaucoup de dames ce voyage-ci et fort peu d'hommes; on en a même logé quelques-unes dans les pavillons où on ne logeoit d'ordinaire que des hommes. — On eut des lettres du maréchal de Villars du 8. Les ennemis n'avoient pas encore marché, mais on compte qu'ils marcheront le 10.

Jeudi 10, *à Marly*. — Le roi courut le cerf l'après-dînée; Monseigneur et messeigneurs ses enfants étoient à la chasse. Madame la duchesse de Bourgogne et madame la duchesse de Berry étoient à cheval et étoient suivies de la maréchale d'Estrées, de mesdames de la Vallière, de Listenois et de Rupelmonde. Elles essuyèrent un violent orage et revinrent mouillées jusqu'aux os et fort écorchées. La comtesse de Tonnerre est de ce voyage pour la première fois. — M. le duc d'Orléans a donné en mariage à madame la duchesse de Berry 800,000 francs, dont il lui paye la rente, et 100,000 écus en pierreries, et pour plus de 100,000 francs d'habits ou de linge. — Le P. le Tellier a eu avis de la mort de l'évêque d'Aire. Il s'appeloit Matha et étoit frère de Matha à qui le roi a donné cet hiver un régiment d'infanterie. — M. Voisin vint trouver le roi au retour de sa promenade; il entra avec lui chez madame de Maintenon. — Le maréchal de Villars mande que les ennemis n'avoient point marché le 9, mais que dans leur armée on assuroit qu'ils devoient marcher aujourd'hui.

Vendredi 11, *à Marly.* — Le roi, après son dîner, travailla avec le P. le Tellier. Sa Majesté avoit appris, à son lever, la mort de l'archevêque de Toulouse. — Voici une liste des bénéfices vacants.

Archevêché de Reims, avec Saint-Thierry.	45,000 livres.
Archevêché de Toulouse.	50,000
Évêché d'Évreux.	15,000
Évêché de Nîmes.	40,000
Évêché de Vabres.	14,000
Évêché de Cominges.	24,000
Évêché de Séez.	14,000
Évêché d'Aire.	22,000
Abbaye de Saint-Rémy.	45,000
Abbaye de Bonne-Fontaine.	6,000
Abbaye de Breteuil.	8,000
Abbaye de Saint-Étienne de Caen.	37,000
Abbaye de Sainte-Bénigne.	14,000
Abbaye de la Roe.	3,000
Abbaye de Saint-Séverin.	2,400
Abbaye de Baigne.	6,000
Abbaye de Mouzon.	12,000
Abbaye d'Élan.	8,000
Abbaye de Belle-Fontaine.	4,000
Abbaye de N.-D. de Clermont.	8,000
Abbaye de Saint-Léger.	6,000
Abbaye de Saint-Eusèbe.	1,500
Abbaye de Jonselle, Béziers.	3,000
Abbaye de Saint-Denis.	8,000
Abbaye de Saint-Serge.	5,000
Abbaye de Sauve-Majeure.	4,000
Abbaye de Montiez Saint-Jean.	14,000
Abbaye de Genlis.	2,000
Abbaye de Cellefroin.	2,000
Abbaye de Chalivoy, Bourges.	3,000
Abbaye de Bouras, Auxerre.	1,500
Abbaye de l'archevêché de Toulouse.	8,000

Abbaye de l'évêché d'Aire.	3,000 livres.
Prieuré du Payrate.	2,400
Prieuré Dieu s'en-souvienne.	1,200
Prieuré du Quartière.	800
Prieuré de Rezy, filles.	2,000

Il arriva à midi un courrier du maréchal de Villars. Il mande que les ennemis marchèrent hier et campèrent sur le ruisseau de Lens. Leur marche de demain nous fera juger s'ils veulent aller à Béthune ou s'ils songent à nous tourner dans notre camp, qui est si bon et en si bon état qu'on est persuadé dans notre armée qu'ils ne sauroient nous y attaquer.

Samedi 12, *à Marly.* — Le roi, après la messe, passa chez madame de Maintenon, et à onze heures alla se promener dans les jardins. L'après-dînée il courut le cerf; la chasse fut fort longue; mesdames les duchesses de Bourgogne et de Berry y étoient en calèche : Madame y est à toutes les chasses. Monseigneur voulut courre le loup, mais il n'en trouva pas. Monseigneur le duc de Berry étoit avec lui et vint trouver le roi à la chasse du cerf. Monseigneur le duc de Bourgogne alla l'après-dînée à Versailles, où il fut longtemps avec son confesseur; ce prince communie tous les quinze jours. Le soir le roi travailla avec M. Voisin chez madame de Maintenon. — On a reçu des lettres de Provence et de Dauphiné qui prétendent que M. le duc de Savoie et les deux princes ses fils ont la rougeole; M. de Monaco et M. de Berwick le mandent aussi. Il y a même dans quelques-unes de ces lettres que M. de Savoie est fort malade et qu'il a reçu tous ses sacrements. — Il n'arriva point de courrier de M. le maréchal de Villars, qui est une marque que les ennemis n'ont point marché le 11.

Dimanche 13, *à Marly.* — Le roi tint le conseil d'État et l'après-dînée il travailla avec M. Pelletier. — Il arriva un courrier du maréchal de Villars. Les ennemis marchèrent hier et campèrent leur gauche vers le mont Saint-Éloy et leur droite à Gouy ; leur centre est à Aubigny. On ne sait point encore leur dessein ; mais on croit qu'ils feront le siége de Béthune, parce qu'ils ne peuvent pas nous attaquer dans notre camp. Nous avons notre droite à Agny et notre gauche appuyée au bois de Miraumont et devant nous le Crinchon, qui est un beau ruisseau qui tombe dans la citadelle d'Arras. — Le roi a donné les évêchés vacants ; mais il n'y en a point de liste ; et tout ce que nous en savons présentement c'est que l'archevêque d'Arles a eu l'archevêché de Reims, et l'abbé de Dromesnil, neveu du maréchal de Boufflers et aumônier du roi, a l'évêché d'Autun, que l'on avoit donné à l'abbé de Maulevrier et qu'il a rendu. Il n'avoit point pris de bulles. — Ce voyage-ci est allongé de huit jours. On n'en partira que le 2 du mois qui vient.

Lundi 14, à Marly. — Le roi courut le cerf l'après-dînée ; mesdames les duchesses de Bourgogne et de Berry étoient à cheval à la chasse. Monseigneur le duc de Berry, qui avoit été le matin avec Monseigneur pour courre le loup, revint à la chasse du cerf. Le soir le roi travailla avec M. de Pontchartrain.

Liste des évêchés qui ont été donnés : Reims à l'abbé de Mailly, archevêque d'Arles ; Autun à l'abbé de Dromesnil ; Nîmes à l'abbé de la Parisière ; Comminges à l'abbé du Bouchet ; Évreux à l'abbé le Normand ; Séez à l'abbé Turgot ; Vabres à l'abbé de la Chapelle ; Aire à l'abbé de Montmorin. Toulouse et Arles ne sont point donnés ni la place du conseil qu'avoit le feu archevêque de Reims, ni sa charge de maître de la chapelle. On croit qu'il y a une partie des abbayes données ; mais on ne le sait pas encore.

Saint-Frémont, qui est arrivé de l'armée d'Allemagne en Flandre, a été mis dans Cambray pour y commander.

Mardi 15, à Marly. — Le roi tint le conseil de finances et travailla ensuite longtemps avec M. Desmaretz ; après son dîner il travailla avec M. Voisin. — Le roi donna ces jours passés l'abbaye de Saint-Rémy de Reims à M. le cardinal Gualtieri, qui a arboré les armes de France à Rome ; elle vaut 42,000 livres de rente toutes charges payées ; et l'abbaye de Saint-Étienne de Caen, qui n'est guère moins bonne, au cardinal de la Trémoille. — Il arriva un courrier de nos plénipotentiaires, à qui les députés de MM. les États Généraux ont fait en dernier lieu des propositions encore moins recevables que les autres. Ils veulent, auparavant que de parler de paix, que nous fassions revenir le roi d'Espagne en ce pays-ci de gré ou de force et sans qu'ils s'en mêlent ; ainsi on ne doute pas qu'on n'envoie incessamment ordre à nos plénipotentiaires de revenir. — Les ennemis en Flandre n'ont point marché depuis deux jours ; ils attendent un grand convoi qui leur vient de Douai. — Le maréchal d'Harcourt arriva ici le matin, et il fut une demi-heure dans le cabinet du roi avec M. Voisin avant le conseil.

Mercredi 16, *à Marly.* — Le roi tint le conseil d'État ; et il fut résolu de faire revenir nos plénipotentiaires. On a fait partir ce soir le courrier qui leur en porte l'ordre, à moins que les Hollandois ne les retiennent en leur faisant des propositions plus raisonnables et plus aisées à exécuter. — On ne doute plus ici, par les lettres qu'on reçoit de Flandre, que les ennemis ne veuillent faire le siége de Béthune ; on croit même que la place est investie d'hier au soir. C'est du Puy-Vauban, lieutenant général, qui en est gouverneur : il a pour maréchal de camp, sous lui, Rooth, Irlandois fort estimé. Il y a quatre mille hommes effectifs dans la place. On avoit offert à du Puy-Vauban d'y en mettre davantage, mais il a répondu qu'il étoit content de ce qu'il avoit de garnison et qu'il ne manquoit de rien dans sa place. Le convoi que les ennemis attendent de Douai n'en étoit pas encore sorti. D'Aremberg, mestre de camp, incorporé dans le régiment Royal-Allemand, avoit été détaché avec cinq cents chevaux. Il a battu six troupes que les ennemis avoient envoyées pour escorter leurs fourrageurs du côté de la Canche. Il a ramené au camp deux ou trois cents chevaux qu'il a pris, parmi lesquels il y en a de fort bons.

Jeudi 17, *à Marly*. — Le roi se promena le matin dans ses jardins et courut le cerf l'après-dînée. Monseigneur et messeigneurs ses enfants étoient à la chasse ; madame la duchesse de Bourgogne et madame la duchesse de Berry y étoient en calèche. Il y eut un retour de chasse chez madame la duchesse de Bourgogne où étoient Monseigneur, monseigneur le duc de Berry, madame la duchesse de Berry, madame la duchesse d'Orléans, M. le duc du Maine, M. le comte de Toulouse et quatre dames qui les avoient suivies à la chasse en calèche. — M. le duc d'Orléans a ôté à la marquise de la Ferté, à madame de Stafford, à madame de Tilly, belle-sœur de madame d'Argentan, à madame de Roche-Baron, à madame de Verneuil et à madame de Fussey les logements qu'il leur avoit donnés depuis assez long temps dans le Palais-Royal à Paris. Toutes ces dames étoient les grandes amies de madame d'Argentan. — Le maréchal de Berwick mande du 13 que M. de Savoie est hors de danger et qu'il est allé à une de ses maisons de campagne pour prendre l'air et achever de se guérir. Il n'a été en danger qu'un jour, et il est vrai qu'il avoit reçu le viatique. — Le roi, avant que d'aller à la messe, donna une assez longue audience au maréchal d'Harcourt.

Vendredi 18, *à Marly*. — Le roi alla tirer l'après-dînée et ne travailla point avec son confesseur, comme il a accoutumé de faire tous les vendredis, et on croit qu'il ne donnera les abbayes qu'à la N.-D. d'août. — Il n'arriva point de courrier du maréchal de Villars : on apprend seulement par l'ordinaire que les ennemis ont toujours leur gauche au mont Saint-Éloy et leur droite à Saint-Paul. Le convoi qu'ils attendent de Douai n'étoit pas encore arrivé. — Le roi a envoyé une lettre de cachet aux moines de Saint-Denis pour faire ôter les armes de la maison de

Bouillon qui étoient à l'autel, aux vitrages et à la voûte de la chapelle où est enterré M. de Turenne. Dans cette lettre il y a un grand éloge pour feu M. de Turenne; mais le roi désapprouve que les moines aient laissé mettre dans cette chapelle les armes de la maison de Bouillon; celles même du cardinal de Bouillon avec le chapeau étoient aux vitrages, et le roi envoie de Cotte pour faire effacer les tours qui étoient peintes avec les fleurs de lis *.

* A la mort de M. de Turenne, où le roi fit tant pour sa mémoire, il ne voulut pas que les honneurs faits au héros tournassent en titres pour sa maison. Il défendit le nom, le titre et tout ce qui pouvoit sentir le prince, et même les armes de sa maison, qu'il ne jugea pas convenables dans l'église de la sépulture des rois. Dans la suite, sous prétexte d'orner la chapelle de M. de Turenne, le cardinal de Bouillon glissa ce qu'il voulut; il paya, il caressa et tout passa. Le roi, dans sa colère contre ce cardinal, ayant su que la généalogie de Baluze faisoit descendre MM. de la Tour des anciens ducs d'Aquitaine et comtes d'Auvergne, fondateurs de Cluny, se douta bien que le cardinal de Bouillon, abbé de Cluny, s'y seroit espacé un monument conforme, et, comme le livre et l'auteur furent condamnés et châtiés, il ne voulut pas qu'il demeurât à Cluny de vestiges qui le soutinssent. Cela le fit souvenir que, malgré ses ordres, le cardinal de Bouillon auroit bien pu fourrer aussi des monuments de sa vanité à Saint-Denis, et c'est ce qui fit faire ces recherches où ceux qui y furent employés se hasardèrent à montrer plus de pitié que de fidélité, autant qu'ils le purent sans se trop commettre, et obliger sensiblement MM de Bouillon, qui n'osèrent souffler. Rien ne piqua tant le cardinal que cette recherche, et c'est ce qui lui fit vomir les libelles qu'il fit faire à Tournay, dont les Mémoires parlent en la page suivante.

Samedi 19, *à Marly*. — Le roi se promena le matin dans ses jardins et après son dîner il travailla avec M. Voisin. — On n'eut des nouvelles de Flandre que par l'ordinaire. Les ennemis n'avoient point marché le 17, et leur convoi n'étoit pas encore arrivé. On attend ici M. d'Albergotti; il doit arriver lundi. — Mesdames les duchesses de Bourgogne et de Berry firent médianoche chez madame la duchesse d'Orléans. — Quand le roi fit écrire la lettre de cachet pour Saint-Denis par M. de Pontchartrain, il lui ordonna d'en garder le secret jusqu'à ce que la chose fût exécutée, et lui défendit bien expressément d'en parler à M. de Bouillon, lui disant : « Prenez garde que l'alliance que vous avez avec lui ne vous porte à lui en donner la moindre connoissance. » Le roi a fait écrire à Cluny aussi, où le cardinal vouloit faire établir des tombeaux pour les gens de sa maison. On a imprimé à Tournay un écrit sur le décret de prise de corps de ce cardinal. Je ne crois pas que cette éminence avoue cet écrit-là, qui est encore beaucoup plus fort que sa lettre au roi et que celle qu'on a écrite au président de Maisons et dont on le croit l'auteur.

Dimanche 20, à Marly. — Le roi tint le conseil d'État, travailla après son dîner avec M. Pelletier et puis alla tirer. Monseigneur a un peu de goutte, qui ne l'a pas empêché de paroître dans le salon. — Il n'est point arrivé de courrier de Flandre, mais on apprend par les lettres du 18, qu'on a reçues par l'ordinaire, que Béthune a été achevé d'investir le 16. Les ennemis sont toujours dans le même camp et ont détaché seulement trente bataillons pour faire le siége ; si bien qu'ils sont encore plus forts que nous. — On mandoit de Bayonne ces jours passés qu'on avoit fait le procès au duc de Médina-Céli et qu'on l'avoit condamné à mort ; que le roi d'Espagne avoit commué la peine de mort en une prison perpétuelle ; mais, par les lettres de Madrid, qu'on reçut hier au soir, on n'apprend rien du tout. L'armée d'Estramadure est entrée dans les quartiers d'été, et celle des Portugais y est entrée aussi.

Lundi 21, à Marly. — Le roi courut le cerf l'après-dînée ; madame la duchesse de Bourgogne étoit avec lui dans sa calèche. La goutte de Monseigneur a un peu augmenté, et il a assez souffert la nuit passée. Le roi ne travailla point avec M. de Pontchartrain, quoique ce soit son jour ; il l'a remis à mercredi. Au retour de la chasse M. Voisin vint chez le roi et lui apporta des lettres du maréchal de Villars qui sont venues par un courrier de retour ; ces lettres sont de hier au soir. Il mande que les ennemis ont fait un petit mouvement qui n'est que de rapprocher leur droite des troupes qu'ils ont détachées pour le siége de Béthune ; c'est M. de Schulembourg et M. Fagel qui font ce siége. Ils ont donné il y a déjà quelques jours au général Hompesch le gouvernement de Douai. Le courrier qui est arrivé a trouvé M. d'Albergotti en chemin, et il viendra ici demain.

Mardi 22 *à Marly.* — Le roi tint le conseil de finances et travailla ensuite longtemps avec M. Desmaretz. L'après-dînée M. Voisin lui amena M. d'Albergotti, qui fut assez longtemps dans le cabinet du roi, et puis ce ministre, qui l'avoit amené, demeura à travailler avec le roi. Monseigneur souffre un peu moins de sa goutte ; mais il ne peut pas encore mettre le pied à terre ; le roi le va voir deux fois le jour. — Albergotti a dit au roi que la tranchée n'étoit pas encore ouverte à Béthune, mais il croit qu'elle le sera au plus tard le 24. Le grand convoi qu'ils attendoient de Douai étoit arrivé ; ils l'ont fait venir à couvert de la Deule. Il a été plus longtemps en chemin, mais il est venu plus sûrement. — Madame de Dangeau et madame de Courcillon ne sont point du voyage. Elles avoient voulu demeurer à Paris auprès de mon fils ; mais, comme il se porte mieux, le roi a trouvé bon qu'elles vinssent passer quelques jours ici.

Mercredi 23, *à Marly.* — Le roi tint le conseil d'État, et travailla l'après-dînée avec M. de Pontchartrain. Monseigneur ne souffre plus de sa goutte, mais il ne sauroit marcher encore ; il s'est mis dans une chaise à re ssrt qu'il mène lui-même et a passé une partie de l'après-dînée dans le salon. — Il est arrivé depuis quelques jours à Antibes et à quelques ports de Provence cinquante-deux bâtiments françois sur lesquels il y a soixante-douze mille charges de blé et pour sept ou huit millions de marchandises. L'officier qui en est arrivé dit que sur son vaisseau seul il y en a pour deux millions. — Albergotti a eu un logement ici ; il y demeurera un jour ou deux. Le roi est bien aise de l'entretenir. Il retournera demain au soir à Paris, et en repartira samedi prochain pour se rendre à l'armée du maréchal de Villars, qui est pour le moins aussi incommodé que quand il partit d'ici pour aller commander l'armée.

Jeudi 24, à Marly. — Le roi courut le cerf l'après-dînée; madame la duchesse de Berry étoit avec lui dans sa calèche. Madame la duchesse de Bourgogne n'a pas pu être de la chasse, parce qu'elle est un peu incommodée. Il y avoit, dans une autre calèche à quatre, mesdames de Saint-Simon, de la Vieuville, de Tonnerre et de Courcillon. — On n'a point encore nouvelle que la tranchée soit ouverte à Béthune, mais on compte ici qu'elle le sera ce soir. — M. le Camus de la Grange, intendant à Pau et fils du premier président de la cour des aides, est mort dans son intendance. M. le lieutenant civil, son oncle, est à l'extrémité à Paris. — Le P. le Tellier est venu ce soir pour travailler demain avec le roi, et on est persuadé que les bénéfices vacants se donneront demain. On ne doute pas que M. Desmaretz n'ait pour son fils l'abbé l'abbaye de Sainte-Bénigne de Dijon, qu'il a demandée.

Vendredi 25, à Marly. — Le roi travailla l'après-dînée jusqu'à cinq heures avec son confesseur; et puis le père s'en alla à la maison de Mont-Louis sans rien dire de la distribution des bénéfices. On sait seulement qu'elle est faite. — On attend un courrier des plénipotentiaires par lequel on apprendra sûrement s'ils viennent, ou si on les a priés de demeurer encore à Saint-Gerdruydenberg; car ils avoient notifié à MM. les États l'ordre que le roi leur a donné de revenir en cas qu'on ne leur fasse pas des propositions plus raisonnables. — M. de Savoie est fort mécontent de l'empereur; il s'en est expliqué même assez fortement avec les généraux de S. M. I. Il leur a déclaré qu'il ne serviroit point cette campagne, mais que cependant, quoiqu'il ne fût obligé dans son traité qu'à fournir quatorze mille hommes, il en auroit seize cette année. Il a fait dire à la reine Anne et aux États Généraux, par les ministres qu'il a en Angleterre et en Hollande, que, si on ne lui tenoit pas mieux parole à l'avenir, il verroit à prendre son parti.

Samedi 26, à Marly. — Le roi se promena le matin et l'après-dînée dans ses jardins après avoir travaillé avec M. Voisin. Monseigneur n'a plus que de la foiblesse et commence à marcher. — On ne sait encore que trois abbayes données, celle de Saint-Denis dans Reims à l'archevêque d'Aix, celle de Sainte-Bénigne de Dijon à l'abbé Desmaretz, fils du contrôleur général, et celle de N.-D. de Clermont au pays du Maine à l'abbé de Dangeau, mon frère. — Durant que le roi se couchoit, il arriva un courrier de l'abbé de Polignac. Nos plénipotentiaires sont en chemin pour revenir. Ils doivent avoir couché la nuit passée à Anvers, et ils seront mardi à Paris. — Le maréchal de Villars n'est point en état d'achever la campagne. Il ne peut pas faire un pas à cheval et demande son congé et la permission d'aller aux eaux; on dit qu'il veut prendre celles d'Aix-la-Chapelle.

Dimanche 27, à Marly. — Le roi tint le conseil d'État, qui fut bien plus long qu'à l'ordinaire, et ne se mit à table qu'à deux heures. Après son dîner il travailla avec M. Pelletier, et puis alla tirer. Madame la duchesse de Bourgogne, monseigneur le duc de Berry et madame la duchesse de Berry allèrent sur les six heures à la roulette avec mesdemoiselles de Bourbon et de Charolois et beaucoup de jeunes dames qui n'y avoient jamais été. Il y avoit plus de trois ans que personne n'avoit été à la roulette. — Le matin, un peu devant que le roi sortît du conseil, il arriva un courrier du maréchal de Villars, qui mande que la nuit du 24 au 25 la tranchée avoit été ouverte à Béthune; que ce soir-là du Puy-Vauban avoit fait faire une sortie qui avoit très-bien réussi; que l'action avoit duré deux heures et que les assiégeants y avoient perdu huit cents hommes.

Lundi 28, à Marly. — Le roi courut le cerf; madame

la duchesse de Bourgogne étoit avec lui dans sa calèche. Le soir il travailla chez madame de Maintenon avec M. de Pontchartrain. — M. le lieutenant civil mourut à Paris. Il étoit frère du premier président de la cour des aides et du feu cardinal le Camus. M. de Nicolaï, premier président de la chambre des comptes, avoit épousé sa fille unique, qui est morte et qui a laissé un garçon et une fille. M. le lieutenant civil, qui étoit brouillé avec M. de Nicolaï, son gendre, n'a point voulu que son fils eût son bien, qui est très-considérable, car on croit qu'il laisse au moins 600,000 écus de bien, et l'on dit même, dans sa famille, que cela va à trois millions. Il fait sa légataire universelle mademoiselle de Nicolaï, sa petite-fille. Quelques jours avant que de mourir il avoit traité de sa charge avec M. de Machault, maître des requêtes, qui lui en donnoit 500,000 francs. La charge étoit fixée à beaucoup moins; mais depuis que le roi a ordonné le rachat de la paulette, on a ôté la fixation des charges. Le roi n'a pas donné l'agrément de cette charge à M. de Machault.

Mardi 29, à Marly. — Le roi tint le conseil de finances, et l'après-dînée il travailla chez lui avec M. Desmaretz et M. Voisin ensemble; ce qu'il n'avoit point encore fait. La reine d'Angleterre et la princesse sa fille vinrent ici; le roi les mena à la roulette. Elles soupèrent ici, et la reine se trouva un peu incommodée après le souper. Elles s'en retournèrent à l'heure ordinaire à Saint-Germain.
— Nos plénipotentiaires arrivèrent à Paris, où ils virent M. de Torcy; ils viendront ici demain. — Il arriva un courrier de M. de Roquelaure, qui mande que la flotte ennemie avoit débarqué au port de Cette treize cents hommes, qui s'étoient rendu maîtres d'un petit retranchement qu'on y avoit fait. M. de Roquelaure, devant que d'envoyer son courrier au roi, en avoit envoyé un au duc de Noailles; mais on craint que ce courrier ne le trouve pas à Perpignan, parce qu'il étoit près d'entrer avec ses troupes dans

le Lampourdan. M. de Roquelaure a envoyé aussi un (1)...

Mercredi 30, *à Marly.* — Le roi tint le conseil d'État. Nos plénipotentiaires vinrent ici ; le roi leur donna une assez longue audience dans son cabinet. On va rendre publiques les propositions des ennemis sur la paix. — On apprit que le prince d'Auvergne étoit mort en Flandre de la petite vérole, ce qui est la plus grande affliction que pût avoir le cardinal de Bouillon. L'abbé d'Auvergne étoit l'aîné du prince d'Auvergne et avoit cédé son droit d'aînesse au prince d'Auvergne. Le cardinal de Bouillon, qui vouloit établir dans les Pays-Bas une branche de sa maison qui fût fort riche, avoit porté sa sœur, veuve du prince Maximilien de Bavière, oncle de l'électeur, à laisser en mourant tout son bien, qui étoit considérable, au prince d'Auvergne, au préjudice de M. de Bouillon, de ses enfants et des enfants du feu comte d'Auvergne. Ils auront la douleur de voir passer tous ces biens-là dans une autre maison, car le prince d'Auvergne n'a laissé qu'une fille*. — Le roi a choisi pour remplir la place de lieutenant civil M. de Fleury, fils de M. d'Argouges de Rannes, conseiller d'État et petit-fils de M. Pelletier le ministre, qui est retiré depuis plusieurs années et qui a demandé cette grâce au roi, qui a toujours eu de la considération pour lui. M. de Fleury n'a que vingt-six ans et donne 500,000 francs de la charge.

* Le cardinal de Bouillon fut en effet outré de la mort de ce neveu, qu'il n'avoit engagé à déserter et à servir contre la France que dans les folles espérances de le porter au stathoudérat de Hollande. Sa ressource fut de dresser si bien des embûches à la jeunesse de sa veuve qu'il la coiffa d'un de ses domestiques, qu'il lui fit épouser par conscience, au moyen de quoi il lui ôtoit et à sa mère, à ce qu'il espéroit, la tutelle de la fille unique qui restoit, qui étoit prodigieuse et qui par un long bas âge se devoit accumuler à des trésors. Comme il ne vouloit point mourir, il compta faire rentrer ces grands biens dans sa maison, toujours dans sa vue d'établir puissamment une branche

---

(1) Cette phrase est restée inachevée.

dans les Provinces-Unies ; mais il n'eut que la honte de cet étrange ouvrage. La fille unique épousa dans la suite le prince palatin de Saltzbach ; elle et lui sont morts fort jeunes, et ont laissé un fils unique, qui succédera à la dignité et aux États de l'électeur palatin.

Jeudi 31, *à Marly.* — Le roi courut le cerf l'après-dînée ; madame la duchesse de Bourgogne étoit à la chasse. — Les dernières nouvelles qu'on a de Béthune du dedans de la place sont du 28. Les assiégeants n'avoient pas encore leur canon. — Le roi envoie à M. de Roquelaure deux bataillons des compagnies de la marine et un bataillon des galères. M. de Roquelaure n'a point voulu retirer les troupes qui sont sous ses ordres en Vivarais et dans les Cévennes et est parti de Montpellier avec M. de Basville, intendant de Languedoc, et n'ont que trente hommes avec eux, et s'est approché d'Agde, dont les ennemis, qui avoient mis pied à terre à Cette, se sont emparés. On n'est pas trop content des habitants d'Agde, qui n'avoient qu'à fermer leurs portes. M. de Roquelaure attend les troupes qui viendront ou de M. de Noailles ou de M. de Berwick. — Le roi a donné la première présidence de Pau à M. de Fenouil, maître des requêtes. Il ne lui en a rien coûté, et elle vaut 10,000 livres de rente.

Vendredi 1ᵉʳ *août, à Marly.* — Le roi travailla l'après-dînée avec le P. le Tellier. — Voici la liste des bénéfices qui furent donnés il y a huit jours et qu'on a été quelques jours sans savoir au juste. J'en ai marqué trois ; voici les autres : l'abbaye d'Élan à l'évêque de Noyon ; Rochebonne-Saint-Cyran à l'évêque de Nevers ; Mouzon à l'abbé de Polignac ; Belle-Fontaine à l'abbé d'Illiers d'Entragues ; Bonne-Fontaine à l'abbé Maréchal, fils du premier chirurgien du roi ; Breteuil à l'abbé d'Aspremont, qui avoit résigné un bénéfice qu'on a uni au séminaire de Brest ; Sauve-Majeure à l'abbé des Halles, fils d'une sœur du feu marquis de Villars ; Saint-Serge à l'abbé de Vassé ; Saint-Severin à l'abbé de Cotte, fils du premier architecte du roi ; la Roe à l'abbé d'Arrests ; Jonselle à l'abbé de Massillon ; Genlis à l'abbé Crozat; Cellefroin à l'abbé de la Vieuville, qui étoit chanoine à Tournay ; Saint-Eusèbe à l'abbé d'Espinouze ; Bouras à l'abbé de Lesseville ; Saint-Léger au P. Colas. — Il arriva le soir un courrier du maréchal de Villars, qui a pris le camp qu'on souhaitoit, entre les sources de la Scarpe et de la Canche, notre droite à Montenencourt, la gauche à Berlancourt et le centre à Avesne-le-Comte.

Samedi 2, à Versailles. — Le roi travailla l'après-dînée à Marly avec M. Voisin et revint ici un peu avant huit heures. Monseigneur, qui n'a plus de goutte, alla dîner à Meudon, où il demeurera quelques jours. — Les chanoines de Saint-Germain de l'Auxerrois élurent, il y a quelques jours, pour leur doyen l'abbé Bignon, conseiller d'État (1). Saint-Germain de l'Auxerrois est la paroisse du Louvre ; ainsi il a fallu l'agrément du roi, qui l'a donné. Ce bénéfice vaut 7 ou 8,000 livres de rente et donne un beau logement dans Paris. — Le prince Frédéric d'Auvergne a donné sa démission d'un canonicat qu'il avoit à Liége et qu'on prétend qu'il avoit accepté sans la permission du roi, et c'est le roi qui lui a fait demander cette démission. Les moines de Cluny prétendent qu'il y a des nullités dans l'élection de M. l'abbé d'Auvergne à la coadjutorerie et veulent intenter procès pour la faire déclarer nulle. Ils en ont demandé la permission au roi, qui la leur a accordée. — Le roi a nommé pour intendant à Pau M. de la Neuville, fils de feu des Chiens, qui étoit à feu M. Colbert.

Dimanche 3, à Versailles. — Le roi tint le conseil d'État

---

(1) « On m'apprend que le chapitre de Saint-Germain de l'Auxerrois a élu M. l'abbé Bignon pour doyen, et qu'il y a une grande partie de plaisir à Guermande, chez M. Pronde, qui dure depuis cinq jours, les acteurs étant M. l'évêque de Strasbourg ; la maison de Croissy, mademoiselle de Choin ; M. Bignon l'intendant, madame sa femme, madame Fériol, etc.; car M. le maréchal de Villeroy a Pronde à sa dévotion. » (*Lettre de la marquise d'Huxelles*, du 23 juillet.)

et travailla avec M. Pelletier l'après-dînée. — Le lendemain que M. le maréchal de Villars eut pris le camp entre la source des deux rivières il alla avec soixante escadrons et deux mille grenadiers pour reconnoître le camp des ennemis, qu'on ne put pas attaquer parce que des ravins en couvrent tout le front. Il ne sortit personne du camp des ennemis. On travaille à retrancher le nôtre, et l'on compte que nos retranchements seront achevés dans deux jours. — On apprit il y a deux jours que le marquis de Bay avoit détaché Monténégro avec dix-huit cents hommes pour aller en quartier de rafraîchissement dans le royaume de Léon, en côtoyant la Raya de Portugal. Il avoit chargé Monténégro, quand il approcheroit de Miranda de Duero, ville considérable de Portugal, de la province de Traosmontes, de faire faire des échelles et d'escalader la place, où il n'y avoit qu'une légère garnison. L'affaire s'est conduite fort secrètement et fort habilement. On a pris le gouverneur et trois cents hommes qui étoient dedans prisonniers de guerre. C'est le fils de M. de Villadarias qui est entré le premier dans la ville. Cette conquête est considérable pour les Espagnols, qui tireront un argent considérable de cette ville et feront contribuer la province de Traosmontes et celle entre Duero et Minho, ce qui déplaira fort au roi de Portugal, qui d'ailleurs n'est pas content de ses alliés.

Lundi 4, à Versailles. — Le roi prit médecine par précaution, car il jouit de la plus parfaite santé du monde. Il travailla l'après-dînée avec M. de Pontchartrain. Madame la princesse de Conty alla hier coucher à Meudon, où elle demeurera jusqu'à ce que Monseigneur en revienne. Elle y a mené mademoiselle de Lislebonne, madame d'Épinoy, la duchesse d'Aumont, mademoiselle de Melun, mesdames de Rupelmonde et de Rouvroy. — Il arriva un courrier du maréchal de Villars, qui achève de fortifier son camp, où il peut subsister deux mois. Le canon ne tiroit pas encore hier à Béthune. — M. de Bouillon demanda ces jours passés au roi permission de prendre le deuil de M. le prince d'Auvergne; le roi lui a dit de ne le point prendre, qu'il falloit le regarder comme un homme mort du jour qu'il a été effigié à Paris, ce qui fut fait quand il quitta l'armée de France pour passer dans celle des ennemis *.

* Le refus que le roi fit à M. de Bouillon et aux parents du prince d'Auvergne de prendre le deuil de ce dernier et la permission accordée aux moines de Cluny de revenir contre l'élection qu'ils avoient faite de l'abbé d'Auvergne pour coadjuteur de Cluny à la plus que sollicitation du roi marquoient une colère qui se sentoit impuissante contre un homme, qui, à l'abri de son invulnérable pourpre, ne gardoit plus aucune sorte de mesure avec un roi si accoutumé aux respects les plus outrés et à la soumission la plus orientale. C'étoit de lui toutefois que MM. de Bouillon tenoient deux dignités de duc et pair, deux offices de la couronne, une des principales et plus grandes charges de la guerre, deux gouvernements de provinces, trois survivances de bénéfices et des biens immenses. Ce chapeau même qui devenoit l'occasion et le rempart de celui qui en abusoit contre lui, et un rang de prince sans prétexte, qui se pouvoit anéantir d'un mot, qui n'avoit jamais pu passer dans aucun parlement, et dont la perte eût châtié le cardinal plus cruellement que toutes les peines méritées par un sujet qui nie formellement à son souverain qu'il est son sujet, et qui l'offense en toutes les manières à lui possibles, et le tout pour la préférence de l'évêché de Strasbourg.

Mardi 5, à Versailles. — Le roi tint le conseil de finances et ensuite travailla avec M. Voisin. Après son dîner il travailla avec M. Desmaretz jusqu'à cinq heures, alla ensuite se promener à Trianon, et au retour de la promenade il travailla avec M. Voisin et M. Desmaretz ensemble chez madame de Maintenon. — On eut hier des nouvelles de plusieurs villes d'Allemagne qui portent toutes que le czar s'est enfin rendu maître de Riga, capitale de la Livonie, et de Wibourg, capitale de la Carolie. On mande en même temps qu'on a plusieurs avis que le roi de Suède est parti de Bender. — Avant-hier au soir il arriva un aide de camp de M. de Roquelaure par qui on apprit que le duc de Noailles l'avoit joint le 26; que ses troupes arrivèrent le 27 et qu'après les avoir fait un peu rafraîchir il les avoit fait marcher aux ennemis, qui avoient fait fort peu de résistance. On les poursuivit vivement ; on en tua trois ou quatre cents, beaucoup se noyèrent en se rembarquant; on en prit cent. Ensuite le port de Cette fut emporté l'épée à la main, et on y prit encore soixante-dix soldats et quelques officiers. Nous n'avons perdu à cette affaire que deux grenadiers, quoique les ennemis tirassent beaucoup de canon de leurs vaisseaux. On ne peut trop louer le duc de Noailles de sa diligence, du bon ordre qu'il a apporté pour faire trouver des chevaux à l'artillerie ; il a même répandu beaucoup d'argent pour cela. Il n'avoit amené que mille hommes de pied et huit cents chevaux, et les ennemis avoient débarqué trois mille hommes à Cette ou à Agde.

Mercredi 6, à Versailles. — Le roi tint le conseil d'État. Monseigneur y vint de Meudon, où il retourna dîner. Madame la duchesse de Bourgogne et monseigneur le duc de Berry allèrent après dîner à Meudon, où ils menèrent beaucoup de dames. On y joua, on s'y promena, on y fit collation, et ils revinrent ici au souper du roi. Le roi, après son dîner, alla tirer, et le soir, chez madame de Maintenon, M. Voisin vint lui apporter les nouvelles qu'il avoit eues de M. de Villars. Ces nouvelles sont que M. du Puy Vauban a fait une sortie à Béthune qui a bien réussi. Les assiégeants sont encore à vingt toises de la contrescarpe. — Fesne, l'un des trois écuyers ordinaires de la grande écurie et le seul qui dressa les quatre-vingts chevaux que le roi monte pour les promenades ou pour les chasses, est mort ici. Cette charge vaut 9,000 francs de rente outre les commodités. Elle avoit été créée pour Boisseuil, après la mort de qui Fesne l'avoit eue. Cette charge dépend de M. le Grand ; il l'a donnée à Gouyon, qui étoit sous-écuyer et à qui il n'en a fait payer que 30,000 francs, et a donné la place de Gouyon à la Madelaine, à qui il n'en a fait payer que 20,000 francs, et de ces 50,000 livres que touche M. le Grand il en a donné dix à la veuve de Fesne.

Jeudi 7, à Versailles. — Le roi dîna à onze heures et alla se promener à Marly, d'où la pluie le fit revenir de meilleure heure qu'à l'ordinaire. Monseigneur le duc de Bourgogne, madame la duchesse de Bourgogne, monseigneur le duc de Berry et madame la duchesse de Berry allèrent dîner à la Ménagerie, où ces princesses vouloient monter à cheval, mais la pluie les en empêcha. Monseigneur le duc de Bourgogne en revint pour le salut, où il ne manque jamais d'aller, et s'y en retourna pour faire collation avec ces princesses, et revinrent tous ensemble pour le souper du roi. — Davignon, major des gardes du corps, avoit fait donner depuis peu la lieutenance de la Bastille, qui vaut 5 ou 6,000 francs de rente, à [son frère]; ce frère vient de mourir. — M. de Vendôme, qui étoit venu ici au retour du voyage du roi à Marly, est retourné pour huit jours à Anet, et on ne doute pas qu'il ne parte incessamment pour l'Espagne. Le roi fit partir dimanche un courrier pour savoir si le roi d'Espagne souhaitoit toujours qu'il allât commander ses troupes. Le duc d'Albe, qui étoit mourant depuis six mois, s'est trouvé en bien meilleure santé depuis le retour de nos plénipotentiaires. Il est venu ici et a assuré le roi que M. de Vendôme étoit ardemment souhaité par le roi d'Espagne et par tous les Espagnols.

Vendredi 8, à Versailles. — Le roi travailla le matin avec son confesseur et alla tirer l'après-dînée. Madame la duchesse de Bourgogne et madame la duchesse de Berry montèrent à cheval dans la cour pour l'aller voir tirer et revinrent ici à toutes jambes. M. Voisin vint le soir chez madame de Maintenon apporter des nouvelles au roi. — M. le duc d'Orléans a mis depuis un mois pour précepteur auprès de M. le duc de Chartres l'abbé de Mongault, qui est de l'Académie des inscriptions. — Les Hollandois ont fait imprimer la lettre que nos plénipotentiaires écrivirent au pensionnaire Heinsius en partant de Saint-Gertruydemberg, avec une espèce de réponse qu'ils y ont faite pour tâcher de persuader à toute l'Europe et surtout à leurs peuples qu'ils souhaitent font la paix, que ce ne sont pas eux qui l'ont rompue; mais leur réponse ne sert qu'à le faire voir plus clairement et est très-mal écrite et très-embrouillée.

Samedi 9, à Versailles. — Le roi tint le conseil de finances à son ordinaire, mais l'après-dînée il se trouva mal et ne sortit point. On crut pourtant qu'il souperoit en public, comme il fait toujours; mais il laissa mettre la famille royale à table et passa tout droit dans sa chambre, où il se coucha. — Le maréchal d'Harcourt fut reçu duc et pair au parlement. — Le duc d'Albe vint ici le matin apporter des lettres du roi d'Espagne, qui demande avec la dernière instance qu'on lui envoie M. de Vendôme; ainsi on n'attendra plus pour le faire partir le retour du courrier que l'on avoit envoyé à Madrid pour savoir s'ils le souhaitoient toujours pour général. M. de Torcy envoya aussitôt un courrier à M. de Vendôme, qui partit d'ici jeudi pour retourner à Anet. Il partit même avec la goutte au pied, et l'on craint que cela ne retarde son départ pour l'Espagne. Le roi et la reine d'Espagne proposent de faire une ligue offensive et défensive, et qu'en cas qu'on leur aide à prendre Girone qu'ils enverront un nombre de troupes en France qu'ils soudoieront.

Dimanche 10, à Versailles. — Le roi fut assez incommodé la nuit; il se releva plusieurs fois, mais il s'endormit à sept heures. On entra chez lui à onze. Il fit dire la messe dans sa chambre. Monseigneur, qui avoit été averti de l'incommodité du roi, étoit venu de Meudon dès huit heures, et le roi vouloit qu'il y retournât dîner et que madame la duchesse de Bourgogne y allât après dîner, comme la partie en avoit été faite. Le roi dîna dans son lit et ne mangea qu'un potage; ensuite il tint le conseil d'État, qu'il auroit tenu le matin sans son incommodité. Le soir il soupa seul dans sa chambre et ne se sentoit plus de son indigestion. — Quand le duc d'Albe vint hier, il parla au roi d'un grand combat en Catalogne où les ennemis avoient eu sept ou huit cents hommes tués et dans lequel ils avoient perdu un prince de Nassau et milord Carpenter, un de leurs lieutenants généraux, et qu'il couroit même des bruits que Stanhope, général des Anglois, avoit été fort blessé, et que les Espagnols avoient aussi perdu quelques gens considérables à ce combat. La reine d'Espagne, dans les lettres qu'elle a écrites à madame la duchesse de Bourgogne, parle de cette affaire comme d'une affaire malheureuse, et on accuse Villadarias de ne s'être pas bien conduit.

Lundi 11, *à Versailles.* — Le roi se trouva le matin en bonne santé; il ne s'étoit relevé que deux fois la nuit. Il alla à la messe à la chapelle; il dîna à son heure ordinaire. L'après-dînée il travailla avec M. de Pontchartrain jusqu'à cinq heures; ensuite il alla chez madame de Maintenon et ne sortit point de tout le jour. Madame la duchesse de Bourgogne alla se promener avec ses dames à la Ménagerie; monseigneur le duc de Bourgogne alla les trouver et y soupa avec elles. Monseigneur le duc de Berry alla à Meudon et courut le loup avec Monseigneur. — Les lettres de notre armée de Flandre du 9 portent que les ennemis veulent saigner l'inondation qui couvre le côté le plus foible de Béthune. Ils avancent fort peu à leur grande attaque, et l'on compte que la place durera au moins jusqu'au 20 de ce mois. — Par les lettres que les particuliers ont reçues du combat qui s'est donné en Catalogne, on accuse fort M. de Verboom d'avoir mal posté l'armée et on soupçonne même sa fidélité. On prétend qu'il s'est fait prendre.

Mardi 12, *à Versailles.* — Le roi tint le conseil de finances et travailla l'après-dînée avec M. Desmaretz et M. Voisin tous deux ensemble et puis alla tirer. Monseigneur revint le soir de Meudon. Messeigneurs les ducs de

Bourgogne et de Berry allèrent tirer dans la plaine de Saint-Denis. — Le marquis de Lamberti, envoyé extraordinaire du duc de Lorraine, eut son audience publique du roi, à qui il fit compliment, de la part du duc son maître, sur le mariage de monseigneur le duc de Berry. — La Vienne*, premier valet de chambre du roi, mourut à Paris après une longue maladie; il avoit près de quatre-vingts ans. Champcenetz, son fils, avoit la survivance de sa charge et est actuellement en service auprès du roi. — On a des nouvelles de Provence que la flotte ennemie qui avoit été chassée le 29 du port de Cette avoit paru devant les îles de Marseille et ensuite sur les côtes d'Antibes et de Villefranche, et que le 6 elle avoit pris le large, n'ayant osé tenter aucune descente.

*On a parlé ailleurs de la Vienne; on ajoutera seulement ici qu'il avoit un frère qui s'appeloit Cantin, qui avoit les quatre charges de barbier du roi, dont la femme étoit première femme de chambre de madame la duchesse de Bourgogne, avec du mérite et de la considération, et dont le fils étoit premier valet de garde-robe du roi, duquel toute cette famille tiroit beaucoup.

Mercredi 13, à Versailles. — Le roi tint le conseil d'État et se promena l'après-dînée à Trianon. — On mande de Dauphiné que le général Thaun, qui commande les troupes de l'empereur, et le général Rebender, qui commande les troupes de M. de Savoie, avoient fait, depuis qu'ils sont en campagne, plusieurs tentatives pour entrer en Provence ou en Dauphiné, mais qu'ils n'avoient pu pénétrer d'aucun côté. Dès que les neiges les obligeront à repasser les montagnes, ce qui arrive d'ordinaire avant la fin du mois de septembre, on fera un détachement de notre armée de Dauphiné pour l'envoyer au duc de Noailles, et on espère que par là il seroit en état au commencement de novembre de faire le siège de Girone. — On ne parle plus du tout du voyage de Fontainebleau.

Jeudi 14, à Versailles. — Le roi alla à vêpres et se promena ensuite dans les jardins. Monseigneur le duc de

Bourgogne et madame la duchesse de Bourgogne, après avoir entendu le salut, allèrent joindre le roi à sa promenade. — Il arriva un courrier du maréchal de Villars qui apporta une lettre de M. du Puy-Vauban écrite de la nuit du 11 au 12, étant dans le chemin couvert de sa place. Il mande que les ennemis n'ont encore rien pris. Ils travaillent à la sape à leur grande attaque, et de l'autre côté ils travaillent toujours à faire écouler les eaux de l'inondation. Nous perdons fort peu de monde à la défense de cette place, et jusques ici il n'y a pas un officier considérable tué ni blessé. Comme on est persuadé qu'après ce siège les ennemis songeront à attaquer Aire, le maréchal de Villars y a envoyé dix-sept bataillons.

Vendredi 15, à Versailles. — Le roi et toute la maison royale entendirent la messe et vêpres l'après-dînée; ils allèrent ensuite à la procession dans la cour du château, et ensuite le roi alla se promener à Trianon. Le roi fait toujours ses dévotions ce jour-ci, mais son confesseur s'est trouvé assez incommodé pour ne pouvoir venir. Le roi a remis à dimanche à les faire. — On mande d'Alsace que les armées, ni de part ni d'autre, ne font aucun mouvement. Le maréchal de Bezons a fait passer quelques troupes au Fort-Louis pour enlever des grains de l'autre côté du Rhin. — Hier, à la grand'chambre, on jugea le procès de MM. de Matignon contre la duchesse de Luynes et mademoiselle de Neufchâtel, sa sœur, sur la donation que madame de Nemours avoit faite à M. de Neufchâtel de la duché d'Estouteville et de la baronnie de Lucheux, qui valent bien 60,000 livres de rente. MM. de Matignon perdirent leur procès dans tous les points.

Samedi 16, à Versailles. — Le roi tint le conseil de finances; l'après-dînée il s'enferma avec son confesseur, qui est guéri. Il alla ensuite se promener dans les jardins et travailla le soir avec M. Voisin chez madame de Maintenon. — Villelouvet, colonel de dragons et qui avoit été fait brigadier en sortant de Douai, où il avoit très-bien servi, est mort à Cambray. Il avoit une petite pension sur les Invalides. — Les nouvelles du roi de Suède sont encore fort incertaines, mais on apprend par différents endroits que le grand vizir, qui étoit opposé à tous ses intérêts, a été déposé et condamné de lever à ses dépens six mille hommes pour le roi de Suède. On a mis pour grand vizir un descendant des Coprogli; c'est le quatrième de ce nom-là qui a été grand vizir, chose dont il n'y a point d'exemple.

Dimanche 17, à Versailles. — Le roi fit ses dévotions et toucha les malades étrangers dans le salon de la chapelle en bas; l'après-dînée il entendit vêpres, travailla ensuite avec le P. le Tellier à la distribution de quelques bénéfices et puis alla au salut. — L'abbé de Maulevrier a eu l'abbaye de Moutier-Saint-Jean, qui vaut 10 ou 12,000 livres de rente et qui est dans son pays en Bourgogne. Quand il rendit l'évêché d'Autun, où le roi l'avoit nommé, il ne demandoit pour toute grâce que de conserver sa charge d'aumônier. L'évêque de Soissons a eu l'abbaye du Masgarnier, qu'avoit l'archevêque de Toulouse; elle vaut 7,000 livres de rente et elle n'est qu'à huit lieues de Toulouse. L'abbé de Goazanvot, chapelain du roi, a eu l'abbaye de Chalivoy, qui vaut très-peu de chose. — Madame la duchesse de Bourgogne alla souper à Saint-Cloud, où M. le duc d'Orléans et madame la duchesse d'Orléans sont depuis mardi; ils y ont mené vingt-quatre dames.

Lundi 18, à Versailles. — Le roi tint le conseil d'État, qu'il ne tint point hier parce qu'il fit ses dévotions. L'après-dînée le roi donna audience à MM. de la ville de Paris. Le scrutin étoit porté par M. de Fourqueux, conseiller au parlement, que le roi loua fort sur sa harangue, qui fut très-belle. Le roi ne sortit point de tout le jour, parce qu'il fit une pluie horrible; il travailla le soir avec M. de Pontchartrain. Madame la duchesse de Bourgogne alla dîner à la Ménagerie; elle comptoit d'y monter à cheval pour aller voir tirer le roi, mais la pluie l'empêcha d'y monter comme elle empêcha le roi d'aller tirer. — Les lettres du maréchal de Villars du 16, qui sont venues par l'ordinaire, portent que le siége de Béthune va toujours assez lentement. Les ennemis y souffrent parce qu'ils sont obligés d'aller au fourrage fort loin et que leurs convois qui viennent de Douai sont obligés de faire un grand tour. — M. de Vendôme a mandé d'Anet qu'il seroit ici demain.

Mardi 19, *à Versailles.* — Le roi tint le conseil de finances et travailla l'après-dînée avec M. Voisin et M. Desmaretz. Le vilain temps l'empêcha encore de sortir. — M. de Vendôme arriva ici. Il a encore beaucoup de peine à se soutenir, mais il ne souffre point en chaise de poste; ainsi son voyage d'Espagne ne sera point retardé. Dès qu'il fut arrivé, le duc d'Albe et M. de Torcy allèrent chez lui; M. Voisin y alla aussi le soir. Il verra le roi demain après son dîner. — Madame de Laval* est fort mal; elle est dans sa quatre-vingt-treizième année. M. l'évêque de Metz, son petit-fils, en héritera de 55,000 livres de rente qui lui sont substituées. Madame la duchesse de Sully, sa petite-fille, héritera de peu de chose; et madame la maréchale de Rochefort, sa fille unique du second lit, n'en aura quasi rien, tout le bien que madame de Laval avoit eu du chancelier Séguier, son père, étant substitué aux enfants de son premier mariage avec le grand-père de M. de Metz et de madame de Sully.

* Madame de Laval avoit été mariée fort jeune par le chancelier Séguier, son père, au marquis de Coislin, colonel général des Suisses et Grisons, tué à Aire en 1641, pour s'appuyer auprès du cardinal de Richelieu, dont ce marquis étoit fils du cousin germain. Elle en eut le duc, le cardinal et le chevalier de Coislin, et se remaria très-tôt et très-jeune, et malgré père et mère, au marquis de Laval, cadet et fils du maréchal de Bois-Dauphin et de la fille du maréchal de Souvré. M. de Laval fut tué à vingt-quatre ans devant Mardick en 1646, et ne laissa qu'une fille unique, qui a été depuis la maréchale de Rochefort. Il s'étoit réconcilié avec le chancelier Séguier par une émeute au sujet du curé de Saint-Estache, dans laquelle le suisse du chancelier avoit été

battu et emmené, et que M. de Laval ramena sans que le chancelier voulût voir son gendre, et ensuite par avoir fait appeler Rouville, qui, ayant perdu un procès au conseil, s'en étoit pris au chancelier jusqu'à lui dire qu'il radotoit. On empêcha le combat, et à ce coup le chancelier pardonna tout à son gendre et à sa fille. Madame de Laval étoit sœur aînée de la duchesse de Verneuil, veuve en premières noces du duc de Sully; quand elle mourut, elle disoit qu'elle avoit toujours bien cru que sa sœur mourroit jeune, parce qu'elle aimoit trop les remèdes; madame de Verneuil avoit plus de quatre-vingts ans.

Mercredi 20, à Marly. — Le roi tint le matin à Versailles le conseil d'État. Après son dîner il donna une assez longue audience à M. de Vendôme, qui prit congé de lui; ensuite le roi tint encore le conseil d'État, et à six heures il partit pour venir ici, où l'on doit demeurer vingt-quatre jours. — Le soir on apprit ici que le marquis de Bellefonds étoit mort à Paris, en arrivant de l'armée de Flandre. Il avoit demandé son congé il y a quelques jours, mais on croyoit que son mal n'étoit pas si dangereux. M. de Bouillon, qui le vint dire au roi, demanda le gouvernement de Vincennes, qu'avoit le marquis de Bellefonds, pour son fils, qui n'a que trois ans, et madame du Châtelet, dame du palais et tante de celui qui vient de mourir, le demanda aussi pour son petit-neveu, ou, si le roi ne le vouloit pas donner à l'enfant, elle le demandoit pour son mari, qui est ancien lieutenant général. Beaucoup d'autres courtisans dès le soir même demandèrent ce gouvernement, qui est un des jolis présents que le roi puisse faire (1).

Jeudi 21, à Marly. — Le roi se promena le matin dans ses jardins et courut le cerf l'après-dînée; madame la duchesse de Bourgogne et madame la duchesse de

---

(1) « Voici un bel objet pour les courtisans, qui est le gouvernement de Vincennes. On estime qu'il vaut dix mille écus de rente. J'en connois le logement, les chasses et autres agréments. M. le marquis de Bellefonds ayant été malade toute cette campagne à l'armée et renvoyé par les médecins ici, où il arriva avant-hier à trois heures après midi, après avoir passé à Saint-Denis, où il avoit acheté des talmouses, mourut à sept heures sans aucune connoissance... On dit qu'il s'est crevé d'avoir trop mangé de talmouses. » (*Lettres de la marquise d'Huxelles*, des 22 et 25 août.)

Berry étoient à la chasse, à cheval. M. Voisin vint le soir trouver le roi chez madame de Maintenon. Il apporta des lettres du maréchal de Villars, qui mande que Béthune se défend toujours fort bien quoique les ennemis aient saigné l'inondation du côté du château, et il y a peu d'ouvrages qu'on puisse défendre de ce côté-là. — On a des nouvelles de Constantinople du 14 juillet qui confirment la déposition du grand vizir et de Coprogli, qui étoit gouverneur de Belgrade, qui a été mis en sa place ; le palatin de Kiovie étoit arrivé à Constantinople ; que le nouveau grand vizir l'avoit envoyé querir et l'avoit assuré que le sultan donneroit les moyens au roi de Suède de retourner dans son royaume et l'assisteroit pour cela de toutes ses forces. Il a prêté au roi de Suède quatre cent mille rixdales.

Vendredi 22, *à Marly.* — Le roi se promena tout le matin dans les jardins et alla tirer l'après-dînée. Au retour de la chasse il dit à M. de Pontchartrain, qui étoit à son déshabiller, de le suivre chez madame de Maintenon et là il lui dit de ne pas lui montrer le mémoire de tous les gens qui avoient demandé le gouvernement de Vincennes, quoi qu'il lui eût ordonné hier de faire ce mémoire-là. S. M. a donné à M. le marquis du Châtelet ce gouvernement, sur lequel il donnera, dix ans durant, 4,000 francs de pension à l'enfant qu'a laissé le marquis de Bellefonds, et outre cela on prend 3,000 francs sur les appointements du gouvernement pour celui qui en sera lieutenant de roi et qui sera à la nomination du roi. Il sera chargé de la garde et de la nourriture des prisonniers. Ainsi le gouvernement, qui valoit 25,000 livres de rente, n'en vaudra plus que 18,000. Le roi donne un brevet à la maréchale de Bellefonds pour conserver son logement à Vincennes sa vie durant.

Samedi 23, *à Marly.* — Le roi alla l'après-dînée courre le cerf ; madame la duchesse de Bourgogne étoit avec lui dans sa calèche. Monseigneur et messeigneurs ses enfants

étoient à la chasse. Au retour le roi travailla chez madame de Maintenon avec M. Voisin. — Par les lettres de notre armée de Flandre on apprend que les ennemis s'étoient logés le 20 sur les angles saillants du chemin couvert du côté du château de Béthune. On espère pourtant que la place durera encore jusqu'à la fin du mois.
— Le roi a donné la lieutenance de roi de Vincennes à..., qui avoit une compagnie franche à la Bastille et qui est accoutumé à garder les prisonniers, et la lieutenance de la Bastille, qui étoit vacante par la mort du frère de Davignon, major des gardes du corps, à de Lauhay, qui étoit lieutenant de roi de Vincennes et qui est parent proche de Bernaville, gouverneur de la Bastille.

Dimanche 24, à Marly. — Le roi tint le conseil d'État, alla tirer l'après-dînée et travailla avec M. Pelletier. — On compte présentement que Saint-Venant est en état de se défendre et que l'inondation en rendroit la circonvallation fort difficile, et les ennemis ne peuvent ouvrir la tranchée que par une chaussée qui est assez étroite. Il n'est presque pas possible que les ennemis fassent le siège d'Aire sans prendre Saint-Venant auparavant. — Nous avions une entreprise sur Menin qui étoit ménagée par le comte de Villars, par Chevilly, lieutenant de roi d'Ypres, et par M. le Blanc, qui en est intendant. Les guides qui menoient nos troupes les ont mal menées; elles n'ont pu arriver qu'au jour au lieu d'arriver la nuit, ce qui a fait manquer l'entreprise. — Monseigneur mena madame la duchesse de Bourgogne et toutes les dames à la roulette, et ensuite madame la duchesse de Bourgogne alla au salut à la paroisse. Monseigneur le duc de Bourgogne alla à vêpres et au salut à Versailles.

Lundi 25, à Marly. — Le roi travailla l'après-dînée avec M. de Pontchartrain et ensuite alla se promener dans les jardins. Les vingt-quatre violons vinrent jouer durant le dîner du roi, ce qu'ils font tous les ans le jour de Saint-Louis. — Il ne se passe rien de considérable entre notre armée de Dauphiné et celle des ennemis. Voici une copie de la dernière lettre du duc de Berwick; elle est du camp de Briançon du 21 août.

« M. de Thaun étoit campé il y a trois jours à Demont, et comme M. de Rebender est à Oulx avec trente bataillons et qu'il paroît que le dessein des ennemis pourroit bien être de ce côté-ci, j'y suis venu ayant toutefois laissé du côté de Tournoux le nombre de troupes suffisantes tant pour garder la vallée de Barcelonette que pour se porter sur le Var, si malgré les apparences les ennemis descendoient dans le comté de Nice. Je me flatte qu'ils n'entameront point notre frontière cette campagne. »

Les ennemis avoient assemblé un corps de quatre à cinq mille hommes auprès de Traerbach et commandés par le gouverneur de cette place, qui s'étoient avancés pour étendre les contributions dans le pays Messin. Imécourt, qui commande en ce pays-là, a marché à eux avec le détachement des troupes qui viennent d'Alsace pour la Flandre, et les ennemis se sont retirés fort vite.

Mardi 26, à Marly. — Le roi tint le conseil de finances, courut le cerf l'après-dînée; Monseigneur et messeigneurs ses enfants étoient à la chasse; madame la duchesse de Bourgogne et madame la duchesse de Berry y étoient à cheval. Madame suit toujours le roi en calèche, et ce voyage-ci elle mène alternativement avec elle mesdemoiselles de Bourbon et de Charolois. Après la chasse le roi travailla avec M. Voisin et M. Desmaretz, comme il fait tous les mardis. — Un gentilhomme du duc d'Albe apporta ici la triste nouvelle d'une bataille que le roi d'Espagne a perdue auprès de Saragosse et qui s'est donnée le 20 de ce mois. C'est le marquis de Mirabel, gouverneur de Saragosse, qui mande cette nouvelle au duc de Saint-Jean, vice-roi de Navarre, et ce viceroi a envoyé cette lettre au commandant de Bayonne, qui a envoyé un courrier au duc d'Albe et qui a fait une furieuse diligence. Si l'on en croit cette lettre, toute la cavalerie espagnole a été défaite ; on ne sait ce qu'est devenu le marquis de Bay, qui la commandoit. Le duc d'Havré a été tué, et le roi d'Espagne retourne à Madrid.

Mercredi 27, à Marly. — Le roi tint le conseil d'État. L'après-dînée il se promena dans les jardins et vit jouer au petit mail. — Il n'arrive point de courrier d'Espagne, et on tâche à douter de la nouvelle qu'a mandée le marquis de Mirabel, dont la lettre est datée de Tudela, qui est par delà Saragosse, et on n'en a nulle nouvelle d'aucun autre endroit. — Il arriva hier un courrier du maréchal de Villars. Il mande au roi une action qui s'est passée à un fourrage que faisoient les ennemis et qui auroit été fort heureuse si nous n'avions pas voulu pousser la chose trop loin. On a pris trois cents chevaux aux ennemis ; mais en poursuivant les fuyards on a trouvé de l'infanterie derrière des haies, derrière lesquelles les ennemis se sont ralliés. Nous avons perdu cinquante ou soixante carabiniers. C'étoient le comte de Broglio et Nangis qui commandoient, et ils prétendent que c'est par ordre du maréchal d'Arco, qui les vint joindre, qu'ils se sont engagés trop avant.

Jeudi 28, à Marly. — Le roi se promena le matin et l'après-dînée dans les jardins. — Il n'est point encore venu de nouveau courrier d'Espagne. Il en arriva un de Flandre, et on mande qu'on entendoit beaucoup tirer à Béthune le 27. On a des lettres du dedans de la place du 24. Les ennemis achevèrent de se rendre maîtres du chemin couvert du 22, et la descente du fossé étoit faite quand M. de Puy-Vauban a écrit. Ils se préparoient à attaquer des ravelins, qui ne sont pas en trop bon état, et comme ce côté-là étoit couvert par l'inondation, on y avoit moins travaillé. — Monseigneur alla dîner à Meudon seul et en revint pour le souper du roi. — On a remarqué à ce voyage-ci que mademoiselle de Bouillon n'en étoit point, quoique M. son père y fût et qu'elle ne se fût jamais présentée sans y venir. Le roi y menoit aussi toujours le duc de Gramont quand il demandoit; il a demandé et n'est point venu. Il n'y a d'hommes ici que le service et les maris des femmes qui y sont.

Vendredi 29, *à Marly*. — Le roi travailla le matin avec son confesseur, et l'après-dînée il alla courre le cerf; madame la duchesse de Bourgogne étoit avec lui dans sa calèche. Monseigneur et messeigneurs ses enfants étoient à la chasse, qui fut très-belle. — On n'a point encore de courrier d'Espagne qui confirme la nouvelle venue par la lettre du marquis de Mirabel, et on se flatte que l'affaire n'est pas si malheureuse qu'il l'a mandée, quoiqu'on ne puisse quasi pas douter que le roi d'Espagne n'ait perdu la bataille. — Le roi a donné le régiment de cavalerie qu'avoit le marquis de Bellefonds à M. de Montauban, homme de condition et de beaucoup de réputation sur le courage. Il étoit dans les carabiniers; c'est M. du Maine qui a demandé ce régiment pour lui. Le roi avoit donné à Lourda, ancien officier, l'agrément pour acheter le régiment de Châteaumorand, maréchal de camp de la dernière promotion. Lourda n'a pas pu trouver de quoi payer ce régiment. Le roi le donne au comte de Roye, qui en a un nouveau, et le fils du comte de Gramont, qui commande en Franche-Comté, a l'agrément pour acheter celui du comte de Roye. Ainsi ce sera lui qui payera les 22,500 livres à M. de Châteaumorand.

Samedi 30, *à Marly*. — Le roi ne tient point le conseil de finances ici les samedis. Il travailla l'après-dînée avec M. Voisin, puis alla tirer. Monseigneur courut le loup dans la forêt de Saint-Germain. Madame la duchesse de Bourgogne et madame la duchesse de Berry étoient à cheval à la chasse. — Un courrier que M. de Torcy avoit envoyé en Espagne il y a quelque temps, par lequel il mandoit au roi d'Espagne que le roi destinoit l'abbé de Polignac à y aller ambassadeur, est arrivé. La cour d'Espagne donne de grandes louanges à M. l'abbé de Polignac, mais ils souhaitent qu'on y renvoie pour ambassadeur M. Amelot. Ce courrier n'est parti de Madrid que le 22 au matin, et l'on n'y pouvoit rien savoir de la bataille du 20. — On a des nouvelles sûres d'Angleterre qu'on a ôté à milord Godolphin la charge de grand trésorier; son fils a épousé une fille de Marlborough. On a la confirmation que la reine a ôté à madame de Marlborough la charge de dame d'honneur, et on ne doute plus que ce parlement-ci ne soit cassé.

Dimanche 31, à Marly. — Le roi tint le conseil d'État, et travailla l'après-dînée avec M. Pelletier et puis alla tirer. Monseigneur le duc de Bourgogne alla à Versailles, où il entendit vêpres et le salut. Madame la duchesse de Bourgogne, qui étoit allée à Versailles avec lui, descendit à ses écuries, qu'elle visita toutes pendant qu'on mettoit des chevaux à ses carrosses, et puis s'en alla à Chaillot voir la reine d'Angleterre. Elle entendit le salut avec elle et ensuite remonta en carrosse avec la princesse d'Angleterre. Elles allèrent se promener au cours, et après la promenade madame la duchesse de Bourgogne ramena la princesse d'Angleterre à la reine sa mère à Chaillot. Madame la duchesse de Bourgogne revint ici pour le souper du roi; elle avoit fait venir des relais à Saint-Cloud. — Madame de Laval mourut le matin à Paris. Il y avoit déjà quelques jours qu'elle avoit perdu connoissance (1). — On eut nouvelle que Béthune capituloit le 28 au soir.

Lundi 1ᵉʳ septembre, à Marly. — Le roi courut le cerf l'après-dînée; madame la duchesse de Bourgogne étoit dans sa calèche; Monseigneur et messeigneurs ses enfants étoient à la chasse. Le roi travailla le soir avec M. de Pontchartrain. — On mande de Flandre que les ennemis

---

(1) « Madame de Laval est morte, laissant M. l'évêque de Metz un orphelin de deux cent mille francs de rente, y compris l'hôtel de Jars. Elle avoit quatre-vingt-treize ans, et on l'a enterrée avec grande pompe aux Ursulines du faubourg Saint-Jacques, quoiqu'elle eût ordonné qu'on n'y fît point de cérémonie. » (*Lettre de la marquise d'Huxelles*, du 3 septembre.)

ont accordé à la garnison de Béthune la capitulation la plus honorable et que la garnison en devoit sortir hier, qui étoit le dernier du mois, pour être conduite à Saint-Omer. On parle toujours d'un grand détachement que le prince Eugène fait des troupes allemandes qui sont dans l'armée de Flandre, et l'on prétend que l'empereur a deux raisons pour demander ce détachement, l'une parce qu'on assure que le prince Ragotzki a entièrement défait le général Heister, l'autre parce que le roi de Suède est près de rentrer en Pologne avec quarante mille Turcs ou Tartares. Toutes les nouvelles portent qu'il doit être parti de Bender le 28 juillet et que le Grand Seigneur avoit fait arborer la queue de cheval. — Le roi a envoyé ordre au duc de Noailles d'aller à Bayonne pour y conférer avec M. de Vendôme quand il y passera, et le maréchal de Montrevel a ordre d'envoyer quelques bataillons à Pampelune.

Mardi 2, à Marly. — Le roi tint le conseil de finances, et l'après-dînée il travailla longtemps avec M. Voisin et M. Desmaretz. — Il arriva un courrier de Madrid par lequel on apprit que le roi d'Espagne y étoit revenu et y a été très-bien reçu des grands et du peuple malgré la perte de la bataille. La déroute n'a pas été si grande que l'avoit mandé le marquis de Mirabel. On assure même que les ennemis y avoient perdu presque autant de monde que les Espagnols. Le marquis de Bay, qui commandoit l'armée d'Espagne, s'étoit retiré à Tudela, où il avoit déjà rassemblé huit ou dix mille hommes, et il a prié le roi son maître de ne point faire revenir les troupes d'Estramadure. Le roi d'Espagne avoit été incommodé quelques jours avant la bataille et n'y étoit point. Il n'est que trop vrai que la bataille est perdue; mais les troupes flamandes n'ont point jeté les armes, et il paroît qu'on n'est point découragé à Madrid.

Mercredi 3, à Marly. — Le roi, le matin, après son lever, fit entrer dans son cabinet le duc d'Albe, qui étoit venu ici dès le matin; M. de Torcy étoit avec lui. Au sortir de la messe le roi tint conseil d'État à son ordinaire. L'après-dînée il alla tirer. — Un neveu de M. du Puy-Vauban arriva hier ici. Son oncle l'a envoyé pour apporter la capitulation de Béthune, qui est telle qu'on l'avoit dit, et pour rendre compte de tout ce qui s'est passé durant le siége. Il est colonel et avoit son régiment dans la place. Le roi est fort content du gouverneur et de la garnison.

— Il est arrivé en Bretagne un vaisseau venant de la mer du Sud très-richement chargé; on compte qu'il apporte plus de deux millions de piastres. Ceux qui ont le principal intérêt à ce vaisseau sont Lépine-Danican et Deslandes-Mangon. Un officier qui étoit dans le vaisseau en apporta hier ici la nouvelle. — Le roi envoie du Pont pour commander dans la citadelle de Pampelune, où il a déjà commandé et dont le roi ne l'avoit retiré que quand il fit revenir tous les François d'Espagne, et le roi en le retirant de là l'envoya commander à Landrecies.

Jeudi 4, à Marly. — Le roi courut le cerf l'après-dînée; madame la duchesse de Bourgogne et madame la duchesse de Berry étoient à cheval. Monseigneur et messeigneurs ses enfants étoient à la chasse, comme ils y sont presque toujours. — Hier, au sortir du conseil, le roi dit à M. de Torcy, qui lui avoit demandé le gouvernement de Crécy pour le chevalier de Croissy, son frère, qu'il lui donnoit ce gouvernement pour lui-même s'il le vouloit. M. de Torcy pria le roi que ce fût pour son frère, ce que le roi accorda. Ce gouvernement vaut 6 ou 7,000 livres de rente; il est fort proche de Paris, et la terre de Croissy est dans l'étendue de ce petit gouvernement. Il étoit vacant depuis la mort du cardinal de Coislin, et M. de Torcy ne l'avoit demandé au roi que depuis la mort du dernier duc de Coislin, parce que ce gouvernement avoit été longtemps dans leur famille. Le chancelier Séguier, bisaïeul du dernier duc de Coislin, l'avoit eu; après sa mort il fut donné au duc de Coislin, son petit-fils. Quand ce duc de Coislin mourut, le cardinal son frère le demanda pour le duc de Coislin, son neveu; mais comme le roi n'en étoit pas content, il le donna au cardinal.

Vendredi 5, à Marly. — Le roi travailla le matin avec son confesseur et alla tirer l'après-dînée. Monseigneur et messeigneurs ses enfants allèrent tirer aussi et tuèrent, à eux quatre, deux cent cinquante faisans. On est toujours étonné de la quantité prodigieuse qu'on en trouve et dans le parc de Versailles et dans celui de Marly. — On eut nouvelles de Flandre que les ennemis ont marché et qu'ils campoient à Lillers. Cette marche les approche de Saint-Venant et d'Aire, et ils répandent le bruit dans leur armée qu'ils veulent faire ces deux siéges à la fois, ce qu'on ne croit pas ici qu'ils puissent faire. — Voici ce que M. de Berwick mande de Dauphiné, du camp du pont de Servière le 31 août :

« Le 28 de ce mois l'armée des ennemis, que commande le comte de Thaun, vint camper à Saint-Sicaire ayant leur droite à Mouliers et leur gauche à Camlas. M. de Rebender est à Oulx avec dix-huit bataillons, l'armée du roi à sa droite au camp du Roux et la gauche à Monestier. Les ennemis ne songent plus qu'à subsister et à se tenir en force près de nous pour nous empêcher d'envoyer ailleurs des détachements. »

Samedi 6, à Marly. — Le roi travailla l'après-dînée avec M. Voisin, et puis alla dans les hauts de Marly voir jouer au grand mail. Il fit venir beaucoup de calèches pour madame la duchesse de Bourgogne et les dames qui l'avoient suivie. Monseigneur alla dîner à Meudon et revint ici pour le souper du roi. Monseigneur le duc de Berry alla tirer dans la plaine de Saint-Denis. — Le marquis de Bay a écrit une lettre à M. Voisin, datée du 24 de Tudela qui est à douze lieues de Saragosse et à vingt lieues de Pampelune. Il envoie en même temps une relation de la bataille qui n'est guère différente de ce qu'avoit mandé d'abord le marquis de Mirabel. Il se plaint fort de toute l'infanterie, qui a jeté les armes sans combattre. Il écrit qu'en arrivant à l'armée il l'avoit trouvée en si grand désordre et si épouvantée que, quand il n'auroit point été obligé de combattre, l'infanterie l'auroit abandonné de même. Il ne se plaint point de la cavalerie et rassemble tout ce qu'il peut à Tudela. Les ennemis n'avoient pas marché depuis la bataille, et on prétend que le poste de Tudela est fort bon, pourvu qu'il y ait des vivres.

Dimanche 7, à Marly. — Le roi tint le conseil d'État et travailla avec M. Pelletier l'après-dînée. M. Voisin entra chez le roi ensuite et y mena M. de Monteil, mestre de camp de cavalerie et qui fait la charge de maréchal des logis de l'armée de M. de Noailles. Il étoit venu à Bayonne avec M. de Noailles, qui, de concert avec M. de Vendôme, l'a envoyé ici pour recevoir les ordres du roi. Dès qu'il fut dans le cabinet du roi avec M. Voisin, on envoya chercher M. de Torcy; ils furent assez longtemps enfermés, et puis M. de Torcy sortit et le mestre de camp quelque temps après. M. Voisin demeura un quart d'heure seul avec le roi, et ensuite S. M. alla faire un tour de promenade. Ce mestre de camp nous dit en sortant d'avec le roi que M. de Vendôme attendoit à Bayonne le retour d'un courrier qu'il avoit envoyé à Madrid; que l'on n'étoit pas trop effrayé sur la frontière d'Espagne de la perte de la bataille; qu'on accusoit M. de Bay de l'avoir donnée imprudemment; que les ennemis y avoient perdu assez de monde et qu'on n'avoit point de nouvelles qu'ils eussent fait aucun mouvement depuis ce jour.

Lundi 8, jour de la Notre-Dame, à Marly. — Le roi alla à cinq heures au salut à la paroisse; madame la duchesse de Bourgogne y alla entendre vêpres. — Il arriva un courrier de M. de Villars, qui mande que du 4 au soir les ennemis ont investi Aire et Saint-Venant et qu'ils veulent faire ces deux siéges tout à la fois; qu'ils destinent quarante bataillons à faire celui d'Aire et vingt bataillons pour faire celui de Saint-Venant et que leur armée d'observation couvrira ces deux siéges. L'entreprise ici paroît grande, et on est persuadé qu'Aire durera deux mois pour le moins et que le siége de Saint-Venant sera plus difficile qu'ils ne pensent. — M. du Puy-Vauban arriva ici le soir. Le roi l'a très-bien reçu et lui a fait donner une chambre ici. — Madame a reçu une lettre de madame d'Hanovre, sa tante, qui lui mande que le roi de Suède est entré en Pologne avec cinquante mille Turcs ou Tartares, qui y font de grands désordres et même qui y brûlent beaucoup. Le roi jusqu'ici n'en a point eu d'autres avis.

Il y a vingt-deux ans que je fus taillé à pareil jour (1).

Mardi 9, *à Marly*. — Le roi tint le conseil de finances et travailla ensuite longtemps avec M. Desmaretz. L'après-dînée il courut le cerf; madame la duchesse de Bourgogne étoit avec lui dans sa calèche. Monseigneur et messeigneurs ses enfants étoient à la chasse. Le soir le roi travailla avec M. Voisin et M. Desmaretz, comme il fait tous les mardis depuis quelque temps. — On mande d'Allemagne que M. d'Osnabruck, frère de M. de Lorraine, va incessamment être reçu coadjuteur de Trèves. — Madame la duchesse de Mantoue est très-dangereusement malade. Ses médecins lui annoncèrent le matin le danger où elle étoit, et elle fut confessée le soir. — Miran, enseigne dans la gendarmerie, est mort du pourpre dans notre armée de Flandre. Beaucoup de jeunes gens de condition et même de vieux officiers demandent cette charge, dont le roi n'a point encore disposé. — Le roi a fait repartir le chevalier de Monteil; il retrouvera encore à Bayonne M. de Vendôme et le duc de Noailles.

Mercredi 10, *à Marly*. — Le roi prit médecine et l'après-dînée il tint le conseil d'État. Durant tout ce

---

(1) Voir tome II, page 166.

voyage-ci, Monseigneur n'a joué qu'au papillon ; madame la duchesse de Bourgogne jouoit quelquefois avec lui et tous les jours elle a joué au lansquenet l'après-dînée, et le soir en sortant du cabinet du roi, après souper, elle jouoit de petits momons pour amuser des dames. — Mon fils vint ici. Sa plaie est entièrement fermée. — On commence à vendre les charges de la maison de monseigneur le duc de Berry et de madame la duchesse de Berry. Menon, qui est dans les affaires, a acheté la charge de surintendant de la maison de ce prince. Il en donne 500,000 francs, et le prix des autres charges est fixé. — M. le comte de Toulouse a reçu une lettre d'un officier de la marine qui est à Dantzick, qui lui mande qu'on y a eu nouvelle que le roi de Suède étoit parti de Bender avec un plus grand nombre de troupes que madame d'Hanovre ne l'avoit mandé à Madame, mais que cette nouvelle avoit besoin de confirmation.

Jeudi 11, *à Marly.* — Le roi se promena tout le matin dans ses jardins et alla tirer l'après-dînée. Monseigneur alla se promener au Val avec madame la Duchesse, qui y mena quelques dames de Marly et qui en fit venir quelques autres de Paris. M. d'Antin y donna une grande et magnifique collation. — Il arriva un courrier du maréchal de Villars qui a couché deux nuits à Hesdin. On dit qu'il va faire marcher son armée et qu'il a reconnu un camp sur la petite rivière du Ternois ; qu'il mettra sa droite à Saint-Paul et sa gauche à Blangy. Il mande que les ennemis continuent à vouloir faire le siége d'Aire et celui de Saint-Venant tout à la fois. — On mande de Londres que depuis la déposition de milord Godolphin les actions de la banque sont considérablement baissées. On a nommé pour exercer cette charge cinq commissaires, qui sont milord Pawlet, Harley, ci-devant orateur de la chambre des communes et secrétaire d'État, Paget, fils de celui qui étoit ambassadeur à Vienne, Benson, beau-frère du comte Darmouth, secrétaire d'État, et le chevalier Manser, qui a été contrôleur de la maison de la reine Anne.

Vendredi 12, *à Marly.* — Le roi, après son dîner, alla courre le cerf. Monseigneur et messeigneurs ses enfants étoient à la chasse; madame la duchesse de Bourgogne et madame la duchesse de Berry y étoient à cheval. Le roi n'en revint qu'à la nuit fermée, et le cerf ne fut pris qu'une demi-heure après. — Le maréchal de Villars a la permission de s'en aller aux eaux, et on ne doute pas que ce ne soit le maréchal d'Harcourt qu'on envoie en sa place, malgré sa mauvaise santé. — M. de Vendôme devoit partir de Bayonne le 9. Il va droit à Madrid, où le roi d'Espagne lui a mandé qu'il l'attendoit avec impatience; cependant on ne croit pas que M. de Vendôme y puisse arriver avant le 20. Il ne pourra pas faire diligence parce qu'il a eu quelques accès de fièvre quarte. Le roi d'Espagne l'assure dans sa lettre qu'il le mettra bientôt à la tête d'une armée aussi forte du moins que celle de M. de Staremberg. Le corps que M. de Bay a rassemblé à Tudela se fortifie tous les jours, et il lui vient d'Andalousie deux mille hommes de pied et mille chevaux, outre mille chevaux qu'on fait venir encore d'Estramadure. C'est le marquis de Richebourg qui commande l'armée d'Espagne en ce pays-là depuis que le marquis de Bay en est parti.

Samedi 13, *à Versailles.* — Le roi travailla l'après-dînée à Marly avec M. Voisin. Il s'y promena dans les jardins jusqu'à six heures et puis revint ici, où l'on demeurera jusqu'à la fin du mois. Monseigneur partit de Marly à neuf heures et alla dîner à Meudon, d'où il ne reviendra que samedi. Madame la duchesse de Bourgogne joua dans le salon de Marly jusqu'à cinq heures et puis revint ici. — Il est public présentement que M. le maréchal d'Harcourt va commander l'armée de Flandre; il y a déjà quelques jours qu'il le sait. Il partira samedi et ne compte d'arriver que le 23, parce qu'il marchera lentement à cause de ses incommodités. — Le roi a donné à

M. de Lanoue-Langeais, ancien capitaine de cavalerie, le guidon vacant dans la gendarmerie, et lui permet de vendre sa compagnie. — On n'a point de confirmation de l'entrée du roi de Suède en Pologne, et l'on a des lettres qu'il étoit encore sûrement à Bender le 10 de juillet; mais on mandoit en même temps qu'il étoit près de se mettre en marche. On ne sait point s'il viendra par la Pologne ou par la Hongrie.

Dimanche 14, à Versailles. — Le roi tint le conseil d'État, travailla l'après-dînée avec M. Pelletier et puis alla se promener dans les jardins. Monseigneur qui est à Meudon se fit saigner par pure précaution. Madame la duchesse de Bourgogne, après avoir entendu le salut, vouloit aller se promener dans les jardins; mais elle se trouva un peu fatiguée. Elle ne sortit que pour aller chez madame de Maintenon. — On n'a point encore de nouvelle que la tranchée soit ouverte à Aire et à Saint-Venant. Les ennemis travaillent à saigner l'inondation de cette dernière place. — Toutes les nouvelles d'Angleterre et de Hollande portent que tous les torys veulent faire faire le procès à Marlborough et qu'on y travaillera dès que le nouveau parlement sera assemblé; celui-ci, qui étoit favorable à ce milord, doit être cassé le 15 de ce mois. Milord Rivers, qui va offrir de la part de la reine Anne au duc d'Hanovre le commandement de l'armée, est arrivé à Amsterdam; et milord Thowsend, qui est ambassadeur en Hollande et qu'on croit fort attaché à Marlborough, est rappelé.

Lundi 15, à Versailles. — Le roi tint le conseil de dépêches, travailla l'après-dînée avec M. de Pontchartrain et puis alla se promener à Trianon. Monseigneur le duc de Bourgogne, madame la duchesse de Bourgogne et monseigneur le duc de Berry allèrent tous trois séparément dîner avec Monseigneur à Meudon. Monseigneur le duc de Bourgogne, qui avoit voulu demeurer jusqu'à la fin du conseil, n'arriva que longtemps après qu'on fut à table. — Le roi d'Angleterre, qui a presque toujours été malade durant la campagne, ne vouloit point en revenir ; mais enfin il s'est rendu aux prières de la reine sa mère, qui lui en a écrit fortement, et au conseil du roi, et il sera à Saint-Germain après-demain.

— On n'a point encore fait de détachement de l'armée du maréchal de Berwick, parce que le comte de Thaun et le général Rebender se tiennent toujours en force auprès de lui, afin d'être en état d'entreprendre quelque chose s'il affaiblissoit son armée. On croit même que, quand les neiges seront tout à fait venues, ce qui arrivera bientôt infailliblement, ils se baraqueront plutôt dans les neiges que de retourner en Piémont, pour nous empêcher de faire des détachements.

Mardi 16, *à Versailles.* — Le roi tint le conseil de finances et travailla ensuite longtemps avec M. Desmaretz ; l'après-dînée il travailla avec M. Voisin et avec M. Desmaretz. Monseigneur se purgea à Meudon, comme il fait toujours de temps en temps. — Le roi a donné à M. du Puy-Vauban l'expectative de la première place des huit grand-croix de l'ordre de Saint-Louis qui vaquera, et en attendant il lui permet de porter la grande croix, et il aura les 2,000 écus de pension qu'ont les autres. Il avoit déjà le cordon rouge et 1,000 écus de pension, ainsi il ne profite que de 1,000 écus. Le roi fait maréchal de camp M. de Miromesnil, ancien brigadier d'infanterie, qui étoit dans Béthune avec lui. On fait encore d'autres grâces à des officiers qui étoient dans cette place, mais je n'en sais pas le détail. — M. le duc de Mortemart a perdu au jeu une somme considérable contre le prince d'Isenghien et lui donne son régiment à vendre pour en payer la plus grande partie. M. de Beauvilliers, beau-père de ce duc, veut bien faciliter à son gendre les moyens de payer comme il le souhaite et espère qu'une pareille aventure corrigera M. de Mortemart du jeu.

Mercredi 17, *à Versailles.* — Le roi tint le conseil d'État; Monseigneur y vint de Meudon et s'y en retourna dîner. Le roi alla tirer l'après-dînée; madame la duchesse de Bourgogne et madame la duchesse de Berry montèrent à cheval et allèrent le voir tirer. — On reçut des lettres de M. de Vendôme du 10 au soir de Bayonne. Il mande qu'un nouvel accès de fièvre l'avoit empêché de partir le 9 et qu'il espéroit partir le lendemain. Le duc de Noailles va avec lui à Madrid. M. de Staremberg n'a point marché en avant depuis la bataille gagnée, et M. de Bay, qui étoit à Tudela, est allé avec dix ou douze mille hommes qu'il a rassemblés pour camper à Soria, qui est à la source du Duero et le grand chemin pour aller de Tudela à Madrid. MM. de Grimaldi et de Zuniga sont à Pampelune, où ils ont mené dix-huit cents hommes. — Le maréchal de Villars, qui n'attend que l'arrivée de M. d'Harcourt pour aller aux eaux, mande que la nuit du 12 au 13 les ennemis ont ouvert la tranchée à Aire en deux endroits.

Jeudi 18, *à Versailles.* — Le roi dîna de bonne heure, et alla se promener à Marly. A son retour M. le maréchal d'Harcourt prit congé de lui : il avoit été le matin enfermé avec le roi dans son cabinet. Il retourna coucher à Pontaly, qui est une petite maison dans le parc de Versailles que le roi lui donna il y a quelques années; il en partira samedi pour Flandre. Le maréchal de Villars lui a mandé que, pourvu qu'il y arrivât le 25, cela suffisoit. — Il y a des lettres d'Espagne qui portent que M. de Staremberg se prépare à marcher en avant et qu'il doit être arrivé à Calataiud. Il a fait cuire beaucoup de biscuit. Il n'a pas plus de dix-huit mille hommes dans son armée, mais le marquis de Bay n'en a pas plus de douze, quoiqu'il ait été joint par le duc de Pratamène, et l'on ne doit guère compter sur l'infanterie du marquis de Bay, qui n'est composée que de milices, et qui ont perdu leurs armes à la bataille de Saragosse.

Vendredi 19', *à Versailles.* — Le roi travailla le matin avec son confesseur, et l'après-dînée il alla à Meudon.

Monseigneur le duc de Bourgogne, monseigneur le duc de Berry et madame la duchesse de Berry y étoient allés dès le matin dîner avec Monseigneur. Le roi descendit au château neuf, où étoit Monseigneur, et sur les quatre heures monta à cheval pour aller tirer dans le parc. Madame la duchesse de Bourgogne et madame la duchesse de Berry allèrent le voir tirer et étoient à cheval. Après la chasse le roi revint ici dans sa calèche. Monseigneur le duc de Bourgogne se mit à la tête des dames et revinrent ici à toutes jambes, et le soir madame la duchesse de Bourgogne se trouva fort enrhumée et ne soupa point avec le roi. Elle alla pourtant dans son cabinet après souper. — On avoit rendu un mauvais office au maréchal de Villars sur un discours qu'on lui faisoit tenir à l'armée et qui étoit fort offensant contre toutes les dames qui ont l'honneur de suivre madame la duchesse de Bourgogne à la chasse. Le maréchal s'en justifie fort et cherche à découvrir l'auteur de cette ridicule histoire.

Samedi 20, *à Versailles.* — Le roi tint le conseil de finances et travailla l'après-dînée avec M. Voisin. Monseigneur revint le soir de Meudon, et ira lundi à Rambouillet, où il demeurera tout le reste de la semaine. — On a des lettres de M. de Goësbriant du 17, qui rend compte d'une grande sortie qu'il a fait faire et qui a réussi fort heureusement. — On apprit par le courrier d'Espagne qui arrive les samedis que M. de Staremberg étoit en marche et venoit droit à Madrid. Le roi d'Espagne, qui n'a point de troupes avec lui et ne pouvant pas demeurer dans Madrid, qui est tout ouvert, prend le parti d'en sortir pour aller à Valladolid. La reine et le prince des Asturies vont avec lui. Tous les conseils le suivent; tous les grands et la plupart des gens considérables se préparent à le suivre aussi. Le marquis de Bay avec sa petite armée est à Aranda de Duero, qui n'est qu'à huit ou dix lieues de Valladolid. La santé du roi d'Espagne n'est pas bonne, et le parti qu'il est obligé de prendre augmentera encore son mal apparemment. Il demande avec beaucoup d'instances quatre ou cinq mille hommes au roi pour les joindre aux troupes qu'a M. de Bay, mais nous avons peu de troupes de ces côtés-là. On envoie dans une place de notre frontière le duc de Médina-Céli, qui étoit prisonnier à Ségovie; il est escorté par trente gardes du roi d'Espagne.

Dimanche 21, *à Versailles.* — Le roi tint le conseil d'État; l'après-dînée il travailla avec M. Pelletier et puis alla tirer. — Il arriva un courrier du roi d'Espagne, qui est sorti de Madrid avec la reine et le prince des Asturies. Tous les grands l'ont suivi et beaucoup des habitants l'ont suivi ou sur des mules ou à pied même. L'armée de l'archiduc s'avance; et M. de Staremberg, avec un gros détachement, étoit déjà à Siguença. M. de Vendôme et M. de Noailles espèrent joindre le roi d'Espagne le 16 ou le 17. La désolation est grande à Madrid sur l'approche des ennemis et le départ du roi. Tous les peuples lui témoignent une grande fidélité. — M. de Berwick mande du 17 qu'il est toujours campé au pont de Servière, que les ennemis sont toujours bien baraqués dans leur même camp, d'où ils ne se retireront que lorsque le mauvais temps les en chassera. Il mande aussi que, les habitants de la vallée de Saint-Pierre n'étant point venus dans le temps marqué traiter de la contribution, quoique nous eussions des otages, M. de Cadrieux y avoit marché le jour d'auparavant avec un gros détachement et avoit brûlé quasi toute la vallée. — On a amené à Bayonne le duc de Médina-Céli et Flotte, qui étoient tous deux prisonniers dans le château de Ségovie.

Lundi 22, *à Versailles.* — Le roi dîna de bonne heure, et alla se promener à Marly. Au retour il travailla avec M. de Pontchartrain chez madame de Maintenon. Monseigneur, monseigneur le duc de Bourgogne et monseigneur le duc de Berry partirent dès le grand matin pour aller à Rambouillet et coururent le loup en chemin; ils n'en reviendront que samedi. Madame la duchesse de

Bourgogne y devoit aller mercredi pour revenir le même jour, mais son voyage est rompu ; elle prend le parti de demeurer avec le roi. — Les religieuses du Port-Royal des Champs, que l'on transféra il y a environ un an dans différents couvents du royaume, ont presque toutes signé le formulaire. Il y en a dix-huit dont on a les signatures ; il en reste deux qui sont dans des couvents à Blois qui n'ont pas voulu le signer. Après qu'on les eut tirées du Port Royal des Champs on rasa leur maison et leur église*. — M. le chevalier de Selve, qui commande dans Saint-Venant, a mandé au roi que les ennemis travailloient toujours à saigner l'inondation de Saint-Venant et celle d'Aire ; mais jusques ici ils n'avoient point du tout réussi à Saint-Venant et fort peu à celle d'Aire.

* Les Mémoires, toujours politiques, avoient tu l'année précédente la destruction de Port-Royal des Champs (1), et sans en rien dire depuis que ce mot, copié de ce que les destructeurs firent accroire au roi du fruit des barbaries des anciens temps déployées sur le corps et sur l'âme de ces saintes filles, et passe sur tout cet article comme chat sur braise.

Mardi 23, à Versailles. — Le roi tint le conseil de finances et travailla ensuite longtemps avec M. Desmaretz. — On parle fort d'une dîme royale sur tous les biens du royaume. M. le duc de Sully en parle dans ses Mémoires ; Boisguilbert (2) avoit travaillé sur cela et en avoit parlé à M. le chancelier pendant qu'il étoit contrôleur général. Depuis ce temps-là feu M. le maréchal de Vau-

(1) Saint-Simon oublie-t-il que Dangeau, ayant interrompu son journal depuis le 13 septembre 1709 jusqu'à la fin de l'année, à cause de la blessure de son fils, n'avait pu parler de la destruction de Port-Royal, arrivée en novembre ? Que ce soit légèreté ou mauvaise foi, il est impardonnable à Saint-Simon de dénigrer ainsi à tort et à travers un travail qui lui a été si utile, on peut même dire si indispensable pour la rédaction de ses Mémoires.

(2) Ce Boisguilbert vint trouver M. de Pontchartrain, alors contrôleur général, et en lui présentant son livre intitulé : *Détail de la France*, il lui dit « Vous me prendrez d'abord pour un fou ; ensuite vous m'écouterez, et vous finirez par m'approuver. » M. de Pontchartrain lui répondit : « Je m'en tiens au premier. » (*Note du duc de Luynes.*)

ban avoit fait imprimer un livre dans cet esprit-là et où il étoit entré dans de plus grands détails. M. Desmaretz fait examiner l'idée que les uns et les autres ont eue. Il y fait travailler M. de Nointel, M. de Bouville et M. de Vaubourg, tous trois conseillers d'État, dont l'un est son frère et les deux autres ses beaux-frères, M. de Bercy, intendant des finances et son gendre, trois autres gens qui sont dans les affaires, savoir La Croix, Prond et Orry, mais il n'y a rien encore de réglé là-dessus. — M. de Chevilly, qui commandoit à Ypres, ayant été averti que les ennemis faisoient partir de Gand un grand convoi escorté par dix-huit cents hommes, commanda M. de Ravignan, maréchal de camp, avec deux mille cinq cents hommes; il sortit d'Ypres la nuit et marcha fort diligemment. Il trouva le convoi à Saint-Éloy-Vive. Il y avoit quarante-cinq balandres chargées de beaucoup de munitions de guerre et de bouche. L'escorte de ce convoi avoit un marais devant elle, qui n'empêcha pas Ravignan de l'attaquer et de la défaire entièrement; ensuite il brûla tous les bateaux, ce qui est une grande perte pour les ennemis.

Mercredi 24, à Versailles. — Le roi tint le conseil d'État et alla tirer l'après-dînée. — M. de Villars a fait mettre en prison M. d'Heudicourt, qu'il accuse d'avoir inventé un discours qu'il faisoit tenir à ce maréchal. Il le fit venir devant beaucoup d'officiers et prétendit l'avoir convaincu. M. de Villars a rendu compte au roi des raisons qu'il avoit eues pour faire arrêter d'Heudicourt, et le roi le laisse le maître de le laisser en prison tant qu'il le jugera à propos. On l'a envoyé dans un petit fort auprès de Calais*. — Le chevalier de Valence arriva ici. Il est capitaine de galères, et on l'avoit fait venir de Dunkerque à Ypres avec quelques troupes de la marine qu'il commandoit. Il étoit à l'affaire de M. de Ravignan, qui est encore plus considérable qu'on ne l'avoit dit d'abord. Les ennemis y avoient treize cents hommes de pied et six cents chevaux. Les treize cents hommes de pied, dont il y en avoit huit cents anglois, ont tous été tués, noyés ou pris, et des six cents chevaux qui prirent la fuite de bonne heure il ne s'en est pas trouvé trois cents. M. Ginkel, général major et fils du comte d'Athlone, a été pris et presque tous les officiers principaux qui escortoient ce convoi. On a fait sauter treize cents milliers de poudre, et les prisonniers assurent que cette affaire-là leur coûtera plus de trois millions. Le village de Saint-Éloy-Vive, auprès duquel étoient les bateaux pleins de poudre qu'on a fait sauter, est presque entièrement abîmé. M. de Ravignan, avant que de mettre le feu aux poudres, avoit fait éloigner ses troupes.

* Il étoit échappé des ordures au maréchal de Villars sur les dames qui montoient à cheval avec madame la duchesse de Bourgogne, qui furent paraphrasées et mandées, et qui les scandalisèrent au point d'en faire du bruit. Heudicourt, qui les en avoit informées, fut le bouc émissaire sur qui tout tomba; c'en étoit un et de jeu et de figure, au moyen de laquelle il étoit reçu chez toutes les dames dont il étoit volontiers le Mercure et en avoit tout l'esprit; plaisant, méchant, hardi, impudent de la faveur de sa mère, et qui s'enivroit de rien. Il faisoit des chansons qui ne mourront jamais, et savoit bien à qui s'adresser pour toutes ses manigances; mais pour cette fois il se méprit. Il fit un jour une chanson sur le grand prévôt de Sourches de Montsoreau et sur toute sa famille, si folle, si plaisante, si ravissante par son naturel que le maréchal de Boufflers, qui étoit l'homme du monde le plus sérieux, en éclata de rire derrière le roi à sa messe; en le voyant, ce rire en gagna d'autres tellement que le roi se tourna de surprise, qui fut au comble quand il vit le maréchal rire à l'excès. Au sortir de la messe il lui demanda à qui il en avoit eu et dans un lieu si peu convenable; le maréchal, riant de nouveau, répondit qu'il ne lui pouvoit dire que dans son cabinet. Il lui dit la chanson en rentrant, et voilà le roi aux larmes; mais ce ne fut pas tout, c'est qu'il fut deux jours à ne pouvoir regarder aucun Montsoreau sans tomber au même état, et toute la cour encore plus à son exemple. Cette espèce de huée dura longtemps, et on s'en souvient encore.

Jeudi 25, à Versailles. — Le roi alla dîner à Marly; madame la duchesse de Bourgogne, madame la duchesse de Berry et madame de Maintenon y allèrent dîner avec lui. Le roi, après le dîner, alla voir la cour d'Angleterre, et les princesses se promenèrent dans les jardins. Ils revinrent tous ici avant la nuit. — M. le chevalier de Valence et M. de Ravignan dans sa relation louent fort M. de Jarnac, brigadier d'infanterie, et M. de Saint-Chaumont, colonel de dragons. — M. l'evêque de Metz (1) fut reçu à l'Académie françoise et fit un très-beau discours qui fut fort applaudi ; l'abbé de Choisy y répondit fort dignement. — M. de Dénonville*, sous-gouverneur des enfants de France et qui avoit été gouverneur de la Nouvelle-France, mourut à la campagne il y a quelques jours. — M. le comte d'Estaing, qui commande à Saint-Omer, a fait pousser la grande garde des ennemis par Mortagny, et, ne doutant pas que les ennemis ne fissent monter de la cavalerie pour soutenir leur grande garde, il avoit fait embusquer de l'infanterie dans des défilés. On leur a tué cent hommes, presque tous hussards, et on a amené soixante chevaux à son camp.

* Ce Dénonville étoit un brave brigadier de dragons et qui avoit fait merveilles en Canada, où il avoit été gouverneur général ; c'étoit pourtant une espèce d'imbécile, bien dévot et bien incapable d'élever personne, encore moins des fils de France. Il eut la douleur de voir son fils perdu à Hochstett, qui avoit auparavant la mine tournée à la fortune. C'étoit un très-bon et honnête gentilhomme, très-propre à la congrégation des jésuites ou à la communauté des messieurs à Saint-Sulpice, et à rien du tout au delà. On l'avoit attaché plus particulièrement au roi d'Espagne, quoiqu'il fût le premier des trois sous-gouverneurs ; il crut lui avoir tout dit, quand il fut déclaré roi d'Espagne, de lui avoir prononcé cette belle maxime, « de récompenser les bons et de punir les mauvais. » Ces deux mots selon lui contenoient toutes choses.

Vendredi 26, à Versailles. — Le roi travailla le matin avec son confesseur. Madame la duchesse de Bourgogne et madame la duchesse de Berry allèrent dîner à la Ménagerie ; elles montèrent à cheval l'après-dînée et allèrent voir le roi qui tiroit dans son grand parc. — Le roi d'Espagne

---

(1) Henri-Charles du Cambout, duc de Coislin.

arriva le 19 à Valladolid; on y attendoit ce jour-là M. de Noailles et le lendemain M. de Vendôme. On n'a point nouvelle que l'armée ennemie se soit approchée de Madrid plus près que Siguença. Trente-trois grands d'Espagne ont écrit au roi une lettre que le duc d'Albe lui a donnée ce matin pour l'assurer de l'attachement inviolable qu'ils ont pour le roi leur maître, et en même temps ils demandent du secours; ils ont tous signé la lettre. — On a des nouvelles sûres que le roi de Suède n'étoit pas encore parti de Bender le 6 du mois d'août. On commence à croire même qu'il y pourroit bien demeurer encore cet hiver, les Turcs n'étant pas entièrement résolus de rompre la trêve qu'ils ont renouvelée depuis peu avec le czar.

Samedi 27, à Versailles. — Le roi tint le conseil de finances, travailla l'après-dînée avec M. Voisin et le soir alla se promener dans le jardin. Monseigneur revint le soir de Rambouillet, où il étoit depuis lundi. Monseigneur le duc de Bourgogne et monseigneur le duc de Berry en revinrent le matin et allèrent dîner à la Ménagerie où madame la duchesse de Bourgogne leur avoit donné rendez-vous. Madame la duchesse de Bourgogne avoit commandé qu'il n'y eût que des carpes à son dîner, ce qui leur fit faire un assez mauvais repas. — Le comte de Noailles, frère du duc et qui avoit été chanoine de Notre-Dame, est mort à Perpignan de la petite vérole. Il étoit lieutenant général d'Auvergne; cette charge vaut 8,000 livres de rente, et l'année passée le duc de Noailles, son frère, lui donna son régiment de cavalerie. On ne doute pas que le roi ne laisse au duc de Noailles la disposition de ces deux charges. — Le maréchal de Villars a fait sortir d'Heudicourt de prison; le roi trouvoit bon qu'il l'y laissât tant qu'il le trouveroit à propos.

Dimanche 28, à Versailles. — Le roi tint le conseil d'État, qui dura jusqu'à une heure et demie. Il avoit donné audience au cardinal de Noailles avant la messe.

L'après-dînée il alla tirer et le soir il travailla avec M. Pelletier chez madame de Maintenon. Monseigneur alla tirer dans le parc de Meudon. Monseigneur le duc de Bourgogne et madame la duchesse de Bourgogne entendirent vêpres, et après vêpres madame la duchesse de Bourgogne joua chez elle au brelan. — Le roi a donné au duc de Noailles la disposition des deux charges qu'avoit son frère, qui vient de mourir. — Madame reçut des lettres de madame de Lorraine, sa fille, qui lui mande que M. l'évêque d'Osnabruck, frère de M. de Lorraine, a été élu coadjuteur de Trèves. L'électeur a soixante-quinze ans. Il s'appeloit le baron d'Orgebec et avoit été coadjuteur longtemps. Les chanoines de Trèves n'avoient pas voulu se trouver à la réception de M. d'Osnabruck quand il fût reçu chanoine, et M. de Lorraine a trouvé le moyen par ses ménagements de leur faire donner leur voix à son frère pour la coadjutorerie, qui est chose très-capitale pour la maison de Lorraine.

Lundi 29, *à Versailles.* — Le roi travailla le matin avec M. de Pontchartrain ; il n'y travaille d'ordinaire que les après-dînées. — M. de Dénonville avoit un assez beau logement dans l'aile neuve, que le roi a donné au duc de Saint-Aignan, pour qui M. de Beauvilliers l'avoit demandé. M. de Saint-Aignan avoit un fort petit logement, qu'on a donné à un fils de madame Cantin. — M. le chevalier de Rothelin, qui s'étoit jeté dans Aire, où il n'étoit que volontaire, a mandé au marquis de Rothelin, son frère, qu'il s'étoit passé une grande action à ce siége, M. de Goësbriant voulant faire reprendre une redoute que les ennemis avoient prise; que lui chevalier de Rothelin y avoit eu les deux cuisses percées et qu'il étoit demeuré prisonnier. Il écrit à son frère pour le prier de le venir voir et de lui donner cette consolation-là avant que de mourir. Le roi n'a eu aucune nouvelle de cette action-là. — Le chevalier de Selve mande de Saint-Venant qu'il a fait faire une sortie qui a très-bien réussi, mais qu'il a eu le malheur d'y perdre M. de Bérenger, colonel de Bugey, qui étoit un garçon très-estimé.

Mardi 30, à Versailles. — Le roi tint le conseil de finances, dans lequel la dîme royale fut réglée. On n'en sait pas encore la manière, mais on assure que le roi en tirera un prodigieux argent et qu'on éteindra les billets de monnoie; que les rentes de la maison de ville seront payées dans leur entier à l'avenir, et que l'argent qu'on tirera de cette affaire viendra tout entier dans les coffres du roi sans passer par les mains des traitants. L'édit en paroîtra au premier jour. — On attend à tout moment des nouvelles de M. de Vendôme ou du duc de Noailles pour savoir au vrai l'état des affaires d'Espagne. Les lettres de la frontière et du côté de Bayonne et du côté d'Oléron portent toutes que M. de Staremberg remarche vers l'Aragon, que son dessein étoit d'envoyer un gros parti pour surprendre le roi d'Espagne ou le prince des Asturies dans Madrid; mais qu'apprenant qu'ils en étoient sortis il n'avoit pas voulu s'engager plus avant en Castille. Tout ce qui se dit là-dessus est fort incertain.

Mercredi 1ᵉʳ octobre, à Versailles. — Le roi tint le conseil d'État et l'après-dînée il alla tirer. Madame la duchesse de Bourgogne alla dîner chez madame Voisin avec madame de Maintenon. — On a des nouvelles de notre armée de Flandre par celle des ennemis, qu'à l'attaque de la redoute d'Aire le marquis de Listenois, maréchal de camp, avoit été tué. M. de Bauffremont, son frère, a écrit ici pour demander au roi le régiment de dragons qu'il avoit et qui est dans leur famille depuis la création. Le roi même lui avoit donné l'agrément pour l'acheter l'hiver passé. M. de Listenois, qui est d'une des premières maisons de Franche-Comté, avoit eu la Toison il y a quelques mois. M. de Bauffremont en demandant le régiment demandoit aussi que la charge qu'il a dans la gendarmerie fût vendue au profit de sa nièce, qui est le seul enfant qu'ait laissé M. de Listenois. — On dit en même temps dans l'armée des ennemis qu'à l'attaque de cette même redoute Flavacourt, brigadier et colonel de dragons de l'électeur de Cologne, avoit été tué, que le second fils du comte de la Mothe avoit eu la jambe cassée; mais tout cela ne se sait encore que par la nouvelle des ennemis.

Jeudi 2, à Versailles. — Le roi partit après la messe pour aller dîner à Marly. Madame la duchesse de Bourgogne y alla dîner avec lui dans le carrosse de madame de Maintenon, où étoient mesdames de Maintenon, d'O, de Lévis, de Caylus, Voisin et de Dangeau. Après le dîner le roi se promena fort dans les jardins, et au retour madame la duchesse de Bourgogne lui proposa de revenir dans le carrosse où elle étoit venue, et il en revint en huitième avec elle, comme elle l'avoit souhaité. — M. du Guast, père de M. de Bérenger, qui a été tué à Saint-Venant, vint hier demander au roi le régiment de Bugey, dont son fils étoit colonel, pour un second fils qu'il a dans le service et qui, si je ne me trompe, est capitaine dans le régiment de Leuville. Le roi le lui accorda et lui marqua même qu'il regrettoit fort son fils comme un officier de mérite et de distinction. Ils sont de la maison de Bérenger, qui est une des meilleures maisons de Dauphiné. Celui qui vient de mourir n'a point laissé d'enfant; sa veuve est fille de Surbeck, Suisse, ancien lieutenant général. — On ajoute encore quelques morts et quelques blessés à ceux qu'on prétend avoir perdus à la redoute d'Aire, et que le comte d'Estrades, maréchal de camp, a eu le bras percé.

Vendredi 3, à Versailles. — Le roi travailla le matin avec son confesseur; il dîna de bonne heure et puis alla se promener à Marly. Monseigneur et monseigneur le duc de Berry coururent le loup. — On eut nouvelle que Saint-Venant avoit commencé à capituler le 29 : il y a eu quelques difficultés sur la capitulation. — Après le souper, le roi étant dans son cabinet avec la famille royale,

M. Voisin lui envoya des lettres arrivées d'Espagne par un courrier du duc de Noailles. M. de Torcy arriva un moment après ; le roi le fit entrer dans son cabinet, où il demeura un quart d'heure. On a su par ce courrier que l'archiduc étoit à Madrid. Il n'y couche pas ; il revient le soir coucher à son camp, qui est fort près de la ville. La reine d'Espagne et le prince des Asturies sont à Vittoria. Le roi d'Espagne va se mettre à la tête de son armée pour chercher à combattre l'archiduc dès que les troupes que l'on fait venir d'Estramadure auront joint ce qui reste de troupes au marquis de Bay. M. de Vendôme marche avec le roi d'Espagne, et le duc de Noailles retourne commander les troupes qu'il a laissées en Roussillon.

Samedi 4, à Versailles. — Le roi tint le conseil de finances et travailla ensuite jusqu'à une heure et demie avec M. Desmaretz ; l'après-dînée il travailla avec M. Voisin et puis alla se promener à Trianon. — Monseigneur le duc de Berry, en sortant du cabinet du roi pour aller à la messe, dit à M. de Razilly que le roi l'avoit nommé pour son premier écuyer et qu'il pouvoit le remercier, ce que M. de Razilly fit dans l'instant. Le roi lui donne cette charge sans lui en rien faire payer, quoique sur le mémoire des charges à vendre dans la maison de monseigneur le duc de Berry cette charge fût taxée à 250,000 francs et que des gens de qualité propres à la remplir eussent fait leurs soumissions pour en donner cette somme-là. On compte que cette charge, ou en appointements ou en commodités, vaudra au moins 10,000 écus de rente. — Notre garnison de Saint-Venant sortit de la place le 2 de ce mois pour être conduite à Arras ; elle a eu la même capitulation que Douai et Béthune.

Dimanche 5, à Versailles. — Le roi tint le conseil d'État, qui fut plus long qu'à l'ordinaire. L'après-dînée il alla tirer, et au retour il travailla avec M. Pelletier chez madame de Maintenon. — Le roi a envoyé un courrier au duc de Noailles, qu'il trouvera à Toulouse, avec ordre de venir faire un tour ici avant que d'aller en Roussillon. Le roi veut être informé par lui de l'état des affaires d'Espagne avant que de prendre aucune résolution là-dessus. — M. de la Rochepot, gendre de M. Voisin, a l'agrément de la charge de chancelier de monseigneur le duc de Berry. Il n'en payera que 170,000 mille francs, quoique dans le mémoire des charges à vendre elle fût taxée à 100,000 écus. — Hier, quand le roi donna à M. de Razilly * la charge de premier écuyer de monseigneur le duc de Berry, il donna à M. de la Haye, écuyer de ce prince par commission, la charge de son chambellan ordinaire, qui vaut 2,000 écus de rente, et outre cela il demeurera son écuyer ordinaire. Il se présente une infinité de gens pour acheter toutes les charges de cette maison, grandes et petites.

* Razilly reçut là un grand présent pour sa portée; mais c'étoit un gentilhomme de bon lieu et qui, avec peu d'esprit, s'étoit conduit si uniment et si honnêtement depuis qu'il étoit auprès des princes que, quoique beaucoup de gens forts supérieurs à lui offrissent la taxe de la charge qu'il eut pour rien, toute la cour applaudit à cette grâce jusqu'à ceux qui la vouloient acheter.

Lundi 6, à Versailles. — Le roi prit médecine par précaution. Madame la duchesse de Bourgogne et madame de Maintenon furent longtemps avec lui le matin. Il dîna à trois heures et puis travailla avec M. de Pontchartrain. Monseigneur et monseigneur le duc de Berry coururent le loup. Madame la duchesse de Bourgogne joua chez elle au brelan après le dîner du roi. — Le roi augmente son infanterie de cinq hommes par compagnie. On donnera aux capitaines pour cette augmentation vingt francs par soldat et les armes, ou, si les capitaines l'aiment mieux, on leur donnera trente francs sans armes. Les fonds pour cela sont faits sans billets de monnoie et sont entre les mains de M. Voisin; il a aussi entre les mains l'argent pour les recrues. On en donne même aux nouveaux petits régiments, à qui on n'en avoit jamais donné, mais on ne leur en donne que la moitié. On donne aux régiments suisses, irlandois et allemands 1,200 écus par bataillon pour les recrues, à quoi on veut qu'ils travaillent dès à cette heure, afin que les troupes soient prêtes de meilleure heure que les campagnes passées.

Mardi 7, *à Versailles.* — Le roi tint le conseil de finances et travailla ensuite assez longtemps avec M. Desmaretz; il travailla l'après-dînée avec M. Voisin et M. Desmaretz ensemble. — M. le marquis de Coëtanfao, lieutenant général et sous-lieutenant des chevau-légers, a l'agrément du roi pour acheter la charge de chevalier d'honneur de madame la duchesse de Berry. — On n'a point encore ici de certitude de la mort de M. de Listenois, dont on ne doute pourtant pas dans notre armée. M. de Bauffremont, son frère, à qui le roi a donné le régiment de dragons qu'il avoit en cas qu'il ait été tué, a demandé la permission de se jeter dans Aire, où est ce régiment; mais le roi n'a pas voulu lui permettre, parce que cela auroit été très-difficile à exécuter. — On a nouvelle que le roi de Suède étoit encore à Bender le 15 d'août, et le bruit se répand qu'il y demeurera tout l'hiver et que le nouveau grand vizir Coprogli, qui étoit fort dans ses intérêts, avoit été déposé.

Mercredi 8, *à Marly.* — Le roi tint le conseil d'État à Versailles et vint ici aussitôt après son dîner. On y demeurera jusqu'au samedi de la semaine qui vient, qui sera le 18 du mois. Mon fils est du voyage pour la première fois depuis sa cuisse coupée. — Il y a des lettres de Bayonne qui portent que M. de Louvigny, gouverneur de Lérida, avoit durant la nuit surpris Balaguer et en avoit passé au fil de l'épée la garnison, qui étoit de cinq cents hommes; qu'il y avoit pris treize pièces de canon et en avoit ensuite fait raser les fortifications; et que, retournant à Lérida, il avoit eu avis d'un grand convoi qu'on envoyoit à l'archiduc, qu'il l'avoit été chercher, l'avoit attaqué et pris, et qu'il mandoit au roi d'Espagne qu'il avoit présentement à Lérida des vivres pour un an. Cette nouvelle, quoique fort circonstanciée, a besoin de confirmation, et ce ne sont que des particuliers qui ont reçu ces lettres-là; le roi n'en a eu aucun avis.

Jeudi 9, à Marly. — Le roi se promena longtemps dans les jardins et alla tirer l'après-dînée. Monseigneur le duc de Bourgogne alla à vêpres, où il mena madame la princesse de Conty, qui est fort dans la dévotion. Madame la duchesse de Bourgogne alla le soir au salut. — Il arriva le matin un courrier de Flandre par lequel on eut des lettres de M. de Goësbriant du 6, à deux heures après minuit. Il rend compte de tout ce qui s'est passé au siége depuis le 27 du mois passé. Il croit que le roi a reçu une lettre qu'il avoit écrite du 24. Il ne parle point du tout de M. de Listenois. Il mande que les ennemis ont abandonné l'attaque du côté du château et qu'à la grande attaque ils ne sont que sur le bord de l'avant-fossé; que la garnison est en très-bon état; que les ennemis avoient attaqué deux fois les fours à chaux qui étoient à la tête des ouvrages de la place, qu'il les avoit repoussés toutes les deux fois et leur avoit tué beaucoup de monde et qu'il les avoit enfin abandonnés, voyant qu'ils y revenoient la troisième fois, parce qu'ils avoient été si endommagés du canon qu'on ne pouvoit plus les soutenir.

Vendredi 10, à Marly. — Le roi se promena le matin dans les jardins, et l'après-dînée il alla courre le cerf. Monseigneur et messeigneurs ses enfants étoient à la chasse. Madame la duchesse de Bourgogne et madame la duchesse de Berry y étoient à cheval; les dames qui montent à cheval avec elles ce voyage-ci sont la maréchale d'Estrées, mesdames de la Vallière, de Clermont, de Polignac et de Rupelmonde. M. l'abbé de Polignac est de ce voyage-ci pour la première fois. — M. de Coëtanfao a l'agrément pour la charge de chevalier d'honneur de madame la duchesse de Berry. Il en donne 100,000 francs et il aura 6,000 francs d'appointements.

— L'armée des ennemis en Savoie est toujours dans les mêmes camps et s'y est baraquée pour y demeurer malgré la neige, qui commence à tomber en ce pays-là. Ils veulent empêcher M. de Berwick de faire le détachement dont on parle depuis si longtemps pour l'envoyer en Espagne. Pendant qu'ils demeureront là et en force comme ils sont, nous n'oserions faire ce détachement, de peur qu'ils n'entrent en Dauphiné.

Samedi 11, *à Marly.* — Le roi se promena le matin dans ses jardins. L'après-dînée il travailla avec M. Voisin, et puis retourna à la promenade jusqu'à la nuit. Monseigneur et monseigneur le duc de Berry allèrent courre le loup. — On eut des lettres de M. de Vendôme du 2, de Valladolid, d'où il devoit partir le lendemain avec le roi d'Espagne, qui marche à la tête de son armée vers Salamanque. Le courrier qui est arrivé l'a suivi deux jours durant sa marche. Il compte que l'armée est de douze mille hommes bien armés et en assez bon état; il y a sept mille hommes de pied et cinq mille chevaux. L'archiduc, à ce qu'il mande, devoit marcher d'auprès de Madrid, où il étoit, pour aller à Talaveyra de la Reyna sur le Tage. On ne sait si cette marche-là est pour joindre les troupes portugaises ou pour aller en Andalousie, ce qui leur sera fort aisé. Ils peuvent même faire passer leurs troupes, pour y entrer, sur la Puente de l'Arçobispo. Il assure que l'archiduc n'a que douze mille hommes de pied et quatre mille chevaux.

Dimanche 12, *à Marly.* — Le roi tint le conseil d'État, et l'après-dînée il alla tirer et au retour il travailla avec M. Pelletier. Monseigneur le duc de Bourgogne alla à vêpres avec madame la princesse de Conty. — M. le maréchal d'Harcourt a eu de petits frissonnements à la joue et au bras qui faisoient craindre qu'il ne retombât dans les mêmes accidents de l'hiver passé; il a pris de l'émétique et est aussi bien qu'il étoit avant ce petit accident-là. Il ne mande rien du siége d'Aire. — On eut la nouvelle de la mort de madame la duchesse de Modène. Elle avoit trente-neuf ans et étoit de deux ans plus vieille que l'impératrice, sa sœur. Madame la duchesse d'Hanovre, sa mère, étoit à Modène avec elle et l'a vue mourir. Elle en a écrit une lettre fort touchante à Madame, de qui elle a l'honneur d'être cousine germaine; elle est sœur de madame la Princesse.

Lundi 13, *à Marly.* — Le roi, après la messe, entra chez madame de Maintenon, où il demeura jusqu'à onze heures, et puis monta en calèche pour aller courre le cerf. Monseigneur étoit à la chasse; madame la duchesse de Bourgogne et madame la duchesse de Berry y étoient à cheval. La chasse fut fort belle et fort courte; on en revint à midi et demi. L'après-dînée le roi se promena dans ses jardins et le soir, chez madame de Maintenon, il travailla avec M. de Pontchartrain. — Il n'y avoit point eu de musique ici durant tout l'été; elle a recommencé ce voyage-ci; mais il n'y en a que deux fois la semaine, les lundis et les jeudis. — Le marquis de Flamarens a l'agrément pour une des charges de capitaine des gardes de monseigneur le duc de Berry, dont il donne 50,000 écus.

Mardi 14, *à Marly.* — Le roi tint le conseil de finances et travailla ensuite assez longtemps avec M. Desmaretz. Il travailla l'après-dînée avec M. Voisin et M. Desmaretz ensemble. Monseigneur et monseigneur le duc de Berry coururent le loup. Monseigneur le duc de Bourgogne alla tirer dans le parc. Madame la duchesse de Bourgogne alla à Saint-Germain voir la reine d'Angleterre. — Il arriva un courrier du maréchal d'Harcourt, dont le mal n'a eu aucune suite. On croit qu'il sera bientôt obligé de changer de camp pour la commodité des fourrages. On sait sûrement la mort de M. de Listenois, dont on vouloit encore douter dans sa famille. Il ne paroît pas que le siége d'Aire avance beaucoup, et les ennemis avouent qu'ils y perdent beaucoup de monde; ils ont, en deux nuits, perdu quatre de leurs meilleurs ingénieurs. — Le duc de Noailles arriva le soir et vit le roi chez madame de Maintenon.

Mercredi 15, *à Marly.* — Le roi tint le conseil d'État, et après s'être promené dans les jardins l'après-dînée il donna une audience de plus de trois heures chez madame de Maintenon au duc de Noailles, qui s'en retournera incessamment en Roussillon. On lui donnera des troupes outre celles qui y sont déjà, mais nous ne savons pas encore le nombre des bataillons et des escadrons qui auront ordre de marcher ; ce qu'il y a de certain c'est qu'on le veut mettre en état de pouvoir entreprendre quelque chose. — On a publié ces jours-ci deux ou trois déclarations du roi pour abolir tous les billets de monnoie, qui n'auront plus de cours que jusqu'au 1ᵉʳ février, et par ces déclarations on donne à ceux qui en ont les moyens de s'en défaire. On veut aussi que tous ceux qui ont des assignations sur les gens d'affaires les portent au trésor royal.

Jeudi 16, *à Marly.* — Le roi, après la messe, passa chez madame de Maintenon et à onze heures monta en calèche pour aller courre le cerf. Monseigneur et messeigneurs ses enfants étoient à la chasse. Madame la duchesse de Bourgogne et madame la duchesse de Berry y étoient à cheval. L'après-dînée le roi se promena dans les jardins. Monseigneur et madame la duchesse de Bourgogne se promenèrent avec lui, et à sept heures la cour d'Angleterre arriva. Le roi mena la reine d'Angleterre chez madame de Maintenon. Le roi d'Angleterre vint voir jouer Monseigneur, qui le mena ensuite à la musique avec la princesse sa sœur. On soupa avant dix heures. Le roi fit mettre à table trois dames angloises qui étoient venues avec la reine, et aussitôt après le souper la cour d'Angleterre retourna à Saint-Germain. — M. Voisin vint sur les huit heures apporter au roi des lettres du maréchal d'Harcourt, qui mande que, le 13, les ennemis n'avoient pas encore passé l'avant-fossé à Aire. — MM. les nonces ont dit à Paris à M. de Torcy que le cardinal de Grimani, vice-roi de Naples, étoit mort. Le comte Charles Borromée, qui est à Milan, a l'intérim pour la vice-royauté de Naples. Voilà présentement quatorze chapeaux vacants.

Vendredi 17, à Marly. — Le roi travailla le matin avec le P. le Tellier et se promena l'après-dînée jusqu'à la nuit dans ses jardins, et se fit un plaisir de les faire voir à l'abbé de Polignac. Monseigneur et monseigneur le duc de Berry coururent le loup. — On eut nouvelle que le parlement d'Angleterre étoit cassé du 2 de ce mois. La reine Anne n'a pas encore indiqué le jour que le nouveau parlement se doit assembler; et du jour qu'il sera indiqué il faut encore six semaines pour les élections des députés, si bien que cela ira du moins à la fin de novembre. Il y a plusieurs des presbytériens qui étoient dans les grandes charges qu'on en a ôtés pour les donner aux anglicans rigides, et on fait des feux de joie en plusieurs lieux sur la cassation du parlement. Les tories font ôter toutes les charges aux wighs. — M. de Maillebois, fils de M. Desmaretz, qui est à Lille pour otage de ce que nous devons à la ville, mande à M. son père que les officiers des ennemis qui sont à Lille l'ont assuré qu'on avoit attaqué plusieurs fois en un jour le chemin couvert à Aire, qu'on les avoit toujours repoussés et qu'à la dernière attaque on les avoit rechassés jusqu'au delà de l'avant-fossé. Comme nous ne savions point qu'ils eussent passé l'avant-fossé, on doute de cette nouvelle; ce qu'il y a de certain, c'est que la garnison a pris de la supériorité sur les attaquants.

Samedi 18, à Versailles. — Le roi se promena le matin et l'après-dînée dans les jardins de Marly, d'où il repartit à cinq heures et demie pour revenir ici. Il ramena dans sa calèche madame la duchesse de Bourgogne. Monseigneur en partit dès le matin pour aller dîner à Meudon, où il demeurera huit jours. Monseigneur le duc de Bourgogne partit de Marly aussitôt après son dîner pour revenir ici. Le roi, à son retour, travailla chez madame de Maintenon avec M. Voisin. — M. l'abbé Turgot, évêque de Seez et qui n'a pas encore des bulles, vend sa charge d'aumônier du roi à M. l'abbé de Dreux, frère du grand maître des cérémonies. Il n'y a plus que deux charges d'aumônier du roi qui se vendent, celle-là et celle de l'abbé Morel. Le roi en a remboursé deux, et les quatre autres le roi les a données quand elles ont vaqué par mort. — On eut par l'ordinaire d'Espagne des lettres de M. de Vendôme du 10. Il étoit avec le roi d'Espagne à Salamanque et en devoit partir le lendemain à la tête de leur petite armée pour marcher à Placentia, où ils arriveront plus tôt que l'archiduc s'il y vouloit marcher; mais il n'y a pas d'apparence présentement qu'il y songe.

Dimanche 19, *à Versailles*. — Le roi tint le conseil d'État, qui fut fort long; Monseigneur y vint de Meudon et y retourna dîner. L'après-dînée le roi alla tirer et travailla le soir chez madame de Maintenon avec M. Pelletier. Madame la duchesse de Bourgogne entendit vêpres avec monseigneur le duc de Bourgogne et puis alla se promener dans les jardins. — Le roi a ordonné à Bontemps, son premier valet de chambre, d'acheter la capitainerie de Montrouge qu'a le petit baron de Beauvais. Le marché en est fait à 80,000 francs, qui est ce que le baron de Beauvais l'avoit achetée, et le roi donne à Bontemps un brevet de retenue de presque toute la somme.
— Le roi fait marcher en Roussillon vingt-six bataillons et quatre mille chevaux des troupes qui sont en Dauphiné et en Provence. Le duc de Noailles partira dans huit jours. Il a déjà, en ce pays-là, dix ou douze bataillons et autant d'escadrons, outre les deux lieutenants généraux qui y sont déjà sous lui et qui sont le marquis de Brancas et de Guerchy. On lui en donne trois de l'armée de Dauphiné qui sont Fiennes, Kercado et Muret.

Lundi 20, *à Versailles*. — Le roi tint le matin le conseil de dépêches, et l'après-dînée il travailla avec M. de Pontchartrain. Monseigneur le duc de Bourgogne courut le cerf avec les chiens du roi. Madame la duchesse de Bourgogne alla dîner chez madame la duchesse de Berry, qui avoit été saignée, et y fit porter son dîner; monseigneur le duc de Berry y dîna avec elle. — M. le chancelier scella par extraordinaire l'édit de la dîme royale, qui sera enregistré à la chambre des vacations. — La maréchale de Choiseul est morte à Linas, auprès de Paris, dans une grande pauvreté. Elle étoit sœur du marquis de Renty. Il y avoit plus de cinquante ans qu'elle étoit séparée de corps et de biens d'avec son mari, qui ne l'avoit jamais voulu revoir. Ils n'ont point eu d'enfants. — Le roi prendra le deuil de madame de Modène quand on lui en donnera part, parce que M. de Modène a l'honneur d'être son parent et même pas fort éloigné (1).

Mardi 21, *à Versailles*. — Le roi tint le conseil de finances et travailla l'après-dînée avec M. Voisin et M. Desmaretz ensemble. — Il arriva un courrier de M. le maréchal d'Harcourt parti du 20. Il apporte des lettres de M. de Goësbriant du 18, qui envoie un journal de tout ce qui s'est passé au siége d'Aire depuis le 7. Les ennemis ont passé l'avant-fossé et sont sur le glacis, où ils travaillent à la demi sape. On craint bien, quand ils seront maîtres du chemin couvert, que la place ne puisse pas durer longtemps, car les demi-lunes sont fort endommagées. Il mande que M. Dufort, beau-frère du comte d'Estrades et colonel d'un régiment d'infanterie qui porte son nom, a été tué. — Il y a déjà près d'un mois que le roi d'Espagne a fait six capitaines généraux, qui sont : le marquis d'Ayetone, le duc de Popoli, las Torres, Valdecanas, le comte d'Aguilar, tous les cinq sujets du roi d'Espagne, et le

---

(1) Le duc de Modène descendait par les femmes de Philippe II, roi d'Espagne, arrière grand-père de Louis XIV.

marquis de Thouy, François. — On mande de Londres que la reine Anne fit le 8 de ce mois la proclamation du nouveau parlement, qui s'assemblera les premiers jours de décembre.

Mercredi 22, à Versailles. — Le roi tint le conseil d'État. Monseigneur y vint de Meudon, où il retourna dîner et emmena madame la duchesse de Bourgogne avec lui; elle en revint le soir pour souper avec le roi. — On eut des lettres de Bayonne qui portent qu'un colonel des troupes d'Espagne nommé Valiejo, qui suivoit depuis longtemps l'armée ennemie avec deux cents chevaux, avoit attaqué un de leurs partis plus fort que le sien auprès de Siguença, l'avoit entièrement battu, en avoit tué une partie et pris presque tout le reste. Ce parti ennemi alloit à Barcelone et portoit quelque argent à l'archiduchesse. On a pris les lettres que l'archiduc et ses généraux écrivoient, et il paroît par ces lettres qu'ils sont fort mécontents de la disposition qu'ils ont trouvée dans l'esprit des Espagnols à Madrid et dans tous les pays qu'ils ont passés pour y arriver. Le général Wegel, commandant les troupes de l'électeur palatin et un colonel qui étoient à la tête de ce parti ennemi se sauvèrent à Siguença, où ils avoient deux cents fantassins, et, ne s'y croyant pas en sûreté, il demanda à capituler et on lui donna un passe-port et un trompette pour le mener à l'armée de l'archiduc.

Jeudi 23, à Versailles. — Le roi dîna de bonne heure et alla se promener à Marly. — On mande de Flandre qu'un secrétaire du maréchal de Montesquiou qui étoit gagné depuis longtemps par le prince Eugène, craignant d'être découvert, s'en étoit allé à Douai, où il a emporté tous ses papiers et tous ses chiffres. M. Voisin change présentement tous les chiffres qu'il avoit pour la Flandre. — Le pape a donné un mandement pour les affaires de la Chine* entre les jésuites et les autres missionnaires qui sont en ce pays-là, et ce mandement est fait de manière qu'en approuvant la conduite du cardinal de Tournon, légat du saint-siége en ce pays-là, les jésuites, dont ce cardinal désapprouvoit la conduite, ne laissent pas de trouver dans ce mandement des choses qui leur sont favorables. M. de Savoie a eu encore quelques accès de fièvre qui l'ont obligé de garder le lit. — Le baron de Beauvais **, qu'on a obligé de se défaire de la capitainerie de la plaine de Montrouge, a eu l'agrément de la charge de capitaine de la porte de monseigneur le duc de Berry, dont il donne 50,000 francs. — Monseigneur le Dauphin courut le loup ; monseigneur le duc de Berry alla à Meudon pour courre avec lui. Monseigneur le duc de Bourgogne courut le cerf avec les chiens du roi.

* Les disputes entre les jésuites et les autres missionnaires de la Chine, la légation et le martyre du cardinal de Tournon et ses suites ont trop d'étendue et trop fait de bruit pour en rien dire ici. Quelque étrangement adouci que fût ce décret par les cabales et le crédit des jésuites, ce fut un coup qui leur alla au cœur. Le change que leur politique ne tarda pas de donner à la cour de Rome, dont l'Église de France gémit encore sous le poids de la persécution qu'ils y ont excitée, mérite bien de remarquer ici cette époque.

* Ce baron de Beauvais, du père et de la grand'mère duquel il a été parlé en leur temps, ne tenoit plus à rien après eux. C'étoit un honnête garçon et obligeant, mais qui se brouilla avec Benoît, qui étoit une espèce de vieux sanglier très-dangereux pour la familiarité qu'il avoit acquise auprès du roi, de la bouche duquel il avoit le soin et le détail sous Livry, et fort ménagé par Livry même. Il n'eut pas assez de gibier pour le roi ou pour lui-même de la capitainerie de Montrouge, il brutalisa Beauvais, et tôt après lui fit commander de vendre sa charge à Bontemps, premier valet de chambre, qui apparemment en avoit eu envie et qui ne ressembloit en rien à son père.

Vendredi 24, *à Versailles.* — Le roi travailla le matin avec le P. le Tellier et l'après-dînée il alla tirer. — Le maréchal de Berwick écrit du 19 du camp du pont de Servière que les ennemis ont commencé de ce jour-là à faire défiler quelques troupes du camp de Saint-Siguière, où ils étoient, et qu'il ne doute pas que le lendemain le reste de leur armée ne se mette en marche. Ainsi notre campagne touche à la fin. Voilà par où il finit sa lettre. Il n'avoit point encore d'ordre pour le détachement des troupes qu'on donne au duc de Noailles. — On mande de Flandre que le siége d'Aire va toujours fort lentement et que la pluie les incommode fort à ce siége, quoiqu'il fasse très-beau ici. M. le maréchal d'Harcourt fait cantonner notre cavalerie en deçà de la Canche, et notre infanterie borde cette rivière. — M. le duc de Noailles aura dans son armée cinquante escadrons et quarante bataillons sans compter ce qu'il laissera dans les places; ces troupes seront toutes ensemble sur la frontière d'Espagne le 10 ou le 12 du mois qui vient. On ne sait point s'il marchera en Roussillon ou s'il ira du côté de Java.

Samedi 25, *à Versailles*. — Le roi tint le conseil de finances et l'après-dînée travailla avec M. Voisin. Le soir il donna une longue audience au duc de Noailles chez madame de Maintenon. Monseigneur revint le soir de Meudon. — On eut par l'ordinaire d'Espagne des lettres de M. de Vendôme du 16 de Placentia. Il mande que l'armée du roi d'Espagne grossit tous les jours. Elle est présentement de dix-sept mille hommes, sans compter les troupes qui sont avec M. de Bay à Alcantara et qui se joindront au roi d'Espagne quand il voudra. Les troupes portugaises se sont toutes retirées de la frontière et sont rentrées dans leur pays. L'archiduc est encore avec son armée autour de Madrid et se tient, lui et sa petite cour, au Pardo, qui est une petite maison du roi d'Espagne proche de Madrid. — Le roi prend demain le deuil de madame de Modène jusqu'au voyage de Marly. Le roi compte d'en prendre un plus grand, car on lui mande que le grand prince de Toscane est à l'extrémité. Il est neveu du roi à la mode de Bretagne, et Monseigneur portera le deuil six mois, parce qu'il a épousé une sœur de madame la Dauphine.

Dimanche 26, *à Versailles*. — Le roi tint le conseil d'État et travailla l'après-dînée avec M. Pelletier. Le soir il donna encore audience au duc de Noailles chez madame de Maintenon. Il ne sortit point de tout le jour. Monseigneur, après la messe, tint sur les fonts la fille de M. Couc, brigadier de cavalerie, Irlandois. Madame de Courcillon eut l'honneur d'être la marraine, et Monseigneur voulut qu'elle nommât l'enfant, parce que c'étoit une fille. — La dîme royale a été registrée à la chambre des vacations et fut publiée dès ce jour-là à Paris. — Il arriva un courrier de M. Ducasse, qui est avec le roi d'Espagne à Placentia; ses lettres sont du 18. Il parle encore plus avantageusement de l'état où sont les affaires du roi d'Espagne que ce que nous en avions su jusques ici. Il conte beaucoup de choses de la fidélité et du zèle des Espagnols, et l'on croit en ce pays-là comme ici que l'archiduc retournera bientôt en Aragon.

Lundi 27, à Versailles. — Le roi, après la messe, alla courre le cerf dans le parc de Marly et y mena madame la duchesse de Bourgogne avec lui dans sa petite calèche. En arrivant au rendez-vous madame la duchesse de Bourgogne et madame la duchesse de Berry montèrent à cheval suivies de six dames, qui étoient la maréchale d'Estrées, mesdames de la Vallière, de Polignac, de Tonnerre, de Clermont. La chasse fut assez longue. Le roi, Monseigneur et messeigneurs ses enfants et toutes les dames dînèrent à Marly. Madame la duchesse de Bourgogne en arrivant ici se mit au lit, étant fort fatiguée de la chasse. — Il arriva un courrier du maréchal d'Harcourt qui apporta des lettres de M. de Goësbriant du 24. Les ennemis avoient attaqué le chemin couvert et en avoient été repoussés. On dit que leurs soldats sont rebutés; cependant on ne doute point que la place ne soit prise dans les premiers jours du mois qui vient, car notre garnison est diminuée et commence à souffrir. — Le duc de Noailles prit congé du roi après sa messe.

Mardi 28, à Versailles. — Le roi tint le conseil de finances et travailla ensuite avec M. Desmaretz. L'après-dînée, il alla se promener à Trianon et le soir il travailla chez madame de Maintenon avec MM. Voisin et Desmaretz. — Nous apprîmes la mort du chevalier de Mianne, brigadier de dragons; il étoit tombé malade à l'armée et s'étoit fait porter à Dourlens. — Le détachement de l'armée de Dauphiné pour la Catalogne étant fait, on a mis le reste des troupes en quartier d'hiver, et le maréchal de Berwick sera ici la semaine qui vient. — La marquise de Rafetot* est morte à la campagne chez madame de Pertuis, sa mère. Madame de Rafetot, mère de son mari, étoit fille du maréchal de Gramont, et peu de temps après être veuve elle se fit carmélite. — On mande de Flandre que le siége d'Aire va toujours fort lentement. Les ennemis y perdent beaucoup de monde, et il y a bien des maladies dans leur armée.

* Cette madame de Rafetot étoit belle, aimable, d'excellente compagnie et avec toute la meilleure, fort liée avec les filles du roi, Monsieur et ses enfants; puis galante, mais charmante et douce. On l'appeloit belle et bonne, et avoit une infinité d'amis et beaucoup de considération. Pertuis, son père, avoit été capitaine des gardes de M. de Turenne; il s'étoit élevé et avoit acquis de la considération, et il étoit mort gouverneur de Menin depuis longtemps. Pour la mère de Rafetot, elle étoit fort défigurée, et les Gramont furent heureux de s'en défaire à qui ils purent.

Mercredi 29, *à Versailles*. — Le roi tint le conseil d'État et alla l'après-dînée à Trianon. — On eut des nouvelles d'Espagne par l'ordinaire de Bayonne; la reine écrit de Vittoria. On lui mande que l'armée du roi son mari se fortifie tous les jours, qu'elle est bien payée, que celle de l'archiduc fait beaucoup de désordre aux environs de Madrid et qu'on croit qu'ils vont remarcher en Aragon. Ils ont déjà détaché trois mille hommes, qu'ils ont envoyés à Alcala de Henarez; cependant il y a d'autres lettres qui portent que l'archiduc a fait approcher son armée de Tolède et qu'il a fait entrer des troupes dans la ville; que même il faisoit élever de la terre alentour, comme s'il vouloit fortifier cette ville et s'y établir. Il y a un pont sur le Tage à Tolède. Il n'y a point d'archevêque présentement; celui que le roi d'Espagne avoit nommé à cet archevêché et qui n'avoit pas encore ses bulles de Rome est mort. Le duc de Noailles, qui apparemment sera à la fin de la semaine à Perpignan, doit marcher pour entrer dans le pays ennemi le 12 du mois qui vient, et les troupes qui lui viennent du Dauphiné ne pourront être toutes jointes que le 20 du mois prochain.

Jeudi 30, à Versailles. — Le roi ne sortit point de tout le jour. Il fut enfermé avec son confesseur l'après-dînée, comme il fait toujours la veille des jours qu'il fait ses dévotions. Il les fera demain; il avoit accoutumé de les faire le jour de la Toussaint, mais il a mieux aimé les faire la veille. — M. de Roquelaure et M. de Basville ayant été avertis qu'un nommé Abraham et un nommé . . . . . , chefs des fanatiques de Languedoc et qu'on faisoit chercher depuis longtemps pour les punir, étoient ensemble avec un banquier qui leur fournissoit de l'argent, firent investir la maison où ils étoient assemblés. Les soldats à qui on ne voulut pas ouvrir la porte l'enfoncèrent. Deux de ces misérables qui se voulurent sauver furent tués, le troisième fut pris et a été roué. On s'est saisi de tous leurs papiers. On a pris leurs chiffres, dont ils se servoient avec leurs correspondants. On sait ceux avec qui ils étoient en intelligence, et on a trouvé un projet qu'ils devoient exécuter le printemps prochain, la reine Anne leur devant envoyer tout ce qui leur étoit nécessaire pour cette entreprise.

Vendredi 31, à Versailles. — Le roi fit ses dévotions dans la chapelle en bas et vint ensuite toucher beaucoup de malades dans la galerie des princes. Madame la duchesse de Bourgogne fit ses dévotions dans la chapelle en haut. Le roi et toute la maison royale entendirent vêpres dans la chapelle en bas; l'évêque de Saint-Malo, frère de M. Desmaretz, officioit. Après vêpres le roi travailla avec son confesseur et fit la distribution de quelques petits bénéfices, mais il n'a point donné les archevêchés de Toulouse et d'Arles. — Le siége d'Aire ne s'avance pas fort; mais, comme on n'a point eu des lettres de M. de Goësbriant depuis le 24, on ne sait pas bien au juste jusques où les ennemis en sont, car les lettres de notre armée et des villes circonvoisines varient fort là-dessus. Les uns assurent que le chemin couvert est pris, que les ennemis ont même attaqué la demi-lune dont ils ont été repoussés, et d'autres nouvelles assurent que le chemin couvert n'a point encore été attaqué. Ce qu'il y a de sûr, c'est que les ennemis ont beaucoup de malades dans leur armée et qu'ils souffrent beaucoup à cause du mauvais temps.

Samedi 1er novembre, à Versailles. — Le roi et toute la maison royale assistèrent à toutes les dévotions de la journée. Monseigneur avoit fait ses dévotions le matin; monseigneur le duc de Bourgogne n'est jamais guère quinze jours sans les faire. Le soir le roi travailla avec M. Voisin chez madame de Maintenon. — On apprit par l'ordinaire d'Espagne qui arrive les samedis que le roi d'Espagne étoit campé à Caza-Tejela et qu'il avoit envoyé un gros détachement à Talaveyra de la Reyna. L'archiduc est toujours campé autour de Madrid. Il a envoyé quelques troupes à Tolède, où il paroît qu'il veut faire un établissement pour cet hiver. Il a ordonné aux dames qui sont à Madrid et dont les maris ont suivi le roi ou la reine d'Espagne de se retirer à Tolède sous peine de confiscation de tous leurs biens et de tous leurs meubles. — On a eu des lettres du duc de Noailles de Lyon. Il n'arrivera pas sitôt à Perpignan qu'on l'avoit dit. Les troupes de Dauphiné qui doivent servir sous lui n'arriveront en Roussillon que le 20, et même elles n'y pourront pas toutes arriver en ce temps-là.

Dimanche 2, à Versailles. — Le roi tint le conseil d'État et alla tirer l'après-dînée. Le soir il travailla avec M. Pelletier chez madame de Maintenon. — Le roi croyoit qu'il ne quitteroit point le deuil à Marly, où l'on va demain, parce qu'il apprendroit la mort du grand prince de Toscane, mais les nouvelles qu'on en a reçues sont qu'il est hors de danger; ainsi on quittera le deuil demain. — Le maréchal de Villars est un peu soulagé par les eaux de Bourbonne, qu'il prend sur les lieux. Maréchal, premier chirurgien du roi et le plus habile homme de sa profession, seroit d'avis qu'il y passât l'hiver, mais M. de Villars veut revenir à la cour et compte de partir de Bourbonne le 15; mais il n'arrivera ici qu'à la fin du mois, parce qu'il veut s'arrêter quelque temps chez lui à Vaux-Villars. — Le maréchal de Montesquiou commandera cet hiver en Flandre et aura sous lui pour lieutenants généraux : Saillant à Namur, Vivans à Maubeuge, la Badie au Quesnoy, Balivière à Condé, le chevalier de Luxembourg à Valenciennes, Ruffey à Hesdin et Montrevel-Vieuxpont à Saint-Omer, le comte de Villars à Ypres, Mézières dans toutes les places de la Somme. Le marquis de Goësbriant aura quelque commandement quand le siége d'Aire sera fini.

Lundi 3, à Marly. — Le roi partit de Versailles aussitôt après son dîner pour venir ici, et malgré le mauvais temps se promena dans les jardins jusqu'à la nuit. Le soir, il travailla chez madame de Maintenon avec M. de Pontchartrain. Monseigneur et monseigneur le duc de Berry coururent le loup et revinrent ici au retour de la chasse. Monseigneur le duc de Bourgogne et madame la duchesse de Bourgogne partirent de Versailles pour venir ici en différents carrosses. Madame la duchesse de Bourgogne mène vingt dames dans ses carrosses, et il y en a vingt-cinq autres qui sont du voyage. Madame de Goësbriant, fille de M. Desmaretz, y est pour la première fois, et dès le soir même le roi la fit manger à sa table. — Toutes les nouvelles qu'on a du siége d'Aire, et par notre armée et par les places circonvoisines, sont fort différentes, mais elles s'accordent toutes en un point : c'est que les ennemis ont toujours été repoussés aux attaques qu'ils ont faites. Il leur vient un furieux convoi par la Lys, mais ils sont obligés d'aller au fourrage à dix grandes lieues.

Mardi 4, à Marly. — Le roi monta dans sa petite calèche à onze heures, et alla courre le cerf. Monseigneur et messeigneurs ses enfants étoient à la chasse ; madame la duchesse de Bourgogne et madame la duchesse de Berry étoient à cheval. On prit deux cerfs ; Monseigneur revint après le premier cerf pris, et, un peu après qu'il fut revenu, on sut que M. le duc d'Orléans avoit fait une grande chute et s'étoit blessé considérablement. Madame, qui suit toujours le roi aux chasses dans une autre calèche, ramena M. le duc d'Orléans chez elle, où Maréchal lui remit l'épaule gauche, qui heureusement n'étoit que démise ; mais, comme ce prince a eu deux coups de mousquet dans ce bras-là on craint qu'il n'en soit plus incommodé. Le roi d'Angleterre étoit à la chasse et retourna dîner à Saint-Germain. Le soir, le roi travailla avec M. Voisin chez madame de Maintenon, et Monseigneur alla à la musique. — Il arriva hier au soir un valet de chambre de M. le grand prieur, qui, allant de Venise à Lausanne, a été pris dans le pays des Grisons par un nommé Massenar, qui est une manière de bandit, mais qui a commission de l'empereur. Il lui a fait passer le Rhin et l'a mis dans un château appartenant à l'empereur, d'où il lui a déclaré qu'il ne le feroit sortir que quand on auroit remis en liberté son fils, qui étoit prisonnier à Pierre-Encise depuis quelques mois. On l'avoit pris sur des terres de France, et on l'avoit mis en prison pour plusieurs mauvaises actions de son père et de lui. Il a encore déclaré à M. le grand prieur qu'il lui feroit tous les mêmes traitements qu'on feroit à son fils. M. le grand prieur avoit envoyé, d'abord qu'il fut pris, ce valet de chambre au comte du Luc, notre ambassadeur en

Suisse, et le comte du Luc l'a envoyé ici à M. de Torcy.
Il y eut hier huit jours que cette affaire arriva.

Mercredi 5, à Marly. — Le roi tint le conseil d'État et
se promena l'après-dînée dans ses jardins. — Il arriva
le matin un courrier du maréchal d'Harcourt, qui apporta
une lettre de M. de Goësbriant, du 1ᵉʳ au matin. Il mande
que, le dernier du mois, les ennemis attaquèrent le soir
le chemin couvert à la porte d'Arras, qui est leur attaque
de la gauche; qu'ils s'en étoient rendus maîtres, mais
qu'il les en avoit rechassés et les avoit poussés jusqu'au
pied du glacis et avoit repris un petit ouvrage qu'on
appelle une flèche. Il loue beaucoup deux colonels qui se
sont fort distingués dans cette action, qui sont le comte
d'Houdancourt, second fils du comte de la Mothe, et un
Brancas. Il mande en même temps que, quoique les ennemis soient plus avancés à l'attaque de la droite, qui est
du côté de la porte de Notre-Dame, il n'y a quasi rien à
craindre de ce côté-là, parce qu'il a encore vingt-quatre
pièces de canon qui les voient à revers à cette attaque.

Jeudi 6, à Marly. — Le roi ne sortit point de tout le
jour parce qu'il faisoit trop vilain temps. — La reine
d'Espagne a envoyé toutes ses pierreries au duc d'Albe
pour les mettre en gage et lui envoyer tout l'argent
qu'il en pourra tirer. — Le duc de Berwick, qui arriva
hier au soir à Saint-Germain, est venu ce matin saluer le
roi, qui l'a très-bien reçu. Il n'a point de logement ici,
mais il a permission d'y venir quand il lui plaît. Il nous
a dit qu'il avoit envoyé à M. de Noailles trente-quatre
bataillons et trente-un escadrons, qui est tout ce qu'il
avoit de cavalerie, et on envoie de l'armée d'Allemagne
en Dauphiné quelques escadrons. Les troupes qui vont
servir avec M. de Noailles n'arriveront à Nîmes que le 10.
— L'abbé de Pompadour*, qui avoit quatre-vingts ans passés, est mort dans une terre de madame de Saint-Luc, sa
nièce; il ne lui restoit plus qu'une petite abbaye qu'il
avoit en Limousin. — Toutes les nouvelles qui viennent

de l'armée des ennemis devant Aire portent qu'ils devoient, le 2 de ce mois, faire une grande attaque, et qu'ils
avoient pour cela commandé huit mille hommes de leur
grande armée, et que le prince Eugène et Marlborough
vouloient être à leur tête pour les animer encore davantage.

* C'étoit un petit homme qui n'avoit jamais fait ni figure ni métier
dans le monde, et dont ce ne seroit pas la peine de rien dire, sans un
trait assez plaisant. Il avoit un vieux laquais qui le suivoit et qui disoit
son bréviaire dans toutes les antichambres; son maître, outre ses
gages, lui donnoit tant par jour pour dire son bréviaire pour lui, et
s'en croyoit quitte de la sorte. Je ne sais si tant de chanoines qui ga-
gent des élèves pour chanter et pour assister pour eux au chœur ne
lui avoient point servi de quelqu'exemple.

Vendredi 7, à Marly — Le roi ne sortit point de tout
le jour à cause du vilain temps. Il fit une petite loterie
chez madame de Maintenon, où il n'y avoit que la duchesse de Noailles, mesdames de Lévis, d'O, Voisin et de
Dangeau; mesdames Voisin et de Lévis gagnèrent de fort
jolis lots. Le roi en avoit gagné deux qu'il redonna à
jouer. — Il est venu une lettre à Chavigny, qui est attaché
à M. Voisin, par laquelle on apprend que le comte d'Houdancourt, après s'être fort distingué à la défense du chemin couvert à Aire, avoit été tué le 2 au matin. C'est le
major de la place qui l'écrit à Chavigny, et il donna cette
lettre en ouvrant les portes pour faire sortir l'homme
que M. de Goësbriant avoit chargé de sa lettre, le 1er.
— Les nouvelles de Londres portent que, dans les élections pour le nouveau parlement, les anglicans rigides
l'emportent presque partout sur les modérés. La vice-
royauté d'Irlande a été donnée au duc d'Ormond. On a
donné les sceaux à [Simon] Harcourt, qui est celui qui
avoit plaidé pour Sacheverel, et les quatre députés nommés par la ville de Londres sont du parti des anglicans
rigides.

Samedi 8, à Marly. — Le roi à onze heures monta en

calèche pour aller courre le cerf; mesdames les duchesses de Bourgogne et de Berry étoient à la chasse à cheval. Le roi travailla l'après-dînée avec M. Voisin; le soir il y eut musique. — On apprit par l'ordinaire d'Espagne que l'archiduc étoit encore auprès de Madrid et qu'il faisoit fortifier Tolède; le roi d'Espagne étoit à Caza-Tejada; qu'il avoit fait rapprocher le marquis de Bay avec ses troupes et qu'il étoit campé à Truxillo, et qu'il avoit envoyé un détachement à Talaveyra de la Reyna. Le marquis de Parèdes et le comte de Palme ont pris le parti de l'archiduc. Le comte de Palme étoit neveu du feu cardinal Portocarrero. On a fait arrêter le fils aîné du duc de Saint-Pierre, dont la fidélité étoit suspecte. On a arrêté aussi à Tortose le marquis de Torrecusa, Napolitain, qui vouloit livrer cette ville-là aux ennemis. Les troupes de l'archiduc ont brûlé plusieurs villages autour de Madrid et un auprès de Tolède, dont pas un paysan n'a voulu crier *Vive Charles III*, et ils ont vu piller et brûler jusqu'à la dernière maison du village sans s'émouvoir.

Dimanche 9, à Marly. — Le roi tint le conseil d'État, alla tirer l'après-dînée et travailla le soir chez madame de Maintenon avec M. Pelletier. — On mande de Lille qu'il y a eu une grande attaque à Aire la nuit du 4 au 5, où les ennemis ont toujours été repoussés et ont perdu beaucoup de monde; mais les nouvelles qui nous sont venues par les officiers ennemis mêmes ne se sont presque jamais trouvées véritables pendant ce siége, et, jusqu'à ce qu'on en aie de M. de Goësbriant, on ne peut compter sur rien de sûr. — Le roi, en changeant d'habit au retour de la chasse, nous dit que M. Stanhope, qui commande les troupes angloises, étoit venu trouver le vieux marquis de Mansera *, qui a cent ans passés et qui avoit voulu suivre en litière le roi d'Espagne, quand il sortit de Madrid; mais il fut obligé de rentrer dans la ville, ne pouvant soutenir la litière. M. de Stanhope lui proposa de reconnoître Charles III; le marquis de Mansera lui répondit : « Apparemment, Monsieur, vous venez de la part de l'archiduc d'Autriche, à qui je dois beaucoup de respect par la maison dont il est, mais je n'ai pas vécu plus d'un siècle pour vouloir me déshonorer en mourant. Il n'y a qu'un Dieu, qu'une foi et qu'un roi, Philippe V, qui est le mien. Après cela, Monsieur, comme je suis fort foible, vous trouverez bon que je me remette au lit. » Et il laissa là M. de Stanhope.

* Ce vieux marquis de Mansera étoit de la maison de Tolède, et avoit passé par les premiers emplois de la monarchie d'Espagne, vice-royautés, ambassades, conseils. La reine d'Espagne, qu'il suivit même en chaise à porteurs, eut toutes les peines du monde à le renvoyer à Madrid pour qu'il ne mourût pas en chemin. Les Mémoires auroient pu ajouter que l'archiduc l'alla voir; il le reçut au lit, avec toutes sortes de respects, mais sans jamais vouloir le reconnoître. Son régime étoit des plus surprenants pendant les vingt dernières années de sa vie; il prenoit le matin du chocolat, un peu de mouton ou de pigeon à dîner, et le soir quelque salade et quelques fruits à la glace, le tout sans une seule bouchée de pain, et ne buvoit jamais de vin, étoit propre, sain et ne sentoit rien; souvent il redoubloit le chocolat l'après-dînée. Il n'étoit pas le seul en Espagne qui ne mangeât point de pain. Dès que le roi fut arrivé dans Madrid, il envoya savoir de ses nouvelles, et dès le lendemain il le fut embrasser et visiter chez lui.

Lundi 10, *à Marly*. — Le roi prit médecine; l'après-dînée il travailla avec M. de Poncthartrain, et à six heures il entra chez madame de Maintenon. — Le roi a donné à l'abbé de Brancas, frère du marquis de Brancas, lieutenant général, la charge d'aumônier de quartier qu'avoit l'abbé de Dromesnil, nommé à l'évêché d'Autun; comme l'abbé de Dromesnil n'a pas encore ses bulles, il servira encore le quartier de janvier. Le roi accorde à l'abbé de Vaubrun * la permission de lui venir faire la révérence à son retour de Marly. Il y a plus de dix ans qu'il est exilé. L'année passée, le roi lui permit de venir à Paris, mais il n'avoit point la permission de venir ici. Il étoit presque toujours en Anjou, auprès de M. de Serrant, son grand-père, qui a quatre-vingt-dix ans. M. de Pontchartrain lui a mandé d'être samedi à Versailles pour saluer le roi. Il a la charge de lecteur du roi, qui lui donne les entrées, et avoit un logement dans le château de Versailles, qu'on lui ôta quand il fut exilé.

* L'abbé de Vaubrun étoit frère de la duchesse d'Estrées la douairière, et fils unique de Vaubrun, tué lieutenant général à cette belle et fameuse retraite d'Altenheim que fit M. de Lorges, depuis maréchal et enfin duc, à la mort de M. de Turenne, son oncle. Vaubrun commandoit en Alsace, et il étoit frère de Nogent, maître de la garde-robe, beau-frère de M. de Lauzun, et tué au passage du Rhin, gens de très-petite bourgeoisie de Tours. L'abbé de Vaubrun étoit un nain, boiteux, à jambes torses, audacieux avec les femmes, pour lesquelles il se croyoit de grandes vertus, et que sa figure avoit jeté dans l'état ecclésiastique; du savoir et beaucoup d'esprit, mais un esprit dangereux et d'intrigue qui le fit toute sa vie frapper à toutes portes; beaucoup d'ambition et la passion du grand monde. Ses intrigues avec le cardinal de Bouillon l'avoient fait chasser dès le commencement de ses affaires; ses intrigues avec les jésuites le firent revenir. Dans l'ennui de son exil en Anjou chez Serrant, père de sa mère, qui avoit été maître des requêtes et Nogent comme lui, il se fit prêtre, et, malgré sa figure, a depuis tendu à l'épiscopat tant qu'il a pu, sans toutefois quitter le monde et les intrigues. Il ne laissoit pas d'avoir des amis, mais craint, évité et peu estimé en général. Sa mère, qui étoit une sainte, et sa tante, madame de Nogent, passèrent leur très-longue vie dans le premier grand deuil de leur viduité, et n'ont pas été imitées.

Mardi 11, *à Marly*. — Le roi tint le conseil de finances et travailla longtemps ensuite avec M. Desmaretz. L'après-dînée il alla tirer, et le soir, chez madame de Maintenon, il travailla avec MM. Voisin et Desmaretz. — On a des lettres de M. de Goësbriant du 3. Les ennemis avoient fait une grande attaque le jour de devant et avoient été repoussés trois fois; cependant, comme on sait que les brèches au corps de la place sont grandes et que la garnison est diminuée de plus de la moitié, et que le temps s'est remis au beau, on s'attend qu'au premier jour on apprendra que M. de Goësbriant aura capitulé, d'autant plus qu'on sait qu'il est arrivé aux ennemis un grand convoi de munitions de guerre et de bouche. — L'abbé Langeron, frère du lieutenant général de la marine, est mort à Cambray, où il étoit presque toujours. Il avoit été lecteur de monseigneur le duc de Bourgogne et fut enveloppé dans la disgrâce de M. de Cambray.

Mercredi 12, à Marly. — Le roi tint le conseil d'État, et l'après-dînée il s'amusa à faire planter dans ses jardins. Le roi d'Angleterre, la reine sa mère et la princesse sa sœur arrivèrent ici sur les six heures. Ils y soupèrent et s'en retournèrent après souper à Saint-Germain. Monseigneur, avant souper, mena le roi d'Angleterre et la princesse sa sœur à la musique. — On a résolu de tirer de grosses sommes des usuriers qui ont fait des profits énormes sur les assignations, les billets de monnoie, les billets d'ustensiles, et généralement sur tous les autres papiers que le roi a donnés depuis quelques années. On appelle communément à Paris ces usuriers-là des agioteurs. On leur signifiera leur taxe samedi, et cela monte déjà à plus de vingt millions; mais il y en a beaucoup encore qu'on ne connoît point et qu'on connoîtra par ceux qui sont taxés.

Jeudi 13, à Marly. — Le roi à onze heures alla courre le cerf. Monseigneur et messeigneurs ses enfants étoient à la chasse; mesdames les duchesses de Bourgogne et de Berry y étoient à cheval. — Par l'ordinaire de Bayonne, qui arrive les mercredis, on y apprit qu'on y avoit eu des lettres de Madrid qui portoient que l'archiduc étant à la chasse avoit pensé être enlevé par le colonel Vallejo, qui ne l'avoit manqué que d'un quart d'heure (1). — Il

---

(1) *Lettre transcrite dans la correspondance de la marquise d'Huxelles.*

A Bayonne, le 5 novembre 1710.

L'armée de l'archiduc est à Tolède, à la réserve d'un corps de troupes qui a resté à Madrid. On écrit qu'il se fortifie dans cette première place pour y passer l'hiver. Il a pensé être fait prisonnier par le colonel Baillico, partisan espagnol, qui ne l'a manqué que d'un demi-quart d'heure. Ce partisan découvrit qu'il devoit aller chasser au Pardo; il marcha pour s'y rendre avec son détachement de cinq cents chevaux; il ne l'auroit point manqué sans un garde-chasse qui le fut avertir de son dessein et lui dit de se sauver; ce qu'é-

arriva un courrier de M. le maréchal d'Harcourt, qui mande que M. de Goësbriant avoit capitulé le 8 au soir. Les ennemis lui ont accordé tout ce qu'il avoit demandé dans la capitulation. Il rend le fort Saint-François en même temps que la ville; il ne l'auroit point pu défendre parce qu'il n'avoit point de vivres à mettre dedans. On

---

tant venu à la connoissance du dit Baillico, il fit pendre sur-le-champ le dit garde-chasse; de quoi M. de Staremberg ayant été averti, il a fait mettre à prix de mille pistoles la tête du partisan, et ce dernier l'ayant su a fait afficher à Madrid et mettre à prix de trois mille pistoles celle de M. de Staremberg. On trouve cela fort joli. L'on écrit que l'archiduc a fait vendre à Madrid, à l'enchère, tous les meubles et provisions que le roi y avoit laissés. On écrit encore qu'il a fait un ban que tous les habitants de Madrid ayent à porter les armes à feu et blanches dans une maison. On ne sait pas si l'on obéira; il est à craindre qu'après que l'on les aura remises il fasse piller la ville, à quoi il y auroit de la cruauté, et ce seroit le véritable moyen de se mettre les peuples à dos. On écrit encore qu'il fit publier un autre ban par lequel il ordonnoit que tous les François eussent à sortir de Madrid en vingt-quatre heures, et qu'après qu'ils ont été sortis la plupart ont été pillés et mis en chemise. L'armée du roi d'Espagne s'approche peu à peu de Madrid; elle étoit le 28 du mois passé à Casa-Texada, celle des Portugais à Axtrograda, et a repassé la Guadiana. M. de Mahony écrit qu'il y aura bientôt une action, mais les politiques qui raisonnent ne peuvent pas le croire, par rapport au secours que l'on envoie par le Roussillon; cela fait croire que l'on ne voudra pas risquer une bataille, parce qu'il faudra que les ennemis envoient quelque détachement en Catalogne, et si cela arrive l'armée des ennemis n'est pas trop en sûreté. L'on assure que M. de Staremberg a fait faire un manifeste qu'il a envoyé aux alliés, dans lequel il se plaint de la mésintelligence qu'il trouve dans leurs généraux. On prétend qu'ils ont fait avancer l'armée à Madrid contre sa volonté, et que présentement ils se trouvent embarrassés de se retirer. Les troupes du roi gardent toujours le pont Balfarax. L'archiduc a fait sortir des couvents toutes les femmes des grands d'Espagne, et les a fait mener à Tollodella, et aussi leurs enfants. Madame la duchesse d'Arcos s'est retirée fort adroitement; elle demanda une escorte de quinze messieurs pour aller chercher de l'argent dans un village qui dépendoit du duc d'Arcos, son époux; mais elle avoit prévenu M. Baillico de son dessein qui fut la délivrer avec cinquante chevaux et prit l'escorte des ennemis, qui ont été les dupes de cette dame. J'ai vu une lettre qui a assuré que M. de Staremberg a quitté le commandement de l'armée des ennemis. Les lettres de Biscaye portent que M. de Bay, qui faisoit tête à l'armée des Portugais, a joint celle du roi avec les troupes qu'il commandoit, après que les Portugais se sont retirés.

Douze gardes du roi d'Espagne menèrent hier au château de Saint-Sébastien le fils de M. le duc de Saint-Pierre, prisonnier de guerre; l'on ne dit pas pourquoi. Son père partit avant-hier d'ici pour Victoria, avec madame sa femme.

envoie à Saint-Omer la garnison de la place, qui est diminuée de plus de la moitié; elle devoit sortir le 12, qui étoit hier. M. de Goësbriant enverra ici M. de Bueil, brigadier, qui est celui qu'il avoit envoyé en otage pour la capitulation.

Vendredi 14, *à Marly.* — Le roi travailla le matin avec le P. le Tellier, et l'après-dînée il s'amusa à faire planter dans ses jardins. — L'armée ennemie en Flandre doit se séparer aujourd'hui, et la nôtre se séparera dimanche. Milord Marlborough a ordre de la reine Anne, dès que le siége d'Aire sera fini et l'armée séparée, de repasser en Angleterre sans s'arrêter en Hollande. On ne sait s'il osera obéir à cet ordre, parce que le parti de ses ennemis en Angleterre est le plus fort et qu'on croit la reine Anne dans ce parti-là; mais, d'un autre côté il auroit besoin d'être à Londres, où ses amis sont beaucoup plus foibles et les députés pour le nouveau parlement sont presque tous tories. Les wighs souhaitent que M. de Marlborough retourne pour les aider à se soutenir. — Il y a déjà quelques jours que M. le cardinal de Bouillon s'est fait élire abbé de Saint-Amand par les moines, quoiqu'ils sachent que le pape a déjà donné au cardinal de la Trémoille les bulles pour cette abbaye.

Samedi 15, *à Versailles.* — Le roi partit de Marly sur les six heures pour venir ici, après s'être promené toute la journée. Monseigneur joua avec madame la duchesse de Bourgogne l'après-dînée; il n'ira que demain à Meudon. — Le roi envoya hier M. de Torcy à madame la duchesse de Mantoue, qui est à l'extrémité et qui a souhaité avant que de mourir pouvoir entretenir ce ministre. — On attendoit ce soir M. de Goësbriant ici, mais il n'arrivera que dans quatre ou cinq jours. M. de Bueil arriva, mais si tard qu'il ne put voir ni le roi ni le ministre. — Le lieutenant-colonel de Lorraine, pour qui tous les officiers de ce régiment avoient demandé, après que M. d'Houdancourt eut été tué, qu'on le fît leur colonel, a été tué deux jours avant la capitulation de la place. — On a signifié aujourd'hui à Paris, à tous les agioteurs qu'on connoît, une taxe, et on leur donne des augmentations de gages au denier vingt. On ne leur demande point d'argent comptant, mais de payer en billets du roi, qui seront déchirés à mesure qu'ils seront reçus. Il y va avoir une taxe aussi sur les gens d'affaires. — Le roi travailla le soir avec M. Voisin chez madame de Maintenon.

Dimanche 16, *à Versailles*. —Le roi tint le conseil d'État, alla tirer l'après-dînée, et le soir travailla chez madame de Maintenon avec M. Pelletier. Monseigneur, au sortir du conseil, alla dîner à Meudon, où il demeurera jusqu'à samedi. Le roi entretint longtemps M. de Bueil, qui a apporté la capitulation d'Aire, et S. M. fut fort contente du compte qu'il lui rendit de ce qui s'étoit passé durant le siége. — Par l'ordinaire d'Espagne la reine mande de Vittoria, du 6, que l'archiduc abandonne Madrid et Tolède et marche à Aranjuez pour y passer le Tage et retourner en Aragon, et par ces mêmes nouvelles on assuroit que M. de Vendôme, après avoir remené le roi d'Espagne à Madrid, suivroit l'armée de l'archiduc, et, comme il est beaucoup plus fort en cavalerie, qu'il le harcelleroit dans sa retraite, et en retardant leur marche il donnera le temps à M. de Noailles d'agir dans un pays où les ennemis n'ont nulles troupes à lui opposer.

Lundi 17, *à Versailles*. — Le roi tint le conseil de dépêches, et alla se promener à Trianon l'après-dînée; le soir, chez madame de Maintenon, il travailla avec M. de Pontchartrain. — M. d'Agrin, petit-neveu de M. d'Urfé, étant à Paris dans un méchant bal qu'on donnoit pour une noce, prit querelle avec le marquis de Senas, qu'il frappa d'un coup de bâton. Le marquis de Senas mit l'épée à la main et le tua. M. de Senas est à la Conciergerie, mais on croit qu'il en sortira justifié. — Les officiers de notre armée de Flandre commencent d'arriver, notre armée étant séparée de samedi; M. d'Harcourt ne sera ici que sur la fin de la semaine. — La rivière d'Allier et la rivière de Loire ont fait de grands désordres. Le pont de Moulins, que Mansart avoit fait bâtir, a été entièrement emporté. Il avoit coûté plus de 800,000 francs aux provinces d'Orléanois, Bourbonnois, Nivernois et Berry, et Mansart avoit assuré le roi que cet ouvrage seroit pour la postérité. La rivière de Loire a inondé beaucoup de pays en passant par dessus les levées, et on compte qu'il en coûtera plus de dix millions au royaume.

Mardi 18, *à Versailles.* — Le roi tint le conseil de finances, après lequel il travailla encore avec M. Desmaretz. Il alla tirer l'après-dînée, et au retour il travailla, chez madame de Maintenon, avec MM. Voisin et Desmaretz. Madame la duchesse de Bourgogne et madame la duchesse de Berry allèrent à cheval voir tirer le roi. — M. le prince de Lambesc, petit-fils de M. le Grand, a été échangé depuis quelques jours. Il est mestre de camp de cavalerie et avoit été pris à la bataille de Malplaquet. — M. de Rannes, second fils de M. d'Argouges, conseiller d'État, achète la sous-lieutenance de gendarmerie qu'avoit M. de Bauffremont, et le second fils de M. de Razilly, qui est guidon de la gendarmerie, achète l'enseigne qu'avoit M. de Rannes. — Le pape a expliqué ce qui étoit ambigu dans son dernier mandement pour les affaires de la Chine, et cette explication n'est pas favorable aux jésuites. Les missionnaires en triomphent, mais il est fort à craindre que cela ne nuise à un plus grand établissement du christianisme dans la Chine.

Mercredi 19, *à Versailles.* — Le roi tint le conseil d'État et alla l'après-dînée se promener à Trianon, où il fait planter. Monseigneur vint de Meudon au conseil. Il y retourna dîner et emmena madame la duchesse de Bourgogne avec lui dans sa berline. Messeigneurs les ducs de Bourgogne et de Berry y vinrent dans les carrosses de madame la duchesse de Bourgogne et amenèrent avec eux madame la duchesse de Berry. Ils revinrent tous souper avec le roi. — M. le Duc revint de Flandre. Il a fait une magnifique dépense cette campagne et s'est fait fort aimer. Il est extrêmement crû (1). — Le duc d'Albe envoya ici des lettres du roi son maître et de M. de Vendôme, qui sont venues par un courrier extraordinaire ; elles sont du 6 de ce mois. Le roi d'Espagne est toujours à Caza-Tejada. Les nouvelles qu'on eut dimanche dernier, et qui étoient du 6 aussi, mais de Vittoria, ne se sont pas trouvées vraies sur la marche de l'archiduc. Il n'a point repassé le Tage, n'a point abandonné Tolède, où il fait toujours travailler, et son armée est toujours à l'entour de Madrid.

Jeudi 20, à Versailles. — Le roi dîna de bonne heure et alla se promener à Marly. — On a envoyé des ordres au maréchal de Bezons pour séparer l'armée d'Alsace. — M. de Vendôme mande au roi, par la lettre qu'il reçut hier, qu'il est persuadé que l'archiduc remarchera en Aragon dès qu'il apprendra que M. de Noailles est en marche, et les lettres qu'on reçoit de Perpignan assurent que ce duc entrera dans le Lampourdan le 19 de ce mois, quoiqu'il n'ait pas encore toutes les troupes qui le doivent joindre. — M. de Goësbriant avoit ordre de se rendre, et sans cela, quoiqu'il fût pressé, il croit qu'il auroit pu tenir encore quelques jours. — Il y a beaucoup de gens à Paris taxés pour l'agiotage et qui prétendent ne s'en être jamais mêlés, du nombre desquels est M. du Liboy, gentilhomme ordinaire du roi. On a mis quelques-uns des plus coupables à la Bastille.

Vendredi 21, à Versailles. — Le roi travailla avec le P. le Tellier et alla tirer l'après-dînée. Madame, qui étoit allée à l'Opéra à Paris, se blessa à la jambe par un parquet qui enfonça sous ses pieds au Palais-Royal. Elle est revenue ici assez incommodée. Madame la duchesse de

---

(1) M. le Duc avait dix-huit ans et était encore dans l'âge de la croissance.

Bourgogne, après le coucher du roi, alla la voir. — M. le prince de Salm, qui avoit l'honneur d'être beau-frère de madame la Princesse, est mort à Aix-la-Chapelle. Il avoit renoncé à toutes les charges qu'il avoit auprès de l'empereur. Il étoit chef de son conseil et étoit oncle de l'impératrice ; c'étoit lui qui avoit fait le mariage. — Le roi fera chevalier de l'Ordre M. le prince de Conty au 1er de janvier, et en même temps il recevra M. du Bourg, dont les preuves sont déjà admises, et M. d'Albergotti, dont apparemment les preuves seront faites avant la fin de cette année. On croit qu'il y en aura un quatrième de nommé dès qu'il sera arrivé ici, et on l'y attend tous les jours.

Samedi 22, *à Versailles*. — Le roi tint le conseil de finances, alla l'après-dînée se promener à Trianon, et travailla le soir, chez madame de Maintenon, avec M. Voisin. Monseigneur revint de Meudon, où il étoit depuis dimanche. — L'ordinaire d'Espagne ne nous apporta rien de nouveau. Les lettres de M. de Vendôme ne sont que du 8, et celles qu'on reçut mercredi, et qui étoient venues par un extraordinaire, étoient du 6. Il n'y avoit eu aucun changement dans la disposition des armées en ces deux jours-là. — M. de Matignon achète pour M. de Thorigny, son fils, le régiment de cavalerie Royal-étranger, que M. de Saint-Chamant lui vend 105,000 livres. Comme M. de Thorigny a été un an dans les mousquetaires et qu'il a fait cette campagne, on ne doute pas qu'il n'en ait l'agrément, qu'on lui avoit refusé l'hiver passé, parce qu'il n'avoit pas été dans les mousquetaires et n'avoit pas servi.

Dimanche 23, *à Versailles*. — Le roi tint le conseil d'État, alla tirer l'après-dînée, et travailla le soir avec M. Pelletier chez madame de Maintenon. — M. de Goësbriant arriva le matin. Le roi l'entretint un moment dans son cabinet après la messe et lui ordonna de venir le soir chez madame de Maintenon, où il l'entretiendroit plus à loisir. M. de Goësbriant y vint après que M. Pelletier en fut sorti, qui rendit bon compte au roi de tout ce qui s'étoit passé dans Aire, et le roi finit la conversation en lui disant : « Vous m'avez très-dignement servi, j'en suis content au dernier point, et je vous en donnerai bientôt des marques. » — M. d'Autrey, colonel de la Sarre, en remenant son régiment à la garnison, a été tué dans une affaire particulière dont je ne sais pas le détail. Il avoit eu ce régiment après la mort de son frère aîné, qui fut tué l'année passée à la bataille de Malplaquet. M. de Moncault, leur père, n'a plus qu'une fille, qui aura du moins 40,000 livres de rente.

Lundi 24, à Versailles. — Le roi dîna de bonne heure et alla se promener à Marly. Au retour, il travailla avec M. de Pontchartrain chez madame de Maintenon. Le roi veut que tout cet hiver il y ait ici beaucoup de divertissements, que presque tous les jours il y ait comédie ou appartement, quoiqu'il n'aille ni à l'un ni à l'autre. Les appartements commencèrent hier chez madame la duchesse de Bourgogne. Elle avoit été, avant l'appartement, chez madame la Princesse, qui est ici depuis quelques jours, pour lui faire compliment sur la mort de M. le prince de Salm. Le roi a fait aussi à madame la Princesse l'honneur d'aller chez elle, et il avoit été voir Madame sur ce qu'elle s'étoit blessée à la jambe. — Le roi manda le matin par M. Voisin à M. de Goësbriant qu'il le faisoit chevalier de l'Ordre et qu'il lui donnoit 12,000 francs de pension, et quand M. de Goësbriant alla remercier le roi, il lui dit : « Monsieur, ce n'est qu'en attendant le premier gouvernement vacant, et je souhaite qu'il soit bon. » — Le maréchal d'Harcourt arriva de Flandre, et, comme il est en quartier de capitaine des gardes du corps, il reprend le bâton.

Mardi 25, à Versailles. — Le roi tint le conseil de finances et travailla ensuite avec M. Desmaretz, ce qu'il fait presque toujours les mardis. L'après-dînée il alla tirer et le soir, chez madame de Maintenon, il travailla avec M. Voisin et M. Desmaretz ensemble. Le soir il y eut comédie pour la première fois depuis Pâques. — On croyoit que le roi régleroit le soir ce qu'il veut faire pour les officiers qui étoient dans Aire, et M. de Goësbriant devoit envoyer au roi un mémoire qu'il lui a demandé là-dessus, mais le mémoire est arrivé trop tard; cela est remis à samedi, qui est l'autre jour de la semaine que le roi travaille avec M. Voisin. — Il y a beaucoup d'autres gens à Paris que les agioteurs qui sont taxés. MM. Crozat le sont à 2 millions; l'aîné donnera 1,200,000 francs et le cadet 800,000. — Dans les nouvelles de Bruxelles on parle d'un voyage que le prince Eugène doit faire en Angleterre avec milord Marlborough. — Il y aura dimanche chapitre pour les chevaliers de l'Ordre.

Mercredi 26, à Versailles. — Le roi tint le conseil d'État, et l'après-dînée il alla se promener à Trianon. — L'ordinaire de Bayonne apporta des lettres de Vittoria, du 16. Ces lettres portent que le duc d'Ossone avoit envoyé à Madrid un garde du corps de sa compagnie, déguisé, pour lui apporter des nouvelles de ce qui se passoit dans cette ville et de l'état où étoient les troupes de l'archiduc. Ce garde est revenu à Vittoria et assure que les ennemis en ont retiré deux cents chevaux qu'ils avoient dans la ville, après avoir pillé trois maisons des gens les plus attachés au roi d'Espagne; que, le 11, l'archiduc en étoit parti à la tête de deux mille chevaux; qu'on disoit qu'il retournoit en Aragon; qu'il avoit commandé au peu d'Espagnols qui sont dans son parti de le suivre. Ces nouvelles ont besoin de confirmation, et on en doute, parce qu'apparemment, si elles étoient vraies, on auroit eu un courrier du roi d'Espagne ou de M. de Vendôme. Le débordement des rivières a retardé un peu la marche des troupes qui doivent joindre le duc de Noailles.

Jeudi 27, à Versailles. — Le roi dîna de bonne heure et alla se promener à Marly. Monseigneur alla dîner à

Meudon et y mena madame la duchesse de Bourgogne
avec lui dans sa berline ; ce fut un dîner en particulier,
et ils revinrent ici pour la comédie. — Nous reverrons
bientôt ici M. le maréchal de Tallard ; la reine Anne lui
a permis de venir faire un tour en France pour trois
mois. Marlborough s'étoit toujours opposé à ce qu'on lui
donnât cette liberté-là. — Le prince de Lambesc, petit-
fils de M. le Grand et mestre de camp de cavalerie, qui
fut pris l'année passée à la bataille de Malplaquet, a été
échangé depuis quelques jours. — Nos armateurs ont
pris depuis un mois quelques bâtiments de la flotte du
Brésil, qu'ils ont menés à la Corogna. On avoit fait courre
le bruit qu'ils en avoient pris beaucoup, mais il n'y en a
que trois ou quatre de pris. — Messeigneurs les ducs
de Bourgogne et de Berry allèrent coucher à Rambouillet
chez M. le comte de Toulouse.

Vendredi 28, à Versailles. — Le roi travailla le matin
avec le P. le Tellier et alla l'après-dînée se promener à
Trianon. Messeigneurs les ducs de Bourgogne et de
Berry revinrent ici de Rambouillet, où ils étoient revenus
dîner, après avoir couru le cerf. Madame la duchesse de
Bourgogne et madame la duchesse de Berry étoient allées
au-devant d'eux à cheval, jusque par delà Trappes ; mais
elles en revinrent avant qu'ils y arrivassent, parce qu'ils
étoient partis tard de Rambouillet. — Le roi a donné
à Ravignan, maréchal de camp, une pension de 2,000
francs sur l'ordre de Saint-Louis, qui vaquoit par la mort
du vieux Montarant, qui avoit été longtemps lieutenant-
colonel d'un régiment d'infanterie et qui étoit hors du
service il y a déjà plusieurs années.

Samedi 29, à Versailles. — Le roi tint le conseil de finances et travailla le soir avec M. Voisin chez madame
de Maintenon. Le soir il y eut comédie. — Un courrier
qu'on avoit envoyé au roi d'Espagne revint et apporta
des lettres, du 16, du camp de Caza-Tejada. L'archiduc a
abandonné Madrid et a ordonné à tous les conseils qu'il

avoit formés et aux particuliers qui avoient embrassé son parti de le suivre. Il a retiré une partie de ses troupes qu'il avoit dans Tolède et étoit campé à Aranjuez. On ne doute pas qu'il ne repasse le Tage incessamment pour retourner en Aragon.

Liste des grâces que le roi a faites aux officiers qui étoient dans Aire. — D'Estrades, lieutenant général; de Bueil, Grimaldi, Rothelin, maréchaux de camp; le marquis de Lyonne, brigadier d'infanterie; Bellabre, brigadier de dragons; Susemont, lieutenant-colonel, et Ganges, major. Le lieutenant-colonel et le major de Listenois ont commission de mestre de camp. Le régiment vacant par la mort de Dufort donné au marquis de Lyonne; celui d'Aunis, qu'avoit Lyonne, au chevalier de Brancas-Rochefort. Le petit régiment qu'avoit le chevalier de Brancas a été donné à son lieutenant-colonel. Le régiment de Lorraine, qu'avoit le marquis d'Houdancourt, est donné pour vendre au comte de la Mothe, son père.

Dimanche 30, à Versailles. — Le roi tint le conseil d'État, alla tirer l'après-dînée, et travailla le soir, chez madame de Maintenon, avec M. Pelletier. Le soir il y eut appartement chez madame la duchesse de Bourgogne, et Monseigneur n'y vint qu'après la musique. — On porte plus d'argent aux Monnoies du royaume qu'on n'en a apporté jusqu'à présent; il en vient même beaucoup des pays étrangers pour faire passer des billets de monnoie. Il y a déjà quatre cents millions de nouvelles espèces, dont soixante millions sont de matières venues des Indes espagnoles, et on paye sur-le-champ tous ceux qui apportent ou des espèces ou des matières pour convertir. — Le maréchal de Tallard, à qui les Anglois avoient fait espérer trois mois de congé pour venir en France, ne reviendra point encore cet hiver, mais on lui a promis qu'on lui permettroit de venir le printemps prochain. Ils lui ont fait même des manières d'excuses sur ce refus, lui disant que l'assemblée du nouveau parlement étoit la seule cause de ce retardement, parce qu'ils craignoient que cela ne fît croire qu'ils vouloient entrer en quelque négociation de paix. Milord Greffin, qui fut pris par les Anglois quand le roi d'Angleterre voulut passer en Écosse, est mort à Londres, où il étoit en prison.

Lundi 1ᵉʳ décembre, à Versailles. — Le roi dîna en sortant de la messe et alla à Marly, où il s'amusa à faire planter. Le soir il travailla avec M. de Pontchartrain chez madame de Maintenon. Le roi, avant que d'aller à la messe, tint le chapitre des chevaliers de l'Ordre, où il proposa M. le prince de Conty et MM. d'Albergotti et de Goësbriant qu'il loua fort sur la belle défense qu'ils ont faite, Albergotti à Douai et Goësbriant à Aire. On fait venir M. de Médavy de Grenoble et M. du Bourg d'Alsace, de qui les preuves ont déjà été admises, et ils seront reçus tous cinq le premier jour de l'an. — Monseigneur le duc de Berry s'est déjà servi du pouvoir que le roi lui a donné de présenter aux bénéfices consistoriaux de son apanage, car il a présenté au roi pour un petit bénéfice qui vaquoit aux Andelys. Cette disposition des princes apanagés se nomme présentation, car le concordat n'accorde le droit de nomination qu'au roi seul.

Mardi 2, à Versailles. — Le roi tint le conseil de finances; l'après-dînée il alla tirer, et le soir il travailla, chez madame de Maintenon, avec MM. Voisin et Desmaretz. Il y eut appartement chez madame la duchesse de Bourgogne, mais sans musique. — On mande de Bruxelles que le cardinal de Bouillon, le prince Eugène et Marlborough y sont arrivés. Le prince Eugène doit retourner à Vienne. On ne sait pas encore si Marlborough retournera en Angleterre; ses yachts sont arrivés à Rotterdam. Le cardinal de Bouillon veut passer l'hiver à Anvers; il s'est fait élire abbé de Saint-Amand, mais il y a vingt-deux des moines qui ont protesté contre cette élection, et ceux qui l'ont élu n'étoient pas en si grand nombre. Il ne parle pas encore de retourner à Rome. Le pape a donné des bulles au cardinal de la Trémoille pour cette abbaye, mais les Hollandois en feront jouir le cardinal de Bouillon.

Mercredi 3, à Versailles. — Le roi tint le conseil d'État; l'après-dînée il se promena dans les jardins. Monseigneur, en sortant du conseil, alla à Meudon, où il demeurera quelques jours. Le soir il y eut ici comédie; il n'y en avoit point les autres années quand Monseigneur n'y étoit pas, mais le roi veut qu'en son absence il y ait des comédies et des appartements comme s'il y étoit. — M. de Flavacourt, brigadier de dragons, qui étoit dans Aire, est arrivé, et, comme il est colonel et brigadier des troupes d'Espagne, le roi a écrit en sa faveur au roi son petit-fils pour qu'il le fît maréchal de camp. — M. de Goësbriant, qui devoit commander cet hiver à Cambray, a prié le roi de le mettre dans Saint-Omer, croyant que cette place sera plus tôt attaquée que Cambray et souhaitant fort de soutenir encore un siége. Le roi lui a accordé sa prière, et M. de Vieuxpont, qui commandoit dans Saint-Omer, viendra dans Cambray.

Jeudi 4, à Versailles. — Le roi dîna de bonne heure et alla se promener à Marly. Madame la duchesse de Bourgogne, monseigneur le duc de Berry et madame la duchesse de Berry allèrent dîner à Meudon avec Monseigneur. Le roi d'Angleterre et la princesse, sa sœur, y vinrent de Saint-Germain. Monseigneur les mena tous à Paris à l'Opéra, et, après l'opéra, le roi d'Angleterre et la princesse, sa sœur, retournèrent à Saint-Germain. Monseigneur retourna à Meudon, et madame la duchesse de Bourgogne revint ici pour le souper du roi; elle avoit mené avec elle les deux filles de madame la Duchesse. Monseigneur le duc de Bourgogne étoit allé dîner à Meudon, mais il revint ici pour le salut. — Un courrier que M. de Torcy avoit envoyé en Espagne arriva ici et apporta des lettres de M. de Vendôme, du 22 et du 23. Par les lettres du 22 l'archiduc et son armée se retiroient en Aragon, mais par les lettres du 23 on apprend qu'il n'y a que l'archiduc qui se retire avec mille chevaux et que M. de Staremberg avec le gros de l'armée demeure à Tolède, où il fait toujours travailler. M. de Vendôme avoit détaché las Torres avec quatre mille chevaux pour suivre l'armée ennemie, comptant le 22 qu'elle étoit toute en marche. Las Torres détachera une partie de cette cavalerie pour suivre l'archiduc, mais ils auront peine à le joindre parce qu'il a trois jours d'avance. La reine d'Espagne est fort incommodée, depuis quelques jours, de grosseurs qui lui sont venues au col, et, comme elles augmentent, elle va à Bagnères prendre les eaux.

Vendredi 5, à Versailles. — Le roi travailla le matin avec le P. le Tellier; l'après-dînée il alla tirer, et mesdames les duchesses de Bourgogne et de Berry allèrent le voir tirer. — On a reçu des lettres du duc de Noailles, du 26. Il étoit campé à Saint-Féliou. Il n'a encore avec lui que la moitié des troupes qui lui viennent de Dauphiné. Il va s'avancer sur le Ter, et apparemment, dès que toutes ses troupes seront arrivées, il fera le siége de Girone. Notre artillerie pour ce siége est arrivée à Roses. Il y a présentement sept bataillons dans Girone. Il n'y en avoit que deux, et ils ont fait venir les cinq qui étoient dans Barcelone, qui est abandonné à la garde des habitants; ils ont laissé seulement trois cents hommes dans le Mont-Jouy. On est persuadé que, dès que M. de Staremberg apprendra que M. de Noailles est entré dans le pays, qu'il abandonnera Tolède pour venir au secours de la Catalogne.

Samedi 6, à Versailles. — Le roi tint le conseil de finances et travailla le soir avec M. Voisin chez madame de Maintenon. — M. le maréchal de Villars est revenu des eaux de Bourbonne depuis deux jours. Il a été fort bien reçu du roi, et on ne doute pas qu'il ne commande encore en Flandre l'année prochaine. Les eaux lui ont fait du bien et il ploie un peu le genou. — M. le chevalier de Roye est choisi pour l'un des capitaines des gardes de monseigneur le duc de Berry; il ne payera que 25,000 écus. Il fut fait maréchal de camp l'hiver passé et cherche à vendre sa compagnie de gendarmerie, dont il aura au moins 45,000 écus. Il doit sur cette charge 20,000 écus; il lui restera de quoi payer celle de capitaine des gardes de monseigneur le duc de Berry. — On eut des nouvelles d'Espagne, par l'ordinaire, qui n'apprennent rien de nouveau de l'armée du roi d'Espagne ni de celle de l'archiduc. On mande seulement que le roi d'Espagne a fait porter du blé dans Madrid, où le pain valoit 12 sols la livre pendant que l'archiduc étoit au voisinage, et qu'il étoit déjà diminué de la moitié. — Monseigneur alla de Meudon courre le loup au bois de Boulogne. Mesdames les duchesses de Bourgogne et de Berry y allèrent d'ici et montèrent à cheval dans le parc; Monseigneur les emmena ensuite faire le retour de chasse à Meudon et elles revinrent ici le soir.

Dimanche 7, *à Versailles.* — Le roi tint le conseil d'État; Monseigneur n'y vint point de Meudon, contre sa coutume. Il n'y eut point de sermon l'après-dînée; il est remis à demain, fête de la Vierge. Le roi alla tirer l'après-dînée et le soir travailla avec M. Pelletier chez madame de Maintenon. — Le maréchal de Bezons et tous les officiers de l'armée d'Allemagne sont arrivés. Le maréchal de Bezons est demeuré incommodé à Paris et n'a pas encore vu le roi. — Le roi donne à Maréchal, son premier chirurgien, la charge de premier chirurgien de monseigneur le duc de Berry à vendre. Il y a 6,000 francs d'appointements réglés pour cette charge, et M. le duc d'Orléans a donné à Maréchal un beau diamant pour lui avoir remis l'épaule à Marly. — M. de Flamarens a acheté de M. de Beauvau, maréchal de camp, la compagnie des chevau-légers de monseigneur le duc de Bourgogne; il en donne 48,000 écus. M. le comte d'Estaing a vendu la lieutenance de roi du pays Messin.

Lundi 8, *à Versailles.* — Le roi entendit l'après-dînée le sermon et vêpres dans la chapelle en bas. Toute la maison royale y étoit avec lui; Monseigneur étoit venu de Meudon dîner avec madame la princesse de Conty, et après vêpres il s'en retourna à Meudon. Le soir, le roi travailla avec M. de Pontchartrain chez madame de Maintenon. — M. de Noailles envoya, il y a quelques jours, ici M. de Châtillon, qui est maréchal de camp dans son armée et qui vient apparemment rendre compte au roi de l'état des troupes et de ce qu'il va entreprendre. On a reçu aujourd'hui des lettres de ce duc, du 29. Il étoit campé sur le Ter, à Toreil de Mongry, qui n'est qu'à cinq lieues de Girone. Il a son artillerie et ses vivres à portée, et, quoique toutes ses troupes ne soient pas encore arrivées, on croit qu'il commencera incessamment le siége de Girone. — Le roi a donné à mademoiselle d'Épinoy une confiscation de 1,000 écus de rente; cela la dédommagera un peu de ce qu'elle perd en Flandre.

Mardi 9, à Versailles. — Le roi tint le conseil de finances et travailla ensuite avec M. Desmaretz. L'après-dînée il alla tirer, et le soir il travailla, chez madame de Maintenon, avec M. Voisin et M. Desmaretz. Il y a presque tous les jours ici comédie ou appartement, et souvent les après-dînées madame la duchesse de Bourgogne fait répéter des danses aux dames et aux courtisans qui doivent être des bals de cet hiver. — Le roi laisse à madame la duchesse de Bourgogne l'entier gouvernement des affaires de sa maison et la disposition de toutes les charges qui y vaqueront. Il lui marque en cela une confiance qu'il n'avoit jamais eue pour la reine ni pour madame la Dauphine. Un des courtisans qui approchent le plus près du roi lui dit à son coucher : « Apparemment, Sire, elle vous rendra compte de ce qu'elle fera là-dessus ? » Et le roi répondit : « Je me fie assez à elle pour ne vouloir pas qu'elle me rende compte de rien, et je la laisse maîtresse absolue de sa maison. Elle seroit capable de choses plus difficiles et plus importantes. »

Mercredi 10, *à Versailles.* — Le roi tint le conseil d'État, et l'après-dînée alla se promener à Trianon. Monseigneur revint le soir de Meudon, où il a demeuré huit jours. — Pendant que le roi étoit au conseil, il arriva un courrier de M. de Vendôme; ses lettres sont du 30. Il mande que M. de Staremberg a abandonné Tolède, et, en l'abandonnant, il a brûlé l'Alcaçar, qui est l'ancien palais des rois. M. de Vendôme écrit qu'il le suivra de près dans sa retraite, qui sera longue et difficile. M. de Staremberg a besoin de toute son habileté pour se bien tirer de cet embarras-là, notre armée étant beaucoup plus forte que la sienne et surtout en cavalerie. Le colonel Vallejo a pris trois escadrons des ennemis qui étoient auprès d'Aranjuez et qui n'ont point songé à se défendre. Le roi d'Espagne devoit être le 2 de ce mois à Madrid, où on se prépare à le recevoir avec de grandes démonstrations de joie. Il n'y demeurera que trois jours et puis rejoindra M. de Vendôme pour suivre les ennemis. Le bruit court en ce pays-là que l'archiduc, qui avoit pris les devants avec mille chevaux, n'avoit pu passer et avoit rejoint M. de Staremberg, mais ce bruit-là a besoin d'être confirmé.

Jeudi 11, *à Versailles.* — Le roi alla de bonne heure à la messe; madame la duchesse de Bourgogne l'y accompagna, et à onze heures le roi monta en calèche avec elle et allèrent courre le cerf dans le parc de Marly. En y arrivant, madame la duchesse de Bourgogne monta à cheval; madame la duchesse de Berry y monta aussi avec plusieurs dames. La chasse fut très-belle et courte; Monseigneur et messeigneurs ses enfants y étoient. On revint dîner au château de Marly. Après le dîner, le roi, Monseigneur et toutes les dames se promenèrent dans les jardins jusqu'à la nuit. Madame la duchesse de Bourgogne revint avec le roi comme elle y étoit allée. Monseigneur ramena monseigneur le duc de Berry; monseigneur le duc de Bourgogne revint ici avant eux pour être au salut. — M. le comte de Clermont, gendre de M. d'O, a été choisi par monseigneur le duc de Berry entre tous ceux qui demandoient l'agrément de la charge de son capitaine des gardes. Le roi lui montra le mémoire de tous ceux qui se présentoient et lui dit de choisir. Il en donnera 25,000 écus, comme le chevalier de Roye les a donnés de l'autre charge. — M. le maréchal de Berwick fut reçu duc et pair au parlement.

Vendredi 12, *à Versailles*. — Le roi travailla le matin avec le P. le Tellier et alla tirer l'après-dînée. — M. le chevalier de Hautefort, maréchal de camp, achète la charge de premier écuyer de madame la duchesse de Berry, dont il donne 25,000 écus. Cette charge-là et les deux de capitaine des gardes avoient été fixées à 50,000 écus; on leur en a diminué la moitié. — M. de Melun, frère de Maupertuis, est mort à Bordeaux, où il avoit un petit gouvernement qui s'appeloit Sainte-Croix, qui vaut 4 ou 5,000 livres de rente. Le roi a donné ce gouvernement à Saint-Maixant, qui étoit lieutenant de roi de Béthune. — Le procès qui avoit fait tant de bruit entre Rousseau, fameux poëte, et Saurin, de l'Académie des Sciences, a été jugé au Châtelet en faveur de Saurin, qui a été déclaré innocent. Ils avoient trouvé l'un et l'autre de grandes protections à la cour. — M. Spanheim, ambassadeur de Brandebourg à Londres, et que nous avions vu longtemps ici envoyé de cet électeur, est mort âgé de quatre-vingt-quatre ans.

Samedi 13, *à Versailles*. — Le roi tint le conseil de finances; l'après-dînée il alla à Trianon et le soir il travailla avec M. Voisin. — Les nouvelles d'Espagne par l'ordinaire ne nous apprennent rien de la situation des armées; ce qu'on apprend, c'est que la reine est partie de Vittoria. Elle va prendre les eaux de Bagnères et elle mène avec elle le prince des Asturies, ce dont les Espagnols sont assez affligés. — M. de Fervaques*, brigadier d'infanterie et colonel du régiment de Piémont, et qui étoit cette année à Douai durant le siége, a quitté le service. C'est un galant homme et en bonne réputation dans les troupes, mais il n'étoit brigadier que de l'hiver passé et vouloit qu'on le fît maréchal de camp. M. Voisin a fait tout ce qu'il a pu pour lui faire entendre raison et n'en vouloit point parler au roi, quoiqu'il y eût déjà quelques jours que M. de Fervaques l'en pressât; mais enfin il a tant pressé et a paru si déterminé à quitter qu'il a fallu qu'il en rendît compte au roi, et le roi, fort blessé du procédé de M. de Fervaques, a fixé le prix du régiment de Piémont à 25,000 écus. Il lui avoit coûté près de 100,000 francs.

* On a parlé plus haut (1) de madame de Bullion et de l'argent qui la fit entrer dans le carrosse de Madame, sans avoir volé plus haut; ce fut elle qui fit quitter Fervaques, son fils. Qui auroit dit au roi et à elle que ce même Fervaques seroit rentré maréchal de camp dans le service durant la régence, et qu'en 1724 il serait fait chevalier de l'Ordre ? Son père avoit été conseiller au parlement de Metz, et son grand-père fut greffier de l'ordre du Saint-Esprit, et sa femme étoit sœur aînée de la maréchale de la Mothe, d'où leur est venue toute leur protection dans la suite. Le père de celui-là avoit été maître des requêtes et employé sous Henri IV et Louis XIII en plusieurs négociations, et fut en 1632 surintendant des finances et enfin président à mortier; il fut aussi garde des sceaux de l'Ordre. Il étoit gendre de la sœur du chancelier de Sillery et à qui Puysieux, son fils, dut sa fortune, mais qui ne fut porté à la surintendance des finances que huit ans après que ce chancelier et son fils eurent été chassés. On ne peut s'empêcher de rapporter une saleté de ce surintendant pour sa singularité étrange. Étant au conseil avec la reine régente, il vint une odeur de charbon et d'ordures qui infecta le lieu et dont la reine se plaignit fort. Bullion tira une petite boîte d'ivoire de sa poche et la présenta à la reine pour la sentir; la reine l'ouvrit avec impatience, mais, en la portant à son nez : « Ah! Bullion, s'écria-t-elle en la lui rejetant, vous m'empoisonnez. Comment, c'est de la merde! » C'en étoit en effet; la boîte se renouveloit tous les matins de la plus fraîche, et le surintendant, qui n'aimoit rien tant que cette odeur, avoit oublié que ce goût lui étoit tout à fait particulier. C'étoit au reste un habile ministre, estimé et considéré, et qui avoit beaucoup d'amis. Lorsqu'il fit faire les premiers louis d'or, il

---

(1) Tome XII, page 18.

pria cinq ou six hommes de ses amis à dîner, le maréchal de Gramont, le maréchal de Villeroy, les commandeurs de Jars et de Souvré, le marquis d'Hauterive, parent et ami intime des trois derniers, et quelqu'autre encore qui s'y trouva. Au fruit, il fit servir cinq ou six bassins remplis de cette nouvelle monnoie, et leur dit d'en remplir leurs poches et leurs chausses, leurs chapeaux même s'ils vouloient, et que tout ce qu'ils pourroient en emporter eux-mêmes étoit à eux. Pas un de la compagnie ne se fit prier, et tous s'en fourrèrent tant qu'ils purent, s'en allèrent à grand'peine gagner leurs carrosses, et trouvèrent n'avoir jamais fait si bonne chère. Cette magnificence n'a pas été répétée, mais on peut croire que, quoiqu'elle vînt du surintendant, la reine en avoit pourtant eu la confidence.

Dimanche 14, à Versailles. — Le roi tint le conseil d'État; l'après-dînée il entendit le sermon, où toute la maison royale étoit, et le soir, chez madame de Maintenon, il travailla avec M. Pelletier. — Le roi a donné l'agrément du régiment de Piémont au duc de Louvigny, fils du duc de Guiche, qui a déjà un régiment d'infanterie assez ancien et qu'il vendra presqu'autant que les 25,000 écus qu'il donnera à M. de Fervaques. — M. Bosc, intendant à Limoges, et qu'on avoit voulu rappeler de son intendance dès l'été passé, eut encore une mauvaise affaire en ce pays-là, qui lui a fait perdre les protections qu'il avoit ici. On le rappelle, mais on n'a point encore nommé celui qui lui succédera. — M. le duc d'Albe a eu des nouvelles par la Navarre que l'archiduc étoit arrivé du 28 à Saragosse avec les douze cents chevaux qui l'escortoient; ainsi le bruit qui avoit couru dans l'armée de M. de Vendôme que l'archiduc avoit retourné à l'armée de M. de Staremberg n'est pas vrai.

Lundi 15, à Versailles. — Le roi prit médecine, dîna à trois heures et après son dîner travailla chez lui avez M. de Pontchartrain. A six heures, il entra chez madame de Maintenon. Madame la duchesse de Bourgogne alla après le dîner du roi à la Ménagerie, où il y eut une noce. Elle y soupa avec beaucoup de dames, et il y eut bal après le souper, qui dura jusqu'à une heure et demie. Madame la duchesse de Berry n'y alla point, parce qu'elle hait la danse. — Madame la duchesse de Mantoue est à la dernière extrémité ; on ne croit pas qu'elle passe la nuit. — Le roi d'Espagne a été reçu dans Madrid avec des exclamations de joie extraordinaires. Il alla descendre à N.-D. d'Atocha, et la foule du peuple étoit si grande qu'il fut trois heures à aller de N.-D. d'Atocha au palais. La ville lui avoit envoyé 6,000 pistoles avant qu'il y entrât et lui font encore un donatif de 14,000 autres. Il y a fait fort peu de séjour et va joindre M. de Vendôme, qui avec l'armée suit celle des ennemis.

Mardi 16, *à Versailles.* — Le roi tint le conseil de finances et travailla longtemps avec M. Desmaretz. L'après-dînée il alla se promener à Trianon, et le soir, chez madame de Maintenon, il travailla avec M. Voisin et M. Desmaretz. M. le duc d'Elbeuf vint ici au lever du roi, à qui il apprit la mort de madame de Mantoue, sa sœur, morte à quatre heures du matin. Elle a eu de la connoissance jusqu'au dernier moment de sa vie. Le P. Gaillard, qui a toujours été auprès d'elle depuis un mois, dit qu'il n'a jamais vu mourir personne plus chrétiennement et avec un plus grand courage, trouvant toujours qu'elle ne souffroit pas assez, quoiqu'elle souffrît des douleurs horribles. Il y a quinze jours ou trois semaines qu'elle fit son testament, par lequel elle fait madame la duchesse d'Elbeuf, sa mère, sa légataire universelle. Elle a nommé deux exécuteurs testamentaires, qui sont M. de Torcy, secrétaire d'État, et M. de Rothelin ; mais on croit qu'ils n'accepteront ni l'un ni l'autre. Le roi prendra le deuil vendredi.

Mercredi 17, *à Versailles.* — Le roi tint le conseil d'État ; il ne sortit point l'après-dînée à cause du vilain temps. — Les états de Languedoc ont accordé au roi le don gratuit de 3 millions, à l'ordinaire, et 1 million pour la capitation. Ils offrent outre cela 3 millions pour le dixième. — La nouvelle que l'on avoit dit que la reine d'Espagne étoit partie de Vittoria ne s'est pas trouvée vraie; elle veut avoir des nouvelles du roi, son mari, avant que de partir. M. de Noailles doit être devant Girone du 15, et la queue des troupes qui le doivent joindre doit être arrivée à Toreil de Mongry le 10. — Il y a ici depuis plusieurs jours un homme qui prétend faire de l'or (1). Boudin*, premier médecin de Monseigneur, le fait travailler chez lui à la ville. Il est très-bon artiste, à ce qu'on prétend, mais personne pourtant n'est persuadé qu'il réussisse ; mais on ne hasarde rien, car on ne lui donne point d'argent.

* Boudin, de figure comme de nom, étoit fils d'un apothicaire du roi, qui se fit médecin, et qui avoit tout l'esprit, l'agrément et l'ornement d'esprit qu'il est possible d'avoir; la débauche et le libertinage pareil, d'excellente et de très-divertissante compagnie, et qui par là s'étoit fourré avec M. le Duc, M. le prince de Conty, et la meilleure et la plus trayée compagnie de la cour en hommes et en femmes, gâté aussi à merveille par eux, et insolent et impertinent à l'excès; mais on lui passoit tout et c'étoit la mode. Avec cela il étoit dangereux, par hardiésse, par étourderie, pour se refuser peu de chose. Il insolenta un jour cruellement le maréchal de Villeroy, et dans ses plus beaux jours, dans le caveau de Monseigneur, qui étoit un arrière-cabinet où il couchoit les hivers à Versailles, et il n'en fut autre chose. C'étoit à qui l'auroit, les jeunes en leurs parties, les vieux à dîner, à souper. Il s'étoit fort appliqué à son métier, et il étoit parvenu à faire tout ce qu'il vouloit de Fagon, le roi et le tyran de la médecine, et qui étoit à merveille avec le roi et madame de Maintenon ; il ne laissoit pas de savoir à qui il avoit affaire, et les ministres mêmes le ménageoient. Devenu homme initié dans les intrigues de la cour, il abandonna fort la pratique ; il avoit une curiosité infinie de toutes sortes de remèdes et de secrets, ne rebutoit point les empiriques comme font tous les médecins, souffloit volontiers, et se moquoit de soi-même, le plus plaisamment du monde, de sa folie à chercher la grande œuvre. Il y avoit été attrapé nombre de fois, et en faisoit des contes, ainsi que de ses frayeurs, qui étoient des farces les plus comiques, et qu'il

---

(1) Voir l'*Histoire anecdotique des rues de Versailles*, par M. le Roi, tome II, page 345.

racontoit très-plaisamment; c'est cette curiosité qui lui fit rechercher ce faiseur d'or et y employer l'autorité, dont il fut la dupe enfin comme il l'avoit déjà été souvent, et qui ainsi que les précédents lui coûta bien de l'argent, quoiqu'il aimât fort à en amasser, et qu'il n'en négligeât pas les moyens que la faveur lui pouvoit faire naître.

Jeudi 18, *à Versailles.* — Le roi dîna de bonne heure et alla à Marly, d'où il ne revint qu'à la nuit. — M. de Mouchy, maréchal de camp, a eu l'agrément pour une des charges de maître de la garde-robe de monseigneur le duc de Berry. Il n'en payera que 65,000 livres, qui est la moitié du prix de la taxation. — M. d'Orçay, maître des requêtes et intendant du commerce, est nommé à l'intendance de Limoges en la place de M. Bosc, qui est rappelé. M. d'Orçay va vendre sa charge d'intendant du commerce; il est fils de M. d'Orçay, conseiller d'État, qui a été longtemps prévôt des marchands; il est d'une des meilleures maisons de la robe. — Le duc d'Albe reçut le soir à Paris un courrier du roi d'Espagne, et à une heure après minuit il envoya un gentilhomme réveiller M. de Torcy, qui couchoit à Paris. On ne douta pas qu'il ne lui portât de bonnes nouvelles.

Vendredi 19, *à Versailles.* — Le roi travailla avec le P. le Tellier, et à midi il alla se promener à Marly. Avant qu'il partît, M. de Torcy lui apporta les nouvelles que le duc d'Albe lui avoit envoyées la nuit. La reine d'Espagne envoie la lettre du roi, son mari; elle est du 9. S. M. C. mande que, le 8, après midi, il avoit joint l'arrière-garde des ennemis, commandée par M. de Stanhope, général des troupes angloises, qui étoit demeuré dans la petite ville de Brihuega, entre Guadalaxara et Siguença, mais plus près de Guadalaxara. Le roi d'Espagne les fit sommer; ils se défendirent. On fit venir le canon, qui eut bientôt fait brèche à la muraille. Les grenadiers espagnols y entrèrent, quoique la brèche fût fort petite. Les ennemis s'étoient retranchés dans les rues; ils s'y défendirent fort bien. La nuit vint; nous accommodâmes les maisons dont nous nous étions rendus maîtres, et à la pointe du jour les ennemis, qui s'étoient retirés dans la place de la ville, envoyèrent capituler et offrirent d'abord de se rendre prisonniers de guerre. La capitulation fut bientôt signée ; on y a pris sept bataillons anglois et un portugais à la solde d'Angleterre, huit escadrons anglois, Stanhope, leur général, Carpenter et Wils, lieutenants généraux. M. de Staremberg, qui étoit plus avancé que M. de Stanhope, avoit remarché avec quatre mille hommes pour le secourir et n'étoit qu'à deux lieues de là quand il apprit qu'il s'étoit rendu. Le roi d'Espagne a détaché la cavalerie et les dragons après lui. Nous n'avons eu dans cette affaire que six vingts hommes tués ou blessés. M. de Torcy est blessé légèrement à la main. On compte que les ennemis ont perdu le tiers de leur armée et que le reste aura bien de la peine à se sauver*. — Le roi prit le deuil de madame la duchesse de Mantoue.

* Il ne faut pas oublier une belle action qui fut faite à Brihuega par le comte de Saint-Estevan de Gormaz; il étoit officier général et capitaine général d'Andalousie. On détacha des grenadiers pour l'attaque de cette place ; il vint se mettre avec eux ; l'officier qui commandoit ces espèces d'enfants perdus fut surpris d'y voir un seigneur de son caractère et le lui représenta. Saint-Estevan lui répondit qu'il savoit bien tout ce qu'il lui pouvoit représenter, mais qu'il avoit son père prisonnier des Impériaux, qui l'avoient mis aux fers à Pizzighitone depuis longtemps, sans avoir voulu entendre à aucune rançon, qu'il y avoit des premiers officiers généraux impériaux et anglois dans Brihuega, qu'il étoit résolu de les prendre ou de mourir à la peine, pour délivrer son père par échange. Il donna dans la place à la tête du détachement, fit merveilles, et prit en effet de sa main quelques-uns de ces officiers généraux, dont il fit peu de temps après l'échange de son père, avec tout l'applaudissement dû à cette piété et à sa valeur. Cela mérite qu'on dise un mot d'eux. Leur nom est Acuña, qui est commun à plusieurs branches qui forment une des premières maisons d'Espagne, dont il y a six différents grands : ceux-ci et les ducs d'Uceda s'appellent Acuña y Pancheco ; d'autres Acuña y Pancheco y Giron, comme le duc d'Ossone ; d'autres Acuña y Pancheco y Portocarrero, comme les marquis de Mansera d'aujourd'hui, après le vieux marquis de Mansera-Tolède et les comtes de Montijo ; d'autres enfin Acuña y Pancheco y la Cueva, comme le marquis de Bedmar, gendre de celui qui reçut l'ordre du Saint-Esprit en France. Le père du comte de Saint-Estevan de Gormaz étoit ce duc d'Escalone qui avoit passé par les premiers emplois de la monarchie, et qui, étant vice-roi de Catalogne, fut battu par M. de Vendôme, tout au commencement que celui-ci commanda les armées. Dans la suite, comme il n'est question que de grandesse en Espagne et que les titres n'y font rien, il aima mieux porter le nom de marquis de Villena, connus grands et de sa maison, du temps de Charles V, et c'est sous ce nom qu'il fut vice-roi de Naples, qu'il y reçut superbement Philippe V, qu'il l'y servit très-dignement, et si bien que les Impériaux, outrés des découvertes qu'il fit continuellement de leurs trames et de l'ordre qu'il y sut mettre, et de la vigoureuse défense qu'il fit après contre eux, l'ayant pris dans Gaëte les armes à la main, le traitèrent avec des rigueurs indignes de la guerre et le tinrent depuis à Pizzighitone aux fers, dont il lui resta toute sa vie une cambrure et une foiblesse aux jambes qui l'empêchoient de marcher librement. Il fut donc échangé contre ces officiers généraux pris par son fils, et le roi d'Espagne lui donna en arrivant la première charge de sa cour et la plus grande, qui est celle de grand maître, qu'on appelle majordome-major, qu'il lui gardoit depuis qu'elle vaquoit et qu'il n'avoit pas voulu lui donner plus tôt pour ne pas rendre sa délivrance plus difficile. Il étoit veuf de la sœur du comte de Saint-Estevan del Puerto, majordome-major de la reine, et qui avoit aussi passé par tous les premiers emplois, dont le fils est actuellement grand d'Espagne comme son père, chevalier du Saint-Esprit, président du conseil des ordres, capitaine général et plénipotentiaire en Italie, majordome-major, gouverneur et premier ministre de l'infant don Carlos en Italie. Le comte de Saint-Estevan de Gormaz fut bientôt après premier capitaine des gardes du corps de la compagnie espagnole, quand le comte d'Aguilar la quitta ; il étoit gendre de la comtesse d'Altamire, camerara-major de la seconde femme du roi Philippe V, et fut dans la suite beau-père du comte d'Oropesa et du duc de Médina-Sidonia. Son frère, gendre du marquis de Bedmar, et qui succéda à sa grandesse, à son nom et à ses biens eut la charge de son frère, lorsqu'à la mort de leur père ce frère aîné eut la charge de son père, ce qui étoit presque sans exemple en Espagne, et toutes ces maisons si prochainement alliées vivoient dans une union et une intimité respectable, sous ce vieux Villena qui leur tenoit lieu à tous de patriarche.

Samedi 20, à Versailles. — Le roi tint le conseil de finances. Il avoit vu à son lever M. de Bergeyck, à qui il avoit dit qu'il ne doutoit pas que l'affaire de Brihuega n'eût des suites fort heureuses. L'après-dînée le roi alla tirer, et M. de Torcy vint le trouver à la chasse et lui apporter la nouvelle que le roi d'Espagne avoit gagné un grand combat contre M. de Staremberg. M. de Zuniga*, lieutenant général, en apporte la nouvelle en forme, mais il n'arrivera pas apparemment de quelques jours, parce qu'il vient en chaise de poste, et le courrier qui a apporté les lettres à M. de Torcy est venu de Bayonne en trois jours. Sitôt que la reine d'Espagne, qui est toujours à Vittoria, eut reçu cette nouvelle, elle dépêcha un courrier à M. de Noailles, et Blécourt, notre envoyé, qui est auprès d'elle, donna à ce courrier un billet pour le lieutenant de roi de Bayonne, lui mandant que, dès qu'il l'auroit reçu, il fît partir un courrier pour porter cette nouvelle au roi. On ne sait point encore les détails, mais on est sûr que l'armée de M. de Staremberg a été entièrement défaite après un combat fort rude; que ce général s'est retiré avec peu de monde. Tout son canon a été pris. Le combat s'est donné le 10, à deux lieues de Brihuega, et deux jours après l'action qui s'y étoit passée. — Madame la duchesse de Bourgogne et madame la duchesse de Berry étoient à cheval avec le roi, qui fit lire tout haut la lettre que lui avoit apportée M. de Torcy.

* Don Gaspard de Zuniga étoit un jeune homme de vingt-deux ans, frère du duc de Béjar, lequel est un des grands du temps de Charles V et de grande maison, et doyen des chevaliers de la Toison d'Espagne; il l'avoit eue à dix ans, lors du siége de Vienne, où son père, qui avoit la Toison, étoit allé voir la guerre avec le duc d'Escalone. Ils s'y trouvèrent à la glorieuse victoire du roi Jean Sobieski, et le duc de Béjar y fut tué. Don Gaspard de Zuniga promettoit beaucoup et étoit déjà fort avancé. Il étoit blond, blanc, incarnat, et étoit fort à la mode en Espagne, y fut de même en France et fort au gré des dames, qui n'avoient jamais vu d'Espagnol avec des dents et des couleurs. Il avoit de l'esprit, du savoir, chose aussi fort rare au pays, de la galanterie et de la politesse, se mettoit bien et parloit fort bien françois. Il fut du temps en France, d'où il ne pouvoit se tirer à un second voyage qu'il y fit. Il alloit à tout en Espagne; le roi et les troupes le goûtoient, la cour et la ville de même. Albéroni, dans sa puissance, en prit jalousie, lui imputa ce qu'il voulut et le fit périr de misère et de

rage, prisonnier dans le château d'Alicante. Le duc de Béjar, son frère, est enfin devenu majordome-major du prince des Asturies d'aujourd'hui ; c'est un des plus riches et des plus aisés seigneurs d'Espagne, un des plus honnêtes hommes et des meilleurs aussi, qui a marié son fils aîné à une Lorraine, fille du prince de Pont, qui en attendant la mort de son père a été fait grand à vie et sa femme dame du palais. Le nom de cette maison est Sotomayor, qui est grand et ancien.

Dimanche 21, à Versailles. — Le roi tint le conseil d'État, alla au sermon l'après-dînée et travailla le soir avec M. Pelletier. Le soir, à sept heures, on entra chez madame la duchesse de Bourgogne, où il y eut jeu. On ne veut plus que cela s'appelle appartement. — On écrit de Hollande que, lorsque le prince Eugène partit pour Vienne, M. Heinsius, le pensionnaire, lui avoit reproché la négligence de l'empereur, qui n'avoit pas fait passer des secours d'Italie en Espagne pour l'archiduc son frère, comme il l'avoit promis à la ligue ; que le prince Eugène avoit répondu vivement et qu'ils n'avoient pas été contents l'un de l'autre. Cette conversation-là ne s'étoit faite que sur la nouvelle qu'on avoit eue que l'archiduc avoit quitté son armée. Ils ne pouvoient pas savoir encore les suites malheureuses de leurs affaires en Espagne, qui pourroient bien augmenter l'aigreur entre eux. — M. de Louvigny, gouverneur de Lérida, qui s'étoit fort distingué dans toutes les occasions et qui avoit dignement servi le roi d'Espagne, est mort de maladie dans son gouvernement.

Lundi 22, à Versailles. — Le roi partit d'ici à onze heures ; madame la duchesse de Bourgogne étoit avec lui dans sa calèche, et alla courre le cerf dans le parc de Marly. Messeigneurs les ducs de Bourgogne et de Berry étoient à la chasse. Mesdames les duchesses de Bourgogne et de Berry montèrent à cheval à l'entrée du parc. On revint dîner au château après avoir pris deux cerfs. Monseigneur alla dès le matin courre le loup dans Verrières. — Le duc de Louvigny vend le régiment qui porte son nom à M. de Lannion, et M. de Lannion vend celui qu'il avoit à

M. de.. ...., mousquetaire, et qui a 100,000 livres de rente dont il jouit présentement. — Milord Lumley, qui a présentement un autre titre en Angleterre, avoit proposé dans la Chambre haute qu'on remerciât milord Marlborough de ce qu'il a fait cette campagne. Le duc d'Argyle, qui est au parlement, non comme duc d'Écosse, mais comme comte d'Angleterre, prit la parole et dit que véritablement Marlborough avoit pris une bonne place, mais qu'il avoit fait périr à des bicoques la fleur des troupes angloises, et que de plus il falloit regarder Marlborough non-seulement comme général, mais aussi comme plénipotentiaire, et qu'il falloit examiner s'il avoit bien rempli cette charge.

Mardi 23, à Versailles. — Le roi tint le conseil de finances et travailla ensuite avec M. Desmaretz. L'après-dînée il s'enferma avec son confesseur, comme il fait la veille qu'il doit faire ses dévotions. Le soir, chez madame de Maintenon, il travailla avec MM. Voisin et Desmaretz. Il n'y eut ici ni jeu ni comédie, parce que Monseigneur, monseigneur le duc de Bourgogne et madame la duchesse de Bourgogne font leurs dévotions demain. — M. de Champignelles, gendre du feu bonhomme de Dénonville, et qui a été officier dans la gendarmerie, achète la charge de premier maître d'hôtel de monseigneur le duc de Berry, dont il donne 50,000 écus. — On mande de Hollande que milord Marlborough n'attend plus qu'un bon vent pour repasser en Angleterre, et que le prince Eugène partit de la Haye le 11 pour retourner à Vienne. — Les états de Languedoc donnent au roi 1,200,000 francs pour le doublement des octrois des villes de cette province. Ils se sont aussi accommodés pour le dixième des terres de la province; mais pour le dixième des rentes le roi le recevra là comme dans le reste du royaume.

Mercredi 24, veille de Noël, à Versailles. — Le roi fit ses dévotions, toucha les malades, et l'après-dînée il entendit vêpres, où l'évêque de Toul officioit. Monseigneur,

monseigneur le duc de Bourgogne, madame la duchesse de Bourgogne firent leurs dévotions aussi, et suivirent le roi à vêpres, qui furent un peu retardées par l'arrivée de M. de Zuniga, que le duc d'Albe mena dans le cabinet du roi après son dîner. Monseigneur le Dauphin, messeigneurs ses enfants et madame la duchesse de Bourgogne entrèrent dans le cabinet, et le roi leur lut les lettres du roi d'Espagne et de M. de Vendôme, et une lettre que la reine d'Espagne écrit aussi de Vittoria, où M. de Zuniga a passé. Le roi lui fit beaucoup de questions sur la bataille. Le roi d'Espagne mande que personne n'en pouvoit rendre meilleur compte que lui, parce qu'il s'y est fort distingué. A dix heures, le roi et toute la maison royale allèrent à la tribune de la chapelle, assistèrent aux matines, et n'en sortirent qu'à une heure, après avoir entendu les trois messes de minuit.

Jeudi 25, jour de Noël, à Versailles. — Le roi et toute la maison royale assistèrent à toutes les dévotions de la journée. — Le roi, après les vêpres de hier, travailla avec le P. le Tellier, mais il ne donna point les archevêchés de Toulouse et d'Arles; il fit seulement la distribution de quelques petits bénéfices dont voici la liste : l'abbaye de Châtillon à l'abbé Guyet, frère de l'intendant des finances; l'abbaye des Trois-Rois à l'abbé de Tavannes, comte de Lyon; l'abbaye de Sainte-Marguerite à l'abbé de Macheco, neveu de l'archevêque de Narbonne; l'abbaye de Délo à l'abbé de Villefort, fils de la sous-gouvernante de monseigneur le duc d'Anjou; l'abbaye du Vigeois à l'abbé de la Farge; l'abbaye de Sandras à l'abbé de Broissia; le prieuré du Peyrat à l'abbé de Prie, frère du marquis de Prie. — Il paroît, par différentes nouvelles qu'on a de Constantinople, qu'on pourroit bien remettre Coprogli dans la place du nouveau grand vizir et qu'on y parle fort de guerre. On en est assez alarmé en Allemagne et surtout à la cour de l'empereur. Ce qu'il y a de certain, c'est que les Turcs font marcher beaucoup de troupes du côté de Bender et que le Grand Seigneur a fait donner beaucoup d'argent au roi de Suède.

Vendredi 26, *à Versailles.* — Le roi alla l'après-dînée se promener à Trianon. Madame la duchesse de Bourgogne alla à vêpres avec monseigneur le duc de Bourgogne, et le soir il y eut jeu chez elle. — Il arriva un courrier du duc de Noailles, qui arriva devant Girone le 15, et le 16 il investit la place. Il n'avoit point encore reçu les courriers que le roi d'Espagne lui a envoyés sur l'affaire de Brihuega et sur la bataille de Villaviciosa; mais son courrier en a trouvé un à Narbonne qui lui portoit la première nouvelle. M. de Noailles ne croit pas pouvoir ouvrir la tranchée avant le 23. Il compte qu'il y a dans la place sept bataillons, cinq ou six cents miquelets et un régiment de cavalerie. — Le comte de Saumery, qui a été guidon des gendarmes et qui est frère de M. de Saumery, sous-gouverneur de nos princes, a acheté la charge de premier maître d'hôtel de madame la duchesse de Berry; il l'achète 25,000 écus. Elle étoit taxée à 100,000 francs; on lui a fait remise d'un quart, comme à M. de Champignelles, qui achète la sienne 150,000 livres et qui étoit taxée à 200,000 francs.

Samedi 27, *à Versailles.* — Le roi tint le matin le conseil de finances et l'après-dînée il tint le conseil de dépêches, qu'il ne devoit tenir que lundi prochain; mais il veut ce jour-là aller à Marly de bonne heure. — Il arriva un courrier de M. de Vendôme; ses lettres sont du 20. Il écrit de Siguença, où il est avec le roi d'Espagne. Il mande qu'on a pris dans cette ville-là quatre ou cinq cents hommes des ennemis et quelques bagages qui s'étoient sauvés de la bataille, parmi lesquels étoient ceux du comte de Staremberg. M. de Vendôme a obtenu du roi d'Espagne qu'il les renverroit à M. de Staremberg, qui est arrivé à Daroca. Il n'a plus avec lui que quatorze ou quinze cents hommes de pied et cinq cents chevaux. Il a encore plus de vingt lieues à faire pour arriver à Saragosse. Le roi d'Espagne le fait suivre par Vallejo et par Bracamonte, qui ont chacun mille chevaux avec eux. La reine d'Espagne ne va plus aux eaux ; elle va à Tarraçona, où elle sera près de Saragosse. Elle compte que le roi son mari y sera bientôt.

Dimanche 28, à Versailles. — Le roi tint le conseil d'État, alla tirer l'après-dînée, et, le soir, travailla avec M. Pelletier chez madame de Maintenon. — Le roi a donné la charge de premier médecin de monseigneur le duc de Berry à Carelière, médecin en réputation à Paris, et pour premier médecin de madame la duchesse de Berry un nommé Doutet, qui a déjà une charge de médecin ici. La maison de monseigneur le duc de Berry et de madame la duchesse de Berry ne commencera qu'au mois d'avril, leurs équipages et leurs vaisselles n'étant pas encore prêts. — On mande d'Allemagne que l'empereur a donné le gouvernement de Vienne au comte de Thaun, qui a commandé cette année son armée en Savoie. — On commence à parler du mariage du fils unique du comte de Châtillon, qui est colonel de dragons, avec une troisième fille de M. Voisin. — Le roi fit chanter à sa messe le *Te Deum* pour le gain de la bataille de Villaviciosa, et on le chantera vendredi à Paris.

Lundi 29, à Versailles. — Le roi dîna après la messe et partit avant midi pour aller se promener à Marly, et au retour il travailla, chez madame de Maintenon, avec M. de Pontchartrain. — Par les lettres de Hollande on apprend qu'on y savoit déjà la prise de Brihuega, avec les huit bataillons et les huit escadrons qui étoient dedans, et que l'armée du roi d'Espagne suivoit M. de Staremberg, et qu'on y est un peu consterné de cette nouvelle. Cela fait murmurer de ce qu'on n'a point fait la paix. — M. l'évêque de Seez a la charge de premier aumônier de monseigneur le duc de Berry en rendant au roi sa charge d'aumônier et en donnant 10,000 francs. Sa charge d'aumônier du roi ne se vendra point ; le roi la donnera. Il n'y aura plus que la charge de l'abbé Morel qui puisse être vendue. — Rousseau, fameux poëte qui avoit intenté procès à Saurin, est sorti du royaume; il est allé dans les villes ennemies de Flandre, ce qui le condamne plus que le jugement du procès.

Mardi 30, *à Versailles.* — Le roi tint conseil de finances, travailla ensuite avec M. Desmaretz, et l'après-dînée il alla tirer. Le soir, chez madame de Maintenon, il travailla avec MM. Desmaretz et Voisin. — M. Ducasse va partir pour Brest, où il trouvera trois ou quatre vaisseaux du roi prêts à faire voile. On ne doute pas qu'il n'aille à Carthagène pour en ramener les galions. On a nouvelle que l'archiduc n'a osé retourner à Barcelone, n'ayant point de troupes à y mener et n'y ayant aucune garnison; il est allé à Tarragone. — Depuis Noël on a appris la mort de trois évêques : celui de Grasse, qui étoit frère de M. de Crécy, le plénipotentiaire : cet évêché ne vaut que 4,000 francs; celui de Lombez, qui étoit le fameux dom Cosme, feuillant qui a longtemps prêché devant le roi; il avoit quatre-vingt-quinze ans : cet évêché vaut 18,000 francs; et celui de Saintes, qui s'appeloit.......; cet évêché vaut 12,000 francs de rente.

Mercredi 31, *à Versailles.* — Le roi tint le conseil d'État, et le soir travailla, chez madame de Maintenon, avec M. Voisin. Il y a tous les soirs comédie ou jeu chez madame la duchesse de Bourgogne. Le roi quitta le deuil qu'il avoit pris pour madame de Mantoue. Le roi fit le matin cinq chevaliers de Saint-Michel, qui seront reçus demain chevaliers du Saint-Esprit, savoir : M. le prince de Conty, MM. de Médavy, du Bourg, Albergotti et Goësbriant. — On mande de Hollande que la reine Anne a rappelé du service M. de Cadogan, qui étoit le favori de milord Marlborough, et qui faisoit la charge de maréchal des logis de l'armée, et qu'elle a envoyé ordre à milord Townsend, son ambassadeur en Hollande, de repasser en Angleterre pour rendre compte des raisons qu'il a eues pour ne pas accepter les avantageuses conditions de paix que la France avoit offertes le printemps dernier. Marlborough étoit encore à la Haye.

ANNÉE 1711.

Jeudi 1ᵉʳ janvier, à Versailles. — Le roi tint le chapitre des chevaliers de l'Ordre, dans lequel on reçut les preuves de MM. d'Albergotti et de Goësbriant; ensuite S. M. marcha en procession dans la chapelle en bas, et après la messe, où officia M. l'évêque de Metz, prélat de l'Ordre, le roi reçut M. le prince de Conty, qui fut présenté par Monseigneur et par monseigneur le duc de Bourgogne, et ensuite MM. de Médavy, du Bourg, d'Albergotti et de Goësbriant, qui furent présentés par le marquis de la Salle et le maréchal de Chamilly. L'après-dînée le roi et toute la famille royale entendirent vêpres et le salut, et après vêpres Monseigneur alla à Meudon, où il demeurera jusqu'au premier voyage de Marly, qui sera lundi prochain. — L'électeur de Cologne arriva hier à Paris; il verra le roi sans cérémonie avant qu'on aille à Marly. — Le duc de Louvigny vend le régiment qu'il avoit à M. de Bonnetot, 70,000 francs; ainsi il ne lui en coûtera que 5,000 francs pour avoir celui de Piémont, que le roi a taxé à 25,000 écus quand Fervaques a quitté le service.

Vendredi 2, à Versailles. — Le roi travailla le matin avec le P. le Tellier, dîna de bonne heure et alla se promener à Marly. Le soir il y eut comédie et hier il y eut jeu chez madame la duchesse de Bourgogne. — Le roi donne 10,000 francs de pension à mademoiselle Voisin, qui épouse le fils de M. de Châtillon. Le roi donnoit autrefois 200,000 francs aux filles des ministres quand elles se marioient; il a converti cela en pension depuis quelque temps. — Un de nos vaisseaux a rencontré auprès de l'île de Seilly deux vaisseaux anglois, armés moitié guerre, moitié marchandise. Une tempête qu'ils avoient essuyée les avoit obligés à jeter leur canon à la mer ; ils étoient percés pour soixante pièces de canon chacun. Le beau temps étant revenu, ils faisoient leur route vers les ports d'Angleterre quand notre armateur les joignit. Ils furent bientôt obligés de se rendre parce qu'ils n'avoient plus de canon. Ils sont tous deux richement chargés. — On chanta le *Te Deum* à Paris pour le gain de la bataille de Villaviciosa.

Samedi 3, à Versailles. — Le roi tint le conseil de finances, alla tirer l'après-dînée, et travailla le soir avec M. Voisin chez madame de Maintenon. Monseigneur le duc de Bourgogne, madame la duchesse de Bourgogne, monseigneur le duc de Berry et madame la duchesse de Berry allèrent dîner à Meudon avec Monseigneur, d'où ils ne revinrent que pour le souper du roi. — M. le maréchal de Villars partira pour la Flandre durant le voyage de Marly ; comme il doit commander cette année en ce pays-là, on est bien aise qu'il voie l'état des troupes, des places et des magasins, et il en viendra rendre compte au roi avant la campagne. — On payera cette année les rentes de la maison de ville dans leur entier, en retenant le dixième comme sur les autres biens du royaume. — L'évêque d'Anvers étant mort, Marlborough a nommé à cet évêché, au nom de la reine Anne, un chanoine de Liége, et a ordonné au chapitre de le recevoir. Les chanoines, de leur côté, ont prétendu que, le roi Philippe ne pouvant plus exercer son droit de nomination, qu'il leur étoit dévolu ; ils ont élu un chanoine de leur corps évêque. Marlborough les a menacés ; ils ont eu recours à la protection des Hollandois, qui ont approuvé leur conduite.

Dimanche 4, à Versailles. — Le roi tint le conseil d'État ; l'après-dînée il alla tirer, et le soir il travailla, chez madame de Maintenon, avec M. Pelletier. — M. le cardinal de Bouillon, qui est à Anvers, avoit fait des démarches à Rome pour avoir les bulles de l'abbaye de Saint-Amand; mais sa demande a été mal reçue. On y a même été surpris qu'un cardinal doyen du Sacré Collége pût demander au pape les bulles d'un bénéfice que le pape a donné à un autre cardinal, il y a plus de six mois. Il y a présentement une grande abbaye vacante à Anvers, et le cardinal de Bouillon espère pouvoir s'y faire nommer pour abbé. — Le roi mènera demain pour danser à Marly de jeunes dames et de jeunes courtisans qui n'y avoient jamais été. Les dames sont la duchesse de Luynes et la marquise d'Ancenis, belle-fille du duc de Charost. Les jeunes courtisans sont le duc de Brissac, le duc de Fronsac, fils du duc de Richelieu, et le marquis de Villequier, fils du duc d'Aumont. Les bals commenceront mardi, et il y en aura deux ou trois fois la semaine. — Le roi, après la messe, donna audience sans cérémonie à l'électeur de Cologne, qui ensuite alla chez madame la duchesse de Bourgogne, où étoit monseigneur le duc de Bourgogne.

Lundi 5, à Marly. — Le roi partit de Versailles aussitôt après son dîner pour venir ici. Il se promena jusqu'à la nuit dans ses jardins, et le soir, chez madame de Maintenon, il travailla avec M. de Pontchartrain. Monseigneur partit presque aussitôt que le roi; monseigneur le duc de Bourgogne ne partit qu'après le salut. Madame la duchesse de Bourgogne partit de Versailles à trois heures et demie et alla à Saint-Germain voir la cour d'Angleterre, et puis vint ici. — Le roi apprit le matin à Versailles, par un courrier de M. des Alleurs, son ambassadeur à la Porte, que la guerre avoit été déclarée à Constantinople le 22 de novembre. Le Grand Seigneur prétend marcher en personne à la tête de son armée, qui sera de trois cent mille hommes, Turcs, Tartares ou Cosaques. Il veut chasser les Moscovites de Pologne, y établir le roi Stanislas et ramener le roi de Suède dans ses États d'Allemagne, et lui faire rendre par le czar les pays et les places dont il s'est rendu maître.

Mardi 6, à Marly. — Le roi ne sortit point de tout le jour parce qu'il plut toujours. Il envoya quérir le matin M. Desmaretz, avec qui il travailla, et l'après-dînée il travailla encore avec lui et M. Voisin ensemble. Le soir, après souper, le bal commença. Le roi y demeura jusqu'après une heure, et dit qu'il avoit trouvé le bal fort joli et que les dames y dansoient fort bien. Il n'y avoit que neuf danseuses, savoir : madame la duchesse de Bourgogne, mademoiselle de Bourbon, mademoiselle de Charolois, la duchesse de Luynes, mesdames de Courcillon, de la Vrillière, de Polignac, de Seignelay et d'Ancenis. Les danseurs étoient : monseigneur le duc de Berry, M. le Duc, les ducs de Mortemart, de Brissac et de Fronsac, MM. de Villequier, de Seignelay et de Livry, le prince Charles et le prince de Lambesc. — Madame de Sérignan est morte dans sa terre de Villebon, près d'ici. Ils étoient brouillés, son mari et elle ; mais, par leur contrat de mariage, le dernier vivant devoit jouir du bien de l'autre ; ainsi ses héritiers, qui sont Harteloire, lieutenant général de la marine, et madame de Gyé, n'auront rien qu'après la mort de Sérignan.

Mercredi 7, à Marly. — Le roi tint le conseil d'État et se promena beaucoup l'après-dînée dans ses jardins. — On eut des lettres d'Espagne par l'ordinaire de Bayonne. La reine est partie de Vittoria et va en Aragon ; elle étoit à Noguera le 26. Le roi, son mari, étoit encore le 24 à Siguença, où il avoit laissé reposer son infanterie quelques jours. La plus grande partie de sa cavalerie, en différents corps, suit M. de Staremberg, qu'on croit arrivé à Saragosse et qui ne s'y tiendra pas longtemps, selon les apparences. Le roi d'Espagne devoit marcher dans peu de jours et va droit à Saragosse. La reine mène toujours avec elle le prince des Asturies, et la plupart des conseils sont retournés à Madrid. — On a nouvelle de Hollande que Marlborough s'est embarqué du 3 pour repasser en Angleterre, qu'on a donné à M. Hill l'emploi qu'avoit milord Townsend à la Haye et celui qu'avoit Cadogan à Bruxelles, par rapport aux affaires du gouvernement. On a cassé en Angleterre plusieurs officiers généraux, mais on a permis à ceux qui avoient des régiments de les vendre.

Jeudi 8, à Marly. — Le roi, après la messe, alla courre le cerf et en prit deux avant dîner; Monseigneur et messeigneurs ses enfants étoient à la chasse. Madame la duchesse de Bourgogne et madame la duchesse de Berry étoient à cheval. L'après-dînée le roi se promena dans les jardins jusqu'à la nuit, et dit à sa promenade qu'il étoit étonné de n'avoir point de nouvelle ni de M. de Vendôme, ni du duc de Noailles, qui doit avoir commencé le siége de Girone. Par les lettres de Bayonne, de hier, on apprend que le roi d'Espagne a défendu à ses sujets tout commerce avec les Hollandois, mais il ne parle point des Anglois. — Les troupes angloises embarquées à Portsmouth pour passer en Portugal n'ont pas encore mis à la voile. — Il paroît par les nouvelles qu'on a de Hongrie que les affaires des mécontents n'y vont pas bien; on assure même que les généraux de l'empereur ont pris Tokay. Ragotzki a besoin que le Turc entre promptement en Pologne et qu'on lui envoie quelque détachement. — M. de la Trémoille fut reçu au parlement pour son duché et pairie de Thouars.

Vendredi 9, à Marly. — Le roi se promena le matin et l'après-dînée dans ses jardins. Monseigneur et monseigneur le duc de Berry coururent le loup. Madame la duchesse de Bourgogne joue toutes les après-dînées dans le salon, et plus gros jeu qu'on n'avoit joué depuis longtemps; mais Monseigneur ne joue qu'au papillon et un jeu fort médiocre, comme il a fait depuis quelques années. — On eut par l'ordinaire des lettres du duc de Noailles, du 26 et du 27. Il attaque Girone par le fort Rouge. Il a déjà du canon en batterie qui fait beaucoup d'effet. Le fort Rouge commande absolument la ville de Girone, et quand il sera pris on ne croit pas que la ville se puisse défendre. Les assiégés comptent d'en retirer leurs troupes et de l'abandonner à la défense des habitants, et de mettre toute leur garnison dans le fort des Capucins et dans celui du Connétable, où ils ont fort travaillé depuis quelques années et où ils espèrent pouvoir tenir encore quelque temps quand la ville sera prise. M. de Noailles mande au roi que, selon toutes les apparences, il sera maître de la ville de Girone avant les Rois, et les ingénieurs le mandent aussi à M. Pelletier.

Samedi 10, à Marly. — Le roi travailla le soir de bonne heure avec M. Voisin. M. de Torcy vint chez madame de Maintenon porter au roi les lettres du roi d'Espagne, arrivées par un courrier de retour. Le roi, la reine et la princesse d'Angleterre arrivèrent sur les six heures, et le bal commença sur les sept heures dans le salon. Le roi d'Angleterre et la princesse sa sœur commencèrent le premier menuet. Le bal dura jusqu'à près de dix heures et fut fort joli; il n'y eut que la duchesse de Berwick de dames angloises qui dansèrent. Le roi vit danser jusqu'à huit heures et demie, puis en sortit avec la reine d'Angleterre, et entrèrent chez madame de Maintenon. Après le souper, la cour d'Angleterre retourna à Saint-Germain. — Les lettres de M. de Vendôme sont de Daroca, du 31 ; il mande qu'on a pris encore quinze cents hommes à M. de Staremberg en plusieurs endroits différents. Ce général a passé à Saragosse et a fait jeter dans l'Èbre beaucoup de munitions qui étoient dans le réduit de l'inquisition, où ils avoient quelques troupes ; mais il y a laissé dix pièces de canon et n'a pas eu le loisir de rompre le pont, sur lequel Bracamonte et Vallejo ont passé avec leurs détachements de cavalerie et de dragons, et suivent toujours M. de Staremberg, qui a rassemblé les troupes qu'il avoit laissées en différents lieux d'Aragon, et qui a encore un corps de quatre mille hommes avec lui. Il marche apparemment à Balaguer pour y passer la Sègre. Nos troupes, qui le suivent, pourront la passer à Lérida, et nous avons encore dans cette place et dans Tortose quelques troupes qui pourront incommoder M. de Staremberg dans sa retraite, qui est fort longue encore. On attendoit le roi d'Espagne à Saragosse le 3 ou le 4. Le courrier qui est arrivé a trouvé la reine d'Espagne à Nogera, qui continue son chemin vers l'Aragon. Outre les quinze cents prisonniers qu'on a faits à M. de Staremberg, on lui a pris le lieutenant général Villaroel, Espagnol qui avoit pris le parti de l'archiduc.

Dimanche 11, à Marly. — Le roi tint le conseil d'État, alla tirer l'après-dînée et travailla le soir avec M. Pelletier.
— On reçut hier au soir des lettres de M. de Monaco, qui mande que nos armateurs avoient pris deux vaisseaux anglois sortant du Port-Mahon, étoient ensuite entrés dans ce port, où il ne restoit que deux ou trois vaisseaux, qu'ils s'étoient rendus maîtres de tous les forts et en avoient chassé les Anglois. M. de Fréjus mande la même nouvelle; mais le roi ne la veut point croire, parce qu'à une nouvelle d'une telle importance on ne manqueroit point d'envoyer des courriers du Port-Mahon même.
— Le roi donna hier permission à M. d'Antin de poursuivre au parlement de Paris sa réception en qualité de duc d'Épernon, pair de France. Voici sur quoi il fonde sa prétention. Le duc d'Épernon, favori de Henri III, avoit eu plusieurs enfants, et sa postérité tant masculine que féminine finit, au mois de juillet 1661, par la mort de son fils, le duc d'Épernon, colonel général de l'infanterie françoise. Ce favori de Henri III avoit une sœur qui épousa [Jacques] Goth de Rouillac et en eut un fils et une fille. Le fils fut le marquis de Rouillac, ambassadeur en Portugal, qui eut un fils, lequel, en 1661, après la mort du dernier duc d'Épernon, prétendit être duc d'Épernon, pair de France, et en prit le nom. Dans le public on l'appeloit le faux duc d'Épernon. En 1665 le roi empêcha qu'on ne jugeât cette prétention au parlement. La sœur du marquis de Rouillac, ambassadeur en Portugal, épousa le fils de Sébastien Zamet, fort connu par sa richesse, du temps de Henri IV. Ce Zamet eut une

fille unique qui épousa le grand-père de M. d'Antin. Le faux duc d'Épernon n'avoit laissé qu'une fille, avec laquelle M. d'Antin traita ; elle renonça à la succession, et M. d'Antin eut la terre d'Épernon comme héritier. Voilà son droit. Il avoit demandé plusieurs fois au roi que son affaire fût jugée, et jusques ici le roi ne l'avoit point voulu ; s'il réussit dans toutes ses prétentions, il sera un des plus anciens pairs du royaume.

* On a déjà dit que ces additions sont trop courtes pour comporter le récit des prétentions de ceux qui prétendent se faire ducs et pairs, ou qui l'étant prétendent des rangs d'anciennes pairies éteintes. Celles-ci étoient si fort destituées de toutes apparences que le roi n'avoit jamais voulu y entrer ni permettre qu'elles fussent portées au parlement, et quand il céda aux importunités du cardinal d'Estrées en faveur du maréchal d'aujourd'hui et de son mariage avec la fille unique de M. de Rouillac, qu'on appeloit le faux Épernon, cela ne put avoir aucune suite. D'Antin savoit aussi bien que personne que cela ne pouvoit réussir, mais il crut cette permission très-importante pour lui faire un chausse-pied à se faire faire duc-pair, et dans cette vue il obtint de tous les enfants de sa mère de demander conjointement et tous ensemble cette permission au roi, comme une grâce qui les touchoit d'une manière très-sensible, et cela fut exécuté un soir après souper à Marly, dans le cabinet où ils étoient toujours tous à cette heure-là. M. le duc d'Orléans porta la parole ; il ne put le refuser à madame la duchesse d'Orléans après le mariage de leur fille, et d'Antin, avec sa souplesse, son art et son esprit, avoit eu le temps de passer assez l'éponge sur ce qui s'étoit passé à la mort de madame de Montespan pour obtenir d'eux une demande qui ne leur coûtoit guère et qui ne pouvoit que leur faire honneur. Les ducs, accoutumés à tout, furent d'abord fort étourdis ; ils crurent que le roi marquoit assez qu'il vouloit que d'Antin réussît, puisqu'il lui donnoit liberté d'entreprendre à la prière de ce qu'il aimoit le plus tendrement, et n'osoient se commettre avec ceux et celles qui avoient demandé et obtenu cette grâce ; mais quelques-uns d'entre eux estimèrent que le pis qui pouvoit arriver étoit de succomber à l'autorité et au crédit, et qu'il étoit honteux de s'abandonner soi-même. Trois ou quatre se déclarèrent donc dès le lendemain ; quelques autres s'y joignirent après ; enfin la plus saine partie s'unit et soutint l'affaire. On verra par la suite qu'ils firent très-bien, et que d'Antin aussi ne s'étoit pas trompé.

Lundi 12, *à Marly*. — Le roi, après la messe, alla courre le cerf. Monseigneur et messeigneurs ses enfants étoient à la chasse; madame la duchesse de Bourgogne ni madame la duchesse de Berry n'y étoient point. Le soir, le roi travailla chez madame de Maintenon avec M. de Pontchartrain. Le soir, après souper, il y eut bal qui dura jusqu'à trois heures. Le roi n'y demeura pas si longtemps que la première fois, et Monseigneur en sortit à minuit parce qu'il vouloit se purger le lendemain. — La Haye, qui eut depuis peu la charge de premier chambellan et d'écuyer chez monseigneur le duc de Berry, a encore la charge de son premier veneur. Cette charge étoit taxée à 20,000 écus; monseigneur le duc de Berry a fait donner les 20,000 écus pour lui. — J'ai appris que depuis quelques mois le cardinal Gualterio avoit eu la pension du clergé qu'ont les cardinaux françois, qui est de 2,000 écus. — Sur les nouvelles de la déclaration de la guerre des Turcs contre les Moscovites, l'empereur a ordonné de fortifier ses places frontières de la Turquie et d'en augmenter les garnisons.

Mardi 13, *à Marly*. — Le roi tint le conseil de finances et travailla ensuite longtemps avec M. Desmaretz. Il alla tirer l'après-dînée, et le soir il travailla chez madame de Maintenon avec MM. Voisin et Desmaretz. — On mande de Roses, du 2 de ce mois, que le fort Rouge fut abandonné le 29, dans le temps qu'on se préparoit d'y donner l'assaut, que la ville voulut se rendre le 1er; mais, M. de Noailles n'ayant pas voulu leur accorder la capitulation qu'ils demandoient, on continua de la battre. On la croit rendue du 2, parce qu'il y avoit deux jours qu'on n'entendoit point tirer. — On mande de Londres que la comtesse Dabingdon a été faite dame d'honneur de la reine Anne, en la place de madame de Marlborough, qui ne l'exerçoit plus depuis quelques mois. — Le prince d'Anhalt-Dessau, qui commandoit les troupes de Brandebourg la dernière campagne, est mort des blessures qu'il avoit reçues au siége d'Aire. — Monseigneur prit médecine par précaution.

Mercredi 14, *à Marly*. — Le roi tint le conseil d'État, se promena l'après-dînée dans ses jardins. Le soir, après souper, il y eut bal qui dura jusqu'à cinq heures du matin ; le roi en sortit un peu après minuit. La princesse d'Angleterre vint de Saint-Germain après souper au bal ; elle amena avec elle la duchesse de Berwick et une fille de milord Middleton, qui a épousé un fils du duc de Perth, qui dansèrent. Le roi d'Angleterre ne vint point, parce qu'il fait des remèdes, sa santé n'étant pas encore parfaitement rétablie. — L'électeur de Trèves mourut dans son château d'Harmstein, vis-à-vis Coblentz, le 6 de ce mois. Les chanoines qui étoient auprès de lui firent partir le 8 un courrier, pour en aller donner part à la cour de Lorraine où est M. l'évêque d'Osnabruck, leur coadjuteur. — Je me souviens que je n'ai pas marqué dans la fin de l'année passée que le grand maître de l'ordre Teutonique, frère de l'électeur palatin, avoit été élu coadjuteur de Mayence ; ainsi voilà les deux électorats, où ils ne vouloient que des gentilshommes, passés dans la maison des princes, chose fort opposée aux intérêts de la noblesse.

Jeudi 15, *à Marly*. — Le roi, après la messe, alla courre le cerf. Monseigneur et messeigneurs ses enfants étoient à la chasse ; mesdames les duchesses de Bourgogne et de Berry n'y étoient point. Le roi se promena l'après-dînée dans ses jardins, où il s'amuse fort à faire planter. Il parla à sa promenade au petit duc de Fronsac, qui est fort à la mode ce voyage-ci et qui a beaucoup d'esprit (1). Il se marie dans peu de jours avec mademoiselle de Sansac, fille du premier lit de la duchesse de Richelieu et du marquis de Noailles, et qui est une très-grande héritière. Ce mariage avoit été résolu dès le temps que le duc de Richelieu, père du duc de Fronsac, épousa la veuve de marquis de Noailles. — On a nouvelle que l'archiduc

---

(1) Dans sa lettre du 28 janvier la marquise d'Huxelles dit : « Il a été trouvé fort joli à la cour. »

étoit arrivé à Barcelone le 15, et fort peu accompagné. Il y a fait chanter le *Te Deum* pour le gain de la bataille de Villaviciosa, et a envoyé des courriers en Italie pour le faire chanter à Milan et à Naples, et tâche par là d'amuser les peuples, et de cacher le misérable état où il est réduit.

Vendredi 16, *à Marly.* — Le roi travailla le matin avec le P. le Tellier, et se promena toute l'après-dînée. Monseigneur courut le loup. Le soir après souper, il y eut bal qui dura jusqu'à cinq heures du matin; le roi en sortit un peu après minuit. — On eut par l'ordinaire des lettres du duc de Noailles du 3 au soir, et du 4 au matin. Les assiégés abandonnèrent le fort Rouge le 29, comme on l'avoit mandé de Roses; mais il n'étoit pas vrai que la ville eût demandé à capituler. M. de Noailles espère en être maître dans peu de jours, et il compte aussi que vers le 20 il sera maître des forts Saint-Anne, des Capucins et du Connétable, malgré la rigueur de la saison. — M. de Tavannes, sous-lieutenant de la gendarmerie, achète la compagnie que commandoit M. de Soudé, mécontent de ce qu'il n'avoit pas été avancé à la dernière promotion. Je crois que c'est la compagnie des chevau-légers d'Anjou. M. le comte de la Mothe a vendu le régiment de . . . . qu'avoit son fils qui a été tué à Aire, et que le roi avoit donné au père pour le vendre; il en a eu 55,000 francs de M. de Varennes, qui avoit un autre petit régiment.

Samedi 17, *à Versailles.* — Le roi revint ici à six heures de Marly, après s'y être promené toute la journée. Il travailla le soir avec M. Voisin chez madame de Maintenon. Il y eut comédie. — On eut par l'ordinaire des lettres du roi d'Espagne et de M. de Vendôme, qui entrèrent dans Saragosse le 4. M. de Staremberg en étoit parti le 1er du mois après avoir fait jeter dans la rivière beaucoup de munitions de guerre et de bouche. Il n'en a point rompu le pont, et y a laissé dix pièces de gros canon. Ce général continue sa retraite après avoir rassemblé les troupes qu'il avoit laissées en différents endroits dans l'Aragon ; on compte qu'il a avec lui environ quatre mille hommes de pied et mille chevaux. Il avoit passé la Cinca, et on croyoit qu'il iroit passer la Sègre à Balaguer. Vallejo et Bracamonte ont passé à Caspé et espèrent que, quand il sortira de Balaguer pour aller à Barcelone, ils pourront encore l'incommoder dans sa marche. On lui a pris encore douze ou quinze cents hommes de traîneurs, ou qui étoient en différents postes. On a envoyé quelque cavalerie à la reine, qui vient à Saragosse.

Dimanche 18, à Versailles. — Le roi tint le conseil d'État, alla tirer l'après-dînée, et travailla le soir chez madame de Maintenon avec M. Pelletier. Il signa le matin le contrat de mariage de M. de Châtillon avec mademoiselle Voisin. La noce se fera ici mercredi, et il y aura grand bal vendredi. — On mande de Hollande qu'on y a beaucoup de peine à trouver de l'argent pour les fonds de la campagne qui vient, et que les alliés veulent avoir une armée de vingt mille hommes pour conserver la neutralité dans la basse Allemagne. Les troupes de Saxe retournent trouver le roi Auguste, qui est revenu dans ses États, et on dit même que quelques troupes de Brandebourg retournent aussi dans leur pays, et ont déjà repassé le Rhin. La déclaration de guerre du Turc contre les Moscovites et contre le roi Auguste donne beaucoup d'inquiétude en Allemagne, et on mande qu'il y a déjà un assez gros corps de Tartares en Moldavie ; mais les Turcs ne seront en état d'entrer en campagne qu'à la fin d'avril au plus tôt. — Monseigneur et messeigneurs ses enfants, et aussi M. le Duc, allèrent l'après-dînée à Rambouillet, d'où ils reviendront mercredi pour le conseil.

Lundi 19, à Versailles. — Le roi prit médecine, comme il la prend tous les mois, par pure précaution. Il dîna à trois heures, et après son dîner il travailla chez

lui avec M. de Pontchartrain. Le soir il y eut comédie.
— On a nouvelle d'Angleterre que Marlborough étoit arrivé à Londres, où il avoit été assez bien reçu de la reine Anne. Il est parti quelques vaisseaux de Hollande pour joindre ceux que les Anglois ont à l'île de Wight, qui doivent transporter en Portugal les six bataillons qui y sont depuis longtemps. — Milord d'Albemarle, qui est gouverneur de Tournay, a mandé à M. de Surville, de la part des États généraux, de se rendre à Tournay le 5 du mois prochain, quoique, depuis quinze jours, M. de Surville eût reçu une lettre du prince Eugène, qui lui permettoit de servir la campagne prochaine. M. de Ravignan, qui avoit eu la même permission de ce prince de servir dès la campagne passée, et Tolet, qui étoit lieutenant de roi de Tournay, ont eu le même ordre que M. de Surville, et ils veulent qu'ils demeurent en otages jusqu'à ce que l'on doit dans Tournay soit payé.

Mardi 20, à Versailles. — Le roi tint le conseil de finances, et travailla longtemps ensuite avec M. Desmaretz. Le soir il travailla chez madame de Maintenon avec MM. Voisin et Desmaretz. — Un armateur de Dunkerque, nommé Sauce, a attaqué la flotte de la Virginie, qui étoit escortée par deux vaisseaux de guerre anglois. Cet armateur montoit un des vaisseaux du roi nommé *l'Auguste*. Il avoit avec lui deux autres vaisseaux du roi et trois autres armateurs qui s'y étoient joints. Au premier signal d'abordage que fit Sauce, les vaisseaux de guerre anglois, qui étoient bons voiliers, prirent la fuite avec quatre autres bâtiments marchands, dont deux échouèrent à la côte d'Angleterre et s'y brûlèrent. Le reste de la flotte marchande a été pris, dont il a mené une partie à Calais et l'autre à Ambleteuse. Cette flotte est chargée de sucre et de tabac. — Girardin, lieutenant aux gardes, fils de Vauvré, maître d'hôtel ordinaire du roi, n'ayant pas eu l'agrément du régiment de Bueil, dont le marché étoit fait à 94,000 livres, a acheté une compagnie aux gardes qui sont fixées à

80,000 francs. C'est Villepo, lieutenant de roi de Hesdin, qui la vend.

Mercredi 21, à Versailles. — Le roi tint le conseil d'État; Monseigneur et monseigneur le duc de Bourgogne revinrent de Rambouillet pour être au conseil. Le roi vouloit aller se promener l'après-dînée à Trianon, mais le vilain temps l'en empêcha. Le soir il y eut comédie. — M. de Châtillon épousa le soir mademoiselle Voisin dans la chapelle. Madame la duchesse de Bourgogne alla au coucher de la mariée et lui donna la chemise, et monseigneur le duc de Berry la donna au marié. — Le marché de M. de Pons est fait pour la charge de maître de la garde-robe de monseigneur le duc de Berry. Il en donne 65,000 francs, et M. de Maillé la Tour-Landry achète celle de capitaine des Suisses, dont il donne 140,000 francs. Il ne reste plus de grandes charges à vendre dans cette maison. — M. de Zinzendorf présenta aux États généraux, le 28 du mois passé, un mémoire dont voici le commencement : « Nous n'avons plus lieu de douter de la malheureuse fatalité arrivée à l'armée du roi catholique sur la frontière de Castille, non-seulement après tout ce que les ennemis en ont publié, mais encore après les avis que je viens de recevoir d'Italie et d'ailleurs ; » et quelques lignes après, il dit : « Ce seroit perdre le temps que de l'employer en réflexions sur le passé, lorsqu'il ne s'agit que de mettre tout en usage pour réparer le mal, s'il est possible. »

Jeudi 22, à Versailles. — Le roi dîna de bonne heure, et alla se promener à Marly, où il s'amusa à faire planter jusqu'à la nuit. Monseigneur alla à Meudon, où il demeurera huit jours ; madame la princesse de Conty est de ce voyage. Le soir il y eut grand jeu chez madame la duchesse de Bourgogne. — Il y a des lettres de Constantinople du 28 novembre, qui portent que le Grand Seigneur a envoyé beaucoup d'argent au roi de Suède, et qu'il fait marcher beaucoup de troupes de ce côté-là. Il y a d'autres lettres de Pologne qui disent qu'il y a déjà eu un grand combat entre les Tartares et les Moscovites et que les Moscovites ont été battus. Toutes ces nouvelles donnent beaucoup d'inquiétude aux alliés. — On est persuadé présentement en Italie que l'empereur veut joindre le duché de Milan à l'empire, et le duché de Mantoue aux pays héréditaires de la maison d'Autriche. — Briçonnet, lieutenant de la colonelle du régiment des gardes, a vendu sa charge au fils de Rancy, fermier général. Cette charge est du même prix que les compagnies du régiment, parce que ce lieutenant a le rang de capitaine.

Vendredi 23, *à Versailles.* — Le roi travailla après la messe avec le P. le Tellier, dîna ensuite de bonne heure, et puis alla se promener à Marly. Il y eut après souper grand bal chez madame Voisin, où madame la duchesse de Bourgogne alla après minuit; elle n'en sortit qu'un peu avant six heures. La fête fut fort magnifique et fort bien ordonnée. Il y vint assez de masques de Paris, et il y eut une dame en masque, qui dit assez d'insolences à une dame de la cour. Madame la duchesse de Bourgogne alla entendre la messe avant que de se coucher. — Il n'est point venu de courrier de M. de Noailles, mais on apprend par Perpignan que les pluies continuelles empêchent la communication avec Girone, que les rivières sont débordées et le pays inondé, qu'un courrier que M. Voisin avoit envoyé avoit été contraint de demeurer trois jours à Perpignan sans en pouvoir sortir, et le quatrième jour, en étant sorti pour aller à Girone, avoit été obligé de revenir à Perpignan. Ainsi on craint avec raison que cela n'apporte de grands embarras et des retardements à la prise de Girone.

Samedi 24, *à Versailles.* — Le roi tint le conseil de finances, et travailla ensuite avec M. Desmaretz, quoique d'ordinaire il n'y travaille que les mardis. L'après-dînée il alla à Trianon, et le soir il travailla chez madame de Maintenon avec M. Voisin. Le soir il y eut comédie; les autres années il n'y en avoit point quand Monseigneur n'y étoit pas. — On eut par l'ordinaire des nouvelles d'Espagne. On attendoit la reine à Saragosse, où le roi son mari est demeuré. M. de Staremberg a passé la Sègre. Il a laissé deux cents hommes dans Balaguer pour en faire sauter les fortifications, à ce qu'on prétend. On lui a pris encore quatre cents hommes, et il est venu deux cents déserteurs à Lérida. Le peu qu'il lui reste de troupes, il les jette dans Barcelone et dans Tarragone. M. de Vendôme, qui est entre la Cinca et la Sègre, marche toujours en avant, et veut établir son quartier général à Cervera. Il mettra ses troupes en des quartiers séparés depuis la Sègre jusqu'au Lobrégat.

Dimanche 25, *à Versailles.* — Le roi tint le conseil d'État; Monseigneur y vint de Meudon, et s'y en retourna dîner. Le roi alla tirer l'après-dînée, et le soir, chez madame de Maintenon, il travailla avec M. Pelletier. — On eut des lettres du duc de Noailles du 15, avec un postscript du 16 et du 17. Il y a eu des pluies épouvantables qui ont duré quatre jours et quatre nuits sans discontinuer et qui ont causé un débordement affreux de toutes les rivières et ruisseaux, de sorte que nous n'avions plus de communication avec notre cavalerie, ni avec nos vivres; mais enfin le temps se remit au beau le 13. Les eaux se sont écoulées; toutes nos communications sont libres présentement. On en est quitte pour quelques chevaux morts de l'artillerie et des vivres qui seront difficiles à remplacer. On travaille, depuis que le beau temps est revenu, à de nouvelles batteries qui commencèrent à tirer le 14, et il y a déjà brèche. Les ennemis paroissent vouloir défendre leur ville, et se retranchent fort. Les bourgeois, flattés d'un secours, sont plus animés que la garnison; mais on doute, quand les brèches seront plus grandes, qu'ils veuillent s'exposer à un assaut et à être pillés, comme ils le seroient presque infailliblement.

Lundi 26, *à Versailles.* — Le roi devoit tenir le matin

consel de dépêches, mais il le remit au lendemain après
dîner. Il dîna de fort bonne heure, alla se promener à
Marly, et au retour il travailla chez madame de Maintenon
avec M. de Ponchartrain. — Le roi fit entrer le matin M. de
Nangis dans son cabinet, et lui dit qu'il l'avoit choisi pour
le faire colonel de son régiment, et qu'il espéroit qu'il le
mettroit en meilleur état qu'il n'avoit été les dernières
campagnes, et qu'il falloit qu'il s'y en allât incessamment,
ce que Nangis va faire. Le roi donne à du Barrail, qui en
étoit colonel, le gouvernement de Landrecies. Il le fait
maréchal de camp ; il lui laisse les 2,000 écus de pension
qu'ont toujours eu les colonels du régiment du roi. Il
avoit, outre cela, une pension de 500 écus qu'il conserve
aussi. — Monseigneur le duc de Bourgogne, madame
la duchesse de Bourgogne, monseigneur le duc de Berry,
madame la duchesse de Berry, allèrent dîner à Meudon
avec Monseigneur, où ils menèrent beaucoup de dames,
et revinrent ici souper avec le roi.

Mardi 27, à Versailles. — Le roi tint le matin conseil
de finances, travailla ensuite avec M. Desmaretz. L'après-
dînée il tint conseil de dépêches, et le soir travailla avec
MM. Voisin et Desmaretz chez madame de Maintenon. A
cinq heures du soir, il y eut bal chez monseigneur le duc
de Bretagne ; madame la duchesse de Bourgogne y alla,
le vit danser et dansa même avec lui. On le coucha un
peu après sept heures, qui est l'heure ordinaire. Le bal
continua, et madame la duchesse de Bourgogne y revint
en masque à minuit, après être sortie du cabinet du roi.
Le bal finit à cinq heures du matin, et madame de Ventadour fit servir à madame la duchesse de Bourgogne et à
toutes les dames qui l'avoient suivie un magnifique dé-
jeuner. On ne laissa pas entrer au bal les masques de
Paris, de peur qu'il n'y eût trop de confusion. Madame
la duchesse de Bourgogne, après le bal de l'après-dînée,
alla à la comédie. — Madame la marquise de Feuquières
vint ici se jeter aux pieds du roi pour lui recommander ses

enfants; le marquis de Feuquières, son mari, est mort. Il étoit gouverneur de Verdun, et ce gouvernement, qui vaut plus de 20,000 livres de rente, étoit dans sa maison depuis longtemps. Il étoit un des plus anciens lieutenants généraux de France; mais il y a déjà plusieurs années qu'il ne servoit plus. Il avoit une pension de 5,500 livres.

Mercredi 28, à Versailles. — Le roi tint le conseil d'État; Monseigneur y vint de Meudon, et y retourna dîner. — Le roi a donné à M. de Goësbriant le gouvernement de Verdun; comme il lui avoit promis de lui donner le premier vacant et qu'il souhaitoit qu'il fût bon, personne ne doutoit qu'il n'eût ce gouvernement-ci. Le roi donne à la famille de M. de Feuquières les 5,500 livres de pension qu'il avoit. Madame de Feuquières, sa veuve, est fille du feu marquis d'Hocquincourt, chevalier de l'Ordre, et le roi n'avoit jamais oublié sa fidélité, et le service qu'il lui avoit rendu dans son gouvernement de Péronne, quand il fit tirer le canon sur le maréchal d'Hocquincourt son père, après sa révolte; et quand le roi fit le marquis d'Hocquincourt chevalier de l'Ordre, il y avoit déjà plus de dix ans que ses infirmités l'empêchoient de se montrer à la cour que fort rarement. — On a des lettres de Hollande qui portent que les gens chargés de faire leurs magasins de fourrages et de vivres pour la campagne qui vient, n'ayant pas été remboursés des avances qu'ils avoient faites la dernière campagne, avoient été contraints de faire banqueroute. — Le roi alla tirer l'après-dînée, et au retour, chez madame de Maintenon, il donna audience au maréchal de Villars, qui prit congé de lui pour aller faire un tour en Flandre.

Jeudi 29, à Versailles. — Le roi dîna de bonne heure, et alla se promener à Marly, d'où il ne revint qu'à la nuit. — Nangis a obtenu pour le lieutenant-colonel du régiment du roi, qui s'appelle Dupuy, le brevet de brigadier, et pour les capitaines qui commandent les deux premiers bataillons des brevets de colonels; ces deux capitaines sont Villers et ..... — Le roi fait lever la milice dans le royaume, et on rabattra sur la taille ce qu'il en aura coûté aux paroisses pour faire cette levée. Il donnera cent cinquante hommes par bataillon aux régiments qui servent en Flandre, où l'on compte qu'il y aura deux cents bataillons, et, avec ce secours que le roi donne, on espère que presque toute cette infanterie sera complète. — Jeudi dernier le duc de Saint-Aignan fut reçu duc et pair au parlement*. — Il n'y aura point de prorogation pour les billets de monnoie ; ainsi, au 1er du mois, le papier ne sera plus dans le commerce. — Le roi a rendu à l'abbé de Vaubrun ses entrées comme lecteur, et il en reprit possession au coucher du roi.

* M. de Beauvilliers, étant avec madame sa femme et bien du monde dans les lanternes, à la réception de son frère, fut averti un moment avant qu'on se mît en place qu'on y feroit difficulté sur ce que madame de Beauvilliers pouvant mourir et lui se remarier et avoir un fils, sa démission alors deviendroit un cas nouveau et fort embarrassant. Il fut averti que non-seulement des magistrats s'en étoient frappés, mais aussi des pairs, tellement qu'il tomba dans une grande inquiétude, et d'autant plus que, n'étant préparé à rien, il ne savoit comment répondre ni que faire. Cela lui fit prendre le parti de se tenir tout contre la porte du parquet des huissiers en dedans, où il attendit le duc de Saint-Simon, son ami intime et de toute confiance, quoique fort disproportionnés d'âges et d'emplois ; et dès qu'il entra il le saisit, le mena à l'écart, et lui conta sa peine. M. de Saint-Simon, à qui cela fut tout nouveau, lui dit qu'il avoit peine à croire qu'il fût bien informé ; que, si cette difficulté avoit eu à naître, ç'auroit dû être lors des arrêts préparatoires et des conclusions du procureur général ; que la faire là seroit un manque d'égard et de considération qui n'avoit encore été fait à personne et qui ne se commenceroit pas par lui. Ces raisons ne le purent rassurer, tellement que, comme les moments étoient courts, il demanda à M. de Saint-Simon que faire si le cas arrivoit. Après un instant de réflexion, « rien de votre part, lui répondit le duc ; mais laissez-moi faire, et vous verrez que je les mettrai à ne pas pouvoir répliquer un mot, si quelqu'un met en avant cette belle difficulté. — Mais comment ferez-vous ? répliqua M. de Beauvilliers. » Alors M. de Saint-Simon lui dit qu'il citeroit le fait du fils aîné de M. d'Épernon, qui, par son mariage avec l'héritière d'Halluyn, fut duc et pair, et reçu en cette qualité au parlement. Ils se brouillèrent, sa femme et lui, au

bout de sept ou huit ans, et, n'ayant point eu d'enfants, ils firent de concert casser leur mariage. La femme se remaria au maréchal de Schomberg, frère de la célèbre duchesse de Liancourt. Il fut duc et pair par ce mariage et reçu en cette qualité au parlement. Le premier mari y avoit conservé son rang, sa séance et sa voix, et partout ailleurs tous deux en jouissoient partout à même titre commun, et se trouvoient partout ensemble, le premier mari précédant l'autre immédiatement; mais au parlement seoir et opiner qu'un seul pair d'Halluyn [sic]. Le premier des deux qui y arrivoit se mettoit en place, et quand l'autre survenoit le premier huissier l'arrêtoit dans la grande chambre, et lui disoit que M. le duc d'Halluyn étoit en place, et ce dernier venu s'en alloit. M. de Saint-Simon ajouta qu'il parieroit bien que les trois quarts et demi de ce qui seroit ce jour-là en place ignoroient entièrement ce fait; qu'il étoit sur les registres du parlement; qu'il y faisoit loi, et qu'il décidoit la difficulté qu'on voudroit faire entre son frère et son fils d'un second lit; mais qu'alors M. de Saint-Aignan ne seroit duc et pair que pour sa personne, et que la dignité retourneroit aux enfants de son neveu et point aux siens. M. de Saint-Simon dit après comment il se proposoit de paraphraser cet allégué en opinant, et ôta un grand poids de dessus la poitrine de M. de Beauvilliers qui remonta dans sa lanterne, et M. de Saint-Simon se mit en place et à observer fort la compagnie. En effet, un de ses voisins lui demanda s'il n'avoit point ouï parler qu'il pourroit y avoir quelque difficulté. M. de Saint-Simon n'eut garde d'en faire aucun semblant, et, sur ce qu'elle lui fut exposée, il la traita d'absurde en général et de prévoyance par delà le but, qui n'alloit qu'à manquer de respect à la permission que le roi avoit donnée, et de considération à un homme comme M. de Beauvilliers là présent, dans une idée abstraite et ridicule, et dans un temps où il n'y avoit point d'exemple qu'on eût attendu à arrêter personne, puisque tous les arrêts préparatoires et les conclusions étaient données, et qu'il ne s'agissoit plus là que de la simple forme du rapport de ces pièces, et de celles de l'information de vie et mœurs. La conversation demeura là; mais il y eut de la chuchotterie le long des bancs; cela tint M. de Saint-Simon en attention, qui n'avoit pas voulu dire un mot de l'exemple de MM. d'Halluyn pour en mieux assommer la compagnie; mais il n'en fut pas besoin. Tout se passa à l'ordinaire, et personne ne fit de difficulté.

Vendredi 30, *à Versailles.* — Le roi, après son lever, dit à M. de Bernières, intendant de Flandre: « Vous m'avez mandé souvent, l'année passée, des choses tristes et dures; mais je vous en sais bon gré, car je veux qu'on me mande toutes les vérités, quelque fâcheuses qu'elles puissent être ; mais j'espère que cette année vous ne me manderez rien que de bon. » M. de Bernières l'assura que tout l'argent pour les magasins et pour la subsistance de l'armée, durant la campagne qui vient, avoit été donné par M. Desmaretz, et [lui dit :] « Si quelque chose manque, Sire, ce sera ma faute, et vous ne devez vous en prendre qu'à moi, et on m'a mis en état de faire subsister votre armée dès le 15 mars, de quelque côté qu'elle se tourne en Flandre. » — Le roi dîna de bonne heure, et alla se promener à Marly. Monseigneur revint de Meudon. Il y eut comédie, et, au sortir du cabinet du roi, madame la duchesse de Bourgogne se masqua et alla au bal chez madame Desmaretz.

Samedi 31, à Versailles. — Le roi tint le conseil de finances, alla tirer l'après-dînée, et le soir, chez madame de Maintenon, il travailla avec M. Voisin. Madame la duchesse de Bourgogne sortit du bal de chez madame Desmaretz à sept heures du matin, vint donner le bon jour à madame de Maintenon, alla ensuite entendre la messe et puis passa chez le roi, qui étoit encore dans son lit, mangea un morceau, se coucha, et ne se releva qu'à huit heures du soir. — Destouches, colonel du régiment.... et ancien brigadier qui a toujours servi avec réputation, est obligé par sa mauvaise santé à quitter le service; mais, comme on croit que le chagrin de n'avoir pas été maréchal de camp a contribué à lui faire prendre ce parti-là, on a taxé son régiment à 10,000 écus. Il en auroit eu plus de 50,000 francs. Le roi n'a pas encore nommé celui à qui il destine ce régiment.

Dimanche 1er février, à Versailles. — Le roi tint le conseil d'État, alla l'après-dînée tirer, et le soir, chez madame de Maintenon, il travailla avec M. Pelletier. Monseigneur le duc de Bourgogne et madame la duchesse de Bourgogne allèrent à vêpres. Le soir il y eut grand jeu chez madame la duchesse de Bourgogne. Le voyage de Marly est réglé pour mercredi. Madame la princesse de Conty n'en sera point ; elle demeurera à Versailles pour se faire faire une opération qui ne laisse pas d'être grande, quoique ce ne soit pas la grande opération. — L'électeur de Cologne, qui est à Paris depuis quelques semaines, dîna il y a quelques jours à Meudon avec Monseigneur, dont il revint fort content. Il doit repartir incessamment, mais il verra encore le roi avant que de partir, et ira à Saint-Cyr pour voir la maison. Il y verra madame de Maintenon*. — On a des lettres de M. de Vendôme du 21 de Saragosse. Il attend la fin du siége de Girone pour proposer, à ce qu'on croit, de faire celui de Taragone. Don Joseph, Vallejo, dont on a tant parlé depuis quelque temps, a été fait brigadier, et on lui a donné le titre de comte de Brihuega.

* L'électeur de Cologne ne fit difficulté sur rien ; à peine même fut-il incognito, et ne s'avisa jamais de rien prétendre. Monseigneur se mit à table à sa place ordinaire dans son fauteuil, avec sa double serviette plissée, dont une sous son couvert et sans cadenas, parce qu'à Meudon il n'en avoit jamais. L'électeur se mit à table, tout vis-à-vis de Monseigneur parmi les courtisans, et cette place de vis-à-vis n'étoit point celle des princes du sang ni distinguée en rien. Il n'eut point de serviette sous son couvert. Il fut partout avec Monseigneur, qui aux portes étroites passoit devant lui, et l'électeur se rangeoit même avec un air de respect. Il lui dit toujours Monseigneur, comme cela étoit devenu en tel usage que le roi l'y appeloit toujours.

Lundi 2, à Versailles. — Le roi alla à la chapelle en bas, accompagné de tous les chevaliers de l'Ordre. Il y entendit la grande messe, et l'après-dînée il entendit le sermon du P. Quinquet, théatin, et vêpres ensuite. Le soir il travailla chez madame de Maintenon avec M. de Pontchartrain. Monseigneur, après vêpres, alla à Meudon, d'où il reviendra tout droit à Marly. — Le duc d'Uceda, qui étoit revenu de son ambassade de Rome, et que le roi d'Espagne avoit fait son grand vicaire en Italie, a donné quelque soupçon de sa conduite, et il y a déjà quinze jours ou trois semaines que le roi d'Espagne lui a donné ordre de revenir en Espagne. — Les troupes qui sont en quartier d'hiver en Champagne, dans les Trois-Évêchés et dans les pays de Luxembourg, ont ordre de se tenir prêtes à marcher à la fin du mois pour se rapprocher de la Flandre.

Mardi 3, à Versailles. — Le roi tint le conseil de finances, et, après le conseil, il vit l'électeur de Cologne dans son cabinet. Cet électeur, après son audience, alla dire la messe à madame la duchesse de Bourgogne *, et lui rendit les mêmes honneurs qu'auroit fait un simple chapelain. Il dîna chez le duc de Villeroy, et puis alla à Saint-Cyr, où il vit madame de Maintenon, qui pria madame de Dangeau de lui faire voir toute la maison. Elle le mena dans toutes les classes, et à chacune il y trouva des amusements qui lui plurent fort. On eut peine à l'arracher de cette maison, dont il admiroit l'ordre. Il prit congé du roi le matin à son audience. Madame la duchesse de Bourgogne alla dîner avec Monseigneur à Meudon, où elle mena madame la duchesse de Berry, les petites princesses et beaucoup de dames. Monseigneur les mena à Paris à l'opéra. Monseigneur retourna à Meudon, et madame la duchesse de Bourgogne revint au souper du roi. — L'exempt de madame la duchesse de Berry tomba à Paris sur le pavé, qui est fort glissant, se cassa la jambe en trois endroits. Madame la duchesse de Bourgogne et madame la duchesse de Berry lui envoyèrent tout l'argent qu'elles avoient dans leurs poches et eurent soin de le faire porter chez un bon chirurgien.

---

* Madame fut outrée de cette messe de l'électeur : en effet il auroit pu s'en passer ; mais ce fut lui au contraire qui la proposa, qui en pressa, et qui montra que madame la duchesse de Bourgogne le désobligeroit de l'en refuser. La vérité est que pour rendre la chose moins sensible, elle l'entendit de la tribune comme à l'ordinaire ; mais il est vrai aussi que l'électeur ne manqua à aucun des respects que les chapelains qui la disent ont accoutumé de rendre. L'électeur aimoit passionnément à dire la messe, et à faire toutes les fonctions de

prêtre et d'évêque (1). Il s'y plaisoit comme les jeunes enfants, qui ont des chapelles, disent la messe et font des processions; il aimoit jusqu'à prêcher. Il s'avisa un jour de faire inviter tout Valenciennes à le venir voir officier et ouïr son sermon : c'étoit au commencement d'avril ; les tribunes étoient garnies de sa musique et de trompettes et de timbales, et l'église toute pleine. Il monta en chaire, fit le signe de la croix, salua les assistants, puis tout d'un coup se mit à crier : « Poisson d'avril, poisson d'avril, » et sa musique à lui répondre ; lui à rire de tout son cœur et à regarder la compagnie ; les trompettes et les timbales sonnèrent, et il fit le plongeon et s'enfuit.

Mercredi 4, à Marly. — Le roi tint à Versailles le conseil d'État, et, aussitôt après son dîner, il en partit pour venir ici. Monseigneur y arriva le soir de Meudon, et madame la duchesse de Bourgogne partit à cinq heures de Versailles pour y venir. — Le soir, Planque, brigadier, arriva de Girone, d'où il étoit parti le 25. Il a apporté la nouvelle de la prise de cette place qui battit la chamade le 23, après que la ville basse eut été emportée l'épée à la main. La garnison sortit de la ville le 24, et le duc de Noailles ne leur accorda les honneurs de la guerre qu'à condition que deux forts qu'ils ont encore se rendroient le dernier jour du mois, en cas qu'ils ne fussent point secourus, et on ne craint point qu'ils puissent l'être ; ainsi voilà une affaire considérable finie. Le roi a donné le gouvernement de cette place au marquis de Brancas. On a défait entièrement un régiment napolitain qui avoit tenté, quelques jours auparavant, de se jeter dans la ville. Le roi a fait M. Planque maréchal de camp ; il étoit très-ancien brigadier.

Jeudi 5, à Marly. — Le roi se promena le matin et l'après-dînée dans ses jardins ; Monseigneur l'accompagna à la promenade. Le soir, il y eut musique. Le roi

---

(1) « L'électeur de Cologne, qui est encore ici, a dit ces jours passés la messe aux Invalides ; il l'a aussi dite à Notre-Dame. On lui fit voir le trésor, où M. le cardinal de Noailles eut une entrevue avec lui pour éviter le cérémonial. » (*Lettre de la marquise d'Huxelles*, du 26 janvier.)

a donné des logements ici à la duchesse de Louvigny et à la marquise de Châtillon, fille de M. Voisin, qui n'y étoient jamais venues. Les mêmes dames qui étoient logées à Luciennes l'autre voyage y sont encore celui-ci. — Il arriva un courrier de M. de Vendôme qui a pris le château d'Estadilla. Il a envoyé des détachements pour prendre les châteaux de Morella et de Miravete, qui sont les lieux où les Miquelets se retiroient ; on croit présentement que Girone est pris, qu'il sera joint par une partie des troupes du duc de Noailles et qu'il entreprendra quelque chose de considérable. Ce courrier a passé par Pampelune, et nous a appris que le duc de Médina-Céli* y est mort. Il avoit neuf grandesses, et est mort en prison.

* Le duc de Médina-Céli étoit le dernier de sa maison. Le comte Gaston Phœbus de Foix, si célèbre dans Froissard, dont la grande succession passa à son cousin de même maison, comte de Castelbon, c'est-à-dire de Cardagne, et de celui-là par une héritière dans la maison de Grailly, dont le dernier duc de Foix, beau-frère de M. de Roquelaure, a été le dernier ; ce comte de Foix, dis-je, ne laissa que deux bâtards : l'un périt à cette fameuse et infortunée mascarade des sauvages de Charles VI, l'autre passa en Espagne, et eut le bonheur d'y épouser Isabelle de la Cerda, héritière de cette déplorable maison sortie du fils aîné d'Alphonse X l'Astronome, roi de Castille et de Léon, par la négligence duquel Rodolphe d'Hasbourg fut empereur et fondateur de la maison d'Autriche. Alphonse perdit ce fils aîné, gendre de saint Louis, et préféra aux enfants qu'il laissa, son puîné, leur oncle, don Sanche le Brave, qui après le déposséda, s'ennuyant de sa trop longue vie. Les infortunes de ces enfants déshérités et de leur postérité, connue quelquefois sous le nom d'Espagne, plus ordinairement sous celui de la Cerda, nous mèneroient trop loin. Tout finit en Isabelle, qui épousa d'abord Roderic Perez Ponce, et en secondes noces ce bâtard de Foix. Henri II, roi de Castille, le fit, en 1368, comte de Médina-Céli, en considération de ce mariage. Les rois catholiques Ferdinand et Isabelle firent duc de Médina-Céli en 1491 son quatrième descendant de mâle en mâle ; et le duc dont on parle ici sortoit de celui-là de mâle en mâle aussi ; et par divers mariages de ses pères qui avoient recueilli de grandes successions il se trouvoit sept fois grand, et ces ducs de Médina-Céli avoient toujours fait les premières figures en Espagne. Quoiqu'une de ses sœurs eût épousé l'amirante de Castille don

Juan Thomas Henriquez Cabrera, duc de Médina de Rioseceo, comte de Melgar qui, de vice-roi de Milan et de grand écuyer de Charles II, se fut sauvé en Portugal venant ambassadeur en France et y mourut assez méprisé en 1705. Madame des Ursins fit merveilles au duc de Médina-Céli; son père avoit été premier ministre et sommelier du corps; lui avoit eu de grands emplois et la vice-royauté de Naples, et madame des Ursins l'avoit mis à la tête du conseil. Soit qu'il ne lui fut pas assez souple, soit, comme il en fut accusé, qu'il eut des intelligences criminelles avec le duc d'Uceda, son très-proche parent par sa mère, fille du duc d'Ossone, lequel duc d'Uceda trahit Philippe V étant son ambassadeur à Rome et renvoya enfin le collier du Saint-Esprit, le duc de Médina-Céli fut arrêté au plus haut point de sa puissance et conduit de Madrid à Ségovie, puis à Pampelune comme on le voit dans ces Mémoires, sans que jusqu'à sa mort en prison on eût fait son procès, ni rien publié de ce qui lui étoit imputé. Sa sœur aînée avoit épousé le marquis de Priego; celui-ci descend de mâle en mâle de Laurent Suarez de Figuerroa, maître de l'ordre de Saint-Jacques, mort en 1409, qui acquit Feria, dont son petit-fils fut fait comte en 1467, par Henri IV, roi de Castille. Le troisième comte de Priego, petit-fils du premier de mâle en mâle étoit fils de Catherine, fille et héritière de Pierre Fernandez de Cordoue, marquis de Priego. Il hérita de son frère aîné en épousant sa fille unique, qui avoit recueilli le duché de Feria de sa même maison, et de ces ducs de Feria qui firent tant de mal à la France pendant la Ligue et depuis étant gouverneurs du Milanois. De ce troisième marquis de Priego et duc de Feria vint un fils que Philippe IV fit grand de la première classe, et c'est le grand-père paternel du marquis de Priego qui, par sa femme, sœur aînée du duc de Médina-Céli, mort prisonnier sans postérité, a recueilli toutes ses grandessess et sa vaste succession pour son fils, car le père étoit mort dès 1690. Ce fils, qui a épousé une fille du marquis de los Balbazès, en a un qui, par son mariage avec une Moncade, fille unique du marquis d'Ayetone, a ajouté grandesse sur grandesse et succession sur succession. Il est déjà grand par la mort de son beau-père, et après celle de son père il aura quinze grandesses sur sa tête, qui néanmoins ne lui donneront pas plus de rang qu'une seule. Priego est grandesse du roi Ferdinand le Catholique de 1501 pour Pierre Fernandez de Cordoue, dont la fille la porta, comme on vient de voir, dans Figuerroa.

Vendredi 6, à Marly. — Le roi sort tous les jours, le matin et l'après-dînée, malgré le grand froid. Il s'amusa l'après-dînée à voir sur la grande pièce d'eau, qui est bien gelée, une représentation de chasse de cerf, qui divertit

fort madame la duchesse de Bourgogne et toutes les dames qui avoient suivi le roi à la promenade. Après le souper il y eut bal qui dura jusqu'à trois heures; le roi y demeura jusqu'à minuit et demi. Monseigneur le duc de Berry alla de grand matin tirer des canards sur la rivière.
— L'électeur de Cologne, ayant appris qu'il y avoit un canonicat à Liége vacant, envoya à madame de Dangeau lui dire qu'il lui offroit ce canonicat pour le comte de Lewenstein, son frère, qui est déjà grand doyen à Strasbourg et chanoine à Cologne, et qui a deux belles abbayes en France. Madame de Dangeau n'avoit point pris la liberté de demander ce canonicat; elle en rendit compte au roi, qui lui commanda de l'accepter, et cela fera plaisir au comte de Lewenstein, parce qu'il demeure souvent à des terres qu'il a près de Liége. L'électeur de Cologne part demain et va passer quelques jours avec l'électeur de Bavière, son frère.

Samedi 7, à Marly. — Le roi fit répéter l'après-dînée le même divertissement de chasse qu'il avoit eu hier sur la grande pièce d'eau. Monseigneur l'y accompagna; mais les dames n'y furent point, à cause du grand froid qui les avoit incommodées hier. Le soir il y eut musique. — L'électeur de Cologne est parti fort content, et on lui a donné beaucoup d'argent. Il assure que ses troupes seront complètes dans la fin du mois prochain. — Par les nouvelles qu'on a d'Angleterre et de Hollande, il ne paroît pas que les ennemis puissent être en campagne au mois de mars, comme ils nous en avoient menacés après la prise d'Aire. Ils disent qu'ils veulent envoyer des secours considérables en Espagne, mais il n'y a point encore de troupes embarquées pour cela. — Le duc de Noailles, à ce que nous a appris M. Planque, aussitôt que Girone eût capitulé, envoya le comte d'Esterre, maréchal de camp, en porter la nouvelle au roi d'Espagne, et comme ce comte est d'une des principales maisons de Flandre*, il espère pouvoir obtenir la Toison.

* Dangeau n'en savoit guère d'ignorer que le prince de Robecque et le comte d'Esterre son frère étoient d'une branche de Montmorency établie en Flandre. Le prince de Robecque s'attacha au service d'Espagne, où madame des Ursins le prit en grande amitié, lui fit épouser la comtesse de Solre sa cousine, dont la mère étoit sœur du prince de Bournonville, et le père Croy, lieutenant général assez imbécile, au service de France et chevalier du Saint-Esprit. C'étoit une femme intrigante, singulière, brouillée à la fin avec son mari et son fils aîné, qui avoient tous deux secoué son joug dont ils s'étoient enfin lassés. Elle aimoit sa fille passionnément, qui n'avoit ni agrément, ni jeunesse, ni bien, et elle fut ravie d'un prétexte de quitter sa famille et de s'en aller trouver sa fille en Espagne et y demeurer avec elle. Elle étoit fort des amies de madame des Ursins, qui lui valut ce mariage et cette délivrance, qui fit M. de Robecque grand d'Espagne et chevalier de la Toison d'or, et à la fin colonel du régiment des gardes espagnoles, et sa femme dame du palais. Il versa dans un carrosse de suite du roi d'Espagne; la chute le jeta fort loin et sans apparence de blessure; mais il ne porta jamais santé pendant le peu de mois qu'il vécut depuis, et mourut d'un abcès formé dans cet effort. Il n'eut point d'enfants. Sa femme et sa belle-mère, qui ne mourut que bien des années après, restèrent en Espagne, et le comte d'Esterre recueillit la grandesse.

Dimanche 8, à Marly. — Le roi tint le conseil d'État, se promena dans ses jardins l'après-dînée et le soir travailla avec M. Pelletier chez madame de Maintenon. Après souper il y eut bal; la princesse d'Angleterre y vint. Le bal dura jusqu'à trois heures, et le roi y demeura jusqu'à minuit et demi. — Le marquis d'Estrades * est mort à une maison de campagne où il étoit depuis longtemps. Il avoit eu le gouvernement de Dunkerque, qu'il vendit à Médavy. Il avoit conservé la charge de maire de Bordeaux, qui vaut 10 ou 11,000 livres de rente. Le roi donne cette charge au comte d'Estrades, lieutenant général, son fils du premier lit, mais il prend sur cela 4,000 livres de pension pour la veuve, qui est sœur de Blouin, et pour une fille de ce second mariage-là. — On a nouvelle que les cinq bataillons que les Anglois avoient dans l'île de Wight, et qui étoient destinés depuis si longtemps pour passer en Portugal, sont enfin partis. — Monseigneur, après le conseil, alla dîner à Versailles avec madame la princesse de Conty.

* Le marquis d'Estrades étoit fils aîné du maréchal d'Estrades, célèbre par son espèce [sic] et plus encore par sa capacité aux négociations. Il avoit signé la paix à Nimègue, et il envoya le marquis d'Estrades en porter la nouvelle : celui-ci s'amusa à une maîtresse pendant quelques heures, et donna le temps au prince d'Orange, qui étoit outré de la paix et à qui la nouvelle en fut incontinent portée, d'engager sur-le-champ la bataille de Saint-Denis avec M. de Luxembourg, dans l'espérance de la rompre s'il le battoit. Cela fit un grand tort au marquis d'Estrades, qui a toujours mené une vie obscure. C'étoit un grand homme à mine triste, même patibulaire, fort particulier, avec de l'esprit, peu de commerce et moins d'amis, et fort peu de considération. Il avoit un frère abbé, savant, aimable et fort aimé, qui réussit dans ses ambassades, dont il eut plusieurs, mais qui s'y ruina. Il en porta le poids le reste de sa vie, qu'il passa dans ses bénéfices, et à la fin dans une petite maison de Passy avec deux valets et des livres, pour payer ses dettes. Quand il en fut venu à bout, il se trouva vieux, infirme, peu de revenu, accoutumé à cette vie ; il y demeura dans la solitude, et y mourut quelque temps après, fort dans la piété.

Lundi 9, *à Marly*. — Le roi, malgré le vilain temps, se promena dans les jardins, une heure avant et une heure après son dîner. Les jours qu'il n'y a point de bal ici, il y a musique jusqu'au souper, et toute l'après-dînée il y a grand jeu dans le salon. — Maréchal alla à Versailles faire la petite opération à madame la princesse de Conty, qui la souffrit fort patiemment, et qui dit même après qu'elle fut faite : « Quoi ! ce n'est que cela ? J'en suis quitte à bon marché. » — Il arriva un courrier de M. de Villars, mais on ne dit point ce qu'il apporte ; ce n'est apparemment que la nouvelle de l'arrivée de ce maréchal en Flandre. — M. Ducasse, qui devoit partir il y a quelques jours, est venu ici de Paris prendre congé du roi. On ne doute pas qu'il n'aille pour ramener les galions. — On croit que quand les forts de Girone seront évacués, que le duc de Noailles s'avancera à Ostalrich et fera un détachement pour prendre Cardonne et Urgel, afin que rien n'empêche la communication avec la France.

Mardi 10, *à Marly*. — Le roi tint le conseil de finances, se promena une heure l'après-dînée, et au retour de sa promenade fit entrer dans son cabinet Nangis, qui est revenu depuis deux jours de Verdun, où le régiment du roi est en garnison. Il lui fit rendre compte de l'état où est ce régiment, que le roi a fort à cœur de rétablir. Il y manque beaucoup d'officiers et de soldats. Le soir, chez madame de Maintenon, le roi travailla avec MM. Voisin et Desmaretz. Il y eut bal après souper, qui finit à deux heures; le roi y demeura jusqu'à minuit. — On presse fort les Hollandois de faire partir les six bataillons qu'ils ont promis pour entretenir la neutralité de la Basse-Allemagne; on fait les mêmes instances auprès de la reine Anne pour les six bataillons qu'elle s'est engagée de fournir aussi. — Le prince d'Anhalt-Dessau, général des troupes de Brandebourg, n'est point mort, comme on l'avoit mandé il y a quelque temps.

Mercredi 11, à Marly. — Le roi tint le conseil d'État, et, après le conseil, Monseigneur alla dîner à Versailles chez madame la princesse de Conty. Le roi se promena l'après-dînée dans ses jardins. Le soir il y eut musique et grand jeu l'après-dînée. — On mande d'Espagne que M. de Staremberg étoit entré dans Barcelone avec le peu de troupes qu'il a pu ramasser, tant du débris de son armée que de ce qu'il avoit laissé en Aragon, et que depuis son entrée à Barcelone il étoit venu à Ostalrich qu'il voudroit bien pouvoir un peu fortifier. Il savoit la capitulation de Girone, et, craignant que quand les forts seroient évacués, ce qui doit avoir été fait le dernier jour du mois, M. de Noailles ne marchât en avant, il a fait faire le dégât depuis Ostalrich jusqu'à Girone. Nous ne croyons pas ici que M. de Noailles soit sitôt en état de s'avancer, parce que sa cavalerie a beaucoup souffert au siége par la disette de fourrage.

Jeudi 12, à Marly. — Le roi, à son lever, ordonna que, le 3 du mois prochain, les quatre compagnies des gardes du corps seroient assemblées ici pour y faire la revue le 5 ; que les brigades qui sont en quartier du côté de Dreux et de Mantes marcheroient armes et bagages pour aller, après la revue, droit à Saint-Quentin. Les brigades qui sont sur la route de Flandre retourneront pour quelques jours dans leurs quartiers. — Il y eut bal avant souper, parce que le roi d'Angleterre, la reine sa mère et la princesse sa sœur y vinrent. Ils soupèrent avec le roi, et après souper retournèrent à Saint-Germain à leur ordinaire. — On chanta à Paris le *Te Deum* pour la prise de Girone. — Le duc de Fronsac épousa à Paris mademoiselle de Sansac, fille de la duchesse de Richelieu, sa belle-mère. Le mariage se fit dans la chapelle du cardinal de Noailles, oncle de la mariée.

Vendredi 13, *à Marly*. — Le roi se promena avant et après son dîner. Le soir il y eut musique. — Le duc de Duras arriva le matin, qui apporta la nouvelle que les forts de Girone avoient été évacués le 31, suivant la capitulation (1). Notre cavalerie a un peu souffert à ce siége, par la disette des fourrages. M. de Staremberg a fait avancer une partie du peu de troupes qui lui restent à Ostalrich, qu'il veut un peu fortifier, et a fait faire le dégât jusqu'à Girone pour nous empêcher d'avancer, s'il est possible, dans le pays. Il a fait brûler toutes les pailles qui étoient dans les villages. Le bruit de ce pays-là est qu'il est arrivé à Barcelone vingt-deux vaisseaux, mais qui n'ont apporté ni soldats, ni munitions de guerre et de bouche, et qu'on croit qu'ils ne sont venus que pour transporter en Italie l'archiduchesse, quelques dames espagnoles qui sont du parti de l'archiduc, et les principaux habi-

---

(1) « Le temps est devenu tellement froid ici que je m'en trouve doublement incommodée. J'ose vous demander, Monsieur, où vous en êtes de votre côté. Vous aurez senti la prise de Girone, car il n'y a jamais eu de meilleur Gaulois que vous, ni un meilleur ami des Noailles. Je ne sache que les Grignans dont les prospérités puissent aussi passer devant, chez la marquise d'Huxelles, cela vous regardant particulièrement. » (*Lettre de la marquise d'Huxelles*, du 13 février.)

tants de Barcelone qui lui sont attachés. Ce bruit mérite confirmation, quoiqu'il soit apparent.

Samedi 14, *à Marly.* — Le roi se promena durant une heure devant et après son dîner. Il y eut bal le soir après souper, qui dura jusqu'à trois heures; le roi n'y demeura que jusqu'à minuit. — M. de Vendôme avoit détaché Valdecanas pour prendre Morella et le château de Miravete, ce qu'il a très-bien exécuté; c'étoit une retraite pour les miquelets qui sont toujours fort acharnés contre nous. On croit que M. de Vendôme va marcher à Balaguer, qui apparemment ne se défendra pas. La duchesse d'Arcos, qui avoit suivi l'armée de l'archiduc depuis Tolède jusqu'à Saragosse, est demeurée dans un couvent de cette ville, et la marquise del Carpio, sa fille de son premier mariage avec le marquis de Liche, depuis marquis del Carpio, a continué sa marche, et est à Barcelone où elle a mené sa fille unique, qui doit être héritière du duc d'Albe. Le roi d'Espagne a donné 10,000 francs de pension à madame de Rupelmonde, dont le mari a été tué à l'attaque de Brihuega.

Dimanche 15, *à Marly.* — Le roi tint le conseil d'État, et, l'après-dînée, il donna audience dans son cabinet au comte de Bergeyck, qui doit partir bientôt; les uns disent que c'est pour alle en Espagne, et les autres que c'est pour Namur. Il gouverne toujours les affaires du roi d'Espagne en Flandre. Le roi travailla, le soir, chez madame de Maintenon avec M. Pelletier. — La marquise de la Vallière, qui étoit demeurée à Versailles pour tenir compagnie à madame la princesse de Conty, a la petite vérole, et on l'a transportée de son appartement du château à la ville. On ne laisse personne au château quand ils sont malades de maladies de venin. — Le roi avoit souhaité que le pape voulût approuver des vues qu'il avoit pour M. l'évêque de Tournay, en lui laissant toujours cet évêché, à quoi le roi ne veut pas renoncer. On croit que cela regardoit le gouvernement de l'archevêché de

Toulouse; le pape a fait des difficultés là-dessus. Le roi a fait dire à M. de Tournay, par le P. le Tellier, qu'il falloit qu'il retournât à son évêché, qu'il auroit beaucoup de choses à y souffrir, mais qu'il l'assuroit qu'il ne le perdroit point de vue, et qu'il récompenseroit son mérite et sa vertu.

Lundi 16, *à Marly.* — Le roi ne sortit point, parce qu'il fit un temps horrible tout le jour. Il s'amusa à faire une petite loterie chez madame de Maintenon, l'après-dînée. Il en a déjà fait deux ou trois autres ce voyage-ci, et ce sont des loteries gratis; le roi donne tous les lots. Le soir, chez madame de Maintenon, le roi travailla avec M. de Pontchartrain. Après souper il y eut bal. La princesse d'Angleterre y vint, et à trois heures s'en retourna à Saint-Germain. Madame la duchesse de Bourgogne y demeura encore une heure après. Le roi étoit sorti du bal à minuit. Monseigneur et monseigneur le duc de Bourgogne allèrent dîner à Versailles chez madame la princesse de Conty. — Tous les colonels, même ceux qui sont brigadiers, vont recevoir l'ordre de se rendre à leurs régiments dans les premiers jours de mars; cela ne regarde que l'armée de Flandre.

Mardi 17, *à Marly.* — Le roi tint le conseil de finances; il travailla l'après-dînée avec MM. Voisin et Desmaretz. Après souper il y eut grand bal, qui dura jusqu'à six heures du matin. On fit danser toutes les dames jeunes et vieilles, et le bal se passa fort gaiement. — On apprend par les lettres de Londres que milord Marlborough reviendra encore commander l'armée de Flandre cette année, mais on diminue son autorité dans le commandement. Il ne pourra plus disposer des charges vacantes, et n'aura plus la qualité de plénipotentiaire pour la paix. La duchesse sa femme a donné la démission de sa charge de dame d'honneur de la reine, et cette charge a été donnée à la duchesse de Sommerset, et madame Masham, que la reine Anne honore de ses bontés, sera trésorière des fonds que nous appelons en France les menus plaisirs. Outre cela, la reine a donné à son frère un régiment de dragons.

Mercredi 18, *à Marly.* — Le roi tint le conseil d'État, et se promena l'après-dînée. Madame la duchesse de Bourgogne, en sortant du bal qui ne finit qu'à six heures, alla prendre des cendres et entendre la messe avant que de se coucher; elle ne se leva qu'à huit heures du soir. Toutes les dames sont un peu fatiguées des plaisirs et des veilles du carnaval. — Le roi fera de demain en quinze jours la revue de ses quatre compagnies des gardes du corps; c'est ici qu'elle se fera, mais le roi y viendra de Versailles, et il n'y aura point de voyage ici qu'après les fêtes de Pâques. — M. d'Harouïs, intendant de Champagne, demande depuis assez longtemps à être rappelé de son intendance. M. Desmaretz lui avoit écrit très-obligeamment et très-pressamment pour l'engager à y demeurer, parce que le roi est très-content de ses services; mais sa mauvaise santé l'a obligé de demander plus fort que jamais à revenir, et enfin on lui a promis son congé quand les troupes qui sont dans son département en sortiront pour marcher en Flandre, et on a nommé en sa place M. de l'Escalopier, nouveau maître des requêtes.

Jeudi 19, *à Marly.* — Le roi se promena le matin et l'après-dînée dans ses jardins, où il fait beaucoup de petits changements, surtout dans les allées qui vont à droite et à gauche aux pavillons. — Le duc d'Uceda, ambassadeur du roi d'Espagne à Rome, où il avoit été envoyé dès le temps du feu roi Charles II, et où il avoit toujours paru fort affectionné aux intérêts de Philippe V, ayant été rappelé de Rome par son maître, étoit demeuré à Gênes, s'est rendu suspect depuis la bataille de Saragosse. Le cardinal Judice, comme ayant donné avis à S. M. C., lui envoya ordre, il y a déjà quelques mois, de revenir en Espagne; il n'a point obéi à ses ordres, et a toujours cherché du retardement pour son retour. On a écrit, en dernier lieu, plus pressamment encore pour le faire revenir sans aucune remise. On ne sait point encore s'il obéira. — M. de la Trémoille, quoiqu'un des plus grands seigneurs du royaume, ayant assez dérangé ses affaires, a été obligé, par le conseil de la famille de madame sa femme, de demander au roi des commissaires pour gouverner son bien. Le roi lui en donne trois, qui n'ont point encore réglé ce qu'on laissera à M. de la Trémoille pour sa dépense.

Vendredi 20, à Marly. — Le roi se promena le matin et l'après-dînée dans ses jardins, où il s'amusa à faire travailler. — On craint fort le débordement des rivières depuis le dégel, et surtout de la Loire, qui a déjà fait de grands désordres depuis quelques mois. — Le roi, qui a beaucoup d'amitié pour une petite demoiselle de Bretagne qui s'appelle Pincré et qu'on nomme ordinairement Jeannette[*], qui n'a que treize ans, et que madame de Maintenon a toujours eue auprès d'elle, qui a beaucoup d'esprit, a résolu de la marier. Il lui avoit déjà fait du bien il y a quelques années; il lui fait de nouvelles grâces en la mariant, et donne à celui qui l'épousera le gouvernement de Guérande, qu'avoit Lanjamet. Madame de Maintenon a choisi pour mari de cette petite fille un fils de madame de Villefort, afin qu'elle fût sous la conduite d'une mère si sage et établie ici. L'on donnera à ce garçon-ci, qui n'est que capitaine d'infanterie, le premier régiment d'infanterie qui vaquera. Madame de Villefort ne sait encore rien du bonheur de son fils; madame de Maintenon le lui apprendra demain en arrivant à Versailles.

[*] Madame de Villefort étoit veuve d'un officier-major de place qui la laissa sans bien; elle vint demander une pension, et eut quelque recommandation auprès de madame de Maintenon, qui étoit la femme du monde qui se prenoit le plus par les figures. Madame de Villefort avoit de la beauté avec une grande et belle taille, l'air modeste, affligé et malheureux. Madame de Maintenon en fut touchée, lui fit donner une pension, la prit en protection, la fit ensuite sous-gouvernante des enfants de France, et l'appeloit toujours sa belle veuve. Elle se trouva de l'esprit, de la vertu, du manége, et une figure qui se soutint et qui

la soutint. La même aventure, mais qui tient plus du roman, fit la fortune de sa belle-fille. La mère de cette belle-fille sans pain ni ressource se vint jeter un matin aux pieds de madame de Maintenon avec ses enfants ; elle en eut pitié, en plaça quelques-uns suivant leur âge, et garda celle-ci pour Saint-Cyr. Tandis qu'on en faisoit l'épreuve, et qu'elle attendoit d'être moins enfant pour être reçue, elle demeura chez madame de Maintenon avec ses femmes, et les amusa par son petit caquet ; elle étoit jolie et avoit plus d'esprit et d'avisement qu'on n'en pouvoit attendre de son âge. Madame de Maintenon s'en amusa à son tour, et le roi, qui la trouva souvent avec madame de Maintenon, qui la renvoyoit pour ne l'en pas importuner, la caressa et fut ravi de trouver un joli petit enfant qui n'avoit point peur de lui, et qui s'y apprivoisoit. Il s'accoutuma à badiner avec elle, et si bien que lorsqu'il fut question de l'envoyer à Saint-Cyr, il voulut que madame de Maintenon la gardât. Devenue plus grande, elle n'en devint que plus amusante, et avec une familiarité discrète qui n'alloit jamais à l'importunité. Elle parloit au roi de tout, lui faisoit des questions et des plaisanteries, le tirailloit quand elle le voyoit de bonne humeur, et se jouoit même avec ses papiers quand il travailloit ; mais tout cela avec jugement et mesure. Elle en usoit de même avec madame de Maintenon, et se fit aimer de tous ses gens. Madame la duchesse de Bourgogne à la fin la ménageoit et la soupçonnoit d'aller dire au roi et à madame de Maintenon ce qu'elle faisoit dans un cabinet où elle se tenoit les soirs à jouer avec des dames familières qui étoient admises à ce particulier, qui toutes aussi ménageoient fort Jeannette, qui toutefois ne fit jamais mal à personne. Madame de Maintenon elle-même commença à lui trouver trop d'esprit et de jugement, et que le roi s'y attachoit trop, en un mot à la craindre ; c'est ce qui la détermina à s'en défaire honnêtement par un mariage. Elle en proposa au roi, qui y trouva à tous quelque chose à redire, et cela pressoit encore plus madame de Maintenon. A la fin elle fit celui-ci, et le roi l'agréa ; mais madame de Maintenon y fut attrapée, car le roi déclara bien sérieusement que ce n'étoit qu'à condition qu'elle demeureroit chez elle madame d'Ossy comme elle étoit Jeannette, et il fallut en passer par là. Trop tôt après, elle devint la seule ressource des moments oisifs de leurs particuliers, après la mort de madame la duchesse de Bourgogne. On a déjà vu combien cette princesse aimoit à voir tout et aller partout ; on l'a encore vu depuis peu au mariage de la fille de Voisin avec M. de Châtillon ; elle en usa encore de même à celui-ci.

Samedi 21, *à Marly.* — Le roi partit de Marly à six heures pour revenir ici ; il travailla avec M. Voisin. Monseigneur alla dîner à Meudon, et revint ici le soir pour la comédie. Madame la princesse de Conty alla chez le roi ; elle est presque guérie de son opération. — On eut des lettres de M. de Vendôme du 7 de Saragosse. L'armée du roi d'Espagne est en marche pour aller sur le Lobregat ; M. de Vendôme la rejoindra incessamment. Il paroît que ce prince veut toujours faire le siége de Barcelone, et, s'il s'y trouve de trop grandes difficultés, il fera au moins celui de Taragone. Quand notre armée sera à Ygualada elle sera à portée de l'un et de l'autre. On assure qu'il aura cent pièces de canon de batterie et quarante mortiers, et toutes les munitions nécessaires pour que toute l'artillerie soit bien servie. — Le roi ôte à M. d'Artagnan, des mousquetaires, le commandement des troupes qu'il avoit à Nice et sur le Var, et l'on donne cet emploi à M. le chevalier d'Asfeld. On croit que le roi a été mécontent d'Artagnan, parce qu'il a empêché qu'on eût une connoissance entière du duel de Montgeorges.

Dimanche 22, à Versailles. — Le roi tint le conseil d'État, entendit, l'après-dînée, le sermon du P. Quinquet, qui prêchera tout le carême, et le soir travailla chez madame de Maintenon avec M. Pelletier. Toute la maison royale suivit le roi au sermon. — M. de Beauvilliers a donné à M. de Saint-Aignan, son frère, une des deux charges de premier gentilhomme de la chambre de monseigneur le duc de Berry, et il vendra l'autre. — Le roi d'Espagne offre la grandesse au duc de Noailles, et a donné la Toison au comte d'Esterre, qui lui a apporté la nouvelle de la prise de Girone, et au marquis de Bauffremont, qui étoit allé en Espagne lui reporter la Toison du marquis de Listenois, son frère, tué à Aire. — On mande que M. de Staremberg a abandonné Balaguer, après en avoir retiré la garnison, et le bruit court aussi que le gouverneur de Venasque s'est rendu, faute de vivres. Cette nouvelle mérite confirmation, car Venasque est un des meilleurs châteaux de l'Europe, et a toujours passé pour presque imprenable ; il est sur les frontières de France.

Lundi 23, à Versailles. — Le roi prit médecine, comme il la prend tous les mois par précaution. Après son dîner, il travailla avec M. de Pontchartrain avant que d'entrer chez madame de Maintenon. — M. de Pontchartrain a eu des nouvelles, par des matelots qui étoient à Barcelone et qui ont été échangés, qu'il avoit péri à la vue de Barcelone trois vaisseaux de guerre et plusieurs autres petits bâtiments qui venoient du Port-Mahon à Barcelone. On prétend même que ces vaisseaux ne venoient pas pour apporter des munitions ni des troupes, mais pour embarquer l'archiduchesse, qu'on dit qui veut retourner en Italie. Ces nouvelles ont besoin de confirmation. On mande d'Espagne que le gouverneur du château de Venasque s'est rendu n'ayant point de vivres; cette nouvelle étoit déjà venue hier par un autre endroit; cependant on en doute fort encore. — Le prince François de Médicis, qui avoit quitté le chapeau de cardinal pour épouser la princesse de Guastalle, est mort. Le roi en prendra le deuil quand l'envoyé de Florence, qui est ici, en aura donné part. Ce prince s'étoit réservé près de 30,000 francs de pension sur l'abbaye de Saint-Amand, qui reviennent au cardinal de la Trémoille.

Mardi 24, à Versailles. — Le roi tint le conseil de finances, et travailla ensuite avec M. Desmaretz; il ne sortit point l'après-dînée et travailla avec M. Desmaretz et M. Voisin. — Les colonels et brigadiers de l'armée de Flandre ont ordre de se rendre à leurs régiments le 15 du mois prochain. — Les Tartares ont déjà fait une irruption en Pologne, et on croit qu'ils seront bientôt suivis du palatin de Kiovie et du roi de Suède. Le Grand Seigneur doit marcher à Andrinople au commencement du mois prochain. Tous ces mouvements occupent fort la cour de Vienne et les alliés. Le khan des Tartares, dans une conversation qu'il eut avec M. des Alleurs, lui témoigna un grand attachement pour la France, et pour la personne du roi en particulier. Il lui dit qu'un de ses grands chagrins, c'étoit de ne l'avoir jamais vu, et de quasi ne pouvoir jamais espérer de le voir ; mais que ce qui l'en consoloit un peu, c'est qu'il espéroit de voir bientôt ses ennemis, et par là ne lui être pas tout à fait inutile.

Mercredi 25, *à Versailles*. — Le roi tint le conseil d'État, et entendit le sermon l'après-dînée. Monseigneur, au sortir du conseil, alla dîner à Meudon, où il demeurera jusqu'à mardi. Madame la Duchesse, qui est à Paris pour solliciter son procès contre ses belles-sœurs, alla dîner avec Monseigneur, y mena les princesses ses filles et retourna coucher à Paris*. — Dupont, qui commande à Pampelune, écrit qu'on lui mande de Catalogne que l'archiduc et l'archiduchesse se sont embarqués le 7 à Barcelone pour aller au Port-Mahon ; mais on doute fort de cette nouvelle, car on n'en a aucun avis, ni par M. de Vendôme, ni par M. de Noailles, de qui on a reçu des lettres de Girone du 15. — Il y a tous les jours ici, ou comédie ou grand jeu chez madame la duchesse de Bourgogne. — Le chevalier de Froulay, ancien colonel, mais d'un petit régiment et d'ailleurs assez incommodé, a vendu son régiment depuis quelques mois au chevalier Tiraqueau qui en étoit major.

* Madame la Duchesse, d'une part, et madame la princesse de Conty et madame du Maine ses belles-sœurs, d'autre, sollicitoient de porte en porte à Paris leur procès de la succession de M. le Prince. Elles avoient de fort grands et beaux carrosses et fort pesants. Les conseillers de la grande chambre, ainsi que les présidents à mortier, épars dans tous les quartiers de Paris, crevoient les chevaux de ces carrosses avec ces grands carrosses fort remplis de leurs armes, et fort chargés de pages et de laquais [*sic*] ; cela leur fit prendre [l'habitude] d'y mettre six chevaux. La première des trois qui s'en avisa fut bientôt imitée des deux autres. Comme ces sollicitations furent suivies avec vivacité et à diverses reprises, cet usage des six chevaux continua. Cela parut nouveau, et à la fin la nouveauté leur sembla une distinction qu'elles ont depuis conservée dans leurs visites. Telle est l'époque des princesses du sang d'aller à six chevaux dans Paris. Le roi et la reine, tant qu'ils y ont demeuré, Monsieur et Madame, qui y passoient toujours quelque temps tous les ans, et qui sortoient ou pour visites ou pour dévotions, n'ont jamais été qu'à deux chevaux par la ville, et quand le roi et, dans les derniers temps, madame la duchesse de Bourgogne, alloient à la paroisse de Versailles pour leurs pâques ou pour les deux Fêtes-Dieu, jamais leurs carrosses n'ont été qu'à deux chevaux. Personne n'a ni droit ni défense d'aller à six chevaux par Paris, mais tant est procédé que c'est maintenant passé en distinction des princesses du sang qu'aller par Paris à six chevaux, c'est-à-dire de n'y aller plus autrement. Madame de Guise, fille de Gaston, avoit été l'époque aux princesses du sang d'aller à deux carrosses et d'ôter la housse des leurs, et c'est ainsi que tout s'augmente et se confond.

Jeudi 26, à Versailles. — Le roi dîna de bonne heure et alla se promener à Marly d'où il ne revint qu'à la nuit. — Le maréchal de Tessé apporta le soir au roi une lettre du maréchal de Choiseul qui supplie S. M. de trouver bon qu'étant fort vieux et fort incommodé il envoie la connétablie chez le maréchal de Villeroy, qui est le plus ancien des maréchaux de France après lui. Le maréchal de Choiseul est dans sa soixante et dix-neuvième année, et ne voit quasi plus. — Le roi a fait cinq maréchaux de camp dans l'armée de M. de Noailles dont nous ne savions que M. Planque; les autres sont : . . . . . — Le roi donna ordre au duc de Guiche pour la revue du régiment des gardes, qui se fera ici le 10 de mars, et ensuite on les fera marcher en Flandre.

Vendredi 27, à Versailles. — Le roi dîna de bonne heure et alla encore à Marly. — Le comte de Froulay, qui a un petit régiment d'infanterie, achète le Royal-Comtois 70,000 livres de M. d'Auchy. Il vendra le régiment qu'il avoit 10,000 francs. — Mademoiselle de Nesle, sœur du marquis de Nesle, épouse un cadet des princes de Nassau-Siegen qui n'a aucun bien. Il a une petite charge dans les gardes du roi d'Espagne*. — Il y a quatre lieutenants généraux de l'armée de Flandre qui vont assembler de petits corps : Saint-Frémont sous Guise, Coigny auprès de Noyon, Balivière sous Condé, et Mézières en deçà de la Somme. Tous les officiers généraux qui doivent servir en Flandre ont reçu des lettres d'avis pour se tenir prêts. — M. de Staremberg presse l'empereur de le rappeler de Catalogne, mais on ne lui a point voulu permettre de revenir. — Le grand procès de M. le Duc contre les princesses, ses tantes, sera achevé de juger dans la semaine qui vient. M. Joly de Fleury, avocat général, parlera mardi et jeudi, et dès qu'il aura donné ses conclusions on terminera l'affaire.

* Ce mariage ne fut ni heureux ni vertueux. Grande pauvreté, haine et séparation prompte, nul rang ni honneurs, et force tristes scènes dans le monde.

Samedi 28, *à Versailles*. — Le roi tint le conseil de finances, alla se promener l'après-dînée à Trianon et travailla le soir avec M. Voisin. Monseigneur le duc de Bourgogne, madame la duchesse de Bourgogne, monseigneur le duc de Berry et madame la duchesse de Berry allèrent dîner à Meudon avec Monseigneur, et revinrent ici pour le souper du roi. On ne doute plus que madame la duchesse de Berry ne soit grosse. — L'abbé de Tessé, fils du maréchal et qui étoit à Lyon depuis quelque temps, s'est marié, à ce qu'on dit, à la fille d'un nommé Nicolas, qui a été caissier de Samuel Bernard, et qui a emporté beaucoup d'argent à Genève. Samuel Bernard prétend que cet homme-là lui doit 500,000 écus. — Le marquis de Léganez mourut le matin à Paris. Il n'a point d'enfants; le comte d'Altamira sera son héritier. Il étoit général de l'artillerie en Espagne, gouverneur du Buen-Retiro, et président du conseil des Indes. Le roi d'Espagne ne lui avoit point ôté ses charges, mais il les faisoit exercer par commission *.

* Le marquis de Léganez étoit issu de mâle en mâle d'Étienne Domingo, favori d'Alphonse X, roi de Castille et de Chimène Blasquès d'Avila, dont leurs enfants laissant le nom de Domingo prirent celui d'Avila. Le second fils de ce mariage épousa Agnès, fille de Louis Gonçalez de Guzman, maître de l'ordre de Calatrava, dont les enfants laissant le nom d'Avila prirent celui de Guzman. Le petit-fils du cadet de ce mariage fut fait marquis de Léganez et grand d'Espagne en 1627, et fut

gendre du fameux Ambroise Spinola, et il a commandé les armées d'Espagne en Italie et en Catalogne. Celui-là fût père du second marquis de Léganez, mort en 1667, et le fils de ce dernier est le marquis de Léganez dont il s'agit, qui a été vice-roi de Catalogne, gouverneur général du Milanez, capitaine général de l'artillerie d'Espagne et gouverneur de Buen-Retiro. Il avoit eu toute sa vie un grand attachement pour la maison d'Autriche, et ne le put cacher à l'avénement de Philippe V à la couronne, auquel sous divers prétextes il ne voulut pas prêter serment. D'ailleurs il eut une conduite sage et unie; mais il déplut à madame des Ursins, qui fit accroire à S. M. C. qu'il assembloit des armes dans le Retiro et dans quelques couvents. Il fut arrêté et envoyé en France, où il fut mis à Vincennes. Jamais il n'y a eu ni informations, ni encore moins de preuves sur quoi que ce soit contre lui, et à la longue on fut honteux de l'avoir arrêté. Il prêta enfin serment à Paris entre les mains de l'ambassadeur d'Espagne; sa grandesse passa au comte d'Altamira, de la maison de Moscoso.

Dimanche 1ᵉʳ mars, à Versailles. — Le roi tint le conseil d'État, entendit le sermon l'après-dînée et travailla le soir chez madame de Maintenon avec M. Pelletier. Monseigneur vint au conseil et retourna dîner à Meudon. — M. de Tourville avoit eu l'agrément du régiment de Vérac, mais ils n'ont pu s'accommoder sur la manière des payements. M. de Caylus, fils de madame de Caylus, achète ce régiment 5,000 francs, moins que n'en vouloit donner M. de Tourville; mais M. de Vérac est content de la manière du payement, et M. de Caylus vendra son enseigne de gendarmerie, dont il compte d'avoir 55,000 francs. — M. le cardinal de Noailles a commandé au supérieur du séminaire de Saint-Sulpice d'ôter de la maison deux abbés, dont l'un est neveu de l'évêque de la Rochelle, et l'autre neveu de l'évêque de Luçon. Les jésuites sont fort amis de ces deux évêques, et sont affligés de l'ordre qu'a donné ce cardinal. On craint que cela n'achève de les brouiller*. — Par les dernières nouvelles qu'on a eues d'Espagne, on a su que Balaguer n'étoit point évacué. M. de Vendôme envoie Valdecanas pour l'attaquer, et on ne doute pas, dès que nos troupes s'approcheront, que la garnison ne se retire. — Madame la princesse de Conty, qui se porte bien présentement, alla dîner à Meudon avec Monseigneur.

* La funeste affaire de la Constitution *Unigenitus*, sous laquelle gémissent encore l'État et l'Église de France, qui a tant fait de prodigieuses et de toutes sortes de fortunes, qui a produit tant de confesseurs et même de martyrs, et dont les vastes et terribles replis embrassent presque toutes choses et qui en paroissent le moins à portée, forme un corps d'histoire à part si vaste et si suivi que ces additions se contenteront de quelques éclaircissements légers aux occasions qui ne pourront s'en passer. Le P. le Tellier si engagé, et personnellement et par sa compagnie, dans les affaires de la Chine, les vit avec frémissement dans une situation à ne pouvoir s'en retirer, sans quelque change assez puissant pour occuper le pape tout entier, et mettre la cour de Rome dans la nécessité d'avoir un besoin si continuel de son crédit qu'elle se trouvât forcée à quitter prise sur la Chine, pour ne plus penser qu'à ses plus chers intérêts. Il voyoit aussi avec le dernier dépit la vénération du roi, de la cour, de tout Paris et de toute l'Église de France pour le cardinal de Noailles. Les jésuites le regardoient comme un ennemi, parce qu'il n'étoit ni à eux, ni placé de leur main, ni dans la nécessité de leur dépendance. Son crédit balançoit le leur dans la distribution des bénéfices; ils l'avoient tâté plus d'une fois et en dernier lieu poussé à la destruction de Port-Royal. Cette complaisance que le roi avoit obtenue, et où ils avoient mis tout leur crédit auprès du roi, avoit aliéné beaucoup de gens du cardinal, ce qu'ils avoient fort désiré, et le leur avoit fait reconnoître plus timide qu'ils ne l'espéroient. C'est ce qui les détermina à le pousser de plus en plus, et à choisir le livre du P. Quesnel pour exciter tout l'orage qu'ils méditoient, pour abattre de plus en plus le cardinal qui l'avoit approuvé, en cas qu'il l'abandonnât, ou l'embarrasser lui-même dans le tourbillon qu'ils préparoient, s'il prenoit le parti de le soutenir. Telle est la véritable clef de l'affaire de la Constitution, que la nature des attaquants qui se promettent tout et par toutes sortes de voies, maîtres en peu des châtiments et des récompenses, et celles des attaqués se défendant tous par leur amour pour la vérité, pour la paix, pour l'édification, leur pureté et leur délicatesse de conscience, leur état de persécution, de souffrance, d'oppression, leur balance continuelle de charité, et de nécessité à l'égard de leurs ennemis, a portée aux excès, sans bout et sans fin, qui donne depuis vingt-cinq ans un spectacle si terrible.

Lundi 2, à Versailles. — Le roi dîna de bonne heure et alla se promener à Marly; le soir il travailla avec M. de

Pontchartrain chez madame de Maintenon. — M. le maréchal de Villars arriva de Flandre ; le roi l'entretiendra demain après son dîner. — Les vaisseaux anglois, partis de l'île de Wight, sont arrivés dans la rivière de Lisbonne, où ils ont porté cinq ou six bataillons ; mais les vaisseaux qui étoient partis d'Irlande, qui portoient aussi des troupes en Portugal, ont été battus d'une assez violente tempête, qui a jeté quelques-uns de ces bâtiments sur nos côtes, avec une partie des troupes qui y étoient embarquées, et on ne sait ce qu'est devenu le reste de leur flotte. — On mande de Saragosse que le roi d'Espagne ira bientôt joindre son armée, que la reine retournera à Madrid avec le prince des Asturies, et que madame des Ursins ira prendre les eaux de Bagnères. M. de Noailles gardera dans son armée, en comptant ce qu'il a déjà, vingt-six bataillons et trente-six escadrons, et renverra les autres en Dauphiné, et on compte qu'avant la fin de ce mois il joindra M. de Vendôme.

Mardi 3, à Versailles. — Le roi tint le conseil de finances, et l'après-dînée donna une assez longue audience au maréchal de Villars, qui lui rendit compte de l'état où il avoit trouvé les troupes, les places et les magasins, dans la tournée qu'il a faite en Flandre. Le roi ne sortit point, et le soir il travailla chez madame de Maintenon avec MM. Voisin et Desmaretz. Monseigneur revint de Meudon. — L'avocat général a commencé à parler sur le procès de M. le Duc avec mesdames ses tantes ; jeudi il achèvera de parler, et l'affaire sera jugée. — Madame la duchesse de Bourgogne se trouva un peu incommodée et ne put pas souper avec le roi, mais cela n'empêcha pas qu'elle n'allât après souper dans le cabinet du roi. — Le roi a choisi le comte d'Estrades, lieutenant général, pour commander cette année les troupes qui sont sur la Somme, comme Sailly les a commandées l'année passée durant la campagne.

Mercredi 4, à Versailles. — Le roi tint le conseil d'État, alla l'après-dînée au sermon, et après le sermon alla tirer dans son parc. Madame la duchesse de Bourgogne, qui s'étoit trouvée un peu incommodée, n'alla point au sermon. — Madame de Chevreuse demanda au roi un brevet de retenue sur la charge de lieutenant des chevau-légers qu'a le vidame son fils. Quand le roi donna cette charge au vidame après la mort du duc de Montfort, son frère aîné, ce fut à condition qu'il donneroit 100,000 écus aux enfants du duc de Montfort. Il en a payé 80,000 francs ; et comme tout son bien est substitué, s'il venoit à mourir les enfants du duc de Montfort perdroient les 220,000 livres qui restent à payer, et le roi a eu la bonté d'accorder les 220,000 livres de brevet de retenue. — M. le marquis de Saint-Germain-Beaupré, gouverneur de la Marche, marie son fils aîné avec mademoiselle de Persan-Doublet, à qui on donne 360,000 francs et beaucoup de nourriture. Elle en aura encore davantage après la mort du père et de la mère. Outre cela elle n'a qu'un frère qui n'est point marié. Le roi a permis à M. de Saint-Germain de donner son gouvernement à son fils.

Jeudi 5, *à Versailles.* — Le roi dîna de bonne heure, et alla à Marly, où il fit la revue des quatre compagnies des gardes du corps et des grenadiers à cheval. — M. de Conflans, qui avoit acheté le régiment de dragons de Poitiers 86,000 francs, se trouvant par sa mauvaise santé hors d'état de continuer le service, a revendu ce régiment 70,000 francs à M. de Coetmen. — On mande de Dantzick que la déclaration de guerre que les Turcs ont faite aux Moscovites a obligé le czar de retourner à Moscou, et qu'il étoit parti de Pétersbourg sur la fin de janvier. Le duc de Courlande, qui avoit épousé sa nièce étant mort, ne vouloit pas que le duc Ferdinand de Courlande se mît en possession de ce duché jusqu'à ce qu'on sût si la duchesse de Courlande, sa nièce, étoit grosse. On mande aussi que les Moscovites se sont fait ouvrir par force les portes de Cracovie, quoique les troupes polonoises qui étoient dedans s'y opposassent. — On a reçu à Vienne des lettres de Constantinople du 8 janvier, qui marquent que le Grand Seigneur arme une flotte de deux cent cinquante voiles, sur laquelle on embarquera vingt mille hommes.

Vendredi 6, à Versailles. — Le roi dîna de bonne heure, et alla encore à Marly faire la revue de ses gardes du corps; après quoi il les renvoya dans leurs quartiers, la marche des troupes étant différée depuis l'arrivée du maréchal de Villars, qui a trouvé en Flandre que rien ne pressoit et qu'il seroit inutile de mettre les troupes de si bonne heure en campagne. — Le roi d'Espagne a fait le prince de Santo-Buono, qui est son ambassadeur à Venise, grand de la première classe. — Par les dernières lettres qu'on a ici de Constantinople, le Grand Seigneur en devoit partir au commencement de mars pour aller à Andrinople; et de là il doit passer en Moldavie, où il assemblera sa principale armée.

Samedi 7, à Versailles. — Le roi tint le conseil de finances, alla se promener l'après-dînée à Trianon et travailla le soir chez madame de Maintenon avec M. Voisin. — M. de Beauvilliers, à qui le roi a laissé la disposition des deux charges de premiers gentilshommes de la chambre de monseigneur le duc de Berry, en a donné une à M. de Saint-Aignan, son frère. — On a des lettres de Saragosse du 24 février qu'un courrier du marquis de Valdecanas avoit rapporté que, le 23 au matin, les ennemis avoient abandonné Balaguer, voyant que nos troupes s'approchoient pour attaquer cette place et qu'il en étoit sorti deux ou trois cents hommes en fort mauvais état, qu'on les avoit suivis dans la montagne, et qu'on en avoit pris quelques-uns. Le bruit qui avoit couru que M. de Staremberg avoit abandonné cette place il y a longtemps ne s'étoit pas trouvé vrai. Il est arrivé à Peniscola plusieurs vaisseaux chargés de blé, à qui on fera remonter l'Èbre pour remplir les magasins de Tortose et de Mequi nença ; cela aidera fort à la subsistance de notre armée.

Dimanche 8, à Versailles. — Le roi tint le conseil d'État, entendit le sermon l'après-dînée, alla ensuite tirer et travailla le soir avec M. Pelletier chez madame de Maintenon.
— M. le duc de Beauvilliers vend l'autre charge de premier gentilhomme de la chambre de monseigneur le duc de Berry 170,000 francs à M. de Béthune, gendre de M. Desmaretz. — M. le duc de Noailles a pris les forts des Mèdes et de... qui sont sur le Ter au-dessous de Girone ; cela met en sûreté toutes les troupes qui sont en quartier en ce pays-là. Il a fait repartir les troupes qui retournent en Dauphiné. Le roi a trouvé bon qu'il acceptât la grandesse que le roi d'Espagne lui donne ; mais il a déclaré en même temps qu'il ne donneroit plus cette permission-là à aucun de ses sujets.

Lundi 9, à Versailles. — Le roi dîna de bonne heure et alla se promener à Marly ; il ne travailla point le soir avec M. de Pontchartrain, quoique ce fût son jour ; il le remit à mercredi. — Le bruit est répandu en Hollande que le prince héréditaire de Hesse-Cassel épousera la princesse, sœur du roi de Suède, et les alliés craignent, si ce mariage se faisoit, que ce prince, devenant beau-frère du roi de Suède, ne retirât les troupes qu'il a dans leur armée et qu'il ne se retirât lui-même, ce qui seroit une grande perte pour eux, car c'est un prince fort estimé. Les Hollandois et les Anglois avoient espéré que le roi de Suède consentiroit à la neutralité de la basse Allemagne ; mais il paroît fort éloigné de donner ce consentement-là, ce qui obligera les alliés d'envoyer un corps considérable en ce pays-là. Les troupes de Suède que le général Crassau commande de ce côté-là grossissent tous les jours ; il a déjà plus de vingt mille hommes dans son armée, et en attend encore dix mille que la régence de Suède lui doit envoyer.

Mardi 10, à Versailles. — Le roi tint le conseil de finances ; l'après-dînée il fit la revue des gardes françoises et suisses qui sont plus que complets; et que le roi trouva plus beaux que jamais. Ils n'ont point encore ordre de partir. Le roi étoit dans la cour du château dans une petite calèche, et les vit passer par compagnies. Monseigneur étoit dans une autre calèche derrière le roi, monseigneur le duc de Bourgogne à pied auprès de la calèche du roi, et madame la duchesse de Bourgogne sur un balcon de madame de Maintenon. Après la revue il alla se promener dans les jardins, et le soir il travailla avec MM. Voisin et Desmaretz. — L'abbé de Tessé a avoué au maréchal son père qu'il avoit épousé la fille de Castan à Genève. Le père de la fille dit qu'il lui donnera 4 ou 500,000 écus, et on croit qu'il le pourroit faire aisément si ses affaires étoient accommodées avec Samuel Bernard. Le maréchal de Tessé est fort fâché de ce mariage, et a fait partir son fils de Paris, et ne l'a plus voulu voir, dès qu'il a cru le mariage fait. L'abbé de Tessé avoit une fort belle abbaye.

Mercredi 11, *à Versailles*. — Le roi tint le conseil d'État, entendit le sermon l'après-dînée et travailla le soir avec M. de Pontchartrain; il n'y avoit point travaillé le lundi, quoique ce fût son jour. — Le mariage de mademoiselle Pincré avec M. de Villefort se fit le soir dans la chapelle. Le souper fut chez madame Voisin, et les mariés couchèrent chez madame de Villefort, la mère, qui leur cède son appartement. Madame la duchesse de Bourgogne donna la chemise à la mariée, qui s'appellera madame d'Ossy. Son mari repartira dès demain pour s'en aller en Flandre. — On mande d'Espagne que M. de Vendôme fait attaquer Cardonne par M. de Valdecanas, et qu'il est toujours dans la résolution de faire le siége de Barcelone à la fin d'avril ou au commencement de mai; que toutes les troupes des Espagnols sont recrutées, bien habillées et bien armées; cependant on ne croit point ici que M. de Vendôme doive entreprendre ce siége-là. M. de Noailles a renvoyé sa cavalerie dans le pays de Foix parce qu'il n'y a nul fourrage à dix lieues autour de Girone, et il la fera revenir au mois de mai quand elle sera un peu rétablie.

Jeudi 12, *à Versailles.* — Le roi dîna de bonne heure et alla à Marly, d'où il ne revint qu'à la nuit. — Il arriva un courrier de Flandre, et le bruit se répand que c'est le comte de Bergeyck qui a envoyé ce courrier, et que ce comte va du côté d'Anvers sous prétexte de vendre des terres qu'il a de ce côté-là, pour aller ensuite s'établir tout à fait en Espagne, et ceux qui croient que ce n'est là qu'un prétexte s'imaginent qu'il y va pour quelque négociation secrète. Peu de jours nous apprendront davantage; ce qu'on sait sûrement de Flandre, c'est que l'infanterie des ennemis n'est point recrutée, que leurs troupes ont été assez mal payées cet hiver, et qu'ils ne songent pas encore à mettre en campagne. — Le ministre du roi de Suède, qui est à la Haye, a rendu aux États Généraux une lettre du roi son maître, par laquelle il leur a déclaré que bien qu'il consente à la neutralité qu'ils proposent pour l'Allemagne, il regardera comme ses ennemis ceux qui enverront des troupes pour cette neutralité.

Vendredi 13, *à Versailles.* — Le roi travailla le matin avec son confesseur; l'après-dînée il entendit le sermon et entra de bonne heure chez madame de Maintenon; il ne sortit point de tout le jour. Madame la duchesse de Bourgogne n'alla point au sermon parce qu'elle se trouva assez incommodée d'une fluxion dans la tête; elle est fort sujette à de grands maux de dents. — Le procès de M. d'Antin pour le duché d'Épernon est remis après la Quasimodo. — La nouvelle qui étoit venue d'Espagne que le château de Venasque s'étoit rendu ne s'est pas trouvée véritable, et M. de Vendôme a détaché quelques troupes sous Mahoni pour aller faire ce siége. — Il y a des lettres de Dantzick qui parlent d'une proposition d'accommodement du comte Siniaski, grand général de la Pologne, et qui commande l'armée confédérée avec le roi Stanislas.

Samedi 14, *à Versailles*. — Le roi tint conseil de finances ; l'après-dînée, il travailla avec M. Voisin. Il ne sortit point encore de tout le jour ; il est fort rare qu'il soit deux jours sans sortir. Monseigneur alla dîner à Meudon, où il demeurera huit jours. Monseigneur le duc de Bourgogne et madame la duchesse de Bourgogne y allèrent dîner avec lui et revinrent ici pour le souper du roi. Madame la duchesse de Berry n'y alla point parce que sa grossesse continue ; on ne veut pas qu'elle aille en carrosse. — Le maréchal de Choiseul est à l'extrémité ; il a reçu tous ses sacrements, et on n'attend que le moment de sa mort. Il meurt avec une grande fermeté et digne de la vie qu'il a menée ; il meurt sans être malade, et est regretté de tout le monde. Il étoit pauvre, et sa pauvreté lui faisoit honneur. Il étoit le doyen des maréchaux de France, et il en restera encore dix-sept, dont le maréchal de Villeroy est le plus ancien.

Dimanche 15, *à Versailles*. — Le roi tint le conseil d'État, entendit le sermon l'après-dînée, alla tirer ensuite, et le soir travailla chez madame de Maintenon avec M. Pelletier. Monseigneur fut saigné à Meudon ; son chirurgien le manqua deux fois ; Monseigneur lui donna l'autre bras, et il le saigna fort bien. Le roi, en sortant du sermon, apprit la mort du maréchal de Choiseul *. Il avoit le gouvernement de Valenciennes, et le roi, étant le soir chez madame de Maintenon, envoya querir M. Voisin, et lui dit que, pour éviter que beaucoup de gens lui demandent ce gouvernement, il en vouloit disposer sur l'heure, et qu'il le donnoit au chevalier de Luxembourg, qui y commande actuellement et qui est déjà lieutenant général de Flandre. — Le fameux Despréaux Boileau ** mourut hier à Paris. Il étoit de l'Académie françoise. Quoiqu'il eut fait beaucoup de satires, c'étoit un des meilleurs hommes du monde.

* Les Mémoires parlent si bien et si vrai de ce maréchal de Choiseul qu'ils ne laissent rien à dire à ces additions, qui ne sont faites que pour éclaircir le laconisme froid et ablitique des Mémoires. Un plus honnête homme que celui-là n'étoit point né, ni un meilleur. M. le Prince en fit toujours grand cas pour la guerre, où sa vertu connue à la cour et dans le monde fut toujours universellement aimée. Ses mauvais yeux le raccourcirent ; il mourut en homme de bien.

** Dangeau regardoit Boileau comme un bon homme, parce que ce satirique l'avoit loué. Tous les satiriques de profession louent bassement les gens en place ou en faveur.

Lundi 16, à Versailles. — Le roi dîna de bonne heure et alla se promener à Marly ; au retour, il travailla avec M. de Pontchartrain chez madame de Maintenon. — Le chevalier de Maulevrier, lieutenant général, qui étoit un des inspecteurs d'infanterie de Flandre, a obtenu du roi la permission de quitter son inspection, et le roi l'a donnée à M. d'Aubigné, colonel du régiment royal et brigadier. — M. de Béthune, qui a acheté une des charges de premier gentilhomme de la chambre de monseigneur le duc de Berry, a permission de vendre le régiment d'infanterie de la Reine, dont il étoit colonel.

Mardi 17, à Versailles. — Le roi tint le conseil de finances, alla tirer l'après-dînée, et le soir travailla chez madame de Maintenon avec MM. Voisin et Desmaretz. — L'envoyé de Florence donna part au roi le matin de la mort du prince François de Médicis. La cour en prendra le deuil vendredi, qu'on portera jusqu'à Pâques. — Monseigneur prit médecine à Meudon. — Le roi de Suède inquiète fort les alliés depuis la déclaration qu'il a fait faire aux États généraux. On prétend qu'ils veulent engager le roi Auguste de renoncer pour la seconde fois à la couronne de Pologne, pour éloigner la guerre de ce pays-là.

Mercredi 18, à Versailles. — Le roi tint le conseil d'État, entendit le sermon l'après-dînée, et puis alla se promener dans les jardins. Monseigneur le duc de Bourgogne et madame la duchesse de Bourgogne allèrent le joindre à la promenade. — On a des lettres de Pampelune, qui portent que M. de Stanhope, qui commandoit les troupes angloises en Espagne, et qui fut pris dans Brihuega, ayant été mené à Valladolid avec beaucoup d'autres officiers pris à la même affaire, et qu'on avoit laissés dans Valladolid sur leur parole, avoient voulu se sauver en Portugal, qu'on les avoit arrêtés et pris des armes qu'ils avoient achetées, et qu'on envoyoit M. de Stanhope dans le château de Pampelune.

Jeudi 19, *à Versailles.* — Le roi dîna de bonne heure, et alla se promener à Marly. Madame la duchesse de Bourgogne alla dîner à Meudon avec Monseigneur, qui la mena après dîner à Paris à l'opéra, et après l'opéra Monseigneur retourna à Meudon, et madame la duchesse de Bourgogne revint ici. Madame la duchesse de Berry, qui est grosse, n'a pas suivi madame la duchesse de Bourgogne ; on ne veut pas qu'elle monte en carrosse, et Monseigneur le duc de Berry demeura ici pour lui tenir compagnie. — Les ennemis disent toujours qu'ils feront passer des troupes d'Italie à Barcelone, mais cela ne pourra pas être sitôt, car les vaisseaux qui les doivent transporter ont été battus d'une rude tempête qui les a obligés de se retirer à Port-Mahon pour se radouber.

Vendredi 20, *à Versailles.* — Le roi travailla le matin avec le P. le Tellier ; il alla l'après-dînée au sermon, et ensuite se promena dans les jardins. — Ce qu'on mandoit de Vienne de l'accommodement des mécontents et de la prise de Cassovie ne s'est pas trouvé véritable. Cassovie se défend fort bien ; il est même entré du secours dans la place, et à Vienne on commence à ne plus espérer d'accommodement. Quatre-vingt mille Tartares sont entrés dans l'Ukraine. Le palatin de Kiovie est entré en Pologne avec quelques troupes, et tout se prépare à une grande guerre en ce pays-là, qui embarrasse fort les alliés, qui ne sont point encore déterminés sur les troupes qu'ils enverront pour la neutralité de la basse Allemagne.

Samedi 21, *à Versailles.* — Le roi tint le conseil de

finances; il alla tirer l'après-dînée, et travailla le soir chez madame de Maintenon avec M. Voisin. — Il arriva un courrier d'Espagne et il paroît que M. de Vendôme songe toujours à faire le siége de Barcelone ; il a son artillerie prête. On avoit demandé aux Biscayens cinquante mille outils en payant; ils en ont envoyé cent mille dont ils n'ont point voulu prendre d'argent ; ils les font même voiturer à leurs dépens. Le duc de Noailles ira trouver le roi d'Espagne à Saragosse pour concerter les mesures qu'il faudra prendre pour la jonction des troupes, et il fait faire le siége de la Seu d'Urgel par Muret, lieutenant général. — Monseigneur revint le soir de Meudon, où il a demeuré huit jours.

Dimanche 22, *à Versailles.* — Le roi tint le conseil d'État; l'après-dînée il entendit le sermon, où étoit toute la maison royale; après le sermon il alla tirer, et le soir il travailla avec M. Pelletier chez madame de Maintenon. — En sortant du sermon ; le roi apprit la mort du fils aîné du maréchal de Boufflers, à qui le roi avoit donné le gouvernement de Flandre après la belle défense que le maréchal son père avoit faite à Lille. Il ne lui reste plus qu'un fils qui n'a que quatre à cinq ans ; celui qui vient de mourir en avoit quatorze. Son pauvre père est inconsolable; il n'avoit point vu son fils durant sa maladie parce qu'il avoit le pourpre, et que le maréchal doit entrer en quartier de capitaine des gardes le 1er avril. On vint lui dire que son fils étoit à l'extrémité ; il ne put résister à l'envie de le voir, et à peine fut-il entré dans la chambre qu'il le vit expirer.

Lundi 23, *à Versailles.* — Le roi dîna de bonne heure, et alla se promener à Marly ; au retour il travailla chez madame de Maintenon avec M. de Pontchartrain. — Le canton de Schwitz a fait le procès à Massener sur l'enlèvement du grand prieur et sur une insulte qu'il a faite sur leur territoire à Merveilleux, secrétaire du roi, servant auprès de l'envoyé de France aux Grisons. Ils ont même mis la tête de Massener à prix, et ont confisqué ses biens. — On mande de Londres du 13 de ce mois qui n'est que le 2, à la façon de compter en Angleterre, que le nommé Scheppin, membre de la chambre basse, avoit fait une harangue le jour de devant, dans laquelle il dit, en parlant du feu roi Jacques, que c'avoit été le meilleur roi qui eût jamais monté sur le trône ; qu'à la vérité il étoit trop honnête homme et trop sincère pour un roi d'Angleterre ; que sa bonté avoit été scandaleusement trahie par des fripons auxquels il se fioit, lesquels, à la honte éternelle de l'Angleterre, avoient été récompensés de leurs trahisons et de leurs infamies, pendant que le prince a été puni, lui qui par les lois de la nation est impunissable. — Le roi envoya un gentilhomme ordinaire à Paris pour faire compliment au maréchal de Boufflers sur la mort de son fils, honneur que le roi ne fait pas souvent présentement*.

* On a souvent parlé de ces envois de gentilshommes ordinaires de la part du roi. N'en déplaise aux Mémoires, le roi n'y manquoit guère aux gens titrés sans des raisons particulières, et ces raisons particulières même ne l'y firent manquer que dans les dernières quinze années de son règne, où à la vérité elles se multiplièrent davantage, car déjà il y manquoit quelquefois, mais très-rarement.

Mardi 24, à Versailles. — Le roi tint le conseil de finances et travailla ensuite longtemps avec M. Desmaretz ; il alla se promener à Trianon l'après-dînée, et le soir il travailla chez madame de Maintenon avec MM. Voisin et Desmaretz. — On mande d'Angleterre que le parlement a passé l'acte pour le commerce des vins avec la France, et que même plusieurs gens avoient dit tout haut dans les rues et même fait afficher qu'il falloit rétablir tout commerce avec les François comme en temps de paix, et on a fait imprimer un écrit qui porte le témoignage de la feue reine douairière d'Angleterre, sœur du roi de Portugal, et de plusieurs autres dames qui étoient avec elle et qui certifient toutes qu'elles ont vu accoucher la reine d'Angleterre qui est à Saint-Germain du prince de Galles, qui est Jacques III, roi d'Angleterre, qui est à Saint-Germain.

Mercredi 25, à Versailles. — Le roi tint le conseil d'État et n'alla à la messe qu'à midi avec toute la maison royale; on dit vêpres après la messe. L'après-dînée le roi entendit le sermon et revint encore au salut à cinq heures. Le roi, au sortir de la messe, dit à M. l'évêque de Metz qu'il pouvoit présenter ses lettres au parlement pour être reçu duc et pair. Le roi avoit fait quelques difficultés à cela depuis la mort du duc de Coislin, son frère. — M. de Maillebois, fils de M. Desmaretz, Tournin, maréchal de camp, et un commissire des guerres qui étoient en otage à Lille, pour ce qui est dû aux magistrats et aux bourgeois de cette ville, apprenant qu'on les vouloit mettre dans la citadelle, contre ce qui est porté dans la capitulation, se sont sauvés de Lille et sont venus à Arras. Le maréchal de Montesquiou leur a envoyé une escorte en chemin. Ils ont écrit d'Arras au duc d'Albemarle, qui commande les troupes ennemies en Flandre, pour rendre raison de leur conduite.

Jeudi 26, à Versailles. — Le roi fut saigné par précaution, et à midi alla à la messe. L'après-dînée il donna audience au maréchal de Montrevel, qui est ici depuis deux mois et qui s'en retourne commander en Guyenne; ensuite le roi passa chez madame de Maintenon, et y fit une petite loterie pour les dames qui y étoient. — Le roi a donné au fils de M. de Boufflers, qui n'a pas encore cinq ans, tout ce qu'avoit son frère aîné, qui vient de mourir. —M. de Maillebois, qui est arrivé à Paris, a trouvé en chemin M. de Surville, qui s'en alloit à Tournay, où il est en otage. Il lui a dit la résolution que les États généraux avoient prise de mettre les otages dans les citadelles, et qu'il lui conseilloit d'attendre chez lui en Picardie les ordres que le roi donneroit là-dessus. M. de Surville a suivi son conseil, et se tient chez lui jusqu'à ce que le roi ordonne s'il doit retourner à Tournay dans l'état où est cette affaire présentement.

Vendredi 27, à Versailles. — Le roi, après la messe, travailla avec le P. le Tellier, dîna de bonne heure, et alla se promener à Marly. Monseigneur alla l'après-dînée se promener à Chaville. Monseigneur le duc de Bourgogne et madame la duchesse de Bourgogne allèrent au sermon. — M. Desmaretz vint au lever du roi, et amena M. de Maillebois son fils, qui fut quelque temps enfermé avec le roi dans son cabinet. M. de Maillebois, qui a été fort interrogé sur l'état des troupes des ennemis, dit que leurs bataillons ne sont au plus qu'à trois cents hommes, et que leurs troupes, surtout celles d'Angleterre, ont été fort mal payées cet hiver; que les Hollandois sont fort irrités de ce qu'on a interdit tout commerce avec eux, et qu'on l'a permis avec les Anglois. — Toutes les nouvelles qu'on a d'Allemagne confirment l'entrée des Tartares dans l'Ukraine et l'inquiétude qu'on a à la cour de l'empereur sur les mouvements du roi de Suède. On y attend l'arrivée d'un chiaoux que la Porte envoie, après l'arrivée duquel le prince Eugène en doit partir pour revenir en Flandre.

Samedi 28, à Versailles. — Le roi tint le conseil de finances, et l'après-dînée il fit la revue de ses deux compagnies des mousquetaires dans la grande place entre les écuries et le château. Le roi étoit à cheval; madame la duchesse de Bourgogne étoit à cheval aussi avec plusieurs dames. Le roi ensuite alla se promener dans les jardins. Monseigneur le duc de Bourgogne et madame la duchesse de Bourgogne allèrent se promener à cheval sur le chemin de Paris. — Par les lettres qu'on a reçues de M. de Vendôme du 17, il étoit toujours à Saragosse avec le roi d'Espagne. Il y attendra le duc de Noailles, qui doit y arriver à la fin du mois. Les miquelets nous ont enlevé trois cents hommes du régiment des gardes wallones à Ponce, qui est au delà de la Sègre, et les ont presque tous tués. On a envoyé un plus grand nombre de troupes en ce lieu-là qu'on a brûlé, et tué tout ce qu'il y avoit d'hommes ; mais on n'a point fait de mal aux femmes ni aux enfants.

Dimanche des Rameaux 29, *à Versailles.* — Le roi et toute la maison royale assistèrent à toutes les dévotions de la journée. On avoit fait mettre un autel dans la vieille chapelle, où l'on fut adorer la croix. Le roi travailla le soir chez madame de Maintenon, et demain, après dîner, il tiendra le conseil d'État qu'il auroit tenu aujourd'hui sans la fête. — Le roi a ordonné à ses régiments des gardes françoises et suisses de se tenir prêts à marcher, et de ne plus faire monter la garde qu'aux compagnies qui ne serviront point en campagne cette année. — M. l'évêque de Tournay, qui étoit parti d'ici, il y a déjà quelque temps, pour son diocèse, a été obligé de demeurer à Valenciennes et à Cambray, parce que MM. les États généraux veulent, avant qu'il rentre dans Tournay, qu'il approuve toutes les élections qu'ils ont faites pour les canonicats durant son absence, et même qu'il signe le formulaire de Louvain, qu'on assure être favorable aux jansénistes.

Lundi 30, *à Versailles.* — Le roi prit médecine par précaution, comme il la prend tous les mois : l'après-dînée il tint le conseil d'État, qui fut fort long ; il devoit travailler le soir avec M. de Pontchartrain, il le remit au lendemain. — On mande d'Angleterre que l'abbé de la Bourlie qu'on appelle en ce pays-là le comte de Guiscard, ayant été arrêté à Londres dans le parc de Saint-James, de la part de la reine Anne, accusé de commerce suspect à l'Angleterre, et ayant été conduit chez M. de Saint-Jean secrétaire d'État, s'étoit saisi d'un canif qu'il avoit trouvé sur une table de l'antichambre, sans qu'on s'en aperçut ; étant entré ensuite dans le cabinet où étoient les ducs d'Ormond, de Bukingham et d'Argyle, les deux secrétaires d'État, Saint-Jean et Harley, il avoit été interrogé par ce dernier ; et au lieu de lui répondre, il lui donna deux coups de ce canif dans le ventre; qu'en même temps on se jeta sur lui, et on lui donna trois coups d'épée. On fit venir des chirurgiens qui ne trouvèrent pas les plaies de M. Harley dangereuses; on fit panser aussi M. de la Bourlie, qu'il fallut faire lier pour qu'on le pansât, et ensuite on l'envoya dans les prisons de Newgate. Il demanda à parler en particulier au duc d'Ormond, qui le fut trouver dans la prison.

Mardi 31, *à Versailles.* — Le roi tint le conseil de finances, dîna de bonne heure et alla l'après-dînée se promener à Marly; le soir il travailla avec de M. Pontchartrain. — Il arriva un courrier du duc de Noailles, par lequel nous apprenons que ce duc devoit partir le 25 pour aller trouver le roi d'Espagne à Saragosse. Il sera obligé de passer par la France; le chemin est plus long, mais il trouvera plus de commodités pour son voyage. — M. d'Albemarle, qui commande les troupes ennemies en Flandre, a écrit une lettre au maréchal de Montesquiou, où il se plaint fort de ce que les otages de Lille en sont sortis; ceux qui ont vu la lettre disent qu'elle est très-forte. — Le roi a réglé que, quand madame la duchesse de Berry ne pourra être suivie de la duchesse de Saint-Simon, sa dame d'honneur, ou de madame de la Vieuville, sa dame d'atours, que madame de Coëtenfao, femme de son chevalier d'honneur, la suivroit; et jusques ici, quand la dame d'honneur ou la dame d'atours n'y étoient point, on prioit une des dames d'honneur de madame la duchesse de Bourgogne de suivre madame la duchesse de Berry.

Mercredi 1*er avril, à Versailles.* — Le roi tint le conseil d'État, et l'après-dînée il entendit ténèbres dans la tribune de la chapelle. Après ténèbres il voulut aller se promener dans les jardins; mais le vilain temps l'en empêcha. Monseigneur fut enfermé le soir avec le P. le Tellier, parce qu'il fait demain ses pâques; madame la duchesse de Bourgogne fut enfermée aussi avec son confesseur pour la même raison. — Il se répand un bruit qu'on a reçu des lettres de Madrid qui portent que les Portugais se sont rendus maîtres de Miranda de Duero par surprise; c'est une place considérable et dont le marquis de Bay s'étoit rendu maître l'année passée par escalade. Cette nouvelle a besoin de confirmation. — J'obtins un arrêt fâcheux contre M. de Guénégaud, chancelier de Saint-Lazare, à qui j'avois donné cette charge, il y a quelques années, et qui me faisoit un procès très-mal à propos et sans être avoué de personne dans l'ordre; cela fut réglé hier au soir, quand M. de Pontchartrain travailla avec le roi. — Le roi travailla le soir chez madame de Maintenon avec M. le maréchal de Villars.

Jeudi-Saint 2, à Versailles. — Le roi lava les pieds des pauvres, comme il fait tous les ans le jeudi saint, et, après la cène, il alla entendre la grande messe. Après dîner il alla à ténèbres; après souper il retourna dans la chapelle adorer le Saint-Sacrement. Monseigneur le Dauphin et madame la duchesse de Bourgogne firent leurs pâques et Monseigneur revint de la paroisse d'assez bonne heure pour servir le roi à la cène. Les enfants de M. le duc du Maine se mirent à ténèbres en rang, entre M. le Duc et et M. le comte de Toulouse. — Le roi signa le contrat de mariage du jeune Lassay, qui épouse sa tante, fille en secondes noces de M. de Montataire, son grand-père; il en a coûté 25,000 francs à Rome pour la dispense*. — Le comte Gubernatis, ministre de M. de Savoie à Rome, en est reparti, sans avoir pu rien conclure pour les affaires de son maître, et milord Peterborough, qui est reparti de Vienne, n'a pu rien conclure avec l'empereur sur ce que M. de Savoie lui demande, quoique ce milord ait employé les recommandations les plus fortes de la reine Anne pour la conclusion de cette affaire.

* Lassay étoit un homme qui avoit de l'esprit et du courage, mais qui avoit fait bien des métiers en sa vie, et trois ou même quatre mariages. Il servit; puis il fit le petit coq de province, étoit déjà veuf de sa première femme qui n'étoit rien et s'appeloit Sibour, dont la fille

unique a épousé le dernier de la maison de Coligny, éteinte en sa personne. Quoique laide, elle a fait du bruit, avec de l'esprit et de l'intrigue, méchante et hardie; elle se laissa mourir de douleur, pour en parler sobrement, de la mort du dernier duc de la Feuillade. Lassay, longtemps après, s'amouracha de la fille de cet apothicaire que sa beauté, sa vertu, et l'amour de Charles IV de Lorraine, qui fut au moment de l'épouser, a rendue illustre. Lassay l'épousa, en eut un fils, la perdit au fort de son amour, et de douleur se retira aux Incurables, où il passa quelques années dans une grande retraite et une grande piété. Ennuyé enfin de cette vie, il ajusta sa petite maison, égaya sa solitude, se remit dans le monde, s'éloigna entièrement de la vie dont il s'étoit dégoûté, eut des commerces peu séants, et fut accusé d'être le Mercure de M. le Duc, dont par la suite il épousa la sœur bâtarde. Cela acheva de le raccrocher dans le monde et à la cour, où il ne fut jamais de rien; sa femme lui donna une fille qu'il maria au fils de M. d'O, n'ayant tous deux ni pain ni pâte. Madame de Lassay mourut folle, après avoir été plusieurs années en cet état, et sa fille, qui ne fut guère sage d'aucune façon, mourut aussi après avoir été plusieurs années abandonnée de son mari, et ne laissa qu'une fille unique qui du sein de la famine a tiré des millions qui lui ont fait épouser le fils unique du duc de Villars-Brancas. Lassay étoit fils du vieux Montataire, homme fort peu considéré, et d'une Vipart, sa première femme. Leur nom est Madaillan, trop connu à la fin de la vie du célèbre duc d'Épernon. Montataire se remaria à une fille de ce Bussy-Rabutin, si connu par son *Histoire amoureuse des Gaules* qui le plongea dans la plus profonde disgrâce, et par la misère avec laquelle il montre lui-même qu'il la porta; par ses lettres, où la fausseté et la contorsion règnent à force de vouloir paroître ferme, élevé et spirituel, et dont le style tronqué sur le cérémonial d'écrire a achevé de montrer la vanité de ses enfants qui, non contents de montrer la nudité de leur père, l'ont rendue encore plus honteuse en imprimant ses lettres avec celles de madame de Sévigné, dont le sel, le naturel, la simplicité, le tour, enlèvent. Du mariage de cette Rabutin sont venus une fille et un fils; celui-ci n'eut point d'enfants de la fille du comte de Tillières, qui se remaria au comte de Châtillon, chevalier de l'ordre en 1724, et mestre de camp général de la cavalerie, dont elle fut la seconde femme. La fille épousa son neveu Lassay, fils du vieux Lassay, son frère de père, et de la fille de l'apothicaire; c'est une femme qui s'est presque rendue illustre par sa douleur de la mort de son frère de même lit, et par plusieurs années de retraite, de piété grande, de silence et de réclusion, même dans les lieux fort ouverts où elle est obligée d'aller, et par n'avoir pas pris de quoi se nourrir, et jamais encore jusques à cette heure autre chose que quelques herbes sans sauce et quelques légumes de même, sans pain ni vin. Son mari, qui la respecte, a élevé dans Paris près de la rivière, vis-à-vis du cours, un palais joignant et communiquant avec celui que madame la Duchesse s'est bâti en même temps, qui sera un monument éternel de la longue, utile et persévérante affection pour lui de cette princesse, qui lui a valu des trésors innombrables au Mississipi, qu'il a bien su réaliser, et l'ordre à son père, qu'il fit passer à la promotion de 1724 dans la foule de tant d'autres. Il n'a point d'enfants et a marié sa nièce, la duchesse de Lauraguais, dont madame la Duchesse fit une aussi somptueuse noce et peut-être plus que si elle eût été sa fille. Ce fut lui aussi qui enrichit Silly, Vipart comme sa grand'mère, et qu'il fit fourrer aussi en 1724 dans la même promotion. Mais à propos de ces deux palais si contigus et si uniformes, excepté que celui de Lassay est bien plus petit et beaucoup plus bas que celui de madame la Duchesse, n'oublions pas un bon mot du nonce, depuis cardinal Massei, à qui il échappa sans y entendre malice. Passant sur le chemin de Versailles et les voyant l'un et l'autre à plain la rivière entre deux [sic], il fut choqué de l'inégalité de hauteur et de ce que celui de madame la Duchesse pour sa longueur n'a qu'un étage; « Cet autre plus petit palais, dit le nonce, semble fait pour être mis sur le plus grand, » et ce mot ne tomba pas à terre.

Vendredi Saint 3, à Versailles. — Le roi assista à toutes les dévotions de la journée, et, après ténèbres, il s'enferma avec son confesseur. — On mande d'Allemagne que la consternation est grande en Saxe, sur la nouvelle qu'on avoit eue que le roi de Suède étoit en pleine marche avec un gros corps de Turcs et de Tartares et qu'il étoit déjà à Jassy, qui est la capitale de Modalvie. On croit qu'il arrivera sur la Vistule avant la fin du mois de mars, et que, dans le mois de mai, il sera en Saxe, où il sera joint par son général Crassau, qui a plus de vingt mille hommes dans son armée. — M. de Bauffremont arriva ces jours passés de Saragosse; il demanda, en partant, à M. de Vendôme quelles commissions il lui vouloit donner pour la France. « Je n'ai point d'autres commissions à vous donner, lui dit M. de Vendôme, que d'assurer à la cour et à Paris que j'assiégerai Barcelone et que je la prendrai. » Cependant l'entreprise paroît ici grande et difficile.

Samedi 4, à Versailles. — Le roi alla en chaise à la paroisse, et y fit ses pâques; au retour il toucha beaucoup de malades. L'après-dînée il fut enfermé avec son confesseur ; à six heures, il alla entendre complies, et au retour il travailla avec M. Voisin chez madame de Maintenon. Le roi a fait la distribution des bénéfices, mais on ne les saura que demain. — On a eu la confirmation de la prise de Miranda de Duero par les Portugais, qui avoient donné une grosse somme à celui qui y commandoit, qui leur a livré la ville et la garnison ; il y avoit mille hommes dans la place. — Poulletier, intendant des finances, est mort ; le roi donne sa charge à son fils, qui est maître des requêtes. Le roi avoit promis à M. Fagon pour son fils la première intendance des finances qui vaqueroit ; M. Fagon, dès qu'il sut la mort de M. Poulletier, pria le roi de vouloir donner la charge au fils de M. Poulletier, et que, quand il avoit demandé une de ces charges-là pour son propre fils, ce n'étoit qu'en cas que ceux qui viendroient à mourir n'eussent point d'enfants capables de les remplir.

Dimanche de Pâques 5, à Versailles. — Le roi et toute la famille royale assistèrent à toutes les dévotions de la journée. — La duchesse d'Aumont la douairière, fille de la feue maréchale de la Mothe, mourut le matin à Paris ; elle avoit cinquante-neuf ans. Elle n'a laissé d'enfants que le duc d'Humières, qui étoit brouillé avec elle, mais la nuit avant que de mourir, elle les a vus lui et la duchesse d'Humières. Elle leur a laissé une grosse succession. Elle avoit 10,000 francs de pension du roi. S. M. envoya faire des compliments par M. Blouin, son premier valet de chambre, à madame la duchesse de Ventadour, sœur cadette de la duchesse d'Aumont. Monseigneur, monseigneur le duc de Bourgogne et madame la duchesse de Bourgogne allèrent la voir.

Liste des bénéfices.

L'archevêché d'Arles à l'abbé de Janson ; l'évêché de Lombès à l'abbé Fagon ; l'évêché de Saintes à l'abbé le

Pileur; l'évêché de Grasse au P. Mesgrigny, capucin; l'abbaye de Saint-Martin d'Autun à l'abbé Mongin; l'abbaye de Savigny à l'abbé de Damas; l'abbaye de la Madelaine à l'abbé de Saumery; celle d'Entremonts à l'abbé Viala; Saint-Pierre de Reims à madame de Roye, et deux autres abbayes de filles données à des religieuses.

Lundi 6, à Versailles. — Le roi tint le conseil d'État qu'il auroit tenu hier sans la bonne fête; il alla tirer l'après-dînée, et le soir il travailla avec M. de Pontchartrain chez madame de Maintenon. — On mande de Londres que l'abbé de la Bourlie est mort dans la prison de Newgate, les uns disent de ses blessures, les autres disent qu'il s'est laissé mourir de faim. — Les troupes qui doivent passer d'Angleterre en Hollande ont reçu un contre-ordre, et on mande de Flandre que Marlborough doit repasser en Angleterre; mais les nouvelles de Hollande n'en disent rien. — M. d'Hanovre s'est rendu maître de la ville d'Heidelsheim et de quelques places de l'évêché, procédé dont l'électeur de Brandebourg ne paroît pas content, ce qui pourroit bien causer quelque désordre entre ces princes. — Il y a déjà quelques mois qu'on a ôté l'intendance de Roussillon et de l'armée de M. de Noailles, qu'avoit M. Barillon, et qu'on l'a envoyé à celle de Béarn, qu'avoit la Neuville des Chiens, et que M. de Noailles a demandé pour intendant de son armée et du Roussillon.

Mardi 7, à Versailles. — Le roi tint conseil de finances, et travailla ensuit avec M. Desmaretz. L'après-dînée, il travailla jusqu'à cinq heures avec M. Voisin, et puis alla se promener à Trianon. — Le roi d'Angleterre ne fera point cette campagne-ci, il voyagera dans le royaume; on croit à Londres et à la Haye qu'il va en Suisse, mais on n'en parle point ici. — Madame la duchesse de Berry fut saignée pour sa grossesse; monseigneur le duc de Bourgogne et madame la duchesse de Bourgogne allèrent dîner avec elle, et puis allèrent à vêpres, et après vêpres madame la duchesse de Bourgogne y retourna encore. — Le Brun d'Inteville, fils du premier mariage de madame de Courtenay, a vendu le régiment Colonel à M. de Sainte-Marie, qui lui en donne 100,000 francs ; mais il prend la cornette blanche pour 25,000 francs, et le comte d'Évreux, colonel général de la cavalerie, donne un brevet de retenue de 50,000 francs à celui qui achète.

Mercredi 8, *à Versailles.* — Le roi tint le conseil d'État : Monseigneur en sortit à midi et un quart pour aller à Meudon, où il mène dîner madame la duchesse de Bourgogne en particulier, ce qu'on appelle ici en badinant les dîners *in parvulo*. Monseigneur demeure à Meudon pour jusqu'au voyage de Marly qui sera mercredi ; madame la duchesse de Bourgogne revint ici pour le souper du roi. — On reçut des lettres de Saragosse du 24. M. de Vendôme écrit que M. de Valdecanas avoit pris Calaf et un autre poste où les ennemis avoient laissé cent cinquante hommes, qui se sont rendus à discrétion ; ces deux postes ne sont qu'à dix lieues de Barcelone, et on y a trouvé beaucoup de subsistances pour les troupes. Le duc de Noailles doit être arrivé à Saragosse du 1ᵉʳ de ce mois. — Monseigneur et madame la duchesse de Bourgogne tinrent hier sur les fonts une fille de madame d'Épinay*, à qui ils donnèrent le nom de Louise-Adélaïde-Sabigoton ; sainte Sabigoton est le nom d'une vierge et martyre de la nation des Goths en Espagne.

---

* Cette madame d'Épinay étoit fille de Madame, et s'étoit mise sur le pied d'être fort tourmentée par les princes, comme une espèce de bouffonne. Son mari, d'extraction plus que légère, qui s'étoit enté sur les Épinay Saint-Luc, trouvoit cela mauvais : « Allez, lui disoit-elle, je sais bien ce que je fais : laissez-moi faire, et je ferai votre fortune. » En effet, elle eut un bon régiment de dragons pour lui, et elle est morte dame d'atours de madame la duchesse d'Orléans. Si le sujet valoit la peine de s'y arrêter, il y en a cent contes plus plaisants les uns que les autres. Monseigneur fut deux mois à chercher un nom ridicule, et qui pourtant pût être admis à donner à cet enfant, qui depuis a épousé un triste Laval, fils du chevalier d'honneur de madame la duchesse d'Orléans, à qui elle est dame.

Jeudi 9, *à Versailles.* — Le roi apprit à son lever par M. d'Antin que Monseigneur en se levant avoit eu une grande foiblesse et s'étoit trouvé mal ; à onze heures on sut qu'il avoit la fièvre. Le roi alla se promener à Marly après son dîner, et durant sa promenade eut plusieurs fois des nouvelles de Monseigneur, dont la fièvre augmente. Monseigneur le duc de Bourgogne alla dîner à Meudon ; madame la duchesse de Bourgogney alla l'après-dînée, et fut longtemps dans la chambre de Monseigneur ; mais, comme les médecins croient qu'il y a du venin dans la maladie de Monseigneur, le roi ne veut plus que monseigneur le duc de Bourgogne, madame la duchesse de Bourgogne, ni Monseigneur le duc de Berry y entrent. Le roi dit le soir à son retour de Marly qu'il iroit le lendemain matin à Meudon pour y demeurer pendant toute la maladie de Monseigneur, de quelque nature qu'elle pût être, et il laissera ici messeigneurs nos princes et madame la duchesse de Bourgogne, qui souhaiteroient pourtant fort que le roi les menât avec lui. Monseigneur fut saigné sur les six heures, et après la saignée la fièvre se développa et augmenta ; il est fort assoupi.

Vendredi 10, *à Meudon.* — Le roi partit de Versailles après la messe et vint ici, où il se mit dans l'appartement qu'il y occupe d'ordinaire, qui est presque au-dessus de celui de Monseigneur. On auroit fort souhaité que le roi, voulant être à Meudon, se fût mis au moins dans le château neuf pour y être plus éloigné du mauvais air, et on ne doute plus qu'il n'y en ait dans le mal de Monseigneur qui augmente. Le roi en arrivant alla le voir et fut trois quarts d'heure dans sa ruelle ; pendant ce temps-là Monseigneur fut un peu moins assoupi. Après le dîner, madame la duchesse de Bourgogne vint tête à tête avec madame de Maintenon voir le roi ; madame de Maintenon demeurera à Meudon, et sur les six heures le roi renvoya madame la duchesse de Bourgogne sans vouloir permettre qu'elle entrât chez Monseigneur; il avoit même eu la précaution de la faire entrer par le petit pont qui donne dans son appartement, afin qu'elle n'entrât point par la cour, Monseigneur étant logé en bas. Madame la Duchesse, madame la princesse de Conty sont ici, et ne partent point de la chambre de Monseigneur dont le mal augmenta encore le soir, et on ne doute point qu'il n'ait la petite vérole et peut-être le pourpre. Le roi le va voir plusieurs fois dans la journée. On a renvoyé plusieurs des courtisans qui étoient venus avec Monseigneur pour faire place aux officiers du roi. MM. les ministres seront presque tous ici, et le roi y tiendra ses conseils comme à l'ordinaire. Le roi ne veut point que ses officiers, quoiqu'en service, demeurent ici, quand ils n'ont point eu la petite vérole, et a renvoyé à cause de cela M. de Seignelay, quoique maître de la garde-robe en année. Le roi dîne en son particulier et soupe avec madame la Duchesse, madame la princesse de Conty, leurs dames d'honneur, madame de Lislebonne, madame d'Épinoy, mademoiselle de Melun, qui sont particulièrement attachées à Monseigneur, et mademoiselle de Bouillon, qui ne quitte point M. son père, et qui est fort en peine pour lui, car il a une mauvaise santé, et qui, comme grand chambellan, est presque toujours auprès de Monseigneur à le servir. Il reste ici des pages de Monseigneur le duc de Bourgogne et de madame la duchesse de Bourgogne, qui toutes les heures leur portent des nouvelles à Versailles.

Samedi 11, *à Meudon.* — Le roi apprit à son lever que la petite vérole avoit paru à Monseigneur entre les six et sept heures du matin, et cela ne l'empêcha pas d'entrer plusieurs fois dans la journée dans sa chambre. Madame la Duchesse et madame la princesse de Conty n'en partent point; il a encore la fièvre bien forte et la tête très-embarrassée. L'après-dînée la petite vérole sortit en plus grande abondance; il a toujours cru qu'il l'avoit, depuis qu'il est malade et ne l'avoit jamais eue. C'est un mal bien dangereux à un homme de cinquante ans. On est dans de grandes inquiétudes, quoique les médecins disent que le mal de Monseigneur va autant bien qu'il se peut. Madame de Maintenon alla dès le matin à Versailles et dîna chez madame de Caylus, où madame la duchesse de Bourgogne alla la voir et fut fort longtemps avec elle. Il n'y a que madame de Dangeau avec madame de Maintenon à Meudon ; madame de Caylus y vouloit venir, mais on l'en a empêchée, parce qu'elle n'a jamais eu la petite vérole.

Dimanche 12, à Meudon. — Le roi alla dès le matin chez Monseigneur ; il y alla encore l'après-dînée et le soir. Le roi tient ici les conseils et travaille avec ses ministres comme à Versailles. Les médecins disent que Monseigneur se porte aussi bien qu'il se peut porter dans l'horrible mal qu'il a. Le roi ne veut point que madame la duchesse de Bourgogne vienne à Meudon, mais il lui a permis de venir mardi à la revue qu'il doit faire, hors du parc, des gendarmes et des chevau-légers, mais messeigneurs les ducs de Bourgogne et de Berry n'ont pas la permission d'y venir, parce qu'ils n'ont jamais eu la petite vérole. On leur mande d'heure en heure des nouvelles de Monseigneur, pour soulager leur inquiétude. — Depuis la maladie de Monseigneur madame de Châteauneuf est morte à Versailles ; elle étoit veuve de M. de Châteauneuf, secrétaire d'État et mère de M. de la Vrillière, qui eut la charge de son père en épousant mademoiselle de Mailly.

* Cette madame de Châteauneuf étoit fille de Fourcy, président aux enquêtes, et sa mère avoit épousé en secondes noces M. Pelletier, qui fut depuis contrôleur général des finances et ministre d'État ; ainsi madame de Châteauneuf, unique de son père, étoit sœur de mère du premier président le Pelletier, de l'évêque d'Orléans, et d'un abbé supérieur de la congrégation de Saint-Sulpice, qui a fort figuré dans la distribution des évêchés et des abbayes. Il affectoit de ne s'appeler que l'abbé de Saint-Aubin ; esprit court, intrigant et dominant, et qui disoit souvent à ses séminaristes qu'il étoit fils d'un ministre d'État et frère d'un premier président. Cette madame de Châteauneuf, grosse

comme un muid, avoit passé sa vie à Versailles sans société et sans considération ; d'ailleurs bonne femme.

Lundi 13, *à Meudon.* — Le roi est entouré de courtisans ici comme à Versailles, mais il renvoie ceux qu'il sait qui n'ont point eu la petite vérole et leur défend d'y venir. Il dîna de bonne heure et alla se promener à Marly après avoir vu Monseigneur; messeigneurs les ducs de Bourgogne et de Berry l'attendirent à Versailles au bas de la fontaine de Neptune pour le voir passer, mais il ne voulut point qu'ils approchassent de son carrosse et leur fit signe de loin de ne pas avancer. Il avoit mandé à madame la duchesse de Bourgogne qu'il la verroit en cet endroit-là en revenant de Marly ; mais elle monta en carrosse l'après-dînée et l'alla trouver à Marly où elle se promena tout le reste du jour avec lui. Les médecins disent toujours que la maladie de Monseigneur va bien ; cela n'ôte pas l'inquiétude. — La revue des gendarmes et des chevau-légers qui se devoit faire demain est remise à mercredi, parce que demain après dîner le roi veut tenir le conseil de dépêches qu'il devoit tenir aujourd'hui et qu'il n'a pas tenu depuis longtemps.

Mardi 14, *à Meudon.* — Le roi tint le matin le conseil de finances, et l'après-dînée le conseil de dépêches. On l'assura jusqu'à cinq heures que Monseigneur se portoit aussi bien qu'il se pouvoit porter dans l'état où il étoit, et l'on en étoit si persuadé que la reine d'Angleterre et la princesse sa fille allèrent à Versailles se réjouir avec madame la duchesse de Bourgogne du bon état où étoit Monseigneur ; mais, sur le soir, tout le venin de la maladie se porta à la tête et à la gorge, et, malgré toutes les espérances qu'on avoit eues et tous les remèdes, il tourna à la mort sur les onze heures, et mourut une demi-heure après. Le roi, qui ne sut qu'après son souper l'extrémité du mal, descendit dans la chambre de Monseigneur, qui avoit perdu toute connoissance, et il fallut l'en arracher. Il monta en carrosse avec madame la Duchesse, madame la princesse de Conty et madame de Maintenon, vit madame la duchesse de Bourgogne sur son chemin entre les deux écuries de Versailles et vint à Marly, où on ne l'attendoit point. Il demeura même, après y être arrivé, jusqu'à trois heures et demie dans la chambre de madame de Maintenon, saisi de la plus violente douleur du monde. Peu de gens le purent suivre. Rien n'est égal à la désolation répandue dans Meudon, dans Versailles et dans Marly; elle sera bientôt répandue dans Paris et dans tout le royaume, car Monseigneur est aussi généralement aimé qu'il méritoit de l'être. Pour marque de l'amitié que le peuple de Paris, et même le peuple le plus bas, avoit pour Monseigneur, les harangères avoient députe deux d'entre elles, qui vinrent sur les trois heures, à Meudon, savoir de ses nouvelles, et disant qu'elles n'oseroient retourner à Paris sans l'avoir vu. Monseigneur eut la bonté de les faire entrer, et, comme on le croyoit presque hors de danger, elles lui dirent qu'elles alloient faire chanter le *Te Deum*. Monseigneur leur dit : « Il n'est pas encore temps, mes pauvres femmes. » En sortant elles jetèrent de l'argent aux soldats de la garde pour boire à la santé de Monseigneur (1).

Mercredi 15, *à Marly*. — Le roi se leva fort tard, étant accablé de chagrin et de lassitude. Madame la duchesse

---

(1) « On se trouve ce matin bien surpris et affligé de la mort de Monseigneur, qu'on croyoit hier à midi hors d'affaires ; mais comme sur le soir on s'aperçut qu'il pâlissoit et que sa petite vérole rentroit, on lui demanda s'il se trouvoit mal. Il répondit que oui et beaucoup. On dit qu'il n'a pas parlé depuis. On peut juger du trouble où tout le monde fut. Le roi s'en alla à Marly comme il put, et chacun se retira. Madame la princesse de Conty s'évanouit, qu'on eut peine à faire revenir. On prétend que M. Fagon vouloit qu'on le saignât, mais que Boudin, premier médecin du prince, s'y est opposé, disant le prendre sur lui. De pareilles paroles sont bien hardies aux docteurs en médecine comme aux autres, vu les expériences que l'on a des accidents qui arrivent en un instant. Ce que l'on peut dire en cette douloureuse occasion, c'est que Monseigneur étoit un prince d'une bonté infinie et tout rempli d'humanité ; aussi tout le monde est-il en pleurs et en gémissements à n'en pouvoir dire davantage. » (*Lettre de la marquise d'Huxelles,* du 15 avril.)

de Bourgogne arriva ici de Versailles avant qu'il fût éveillé et à son réveil elle entra dans sa chambre, retourna à Versailles, et revint encore ici à six heures, et y viendra tous les jours. Dimanche monseigneur le duc de Bourgogne et elle, monseigneur le duc de Berry et madame la duchesse de Berry viendront s'y établir. Le corps de monseigneur le Dauphin sera porté demain de Meudon à Saint-Denis, sans cérémonie. Il n'y aura que M. de Metz, premier aumônier, un gentilhomme de la chambre, M. de Dreux, grand maître des cérémonies, l'abbé de Brancas, aumônier du roi, qui étoit en quartier chez Monseigneur, et le curé de Meudon qui suivront dans le même carrosse celui dans lequel sera le corps de Monseigneur seul. Les gardes du corps qui étoient auprès de Monseigneur et vingt-quatre pages du roi avec des flambeaux feront tout le convoi. On se presse de l'enterrer, et on ne l'a point ouvert à cause du venin de la maladie (1). Dumont porta au roi trois cassettes de Monseigneur *.

* Jamais douleur ne fut plus courte que celle de la mort de Monseigneur. C'étoit un gros homme très-épais de corps et d'esprit, tenu bas à l'excès, et tout fait pour s'y laisser tenir, et qui n'avoit de considération que celle que lui donnoit une succession à la couronne, que l'âge du roi faisoit tous les ans juger plus prochaine ; sans goût, sans choix, sans discernement, sans connoissance et sans curiosité sur rien. Extrêmement glorieux, entièrement entassé dans la matière, bon et familier avec les bas valets, ce qui le faisoit aimer du bas peuple. Né dur et le montrant ; ennuyé né, et très-difficile à amuser ; livré à un petit nombre de gens qui lui faisoient accroire les choses les plus abstruses et qui le gouvernoient avec mépris, mais avec un extérieur de respect qu'il lui falloit, et avec un ennui de sa compagnie que l'espérance seule de l'avenir faisoit supporter. Jamais fils n'a été si constamment fils, ni tenu bas si constamment. Il n'avoit pas le crédit de la moindre bagatelle, et il étoit continuellement aux expédients pour les dépenses de son plaisir, c'est-à-dire de ses bâtiments de Meudon et des tables qu'il y tenoit. Ce qui l'environnoit étoit parvenu à lui faire haïr mon-

(1) « Il s'est trouvé une si grande corruption en Monseigneur qu'on n'a pu l'ouvrir ni l'embaumer. » (*Lettre de la marquise d'Huxelles*, du 17 avril.)

seigneur le duc de Bourgogne, craindre et n'aimer point madame la duchesse de Bourgogne, et détester M. le duc d'Orléans. Jamais, par jalousie, il n'avoit pu souffrir M. du Maine, mais il aimoit assez le comte de Toulouse. Son éloignement pour madame de Maintenon étoit fort marqué, quoique fort ployant sous elle, mais il ne la voyoit guère, et le surprenant est qu'avec cette aversion il fut pour sa Chouin comme le roi pour sa Maintenon; mais on est comme sûr qu'il ne l'avoit pas épousée (1). Cependant elle fut à Meudon jusqu'à son dernier moment; elle y vit tous les jours madame de Maintenon, et le roi souvent, outre qu'elle étoit sans cesse dans la chambre de Monseigneur, même madame la princesse de Conty présente, qui en fit le sacrifice à Monseigneur de bonne grâce. Il vaqua je ne sais quoi à la convenance de Cazaux, qui étoit neveu de Dumont, qui avoit été élevé page de Monseigneur, et qui, devenu son écuyer sous son oncle, couroit toujours à la chasse devant lui. Monseigneur, qui demandoit rarement, hasarda de demander pour Cazaux et fut durement refusé; il revint outré de Versailles, et dit à Cazaux d'avoir patience, qu'il n'y perdroit rien quand il seroit roi, et que de sa vie il ne s'exposeroit à aucune demande; il fut outré de déplaisir. Il y avoit fort peu de jours qu'il s'étoit amusé avec la Chouin en grand particulier à Meudon à regarder des estampes des différentes cérémonies du sacre. On étoit bercé de tout temps sur lui de cette prédiction : « fils de roi, père de roi et jamais roi. » L'avénement de Philippe V à la couronne d'Espagne la vérifia à l'excès. Hors ses valets et sept ou huit courtisans, hommes et femmes, qui pour leurs intérêts furent très-affligés, qui que ce soit ne s'en soucia, et la plupart du monde regarda cet événement comme une délivrance. Madame de Maintenon en fut fort soulagée, le roi aussi dès le lendemain, et M. [le duc] et madame la duchesse de Bourgogne y gagnèrent toutes choses, mais le sentant bien se comportèrent très-dignement. M. de Berry, le fils bien-aimé, fut d'autant plus touché que sa femme, pleine de projets extravagants et d'une noire ingratitude, fut outrée de voir monseigneur [le duc] et madame la duchesse de Bourgogne faire un si grand pas. Ce pauvre Dauphin de Meudon mangea en son temps bien des perdrix, des poulardes et des soles, et s'ennuya bien partout. On dit qu'il avoit le sens droit quand on parloit d'affaires; après qu'il fût entré dans le conseil d'État, il ne paroissoit pas prendre à grand chose, mais bien en proie aux plus grossières impulsions d'autrui. Pour des lectures, il n'en avoit de sa vie fait d'autres que de l'article de Paris de la Gazette de France. Jusqu'à ses galanteries, il y a des contes à

---

(1) La preuve du mariage de Monseigneur avec mademoiselle Chouin se trouve dans une lettre du Dauphin, qui est reproduite par M. le duc de Noailles, tome III de son *Histoire de madame de Maintenon*.

mourir de sa grossièreté et de son indifférence. Il avoit peur de tout, et n'avoit pas brillé à la guerre plus que dans le conseil. Les médecins le laissèrent mourir sans sacrements, et personne ne s'avisa d'y penser pour lui, pas même le P. le Tellier, qui étoit son confesseur, ainsi que du roi, et qui étoit dans Meudon. Le curé du lieu qui accourut lui donna l'absolution sans connoissance ; le bon P. Tellier étoit couché. La qualité de la maladie empêcha toutes cérémonies funèbres, et rendit les premières fort indécentes.

Jeudi 16, *à Marly*. — Le roi envoya hier au matin M. de Bouillon, grand chambellan, au roi et à la reine d'Angleterre, pour leur donner part de la mauvaise nouvelle. Le corps de Monseigneur fut porté à Saint-Denis ; le convoi partit de Meudon à sept heures et passa par le pont de Sèvres et par le bois de Boulogne. On ne voulut point qu'il passât dans Paris, quoique cela eût été résolu d'abord ; mais la simplicité du convoi fit prendre ce dernier parti. Madame la duchesse de Bourgogne vint ici de Versailles, après y avoir entendu le salut. Elle s'appellera présentement madame la Dauphine et monseigneur le duc de Bourgogne M. le Dauphin. On ne lui dira que Monsieur en lui parlant, mais on lui écrira : « à monseigneur le Dauphin. » On a proposé même en parlant d'eux de ne dire que le Dauphin et la Dauphine comme on dit le roi et la reine ; on en use ainsi dans les royaumes voisins pour les fils aînés des rois : le fils de l'empereur, quand il n'est point roi des Romains, s'appelle l'archiduc ; le fils aîné du roi d'Espagne, le prince d'Espagne ou le prince des Asturies ; le fils aîné du roi d'Angleterre, le prince de Galles, sans qu'à tous ces noms on y joigne le mot de Monsieur ou d'autre mot de leur langue qui y réponde. Le roi met auprès du nouveau Dauphin les neuf courtisans qu'on appelle ordinairement les menins qui étoient auprès de Monseigneur son père, et tous les domestiques qui le servoient. La reine d'Angleterre et la princesse sa fille allèrent à Versailles faire leurs compliments de condoléance ; elles y entendirent le salut avec le Dauphin et la Dauphine, on remarqua même que la reine d'Angleterre fit mettre la princesse sa fille au-dessous de la Dauphine; je ne sais si en d'autres occasions cela sera suivi**. La reine d'Angleterre vint ensuite ici voir le roi, mais la princesse ne sortit point du carrosse, parce qu'elle craint le mauvais air. Le roi d'Angleterre ne vint ni à Versailles ni ici. Le roi donne 12,000 livres de pension à mademoiselle Chouin*** pour qui Monseigneur avoit une amitié particulière.

* Les langues allemande et espagnole ne comportent point le Monsieur, car elles n'ont point de Monseigneur, en parlant d'un tiers. Une femme et un fils, en parlant de son père ou de son mari, ne disent jamais que le duc ou le comte un tel; c'est la vraie raison de ce que rapportent les Mémoires et non pas un air ou un raffinement de grandeur; aussi cet usage ne put être de mise ici, où l'on dit constamment Monsieur [le Dauphin] et madame la Dauphine en parlant d'eux. M. le Dauphin, qui étoit instruit et qui voyoit avec peine le Monseigneur prodigué en parlant aux princes du sang, voulut être appelé Monsieur, et reprit souvent ceux qui lui disoient Monseigneur jusqu'à ce qu'on se fût défait de cette habitude.

** La princesse d'Angleterre, n'étant héritière que possible et accidentelle, ne pouvoit précéder des héritiers directs, nécessaires et présomptifs; ainsi elle céda toujours à madame la Dauphine.

*** Mademoiselle Chouin ne demanda rien, et s'alla enterrer chez elle à Paris, où elle vit ses amis; beaucoup la négligèrent tout d'abord et depuis un plus grand nombre s'en retirèrent peu à peu. Elle y parut peu sensible, comme s'y attendant bien. Il lui en demeura plusieurs avec qui elle se consola des autres, et mena une vie retirée, honnête et modeste, sans presque plus sortir de chez elle. Elle fut toujours parfaitement désintéressée et ne regretta que Monseigneur. Madame d'Épinoy et sa sœur la virent toujours fort assidûment et en prirent un grand soin jusqu'à sa mort, qui arriva en 1732, dans une maison près le petit Saint-Antoine, où elle avoit toujours logé, dans de grandes infirmités sur les fins, et depuis longtemps dans une grande piété.

Vendredi 17, à Marly. — Le roi, qui a besoin de prendre l'air, alla faire un tour dans son parc, où il tira quelques coups. Madame la Dauphine vint ici à six heures. Monseigneur le duc de Berry* donnera la chemise au Dauphin, et madame la duchesse de Berry donnera la chemise et les honneurs à la Dauphine; le nombre de leurs gardes sera augmenté, et il y aura un des officiers de ce corps qui suivra le Dauphin, comme il suivoit Monseigneur, son père. Je dis tantôt le Dauphin et tantôt M. le Dauphin, parce qu'on ne sait pas encore à quoi on se déterminera sur ce mot de Monsieur; mais il est apparent que l'usage de France qui est de dire M. le Dauphin, madame la Dauphine, l'emportera sur toutes les autres raisons, quelque bonnes qu'elles puissent être. M. d'Antin a eu la permission du roi de donner sa place de menin à M. de Gondrin, son fils. A l'égard du bien que laisse Monseigneur, qui est Meudon et Chaville, ses pierreries qui sont fort belles, et pour plus de 200,000 écus de bijoux qui sont dans son cabinet à Versailles, on ne règlera rien qu'on n'ait eu des lettres du roi d'Espagne là-dessus. On lui en a écrit, et, dès qu'on aura sa réponse, les lois régleront la part que chacun des trois enfants de Monseigneur doit avoir. L'aîné a de grands avantages sur les terres; Meudon et Chaville valent environ 40,000 livres de rente; les pierreries sont fort belles, car, outre les pierreries de la reine, il en avoit encore acheté.

* M. le duc de Berry se porta avec amitié et de la meilleure grâce du monde à présenter le service à M. le Dauphin, qui l'embrassa et le reçut de lui avec peine et tendresse; madame la duchesse de Berry, qui devoit son mariage à madame la Dauphine, différa tant qu'elle put à le lui présenter, et ne le fit que lorsqu'il lui fut impossible de reculer davantage. Madame la Dauphine n'en fit jamais semblant, et le reçut avec toutes les grâces qui étoient en elle. Madame la duchesse de Berry trouvoit pourtant fort mauvais que les princesses du sang évitassent de le lui présenter, et, y ayant longtemps remarqué de l'affectation, elle attrapa un jour madame la princesse de Conty, fille de madame la Duchesse, qui l'étoit venue voir gardant son lit; elle demanda un moment après une chemise, et il fallut bien que madame la princesse de Conty la lui donnât.

Samedi 18, à Marly. — Le roi tint le conseil de finances et, l'après-dînée, sur les hauteurs de Marly où il a accoutumé de faire les revues, il fit celle des gendarmes et des chevau-légers. Il y a soixante-quatre surnuméraires dans les gendarmes, dont quarante serviront en campagne:

ainsi l'escadron qui ne doit être que de cent cinquante hommes sera de cent quatre-vingt-dix : ces deux corps marcheront lundi. Les gardes françoises et suisses partirent jeudi et vendredi ; les gardes du corps et les mousquetaires partent aussi. Toutes les troupes de la maison du roi vont camper sous Péronne. La cavalerie qui étoit auprès de Noyon et auprès de Guise va camper sous Avesne. La Dauphine vint ici à sept heures, et s'en retourna, comme les autres jours, souper à Versailles avec le Dauphin. Le roi travailla le soir chez madame de Maintenon avec M. Voisin. — On eut par l'ordinaire des lettres de Saragosse du 7. La reine d'Espagne a été assez malade ; elle avoit une violente fièvre double tierce. On l'avoit saignée deux fois du pied, mais une lettre du 8, qu'on envoya par un courrier qui rejoignit l'ordinaire, nous apprend qu'elle est absolument hors de danger. On a reçu à Saragosse la nouvelle que le vaisseau qui a mené le duc de Linarès dans le Mexique est arrivé à Cadix, chargé de 1,200,000 piastres pour le roi d'Espagne. M. de Vendôme apprit cette nouvelle-là en soupant, et dit : « Bon, voilà déjà une brèche à Barcelone. » La flotte ennemie, qui portoit cinq ou six bataillons à Barcelone, n'a manqué que de quatre heures ce vaisseau, qui est entré dans le port de Cadix. — Boudin, premier médecin de Monseigneur, est assuré d'avoir la place de premier médecin de la Dauphine ; Bourdelin, son premier médecin, est depuis longtemps à l'extrémité, et on croit qu'il va mourir à tout moment. — Monseigneur le duc de Berry a déjà voulu donner la chemise au Dauphin, qui ne l'a pas voulu prendre de lui avant qu'ils eussent vu le roi. Les princes étrangers, les officiers de la couronne et les grands officiers de la maison draperont, et l'on portera le deuil un an, quoiqu'ils n'eussent point drapé pour feu madame la Dauphine, et qu'on n'en eût porté le deuil que six mois *.

* La règle est que les ducs, les officiers de la couronne, les princes étrangers et les grands officiers de la maison du roi ne drapent que

lorsque le roi drape, qui est le modèle de la cour, et le roi ne portant point le deuil de ses enfants, personne ne devoit draper que les princes du sang, par le respect et l'honneur de la parenté. Il en avoit été usé ainsi à la mort de madame la Dauphine, femme de Monseigneur; le roi le voulut autrement pour Monseigneur.

Dimanche 19, à Marly. — Le roi tint le conseil d'État, alla tirer après dîner, et le soir travailla avec M. Pelletier chez madame de Maintenon. Le Dauphin, la Dauphine, monseigneur le duc de Berry et madame la duchesse de Berry partirent de Versailles après le salut et vinrent ici ensemble. Ils virent le roi en arrivant chez madame de Maintenon, et cette première entrevue fut d'une tristesse telle qu'on peut l'imaginer. Madame la duchesse de Berry donna le matin à Versailles la chemise à la Dauphine, qui l'embrassa ensuite; elles avoient eu deux jours auparavant une grande conversation sur cela et en étoient sorties fort contentes l'une de l'autre. — La petite vérole parut le matin à Versailles à la duchesse de Villeroy, qui, se sentant malade, avoit eu la sage précaution, deux jours auparavant, de se faire porter à l'hôtel de Villeroy, parce qu'on ne souffre point de petite vérole dans le château. — Le roi, les princes et les princesses verront demain tous les gens de qualité, tant hommes que femmes, les hommes en grand manteau et les dames en mante. — Après la mort de M. de Montauzier, gouverneur de Monseigneur, et qui étoit demeuré premier gentilhomme de sa chambre et maître de sa garde-robe, comme c'est le droit des gouverneurs, M. de la Rochefoucauld demanda au roi de se mêler de la garde-robe de Monseigneur, ce que le roi lui accorda; on lui donna, comme je crois, 20,000 écus par an pour cela. Monseigneur étant mort et monseigneur le duc de Bourgogne étant déclaré Dauphin, M. de la Rochefoucauld prétendoit se devoir mêler de sa garde-robe, comme il avoit fait pour monseigneur le Dauphin son père; mais M. de Beauvilliers, qui a été gouverneur de monseigneur le duc de Bourgogne, et qui est demeuré son premier gentilhomme de la chambre et maître de sa garde-robe, représenta au roi que le changement de nom ne devoit rien changer aux charges et montra ses provisions. Le roi trouva ses raisons bonnes ; ainsi il demeurera dans ses fonctions, et M. de la Rochefoucauld ne s'en mêlera point *.

* Les Mémoires se contredisent ici. On y a vu la duchesse d'Uzès, fille de M. de Montauzier vivant alors, avoir une affaire avec le roi pour un habit de Monseigneur ; dans le temps qu'il voulut que tout le monde fût vêtu de draps rayés des manufactures de France, il se trouva que les raies de cet habit de Monseigneur étoient contrefaites et le drap n'être point de ces manufactures. C'étoit donc M. de Montauzier, et sa fille pour le soulager, qui avoit le soin de la garde-robe de Monseigneur ; mais, après la mort de M. de Montauzier, personne ne pouvoit plus avoir cette garde-robe que M. de la Rochefoucauld, et, comme il étoit fort attaché à tout avoir et à tout conserver, il prétendit la garde-robe du fils parce qu'il avoit celle du père, et fut tondu par M. de Beauvilliers, qui avoit pour lui le droit et l'exemple de M. de Montauzier tant qu'il avoit vécu.

Lundi 20, *à Marly.* — Le roi à deux heures et demie entra dans son cabinet, où le Dauphin, la Dauphine, tous les princes et princesses entrèrent et se mirent autour de lui. Ils furent suivis de toutes les dames, princesses étrangères, duchesses, femmes d'officiers de la couronne, et autres dames qui étoient venues en grand nombre de Paris, toutes en mante et marchant sans aucune distinction, comme elles se trouvoient ; elles ne faisoient que passer devant le roi. Elles furent suivies d'un grand nombre d'hommes tous en grand manteau, et marchant tous sans aucun rang, les gens d'église, les gens d'épée, les gens de robe tous indistinctement ; il y en avoit même quelques-uns qui n'avoient pas l'honneur d'être connus du roi. Le roi fut toujours debout pendant que les dames et les hommes passèrent. Au sortir de chez le roi, tout ce qui avoit passé devant lui alla chez le Dauphin, chez la Dauphine, chez monseigneur le duc de Berry, madame la duchesse de Berry, chez Madame, chez madame la Duchesse, et puis les hommes allèrent chez M. du Maine, où étoit M. le comte de Toulouse. On n'alla point chez madame la princesse de Conty parce qu'elle est dans son lit, assez malade *. Madame la grande-duchesse, madame la Princesse et madame de Vendôme étoient venues de Paris, et étoient chez le roi avec les autres princes et princesses dans leur rang, et après que tout le monde eut passé devant lui, madame la grande-duchesse monta chez madame la duchesse d'Orléans; madame la Princesse et madame de Vendôme allèrent chez madame la Duchesse, et on passa dans la chambre où elles étoient, avant que d'entrer dans celle où étoit madame la Duchesse. Madame la princesse de Conty la petite étoit demeurée à Paris avec M. son fils et mesdemoiselles ses filles, craignant la petite vérole; madame la Duchesse n'avoit pas voulu que M. le Duc et les princesses ses sœurs vinssent ici pour la même raison, et M. du Maine avoit fait demeurer madame du Maine à Sceaux. Le roi, après la messe, avoit monté chez madame la princesse de Conty, sa fille, qui avoit pensé mourir la nuit d'un catarrhe suffoquant, et qui s'étoit confessée. Elle passa la journée plus doucement, et on la croit hors de danger. Le roi travailla le soir chez madame de Maintenon avec M. de Pontchartrain. Monseigneur le duc de Berry donna la chemise à M. le Dauphin, à son coucher, et M. le Dauphin l'embrassa ensuite.

* Rien de plus indécent que cette cérémonie, où tout fut confondu. Il y eut des gens du plus bas étage qui passèrent en revue en manteau; on s'en moqua, et ce fut tout. Le roi voulut égaler ses bâtards à ses autres enfants, en ordonnant à tout le monde sans exception d'aller chez eux en manteau et en mante, comme chez M. [le duc] et madame la duchesse de Berry. Cela fit du bruit, mais on obéit, et nul n'osa y manquer.

Mardi 21, *à Marly*. — Le roi tint conseil de finances; M. le Dauphin y entra et y entrera toujours. Il avoit la permission d'y entrer durant la vie de Monseigneur, son père, mais il n'y étoit jamais entré. Il entroit dans le conseil de dépêches, mais Monseigneur son père n'entroit ni dans l'un ni dans l'autre; il ne vouloit entrer que dans le conseil d'État. M. le Dauphin aura 12,000 francs par mois; il n'a tenu qu'à lui que le roi ne lui en donnât davantage, mais il a dit au roi que, ne voulant point d'équipage de chasse particulier, et ne voulant jamais demeurer que [là] où seroit le roi, 12,000 livres étoient plus qu'il ne lui en falloit; il n'avait que 6,000 livres durant la vie de Monseigneur, et Monseigneur en avoit 50,000. M. le Dauphin, depuis qu'il est ici, est suivi par un chef de brigade, et aura le nombre de gardes qu'avoit Monseigneur son père. Madame la duchesse de Bourgogne n'avoit que quatre gardes à cheval quand elle sortoit; elle en aura présentement huit, quoique feu madame la Dauphine n'en eût jamais eu que quatre. Madame la duchesse de Berry suivit madame la Dauphine à la messe, mais elle n'est plus sur le même prie-Dieu et le même carreau à la messe, comme elle étoit toujours à Marly durant la vie de Monseigneur; elle a commencé à se mettre aujourd'hui sur le premier prie-Dieu appuyé à la muraille, au côté droit de la chapelle. L'après-dînée le roi travailla avec M. Voisin et M. Desmaretz. Le Dauphin, la Dauphine, monseigneur le duc de Berry, madame la duchesse de Berry, Madame, M. le duc d'Orléans, madame la duchesse d'Orléans, allèrent dans le même carrosse à Saint-Germain. Ils montèrent d'abord chez le roi d'Angleterre, où ils ne s'assirent point : ils passèrent ensuite chez la reine, qui dit à madame la Dauphine en la recevant : « Je suis honteuse de vous voir en mante et de n'y être point, mais le roi m'a mandé qu'il me défendoit d'y être. » Il y avoit dans la chambre six fauteuils, un pour la reine, un pour le Dauphin, un pour la Dauphine, un pour monseigneur le duc de Berry, un pour madame la duchesse de Berry et un pour Madame. M. le duc d'Orléans et madame la duchesse d'Orléans étoient sur des pliants; M. du Maine, qui étoit venu à Saint-Germain attendre l'arrivée du Dauphin, eut un pliant aussi *. Tous nos princes comptoient, après avoir vu la reine, de passer chez la princesse sa fille, mais la reine, pour leur en épargner la peine, envoya querir la princesse, et, après que nos princes eurent demeuré quelques moments avec elle et debout, ils ressortirent et revinrent ici. De toute la cour de Saint-Germain il n'y avoit personne en grand manteau que le duc de Berwick, qui est naturalisé François, et de plus duc et pair et maréchal de France.

* Cette excuse de la reine d'Angleterre à madame la Dauphine de n'être pas en mante étoit une grande honnêteté. Le roi, qui avoit grand soin de ne lui faire sentir en rien sa triste situation, n'avoit garde de la laisser mettre en mante pour un prince qui n'étoit pas roi, c'est-à-dire un petit voile, car les veuves au moins en France ne portent plus de mante en nulle occasion, mais seulement le même petit voile qui se met toujours quand on est en mante. Dès que la reine d'Angleterre n'étoit point en mante, personne de sa cour ne pouvoit être en mante ni en manteau que le seul duc de Berwick, comme François par ses dignités françoises.

Mercredi 22, à Marly. — Le roi tint le conseil d'État et alla tirer l'après-dînée. — Le maréchal de Villars partit de Paris à deux heures du matin en poste, et on sut ici le soir qu'il est parti pour la Flandre. Puységur et Albergotti sont partis avec lui; on ne doute pas que ce ne soit pour quelque entreprise, mais le secret est fort bien gardé. On dit chez lui à Paris qu'il est venu ici, et même il y a envoyé sa berline pour le faire mieux croire, tirant les rideaux sur le chemin, comme s'il eût été dedans. — M. le Dauphin a donné les grandes entrées chez lui à tous les menins; il y en avoit déjà trois ou quatre qui les avoient du temps de Monseigneur; il a voulu qu'ils eussent tous le même honneur; il m'a accordé cette grâce-là aussi (1). La Dauphine aura la nef sur la table du

(1) « Le Dauphin présent a refusé de recevoir la députation des comédiens, comme gens inutiles à l'État. Tout en est pieux et dévot. » (*Lettre de la marquise d'Huxelles*, du 24 avril.)

prêt, et le maître d'hôtel portera le bâton ; feu madame la Dauphine n'avoit pas eu cet honneur-là les premières années, mais le roi le lui donna à la fin de l'année 1685 *.

* On voit l'amitié du roi pour madame la Dauphine en lui accordant des honneurs qui ne sont dus qu'à la reine, et les lui donnant si promptement.

Jeudi 23, à Marly. — Le roi se promena le matin dans ses jardins, et l'après-dînée il monta dans sa calèche avec la Dauphine et allèrent dans le grand parc, où ils prirent quelques daims et quelques lièvres avec les chiens de Blouin. — La duchesse de Villeroy mourut le matin à Versailles de la petite vérole ; on lui avoit donné de l'émétique, et on la croyoit beaucoup mieux deux heures avant qu'elle mourût *. — M. de Torcy entra chez madame de Maintenon un peu avant le souper, et porta au roi la nouvelle que l'empereur avoit la petite vérole. Il commença à se trouver mal le 8 en revenant de la chasse ; on ne mande point quel jour la petite vérole parut, mais on mande que le 15 du mois il se portoit mieux. On redoubloit pourtant les prières publiques dans Vienne. Les lettres sont du 16, et le prince Eugène est parti ce jour-là et devoit arriver le 21 à Nuremberg pour passer, de là, à Francfort et à Cologne, et être à la fin du mois à l'armée de Flandre sans passer à la Haye. — L'abbé d'Estrées fut élu à l'Académie en la place de Despréaux.

* La duchesse de Villeroy avec un visage singulièrement agréable, une grande taille mais des hanches hautes, paroît extrêmement un bal, et sans esprit étoit parvenue à faire une figure à la cour. Elle étoit haute naturellement, et quelquefois tenoit de la brutalité des le Tellier, et comme eux se faisoit justice entière et publique sur sa naissance, même sur celle de son mari, qu'elle avoit subjugué, ainsi que son beaupère. Elle étoit dans l'intimité de madame la duchesse d'Orléans et dans les confidences de madame la Dauphine ; toutes deux l'aimoient fort, mais ne la craignoient guère moins. Elle étoit bonne, vive et sûre amie, et avoit des amis et des amies. Peu avant sa mort elle dit qu'elle se trouvoit si heureuse que cela lui faisoit peur ; elle craignoit fort la petite vérole, et, malgré cette frayeur, elle eut la petitesse de courir après la distinction de suivre madame la Dauphine à Marly le lendemain de la mort de Monseigneur, sous prétexte d'aller voir son mari en quartier de capitaine des gardes, et en effet pour cette petite distinction; elle étoit saisie de peur. On fit ce qu'on put pour l'empêcher d'y aller; mais elle le voulut, et en mourut. Son mari y perdit beaucoup, s'enferma avec elle et s'en consola très-promptement.

Vendredi 24, à Marly. — Le roi travailla le matin avec son confesseur, et l'après-dînée, sur les cinq heures, il alla se promener. M. le Dauphin se promena de son côté sur les hauts de Marly, et rejoignit le roi à la fin de sa promenade; la Dauphine avoit déjà joint le roi et étoit avec lui dans son chariot. — Il arriva le matin un courrier du maréchal de Villars, qui arriva mercredi au soir à Péronne. On ne sait point encore quelle est l'entreprise qu'on veut faire, mais on croit que ce maréchal verra si l'on peut entreprendre le siége de Douai, où l'on s'imagine que M. de Broglio, qui étoit venu de Flandre depuis quelques jours et qu'on fit repartir aussitôt après, étoit venu pour proposer cette entreprise. — Le roi remet la louveterie dans son ancien état, et comme Monseigneur aimoit fort cette chasse et y dépensoit beaucoup, c'est une grande diminution pour M. d'Heudicourt, et pour l'agrément et pour l'intérêt.

Samedi 25, à Marly. — Le roi travailla l'après-dînée avec M. Voisin; il s'étoit promené tout le matin dans ses jardins. — On apprit par l'ordinaire d'Espagne que la reine avoit eu encore quelques accès de fièvre qui avoient été suivis de la jaunisse. On parle à Saragosse de faire le siége de Tarragone avant que d'entreprendre celui de Barcelone. — Le duc de Fronsac, fils du duc de Richelieu, ayant fait quelque nouvelle imprudence, son père a demandé au roi qu'il fût mis à la Bastille, où il est actuellement; on dit même que l'intention de sa famille est qu'il y demeure assez longtemps. Il est si jeune qu'il y a grande espérance qu'il se corrigera, d'autant plus qu'il a beaucoup d'esprit. — Le roi étant prêt à se mettre au lit,

M. de Torcy fit demander à l'huissier s'il pourroit entrer, l'huissier le dit au duc de Tresmes, à qui le roi commanda de faire entrer M. de Torcy ; nous nous éloignâmes pour le laisser parler. Il lut au roi une lettre de quatre lignes, et le roi nous dit tout haut : « L'empereur est mort. » Cette nouvelle est venue par l'électeur de Trèves, qui a envoyé à M. de Lorraine, son frère, le même courrier qui lui étoit venu de Vienne. M. de Lorraine, dès qu'il eut reçu cette lettre, envoya un de ses secrétaires dire cette nouvelle à d'Audiffret, notre envoyé auprès de lui, et dans l'instant d'Audiffret fit partir son courrier. L'empereur est mort du 17 ; il étoit tombé malade le même jour que Monseigneur, et est mort trois jours après. Le roi envoya M. de Torcy le dire à M. le Dauphin, et j'allai le dire à madame la Dauphine; ils étoient ensemble et prêts à se mettre au lit. Le roi renvoya ensuite querir M. de Torcy, et la Dauphine le suivit un moment après chez le roi. On fit partir des courriers pour porter cette nouvelle au roi d'Espagne et à l'électeur de Bavière ; on en avoit envoyé au maréchal de Villars pour lui apprendre la maladie, et on croit qu'il n'entreprendra rien présentement*.

* L'empereur Joseph fut peu regretté des siens. C'étoit un prince emporté et violent, et d'esprit et de talents au-dessous du médiocre, et qui vivoit avec peu d'égards pour l'impératrice sa mère et peu d'amitié pour l'archiduc son frère, qui lui succéda. Le prince Eugène y perdit.

Dimanche 26, *à Marly.* — Le roi tint le conseil d'État, qui fut fort long ; il travailla l'après-dînée avec M. Pelletier; et plus d'une fois dans la journée avec M. Voisin. Le Dauphin alla à vêpres et au salut à la paroisse ; la Dauphine est incommodée et ne put l'accompagner qu'au salut. — Le marquis de Béthune, premier gentilhomme de la chambre de monseigneur le duc de Berry, a vendu le régiment d'infanterie de la Reine 90,000 francs au chevalier d'Ambres, qui avoit un petit régiment nouveau qu'on prend pour 14,000. Le chevalier d'Ambres est fils du marquis d'Ambres, un des deux lieutenants généraux de Guyenne. — Le roi ne conservera point le haras que Monseigneur avoit en Normandie ; il en venoit d'assez bons chevaux, mais cela étoit d'une grande dépense et d'un assez difficile entretien. — Cinq bataillons anglois de ceux qui servent en Flandre se sont embarqués à Ostende pour repasser en Angleterre ; on dit qu'ils veulent les envoyer en Portugal ou en Catalogne.

Lundi 27, à Marly. — Le roi partit d'ici à onze heures pour aller à Versailles, où il reçut avant son dîner les compliments du nonce, et ceux des envoyés de Suède, de Lorraine, de Parme, du grand-duc, et de l'électeur de Cologne ; l'envoyé de Liége accompagne celui de Cologne, étant à même maître, mais il ne parle point. Le roi ensuite reçut les compliments de beaucoup d'ordres religieux ; après son dîner il entendit les harangues du parlement, de la chambre des comptes, de la cour des aides, de la cour des monnoies et de la ville. Les premiers présidents de ces quatre corps portoient la parole, et, après que chaque premier président eut harangué, les gens du roi de la même compagnie s'approchoient de S. M. et lui venoient faire un compliment bas. Ce n'est que depuis environ quarante ans que les gens du roi parlent en particulier, et ce fut, ce me semble, M. Talon étant avocat général qui eut le premier cet honneur-là. Le prévôt des marchands harangua pour la ville. Après que ces cinq corps eurent parlé au roi, ils allèrent chez le Dauphin et chez la Dauphine, les haranguèrent aussi ; le roi, après avoir répondu au premier président du parlement, lui avoit ordonné d'aller chez le Dauphin et la Dauphine. En haranguant le Dauphin, ce premier président lui dit fort poliment que le parlement le traitoit de Monseigneur par ordre du roi*. Une heure après toutes ces harangues, le grand conseil, qui ne veut point céder au parlement et qui avoit toujours accoutumé de venir à un autre jour, mais qui avoit reçu ordre de venir ce jour-là même, parce que le roi vouloit s'épargner la peine de venir deux jours de suite à Versailles, et pour qui le roi avoit eu la considération de laisser un espace de temps assez long, le grand conseil, dis-je, que le roi avoit fait assembler dans l'appartement de madame la Princesse, qui est vide, harangua le roi. Le premier président porta la parole, et après le grand conseil l'Université harangua, et puis l'Académie, M. de Saint-Aulaire, qui en est directeur, portant la parole. L'avocat du roi de la cour des monnoies, en parlant au Dauphin et à la Dauphine, fit un compliment long et haut, d'un ton de harangue; Desgranges, maître des cérémonies, voyant qu'il prenoit ce ton-là, l'en voulut empêcher, mais il lui répondit qu'on n'interrompoit point les gens du roi, et continua toujours**. Le roi repartit de Versailles à six heures pour revenir ici, et le Dauphin et la Dauphine, une heure après, fort las de tant de harangues, quoiqu'ils les eussent trouvées fort belles. M. de Torcy partit de Versailles pour aller à Compiègne voir l'électeur de Bavière de la part du roi. Le roi dîna à Versailles à son petit couvert à l'ordinaire. Le Dauphin et la Dauphine dînèrent chez la duchesse de Berry, qui étoit venue avec eux.

* Le parlement et le premier président furent mortifiés de l'ordre d'aller chez M. [le Dauphin] et madame la Dauphine, et de traiter M. le Dauphin de Monseigneur. Le roi le leur avoit fait dire pour que la harangue fut prête et qu'il n'y eût point de représentations au moment d'y aller. La vérité est que depuis Henri II, il n'y avoit eu que le dernier Dauphin en état d'être harangué par le parlement. On a vu, à la mort de madame la dauphine de Bavière, comme cela se passa à cet égard.

** Il est vrai qu'on n'interrompt point les gens du roi; mais c'est quand ils plaident, par respect pour celui pour qui ils parlent, ou pour le public pour lequel ils parlent, dans des causes de mineurs ou de droit public.

Mardi 28, *à Marly.* — Le roi tint le conseil de finances, et travailla l'après-dînée avec M. Voisin et M. Desmaretz. Le soir M. de Torcy arriva de Compiègne, où il avoit vu l'électeur de Bavière à son lever. Il entra chez madame de Maintenon un peu avant le souper du roi, pour lui rendre compte de ce qu'il a fait avec l'électeur. Le roi a ordonné à M. Desmaretz d'aller assez souvent chez le Dauphin pour l'instruire sur les finances. Le roi est bien aise que ce prince se rende capable d'affaires de plus en plus, et le Dauphin est bien aise aussi d'être instruit, et s'applique fort. Madame la duchesse de Berry, en allant à pied à la messe avec la Dauphine, se laissa tomber. Le chevalier de Hautefort, son premier écuyer, étoit auprès d'elle, mais elle n'avoit point voulu lui donner la main. La Dauphine la fit vite monter en chaise, et on la porta dans son lit, qu'on lui fera garder quelques jours, quoique la chute ait été très-légère. — Le roi a choisi l'évêque d'Angers pour faire l'oraison funèbre de Monseigneur à Saint-Denis, et le P. de la Rue pour la faire à Notre-Dame.

Mercredi 29, à Marly. — Le roi tint le conseil d'État, et alla tirer après son dîner. — On eut hier au soir, par un courrier de M. de Vendôme, des lettres de Saragosse du 17, du 18 et du 19. La reine d'Espagne a encore la fièvre avec des redoublements; les médecins croient qu'elle n'en sera quitte que le vingt unième de sa maladie, qui ne sera que le 23 du mois, après quoi elle compte d'aller à Logrogno, parce que dans le voisinage de cette petite ville il y a de bonnes eaux. — On a eu par plusieurs endroits la confirmation de la mort de l'empereur (1); il laisse par son testament à l'impératrice douairière, sœur de l'électeur palatin, l'administration de tous ses pays héréditaires, et cette impératrice a écrit à l'électeur palatin, son frère, pour le faire venir à Vienne et l'aider de ses conseils. Le prince Eugène, qui partit de Vienne le 16, continue son voyage; on ne croit pourtant pas qu'il aille à la Haye ni commander l'armée de Flandre; on croit qu'il commandera plutôt l'armée du Rhin.

---

(1) « La nouvelle de la mort de l'empereur se confirme; de savoir ce qu'elle produira, c'est ce qui ne se peut, mais tout le monde dit que c'est ce miracle qu'on a toujours observé arriver en faveur de la monarchie françoise. » (*Lettre de la marquise d'Huxelles*, du 1er mai.)

Jeudi 30, *à Marly*. — Le roi alla l'après-dînée à Saint-Germain voir LL. MM. BB., et au retour il se promena dans ses jardins jusqu'à sept heures. — On mande de Flandre que le dessein que nous avions de faire le siége de Douai n'avoit pas pu s'exécuter, que notre armée étoit campée sur le Sansée, et que les ennemis étoient campés entre Archies et Saint-Amand. — Il y avoit ici plusieurs officiers généraux de l'armée de Flandre qui ont tous pris congé du roi pour s'y en aller. — Le comte de Carava, qui avoit plus de quatre-vingts ans, qui étoit fort goutteux, est mort à Paris*. — Le marquis de Beauvau, qui avoit été capitaine des gardes de feu Monsieur, marie ses filles, qui sont fort riches, l'une à M. de Beauvau, son cousin, qui est maréchal de camp, et l'autre au comte de Choiseul, qu'on appelle le riche Choiseul, pour le distinguer de ceux qui portent ce nom, qui sont en grand nombre et moins bien dans leurs affaires.

* Ce comte de Carava étoit Gouffier, qui étoit fort pauvre et assez dans le monde; il a laissé des enfants d'une demoiselle hollandoise qu'il avoit épousée en Hollande, et qui étoit tante paternelle de ce duc de Riperda, premier ministre d'Espagne qui a fait tant de bruit et si court sous Philippe V en 1726, et qui s'est sauvé en Afrique.

Vendredi 1er *mai, à Marly*. — Le roi travailla le matin avec le P. le Tellier, et alla tirer l'après-dînée. — On mande d'Allemagne que l'impératrice douairière, dès que l'empereur fut mort, envoya trois courriers, l'un à l'électeur palatin qui s'évanouit deux fois en apprenant cette nouvelle, un autre au prince Eugène et le troisième à l'archiduc, à qui elle mande de quitter Barcelone et de venir incessamment à Vienne, ce qu'on ne doute pas qu'il ne fasse avec grand plaisir, si les vaisseaux anglois et hollandois veulent bien le transporter; ce qu'on doute qu'ils fassent avant que d'en avoir reçu l'ordre de leurs maîtres. Plusieurs princes de l'empire se sont donné rendez-vous à Francfort pour délibérer sur les mesures qu'ils doivent prendre dans les conjonctures présentes, et milord Peterborough est parti de Vienne pour Turin. Il prétend porter à M. de Savoie de quoi le contenter sur les demandes qu'il faisoit à l'empereur du Vigevanasque.

Samedi 2, à Marly. — Le roi travailla l'après-dînée avec M. Voisin; il se promena un moment sur les cinq heures, mais la pluie le fit rentrer. — On eut par l'ordinaire des lettres de Saragosse du 21. La reine d'Espagne avoit encore la fièvre avec des redoublements, et ses glandes à la gorge sont enflées; on commence à être plus inquiet sur cette maladie. — On porta hier 12,000 francs à monseigneur le duc de Berry, comme on les lui donnera toujours les premiers jours du mois. Il entra chez madame la duchesse de Berry, qui arrêtoit de petits comptes de quelques bijoux qu'elle avoit pris à différents marchands. Monseigneur le duc de Berry, la voyant occupée, lui demanda ce qu'elle faisoit qui l'occupoit tant, elle lui dit: « J'arrête des comptes de mes petites dettes pour les faire payer peu à peu sur les 1,000 écus qu'on me donne par mois. » Monseigneur le duc de Berry lui demanda le mémoire qui montoit à 14,000 francs, lui donna les 14,000 francs, et lui dit : « Gardez vos 1,000 écus par mois pour vous divertir. » Cette princesse avoit pris la plus grande partie de ces bijoux-là pour les donner aux officiers du roi qui étoient auprès d'elle avant que sa maison fût faite.

Dimanche 3, à Marly. — Le roi tint le conseil d'État, alla tirer l'après-dînée et travailla le soir chez madame de Maintenon avec M. Pelletier. M. le Dauphin alla hier à Versailles se confesser et a fait ce matin ses dévotions ici, et après dîner il alla à vêpres à la paroisse. La Dauphine, madame la duchesse de Berry et madame la duchesse d'Orléans s'amusent l'après-dînée à jouer à l'oie avec les dames ou chez elle ou chez Madame, qui se divertit à les voir jouer*. — On a des lettres du maréchal de Villars du 2, qui portent qu'on lui mande de Hollande du 29 qu'ils avoient eu nouvelle d'Angleterre que la reine Anne étoit considérablement malade, et qu'on croyoit à Londres qu'elle n'en pouvoit pas revenir. On doute encore de cette nouvelle, parce qu'elle n'est venue par aucun autre endroit. — Le roi d'Espagne, à la prière de M. de Vendôme, à ce qu'on croit, a demandé le duc de Duras et le comte d'Uzès pour servir dans son armée.

* La mort de Monseigneur interrompit le jeu à Marly, et introduisit l'oie en particulier, pour amuser madame la Dauphine, qui n'avoit pas lieu d'être affligée, et qui ne l'étoit pas aussi.

Lundi 4, à Marly. — Le roi prit médecine, dîna à trois heures dans son lit, comme il fait toujours les jours de médecine, et après son dîner travailla avec M. de Pontchartrain jusqu'à six heures. — On a des nouvelles de Hollande du 1er de ce mois qui ne parlent point de la maladie de la reine Anne. — Le maréchal de Villars, dont le quartier général est à Oisy, ayant le Sansée devant lui, que l'on ne sauroit passer par la quantité de marais qui l'environnent, a fait cantonner sa cavalerie qui commençoit à souffrir par le vilain temps, et qui étoit obligée d'aller à cinq ou six lieues chercher ses fourrages; qui sont même très-mauvais, à ce qu'on dit, et on se plaint fort de ceux qui avoient entrepris de les fournir. — On mande de Hollande qu'on attendoit à la Haye le prince Eugène; cependant il paroissoit, par les nouvelles que le roi avoit reçues d'Allemagne, que ce prince devoit retourner à Vienne pour revenir ici ensuite commander l'armée du Rhin.

Mardi 5, à Marly. — Le roi tint le conseil de finances travailla ensuite avec M. Desmaretz; l'après-dînée il travailla avec M. Voisin et M. Desmaretz ensemble. — Le roi travailla ces jours passés avec M. d'Harcourt seul; ce maréchal doit partir les premiers jours de la semaine qui vient pour aller à Bourbonne, où il compte de ne demeurer que quinze jours, et de là il ira droit à Strasbourg. Le maréchal de Berwick prendra congé du roi ici avant la fin du voyage, et veut être à Grenoble le 20 du mois. — Madame Turgot, fille de M. Pelletier, mourut à Paris après une longue maladie. — Le général Gronofeld, qui devoit encore commander l'armée du Rhin, est mort en partant de Vienne (1).

Mercredi 6, à Marly. — Le roi tint le conseil d'État et alla tirer l'après-dînée. — M. le chevalier de Hautefort, premier écuyer de madame la duchesse de Berry, en arrivant ici du côté des offices, dans un petit carrosse à deux chevaux, fut emporté dans la descente et se cassa le bras au-dessus du poignet. M. de Champignelles, premier maître d'hôtel de monseigneur le duc de Berry, qui étoit avec lui, ne fut point blessé; ces deux messieurs étoient de ce voyage pour la première fois. — Il étoit parti une flotte de Naples qui porte à Barcelone quinze cents hommes et beaucoup de vivres, dont on manque dans la partie de la Catalogne qui est encore soumise à l'archiduc, et l'on a appris ces jours-ci que cette flotte avoit été battue d'une cruelle tempête. Les vaisseaux ont été dispersés, et il y en a eu deux qui ont été portés à Palerme, et dont les Espagnols se sont rendus maîtres, car la Sicile est plus fidèle que jamais au roi d'Espagne.

Jeudi 7, à Marly. — Le roi ne sortit point quasi de toute la journée, à cause de la grande pluie; il s'amusa l'après-dînée à faire une petite loterie chez madame de Maintenon. M. le Dauphin et monseigneur le duc de Berry allèrent courre le cerf dans la forêt de Saint-Germain avec les chiens du roi, et malgré le vilain temps la chasse fut assez belle. On commence à croire ici que le voyage sera allongé, parce qu'il y a beaucoup de petite vérole à Versailles, et comme M. le Dauphin et monseigneur le duc de Berry ne l'ont point eue, on craint cet air là pour eux. — La flotte ennemie, qui doit porter en Catalogne les régiments de Patay et de Vaubonne et quinze cents Allemands

---

(1) Cette nouvelle s'est trouvée fausse. (*Note de Dangeau.*)

de recrues, n'avoit point encore mis à la voile le 29 du mois passé. — M. de Torcy vint chez le roi comme il alloit se mettre au lit, et lui apporta des lettres de Saragosse du 29 ; elles sont arrivées par le courrier qui y avoit porté la nouvelle de la mort de Monseigneur. La fièvre avoit repris à la reine le 25 ; elle l'eut encore le 27, et eut un accès de double tierce le 28.

Vendredi 8, *à Marly.* — Le roi travailla le matin avec son confesseur et alla tirer l'après-dînée. — Toutes nos troupes qui étoient en Catalogne vont joindre l'armée du roi d'Espagne, à la réserve de quelques régiments d'infanterie qu'on laisse à Roses et à Girone ; il ne demeurera que cinq ou six escadrons sur le Ter. Ces troupes qui vont joindre l'armée du roi d'Espagne passeront par Jacca. — Notre cavalerie de Flandre, qui a un peu pâti parce qu'on l'avoit mise en campagne de trop bonne heure, et cela parce qu'on croyoit faire une entreprise, est présentement cantonnée, et nous avons de quoi la faire subsister jusqu'à la fin du mois, après quoi on pourra fourrager en ce pays-là ; mais les paysans ont fort peu semé. — Le roi a permis qu'on rejouât ici dans le salon, hormis au lansquenet ; les jeux ont recommencé, mais la Dauphine ne joue encore qu'à l'oie et dans son appartement.

Samedi 9, *à Marly.* — Le roi travailla l'après-dînée avec M. Voisin. — On apprit que le prince Eugène étoit arrivé le 5 à la Haye, et il en doit bientôt partir pour aller à leur armée de Flandre, où il ne demeurera que peu de jours pour retourner en Allemagne, où il doit commander cette année leur armée du Rhin. — Madame eut nouvelle que la fille aînée de M. de Lorraine étoit morte à Lunéville de la petite vérole. Tous ceux qui avoient vu cette princesse la louoient extraordinairement ; elle n'avoit pas encore onze ans et étoit fort belle. Madame de Lorraine l'aimoit passionnément. Un des princes ses frères et une de ses sœurs sont malades de la rougeole. Le roi et le Dauphin, la Dauphine et toute la cour ont été voir

Madame, qui est très-affligée. — Le roi ne vit point mercredi le cardinal de Noailles, qui a fait, dit-on, un très-beau mandement, et l'on croit que ce prélat n'est pas trop bien à la cour.

Dimanche 10, *à Marly*. — Le roi tint le conseil d'État, qui fut fort long; il alla tirer l'après-dînée, et le soir il travailla chez madame de Maintenon avec M. Pelletier. — Madame de Vaubourg, sœur de M. Voisin, mourut avant-hier au soir à Paris. M. de Vaubourg, son mari, est frère de M. Desmaretz et conseiller d'État. — Le roi donna, il y a quelques jours, à l'abbé de Polignac la confiscation des biens de M. de Ruvigny, qui s'appelle en Angleterre milord Galloway, à la réserve d'un fonds de 40,000 francs et de 20,000 francs d'intérêts, qui lui étoient dus par la maison de Sully, et que le roi donne aux débiteurs. Ruvigny avoit la terre de Reneval, qui vaut 14,000 livres de rente, et qui avoit été vendue 250,000 francs à des gens d'Amiens; cet argent fut porté aux consignations. On prétend que ceux qui avoient vendu la terre n'avoient pas le pouvoir de la vendre, et que ceux qui l'avoient achetée ont fait une dégradation dans les bois de 200,000 francs.

Lundi 11, *à Marly*. — Le roi travailla l'après-dînée chez lui avec M. de Pontchartrain, et puis le roi fit entrer M. Voisin, qui lui apporta une petite nouvelle de Flandre qui n'a pas laissé de lui faire plaisir; le roi alla ensuite se promener dans son jardin. La nouvelle qu'a apportée M. Voisin est que Permangle, maréchal de camp qui commande dans Condé, ayant appris qu'il y avoit un convoi de vivres des ennemis sur l'Escaut, prêt à entrer dans la Scarpe, et qui étoit escorté par deux bataillons, commandés par un officier général, avoit marché avec huit cents hommes, avoit attaqué ces deux bataillons, les avoit défaits entièrement et pris le commandant, avoit ensuite brûlé vingt-deux balandres qui portoient au moins chacune cent milliers. Ce convoi n'étoit que de trente-six balandres, et il y a une lettre qui porte qu'il y en a eu vingt-huit brûlées.

Mardi 12, *à Marly*. — Le roi tint le conseil de finances, travailla ensuite longtemps avec M. Desmaretz. Après son dîner, il travailla chez lui avec M. le chancelier, ce qu'il n'a pas accoutumé de faire, et le soir chez madame de Maintenon il travailla avec MM. Voisin et Desmaretz. Le roi déclara, le matin, qu'il ne partiroit d'ici que le samedi après la petite fête de Dieu ; ce samedi sera le 13 du mois de juin ; ainsi nous avons encore plus d'un mois à demeurer ici. Le roi, à la Pentecôte, ne fera point la cérémonie des chevaliers de l'ordre, et ne touchera point les malades. Il y a tant de petite vérole à Versailles que le roi n'y veut point faire aller les princes. — Le roi a donné à Cazau, qui étoit auprès de Monseigneur, la charge de premier maréchal des logis de monseigneur le duc de Berry, qui étoit fixée à 80,000 francs, et à Dumont, son oncle, gouverneur de Meudon, 1,000 écus de pension d'augmentation. Dumont avoit déjà 2,000 écus comme écuyer de Monseigneur, 3,000 comme gouverneur de Meudon, et 5,500 livres d'une ancienne pension qu'il eut après la mort de son père, qui avoit été sous-gouverneur du roi.

Mercredi 13, *à Marly*. — Le roi tint le conseil le matin ; il alla tirer l'après-dînée. Il a ordonné au duc de la Rocheguyon de faire venir l'équipage du cerf, et il le courra les vendredis. — Le maréchal d'Harcourt prit congé pour s'en aller à Bourbonne, et de là commander sur le Rhin. — Le cardinal de Noailles ne vint point encore ici, et cela se remarque dans les circonstances présentes. — Saint-Hilaire, enseigne des gardes du roi et qui servoit ici auprès du roi, en partit, il y a plusieurs jours, avec une fièvre fort légère, et il est mort ce soir à Paris. — Madame la Duchesse, qui étoit allée faire un tour à Paris, voyant ce voyage allongé, a amené ici mademoiselle de Bourbon et mademoiselle de Charolois qui n'y étoient pas venues d'abord. Le roi donne un logement ici à la comtesse de Tonnerre, au maréchal de Boufflers, à l'abbé de Polignac, à MM. de Pompadour et de Biron, à qui on n'avoit pas pu donner des logements d'abord.

Jeudi 14, jour de l'Ascensoin, à Marly. — Le roi et toute la maison royale allèrent entendre vêpres et le salut à la paroisse. Le roi signe aujourd'hui « de notre règne le soixante-neuf, » ce que n'a fait aucun roi depuis deux mille ans. — On mande de notre armée de Flandre que le prince Eugène étoit arrivé à l'armée ennemie, et qu'à son arrivée ils avoient voulu attaquer le château d'Arleux, qui est à la gauche de notre armée et au delà du Sansée, et par conséquent du côté des ennemis. Il y a eu quelques coups de tirés de part et d'autre, dont pas un de nos gens n'a été blessé, mais quelques-uns des ennemis l'ont été par nos gens qui étoient dans le château. — Madame apprit le matin que le fils aîné de M. de Lorraine et la seule fille qui lui restoient étoient morts de la même maladie que la princesse leur sœur aînée, dont nous apprîmes la mort il y a quelques jours. Il ne reste d'enfants à M. de Lorraine que deux princes fort jeunes et qui ont la même maladie.

Vendredi 15, à Marly. Le roi travailla le matin avec son confesseur, et l'après-dînée il courut le cerf; la Dauphine étoit avec lui dans sa calèche. Le Dauphin et monseigneur le duc de Berry étoient à la chasse. Après le souper du roi, M. de Torcy lui apporta des lettres de Saragosse du 8 de ce mois. La reine d'Espagne se porte considérablement mieux; le quinquina lui avoit ôté la fièvre, et une médecine qu'elle avoit prise depuis lui avoit redonné un petit accès. — On renvoie encore à l'armée de Dauphiné quatre bataillons de ceux qu'avoit le duc de Noailles. — La flotte ennemie, qui étoit partie de Vado à la fin du mois passé, et sur laquelle on avoit embarqué à la hâte cinq ou six mille hommes, à qui on n'avoit point dit la mort de l'empereur, a été battue d'une assez rude tempête qui les a obligés de revenir dans leurs ports voisins, et ont jeté à la mer des chevaux qu'ils avoient embarqués.

Samedi 16, *à Marly.* — Le roi se promena le matin et l'après-dînée dans ses jardins. — Le maréchal de Berwick ne prendra congé du roi qu'après les fêtes de la Pentecôte, mais il fait partir avant lui son fils de son premier mariage, qui n'a pas encore quinze ans et qui fera la campagne. — Le roi travailla avec M. Voisin l'après-dînée avant que d'aller à la promenade. — On a des nouvelles sûres que le palatin de Kiovie a battu auprès de Bialacerkiew un gros corps de Moscovites qui avoit été joint par des troupes polonoises de la Confédération. La défaite a été grande; il a pris quarante-cinq drapeaux. On prétend même que les Polonois ont très-peu combattu et étoient d'intelligence avec le palatin de Kiovie, qui depuis ce combat a pris six ou sept petites villes en Ukraine. Le roi de Suède a déjà été joint à Bender par beaucoup de janissaires et de spahis.

Dimanche 17, *à Marly.* — Le roi tint le conseil d'État; il devoit aller tirer l'après-dînée, mais il changea de dessein et renvoya chercher le Dauphin et les ministres et travailla encore une heure avec eux, après quoi il alla à la promenade, et vit jouer au petit mail. Le soir, chez madame de Maintenon, il travailla avec M. Pelletier. — Il va paroître une déclaration du roi, sur les duchés (1); elle doit être registrée jeudi. Les duchés femelles ne passeront aux filles qu'une fois, et ces filles ne pourront être mariées que de l'agrément du roi et puis la duché deviendra masculine. Les enfants des princes légitimés de France précéderont les autres pairs, pourvu qu'ils aient

---

(1) C'est le fameux édit de 1711 qui a réglé irrévocablement la jurisprudence de ce royaume pour les duchés-pairies. C'est M. Daguesseau, alors procureur général et depuis chancelier, qui a dressé cet édit. (*Note du duc de Luynes.*)

des pairies quelques nouvelles qu'elles soient, et représenteront même aux sacres les anciens pairs du royaume. Ils ne seront reçus au parlement qu'à vingt ans, les princes du sang y sont reçus à quinze, quand même ils n'auroient pas de pairie. Il y a encore d'autres choses dans cette déclaration que nous ne savons pas encore.

Lundi 18, *à Marly.* — Le roi se promena le matin dans ses jardins et l'après-dînée il courut le cerf; le Dauphin, la Dauphine et monseigneur le duc de Berry étoient à la chasse. Le soir, chez madame de Maintenon, le roi travailla avec M. de Pontchartrain. — L'affaire de M. le cardinal de Noailles prend un très-bon chemin pour lui. Le roi lui envoya, il y a quelques jours, M. Voisin pour l'assurer de son estime, et de son amitié, et qu'il lui rendroit justice contre les évêques de la Rochelle, de Luçon et de Gap qui l'avoient attaqué cruellement; ce cardinal viendra ici mercredi. — L'enseigne des gardes du corps, vacante par la mort de Saint-Hilaire, a été donnée à Cerisy, ancien mestre de camp et fort estimé dans la cavalerie. On l'avoit fort plaint l'hiver passé de n'avoir pas été fait brigadier; il va venir ici auprès du roi. Son régiment, dont il aura les 22,500 francs qui est le prix de ces régiments, est donné à M. de Cayeu, et celui de M. de Cayeu, à M. de Verthamon, qui payera les 22,500 francs à M. de Cerisy.

Mardi 19, *à Marly.* — Le roi tint le conseil de finances, et travailla ensuite à l'ordinaire avec M. Desmaretz; il tint, l'après-dînée, conseil de dépêches jusqu'à cinq heures, et le soir, chez madame de Maintenon, il travailla avec MM. Voisin et Desmaretz. Au sortir du conseil de dépêches, on sut que le roi faisoit M. d'Antin duc et pair de France, sous le nom de duc d'Antin. M. le chancelier demeura quelque temps seul avec le roi après le conseil de dépêches, pour recevoir ses derniers ordres sur la déclation qui doit être registrée au parlement jeudi. Dans l'édit du roi, qui sera registré jeudi, il est permis aux ducs et[t]

pairs et aux ducs non pairs de faire une substitution à
l'infini de leurs duchés pour les mâles qui viendront de
l'institué; mais on ne veut pas que la substitution soit de
plus de 15,000 livres de rente, et, si un duc n'avoit que
des filles, il sera permis aux mâles de la même maison venant de l'institué de racheter la duché au denier vingt-
cinq*.

> * L'édit de 1711 sur les duchés étant entre les mains de tout le
> monde et les factums pour et contre la prétention de M. d'Antin à la
> dignité d'Épernon, on s'abstiendra d'en charger ces courtes notes. Ce
> procès fut un chausse-pied à cet habile courtisan pour arriver où il ne
> pouvoit parvenir, et il ne l'entreprit que dans cette espérance. Toutes
> ces étranges prétentions, et celle entre autres de M. de Luxembourg
> qui n'étoit point définitivement jugée, celle de MM. de Saint-Simon et
> de la Rochefoucauld l'un contre l'autre, celle du marquis de Richelieu
> pour Aiguillon, celle que M. de Chevreuse n'osa tenter pour Chaulnes,
> mais qui lui servit de chausse-pied aussi en particulier auprès du roi, furent les principales causes d'un édit qui, en donnant des choses médiocres, ou, pour mieux dire, assurant aux ducs des choses médiocres
> qu'ils avoient toujours eues, les dépouillèrent en faveur des bâtards
> de leurs droits certains et les plus fondamentaux; et sans cet intérêt
> des bâtards, le roi n'eût jamais pensé à cet édit. On en dit autant à
> plus forte raison sur l'affaire de la Constitution *Unigenitus*, qui a enfanté tant de volumes historiques et doctrinaux. Le P. le Tellier, à bout
> sur l'affaire de la Chine, songea à se venger de l'indépendance du
> cardinal de Noailles, et à donner du même coup tant d'affaires au pape
> et tant de besoin de lui qu'il lui fit quitter prise sur la Chine, et il sut
> pleinement réussir à l'un et à l'autre.

Mercredi 20, *à Marly*. — Le roi, avant que d'aller à la
messe, donna une assez longue audience à M. le cardinal
de Noailles, qui en eut ensuite une du Dauphin. Son affaire
prend un très-bon chemin ; mais on ne sait point encore
quelle satisfaction on lui fera faire par les trois évêques qui
l'ont traité si rudement dans leurs écrits. Après la messe,
le roi tint conseil d'État à l'ordinaire; l'après-dînée il
travailla une heure et demie avec M. Voisin. Il alla tirer
ensuite, et, au retour, chez madame de Maintenon, il travailla encore avec M. Voisin pour achever ce qu'il n'avoit

www.ingramcontent.com/pod-product-compliance
Lightning Source LLC
Chambersburg PA
CBHW052136230426
43671CB00009B/1275